체크메이트로 구현하는
RPA 업무 자동화

디지털 인재가 갖춰야 할 경쟁력
체크메이트로 구현하는 RPA 업무 자동화

초판 1쇄 2020년 09월 28일

지은이 와이즈와이어즈㈜ 통합테스트사업본부
(김기범, 박정호, 박현용, 윤동훈, 서영환, 송명희, 조경휘)
발행인 최홍석

발행처 ㈜프리렉
출판신고 2000년 3월 7일 제 13-634호
주소 경기도 부천시 길주로 77번길 19 세진프라자 201호
전화 032-326-7282(代) **팩스** 032-326-5866
URL www.freelec.co.kr

편 집 서선영, 안동현
표지 디자인 황인옥
본문 디자인 박경옥

ISBN 978-89-6540-281-7

이 책은 저작권법에 따라 보호받는 저작물이므로 무단 전재와 무단 복제를
금지하며, 이 책 내용의 전부 또는 일부를 이용하려면 반드시 저작권자와
㈜프리렉의 서면 동의를 받아야 합니다.
책값은 표지 뒷면에 있습니다.
잘못된 책은 구입하신 곳에서 바꾸어 드립니다.
이 책에 대한 의견이나 오탈자, 잘못된 내용의 수정 정보 등은
프리렉 홈페이지(freelec.co.kr) 또는 이메일(help@freelec.co.kr)로 연락 바랍니다.

들어가며

필자는 SF 액션물을 좋아하는 편인데, 그중에서도 마블이나 DC의 슈퍼 히어로 영화를 즐겨 보는 편이다. 이런 영화의 대표작이라 할 수 있는 <아이언맨>에서 토니 스타크는 뭔가 필요한 것이 있으면 인공지능 비서인 '자비스(J.A.R.V.I.S.)'를 부른다. 이 '자비스'는 잡일만 하는 것이 아니라 신기하게도 슈트 설계, 부품 제작, 조립, 테스트, 결함 보완, 업그레이드까지 전 과정을 도와준다. 영화에서 토니가 자비스를 부를 때마다 '나도 저런 로봇 비서 하나 있으면 얼마나 좋을까?'라고 생각하곤 했다.

2017년 무렵부터 국내 IT 시장에 RPA라는 용어가 서서히 알려지기 시작했다. 저자가 처음 RPA를 알게 되었을 때 이게 나의 '자비스'가 되리라는 느낌이 들었다. 비록 아직은 말을 알아듣거나 창의적인 생각을 할 수준은 아니지만, 내가 매일 조회하고 작성하는 보고서, 매일 점검하거나 실행하는 업무를 자동으로 대신해줄 수는 있기 때문이다.

일상과 회사 업무에서 반복되는 단순 작업은 작업자를 피곤하게 하고 기계가 된 듯한 느낌을 들게 한다. 매일 책상 앞에서 똑같은 입력 화면을 띄워 놓고 수천 장의 전표들을 수작업으로 입력한다면 그 누구라도 지치지 않을까? 이제 이런 단순 반복적인 일은 RPA에 맡기고 우리는 더 가치 있고 창의적인 일, 즉 고객 만족을 위한 서비스나 비즈니스를 위해 시간을 투자할 필요가 있다.

이 책의 독자는 마케터, 소상공 개인사업자, 기업 등 여러 분야에서 종사하는 다양한 부류가 될 것이다. 분야는 달라도 모두가 PC 앞에서 매일 반복하는 규칙적인 업무가 있을 것이다. 이러한 업무를 이 책의 도움을 받아 조금씩 RPA로 적용해보면서 단순하지만 강력한 나만의 '자비스'를 경험해 보도록 하자.

이 책이 제공하는 이점

이 책은 'RPA는 무엇인가?'라는 이론적인 정보 제공에 그치지 않고 실제 독자가 자동화를 구축하는 데 있어 RPA에 대한 기본적인 개념을 자연스럽게 이해하고 실제 도구를 사용할 수 있도록 기본을 알려주고 따라 하며 지식을 쉽게 습득할 수 있도록 구성했다. 이뿐만 아니라 각 [따라 하기]는 실전에도 응용할 수 있을 만큼 자세히 설명되어, 아주 높은 수준을 자랑한다. 이 책은 CheckMATE for RPA 솔루션을 기반으로 설명하는데, CheckMATE는 RPA 상용제품 중 하나로 누구나 일정 기간 무료로 사용할 수 있다.

대상 독자

RPA를 알고 싶다면 누구나 이 책에서 유용한 정보를 찾을 수 있다. 주요 대상 독자는 자신이 PC에서 수행하는 업무를 자동화하고 싶어 하는 모든 분이다. 특히 기업체에서 CheckMATE로 프로젝트를 진행하는 개발자에게는 이 책이 더 좋은 기회로 작용할 것이다.

이 책의 구성

이 책은 크게 4부분으로 나눌 수 있다. 1~2장은 RPA 개론으로, RPA가 무엇인지 설명하고 RPA의 역사, RPA가 각 산업 도메인에서 어떻게 사용되는지에 대한 RPA 적용 사례를 살펴본다. 또한, 기업에서 RPA를 적용해 구축할 때 어떠한 방법과 프로세스를 거쳐 구축하는지도 알아본다. 3장은 CheckMATE를 본격적으로 시작하기 전에 CheckMATE의 기본 구성과 UI를 설명한다. 4~10장에서는 실제 CheckMATE를 다루는 데 필요한 핵심 부분인, 업무를 구현하는 각 이벤트 컴포넌트에 대해 설명한다. 마지막 11~12장은 구현한 자동화를 스케줄링하거나 특정 이벤트가 발행할 때 동작하게 만드는 방법에 대해 설명할 것이다.

- 와이즈와이어즈㈜ 통합테스트사업본부 저자 일동
김기범, 박정호, 박현용, 윤동훈, 서영환, 송명희, 조경휘

체크메이트를 사용한 전문가의 추천사

광동제약은 사회정책(주 52시간 근무제) 변화에 따른 업무 효율화를 목표로, 관리·지원부서를 대상으로 약 70여 개에 달하는 RPA 업무 자동화를 수행하였다. 그중 회계상의 비용 처리를 위한 사용자 전표 작성(법인카드, 전자세금계산서) 건에 높은 공수절감 효과를 나타내고 있다.

- 광동제약 IT 전략팀

다양한 유통 채널을 확보한 거래 관계에서 EDI 및 파트너 사이트 이용은 필수적이다. RPA 도입 전, 팀별 담당자들은 제각각 자신들의 자료만 확인, 취합, 보고하면서 시간을 허비해 왔다. CheckMATE for RPA 도입 후, 약 80여 개에 달하는 업무 자동화를 완성하였고, 업무의 질적 향상을 가져왔다.

- 샘소나이트 권혁진 과장

체크메이트를 활용한 RPA 첫 사례는 공공 S 기관이 운영하는 전자 바우처 업무 시스템 적용 과제였다. 과제 발굴을 위해 사업 담당자와 여러 번의 회의를 걸쳐 6개의 과제를 도입하였다. 준정부기관의 특성상 보안문제 처리 과정, 사업 담당자와의 이해관계 등 풀어야 할 문제도 있었지만, 담당자의 해결하고자 하는 적극적인 노력과 제조사의 기술적인 지원으로 고객의 만족과 기관의 브랜드 평판을 높이며 프로젝트를 성공적으로 마무리했다.

- 다루소프트 양성용 대표이사

체크메이트(CheckMATE) RPA는 국내 TTA가 인증한 GS1등급 솔루션으로 많은 공공기관 및 기업들의 업무 효율화를 지원하고 있다. 체크메이트는 안정적 운영을 보장하는 RPA 솔루션으로 기능/성능적 안정성과 함께 가격 경쟁력을 갖춘 국내 1위 RPA 솔루션이다.
체크메이트를 도입한 공공기관은 내부 업무 효율화를 통한 대 고객 서비스 향상의 효과성을 즉시 확인할 수 있어 매우 좋은 반응을 얻고 있다.

- LG CNS RPA 플랫폼팀 임은영 팀장

사내 백오피스 센터 구축 후, 많은 수작업 업무가 집중되어 소중한 임직원 노동력을 비 부가가치성 업무에 투입할 수밖에 없었고, 시급한 혁신이 필요한 상황에 체크메이트 RPA를 도입하여 많은 부분을 자동화할 수 있었다.
체크메이트는 국내 중소기업 제품임에도 글로벌 리딩 업체에 뒤처지지 않는 성능과 퍼포먼스를 제공하면서도 안정적이라 도입에 따른 시행착오를 최소화할 수 있었다.

- 삼성카드 지원2팀 이동엽 프로

기업의 필수 시스템이 된 RPA, 운영과 개발 모두 안성맞춤인 제품!
RPA 프로젝트를 수행하며 가장 효과가 좋았던 점은 기 프로세스의 자동화 구현 중 프로세스 개선이 자연스럽게 이루어졌다는 점이다. 처음부터 RPA를 적용하기 쉽진 않았으나 파일럿 프로젝트를 지나 1차, 2차 프로젝트를 수행하는 동안 자동화에 가장 활용도가 높은 업무를 찾는 능력이 생겼다. 체크메이트 RPA는 회사 업무 중 단순업무 및 대량의 반복적인 작업을 일괄 수행하여 빠르게 완료하는 데 매우 효율적인 제품이다. 기업 시스템은 이제 새로운 플랫폼으로 변화하고 있다. 이런 최신 기술을 발 빠르게 실무에 적용하려면 검증되고 우리 조직에 맞는 솔루션을 찾아서 적용해야 한다.

- 교보증권 업무시스템지원부 주용현 과장

비즈니스 빙하기 같은 위기의 시대에 기업의 디지털 트랜스포메이션 전략에 RPA를 활용한 디지털 노동력 확보는 혁신을 통한 새로운 기회를 창출할 것이다.

- 투비웨어 RPA 사업부

차 례

들어가며 ... 4
체크메이트를 사용한 전문가의 추천사 ... 6

1장 RPA 이해 ... 15

1. RPA란? ... 16
2. RPA의 등장 배경과 기술의 역사 ... 18
3. 왜 RPA 인가? ... 22
4. RPA 기술의 장점 ... 25
5. RPA로 구현 가능한 단위 업무 ... 27
6. 국내외 기업의 RPA 적용 사례 ... 29
7. RPA 실패 사례와 대응 ... 36
8. RPA 전문가로서의 미래 ... 39
9. RPA 시장 전망 ... 41
10. RPA와 여러 기술과의 비교 ... 44
    10.1 RPA vs. 전통적인 프로세스 자동화 ... 44
    10.2 RPA vs. 테스트 자동화 ... 45
    10.3 RPA vs. 인공지능 자동화 ... 47

2장 RPA 아키텍처와 구축 방법론 ... 49

1. 일반적인 RPA 아키텍처 ... 50
2. RPA 구성 요소 ... 52
3. RPA 구축 프로세스 ... 54

3.1 구축 준비		54
3.2 분석/설계		58
3.3 구현		60
3.4 테스트		62
3.5 배포/유지보수 관리		63

3장 CheckMATE for RPA 개요　　65

1	폴더 구조	67
	1.1 프로그램 폴더 구조	68
	1.2 프로젝트 폴더 구조	69
2	파일 정보	70
	2.1 프로그램 파일 정보	70
	2.2 프로젝트 파일 정보	73
3	메뉴 구성	84
	3.1 전체 GUI	84
	3.2 상세 GUI	85

4장 이벤트 개요와 이미지 기본　　97

1	개요	98
	1.1 Event Context	100
	1.2 Event Properties	101
	1.3 이벤트 사용 방법	108
2	이미지 다루기	110
	2.1 이미지 클릭하기	110
	2.2 이미지 확인하기	113
	2.3 이미지 좌표 가져오기	114
	2.4 이미지 범위 지정하기	116
	2.5 [따라 하기] 유튜브 순위 정보 확인	118

5장 오브젝트와 웹페이지   123

1   오브젝트 다루기   124
     1.1 오브젝트 클릭하기   127
     1.2 오브젝트 정보 읽기/쓰기   129
     1.3 [따라 하기] 오늘의 날씨 정보 쓰기   142

2   웹페이지 다루기   147
     2.1 인터넷 브라우저 실행하기   148
     2.2 웹페이지 정보 읽기/쓰기   149
     2.3 [따라 하기] 웹페이지에서 원하는 정보 가져오기   155

6장 업무 흐름과 프로세스   161

1   업무 흐름 제어하기   162
     1.1 이벤트 속도 조절하기   162
     1.2 프로세스 분기 처리하기   163
     1.3 프로세스 반복 처리하기   168
     1.4 모듈 재사용하기   172
     1.5 대화상자/메시지 박스   174
     1.6 코드 프로그래밍하기   178
     1.7 [따라 하기] 계산기 만들기   180

2   프로세스 다루기   191
     2.1 키 입력하기   191
     2.2 창 활성화하기   193
     2.3 프로그램 실행하기   196
     2.4 프로세스 강제 종료하기   198
     2.5 [따라 하기] 인터넷 검색하기   199

7장 엑셀, 데이터와 이메일　　　　　　　　　　　　　　　　203

- 1 엑셀 다루기　　　　　　　　　　　　　　　　204
  - 1.1 엑셀 열기/닫기/저장하기　　　　　　　　　　204
  - 1.2 시트 목록 가져오기　　　　　　　　　　　　208
  - 1.3 엑셀 내용 검색하기　　　　　　　　　　　　211
  - 1.4 지정 셀 데이터 가져오기/설정하기　　　　　213
  - 1.5 지정 범위 데이터 가져오기/설정하기　　　　216
  - 1.6 엑셀 데이터를 클립보드에 복사하기　　　　　220
  - 1.7 엑셀 스크립트　　　　　　　　　　　　　　　222
  - 1.8 [따라 하기] 엑셀끼리 원하는 셀 내용 복사하기　　224
- 2 데이터와 이메일 다루기　　　　　　　　　　231
  - 2.1 데이터베이스 접속하기　　　　　　　　　　231
  - 2.2 데이터를 클립보드에 복사하기　　　　　　238
  - 2.3 이메일 처리하기(SMTP Send / IMAP Read)　　239
  - 2.4 파일 압축하기/풀기　　　　　　　　　　　252
  - 2.5 [따라 하기] 데이터를 엑셀로 가져와 이메일로 보내기　　254

8장 OCR, PDF와 폴더/파일　　　　　　　　　　　　　　259

- 1 OCR 다루기　　　　　　　　　　　　　　　　260
  - 1.1 OCR 캡처하기　　　　　　　　　　　　　　261
  - 1.2 OCR로 문서 자동 분류하기　　　　　　　　266
  - 1.3 [따라 하기] 메일로 받은 이미지에서 텍스트 추출　　276
- 2 PDF 다루기　　　　　　　　　　　　　　　　283
  - 2.1 PDF 페이지 수 가져오기　　　　　　　　　283
  - 2.2 PDF에서 텍스트 내용 추출하기　　　　　　285
  - 2.3 PDF에서 이미지 추출하기　　　　　　　　287
  - 2.4 PDF 지정 페이지를 이미지로 저장하기　　　290
  - 2.5 [따라 하기] PDF에서 텍스트 추출　　　　　291

	3	폴더와 파일 다루기	296
		3.1 네트워크 드라이브 연결/해제	296
		3.2 파일 조작하기	298
		3.3 [따라 하기] 네트워크 드라이브의 폴더와 파일 다루기	305

9장 FTP, SSH, Telnet 309

	1	FTP 다루기	310
		1.1 FTP 연결/해제	310
		1.2 FTP 서버 파일 조작하기	312
		1.3 파일 다운로드/업로드	315
		1.4 [따라 하기] FTP에서 파일 내려받아 수정 후 다시 올리기	316
	2	SSH, Telnet 다루기	324
		2.1 SSH, Telnet 서버 연결/해제	324
		2.2 SSH, Telnet 서버 명령어 실행하기	326
		2.3 [따라 하기] SSH로 정보 확인 후 이메일 발송	327

10장 행동 기반 스크립트 레코딩 331

	1	개요	332
	2	행동 기반 스크립트 레코딩 이벤트 유형	333
	3	메뉴 구성	334
	4	행동 기반 스크립트 레코딩하기	335

11장 태스크 모델링 343

	1	개요	344
	2	플로우 생성/관리	346

3	플로우에서 변수 사용하기	347
4	데이터 처리하기	348
5	플로우 컴포넌트	352
	5.1 Task Process	352
	5.2 Terminate	353
	5.3 Script	353
	5.4 Include Cursor Next	353
	5.5 TextBox	353
6	플로우 생성해보기	354

12장 예약 작업과 트리거　　　357

1	시나리오 예약하기	358
	1.1 개요	358
	1.2 스케줄 설정	358
	1.3 스케줄 실행 이력 조회	362
2	트리거 다루기	363
	2.1 개요	363
	2.2 트리거 종류	363
	2.3 트리거 설정	381
	2.4 트리거 실행 이력 조회	384

마치며	385
부록 | CheckMATE 설치 방법	386
회사 소개	392
찾아보기	396

1장

RPA 이해

1. RPA란?
2. RPA의 등장 배경과 기술의 역사
3. 왜 RPA 인가?
4. RPA 기술의 장점
5. RPA로 구현 가능한 단위 업무
6. 국내외 기업의 RPA 적용 사례
7. RPA 실패 사례와 대응
8. RPA 전문가로서의 미래
9. RPA 시장 전망
10. RPA와 여러 기술과의 비교

최근 많은 기업이 업무 효율성 향상과 비용 최소화를 위해 다양한 각도에서 방법을 모색하고 있으며, 이를 위해 다양한 자동화 기술을 적용하고 있다. 대표적인 사례가 RPA다. RPA(Robotic Process Automation)는 사람이 반복적으로 처리하는 단순 업무를 로봇 소프트웨어를 통해 자동화하는 기술이다. 이는 로봇 소프트웨어가 이메일 첨부 파일 열기, 데이터 조회 및 데이터 기록, 온라인 양식 작성 등 사람의 행위를 흉내 내어 업무를 수행하는 것으로, 기존 사무실에서 행해지는 단순 반복 업무를 대체할 방법으로 크게 주목받고 있다.

이 장에서는 RPA를 심층적으로 이해하기 위해 RPA의 기본 개념과 발전 과정, 시장 동향과 기술적 동향을 파악하고 RPA가 실제 산업 영역에서 어떻게 활용되는지를 살펴보겠다.

1 RPA란?

RPA는 사람이 반복적으로 처리하는 업무를 로봇 소프트웨어를 이용해 자동화하는 기술로, 반복적이고 규칙적인 업무 프로세스를 자동화하는 것을 의미한다. RPA의 정의를 조금 더 자세히 들여다보겠다.

사람의 업무를 로봇 소프트웨어를 활용해 인지, 추론, 학습 능력을 갖춰 사람의 노동력을 대체하는 것이 디지털 노동력이라 할 수 있는데, 글로벌 컨설팅 기업인 KPMG는 디지털 노동력의 발전 단계를 크게 세 가지 클래스로 구분하고 있다. 클래스 1은 전표 처리, 인보이스 발송 등과 같은 반복적 거래 성격의 업무를 자동화하는 수준을 말하고, 클래스 2는 비정형적 데이터를 다룰 수 있는 수준을 의미하며, 클래스 3은 사람과 비슷하게 판단하고 의사결정을 수행해 궁극적으로 사람을 대체할 수 있는 수준의 인지 자동화를 말한다. 일반적으로 RPA는 사람이 수행하는, 반복적이고 표준화할 수 있는 규칙 기반의 업무를 기계가 자동으로 할 수 있도록 하는 클래스 1~2 수준의 디지털 노동력을 구현하는 기술이다. 클래스 3 수준은 앞으로 다가올 미래에서 인공지능(AI) 기술의 성숙에 의해서 실현될 것이다. RPA는 주로 사람의 인지적 판단 기능보다는 상대적으로 단순 반복적인 업무의 자동화를 의미한다는 점에서 인지 자동화와는 차이가 있다. 여기에서 로보틱(Robotic)은 실제 물리적인 로봇이라기보다는 사람의 인지적인 일을 대체하는 컴퓨터 프로세스를 의미한다.

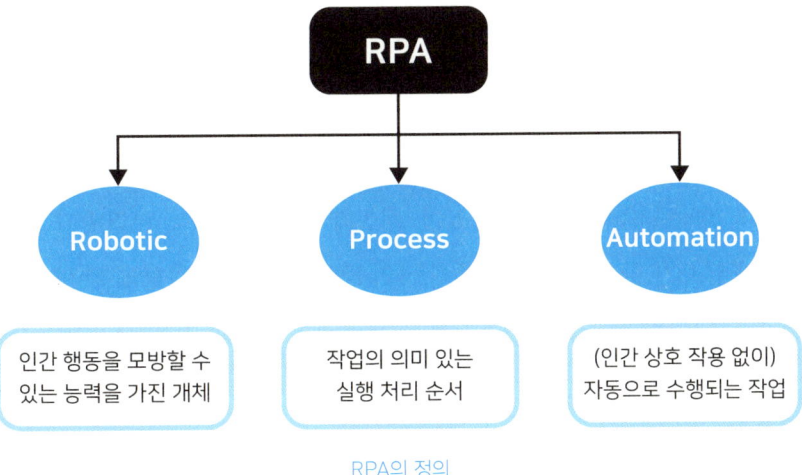

RPA의 정의

2 RPA의 등장 배경과 기술의 역사

먼저 비즈니스 측면에서 RPA가 등장하게 된 배경을 살펴보고 이어서 기술적 배경을 살펴보도록 하겠다. 1990년대는 ERP 중심의 사무자동화가 대세여서 경영자원을 최적화하고 업무 프로세스의 혁신을 통해 생산성을 향상하고자 노력했다. 2000년대에 들어와서 인건비 중심의 BPO(Business Process Outsourcing)로 비용을 절감하려고 했는데, 이는 콜센터, 회계 처리 등 비즈니스의 일부 프로세스 부분을 아웃소싱으로 처리하여 인건비를 절약하는 것으로, 비용절감률이 60~70%로 매우 큰 효과가 있어, 활성화되었다. 그러나 인건비가 지속해서 오르고 비용 절감의 요소가 줄어들면서 인력 중심의 BPO 사업의 수익성에 한계가 오기 시작했다. 이를 극복하는 방안으로 2014년 이후로 소프트웨어를 통한 업무 자동화(RPA)를 적극적으로 도입하기 시작했다.

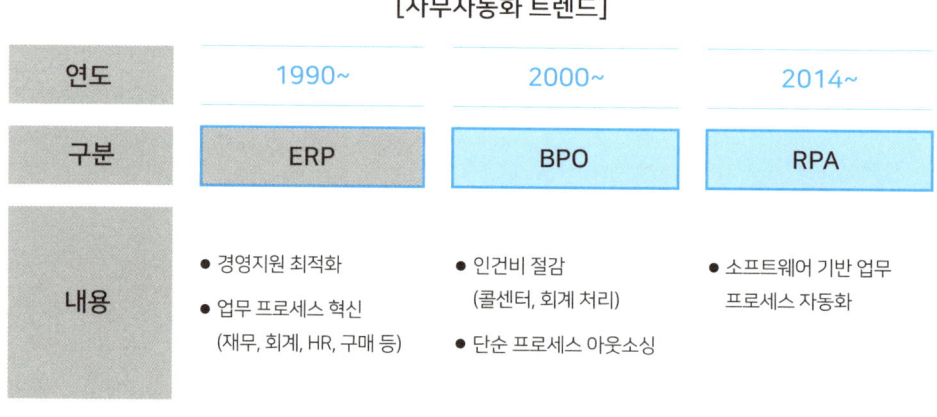

사무자동화 트렌드(출처: 포스코경영연구원, 2017)

기술적으로 RPA는 여러 자동화 기술을 위해 하나의 툴킷으로 결합된 여러 기술의 조합으로 이루어진다. 'RPA'라는 용어는 2000년대 초에 등장했지만, 초기 개발은 이미 1990년대 이후부터 시작되었다.

ML(Machine Learning)은 RPA의 탄생에 영향을 끼친 기술 중 하나인데, 1959년 아서 사무엘(Arthur Samuel)에 의해 개발된 기계학습을 통해 컴퓨터는 번역이나 텍스트 요약 등과 같은 몇 가지 중요한 작업을 수행할 수 있었다. 그러나 컴퓨터가 언어를 처리하는 방법에는 한계가 있었고, 이를 극복하고자 컴퓨터가 인간의 언어를 보다 정확하게 이해하고 처리하는 데 도움이 되는 NLP(Natural Language Processing)를 개발하게 되었다. 1960년 NLP는 컴퓨터와 인간 언어 간의 상호 작용을 설정하기 위해서 AI(Artificial Intelligence)와 결합했으며 이를 통해 RPA 탄생을 향한 기술은 더욱 발전하게 되었다. 마침내 지속적인 개발로 말미암아 RPA와 가장 비슷한 기술이 등장하게 되는데, 이러한 RPA의 역사는 로봇 프로세스 자동화의 세 가지 주요 선행 기술로부터 비롯된다.

스크린 스크래핑

스크린 스크래핑 기술은 RPA 태동을 위한 중요한 기술로 간주된다. 스크린 스크래핑은 원래 컴퓨터 디스플레이 터미널 화면에서 텍스트 데이터를 읽는 것을 말하는데, 웹 스크래핑과 같이 데이터를 구분 분석하는 대신 원본에서 시각적 데이터를 프로그래밍 방식으로 수집하는 것과 관련이 있었다. 이 기술은 웹, 프로그램 및 문서에서 데이터를 추출하는 데 사용되며 다른 응용 프로그램에서도 추가로 사용된다. 각 사이트로부터 데이터를 수집해 오는 기술, 일정한 포맷으로 변환하는 기술, 스크래핑 구동 기술이 핵심이다. 육체노동과 비교하면 스크린 스크래핑에는 많은 이점이 있었지만, 이 기술 역시 DRM 적용이나 웹 보안으로 어느 정도 제한될 수밖에 없었다.

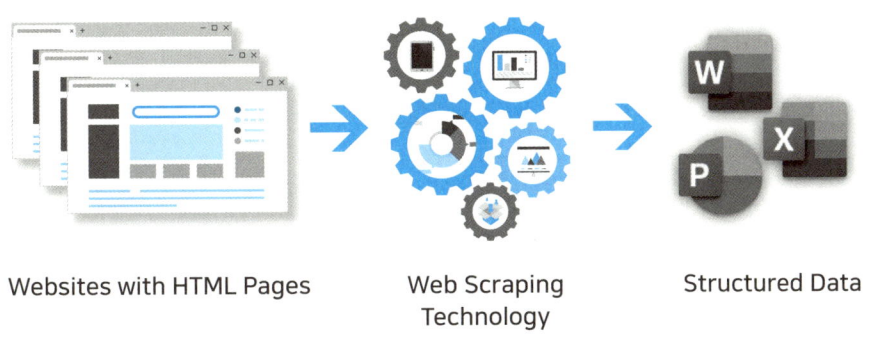

스크린 스크래핑

워크플로우 자동화 및 관리 도구

워크플로우 자동화는 일련의 자동화된 작업을 포함하는 프로세스로, 휴먼 태스크를 줄이는 데 도움이 된다. 이러한 조치는 단계를 예측할 수 있도록 반복적이어야 하며 관리 도구를 사용하여 작업을 자동화할 수 있다. 워크플로우 자동화는 비즈니스 규칙을 사용하여 단계가 완료된 시기를 결정하고 다음 단계의 실행을 시작할 수 있다.

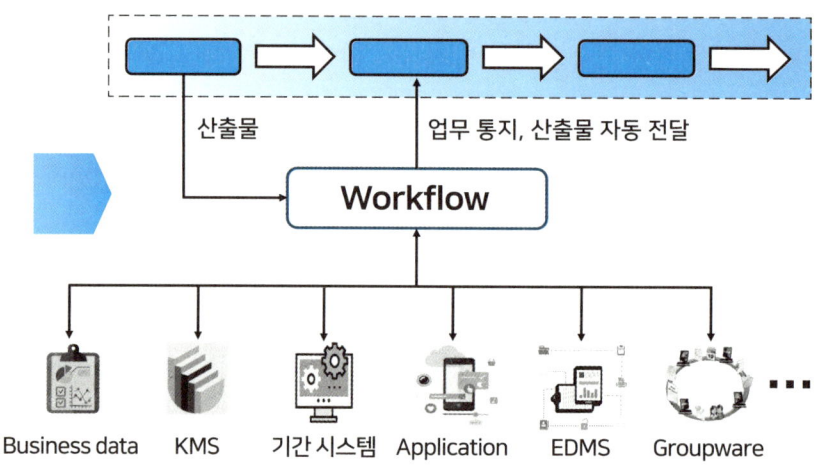

워크플로우 자동화 및 관리 도구

인공지능

인공지능(AI)은 기계가 경험을 통해 학습하고 새로운 입력 내용에 따라 기존 지식을 조정하며 사람과 같은 방식으로 과제를 수행할 수 있도록 지원하는 기술이다. 한마디로 인간의 학습능력, 추론능력, 지각능력, 자연어 이해능력 등을 컴퓨터 프로그램으로 실현하는 기술이라 볼 수 있다. AI 프로그래밍은 학습, 추론 및 자기 수정이라는 세 가지 기술을 기반으로 한다. 인공지능을 위한 응용 프로그램은 끝이 없으며 많은 다른 분야와 산업에 적용될 수 있다. 일반적으로 사용하는 AI 기술은 다음과 같다.

- **이미지 인식:** 이미지 또는 비디오에서 객체 또는 속성을 식별하고 감지하는 기술이다.
- **음성 인식:** 음성 언어로 단어와 문구를 식별하고 이를 기계가 읽을 수 있는 형식으로 변환하는 기술이다.

- **자연어 생성:** 구조화된 데이터를 자연어로 변환하는 기술이다.
- **감성 분석:** 자연어 처리, 텍스트 분석 및 생체 인식을 사용하여 주관적 정보를 식별, 추출, 정량화하고 이를 연구하는 기술이다.

이러한 모든 기술은 RPA를 강력한 기술 플랫폼으로 만들어 비즈니스 사용자에게 더 많은 이점을 제공했다.

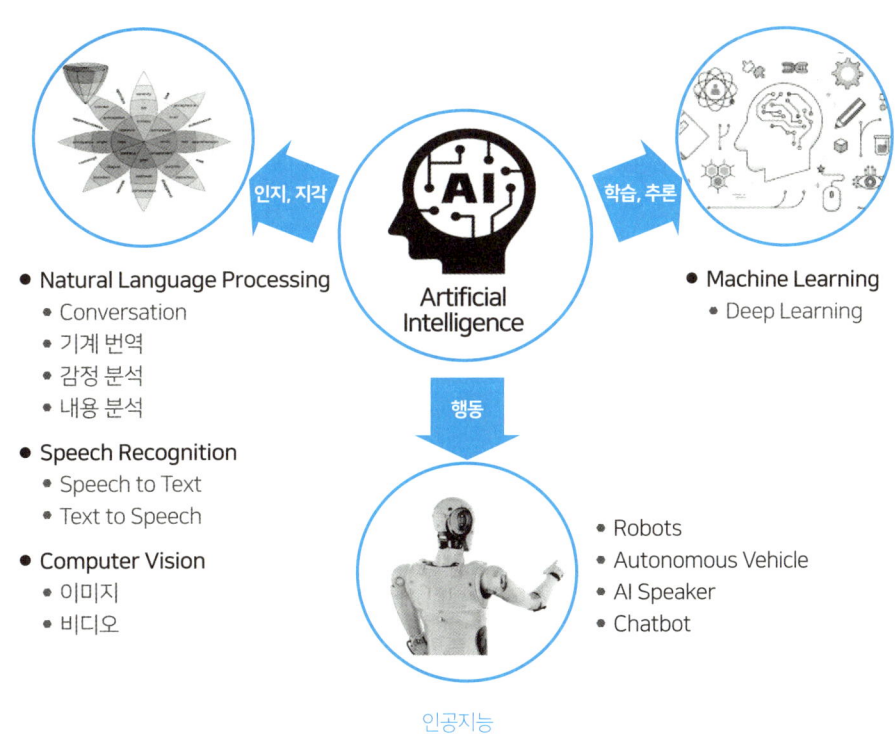

인공지능

③ 왜 RPA 인가?

IT 환경에서 대부분의 비즈니스 프로세스는 스마트하고 지능적일 것 같지만, 생각 외로 그렇지 않고 이들 중 다수는 여러 IT 시스템에 의존하며 상호작용이 거의 없다. 그래서 이러한 시스템 간의 작업이 필요하다면 사람이 직접 작업을 조정하는 경우가 많다. 이러한 작업은 인간이 하기에는 너무 반복적이고 시간이 오래 걸리며 노동 집약적이다. RPA를 사용하면 사람이 하는 것보다, 이러한 유형의 작업을 지치지 않고 더 빠르고 정확하게 자동화할 수 있다. 예를 들어 RPA 기술은 웹 애플리케이션, 웹사이트, 엑셀 워크시트 및 이메일과 상호 작용하는 봇을 사용하여 사람처럼 작업을 자동화한다. RPA는 현재 가장 효율적인 자동화 솔루션이므로, 이를 활용하면 인간은 반복적인 작업보다는 감성 지능, 추론, 판단 및 고객과의 상호 작용이 필요한 작업에 집중할 수 있다.

비용 절감과 효율성

RPA는 일반적으로 단순 반복 작업을 위해 직원을 고용하는 것보다 비용이 저렴하므로 조직이 비용을 절약할 수 있다. 또한, 계절이나 피크 시간에 따른 추가 인력 투입이 필요하지 않다. 기업은 매출액 대비 인건비를 일정하게 유지하거나 줄이려고 하는데, 이에 대한 상관관계에서 자유로움을 얻을 수 있다. 단순하고 반복적인 업무를 수행하던 사람들은 다른 직무를 맡고자 하는 경향이 높은 것으로 알려졌는데, 이는 해당 업무에서 어떠한 판단 없이 단순 노동만 하므로 커리어가 발전한다고 느끼지 못하기 때문이다. 직원이 단순 반복적인 일이 아닌 고부가가치의 활동에 집중할 수 있도록 효율화하고 단순 반복 업무의 고통에서 벗어나게 만들어 퇴사율을 낮추고 퇴사와 관련된 비용과 리스크를 감소시킬 수 있다. 이와 더불어 RPA를 통한 업무 자동화는 수행 결과 및 기록을 통해 디지털화된 데이터를 활용하여 성과에 대한 구체적인 확인은 물론 지속적인 개선을 모색하는 기회가 된다.

삶과 일의 균형

사무직에서 단순 반복 업무가 차지하는 비율은 무려 30~50%나 된다고 한다. 즉, 사무직 근로자가 자신의 본 일 외에 부수적인 관리 업무를 하는 시간이 하루에 평균 3시간 정도인 것이다. 이러한 업무에는 이메일 관리, 시스템 데이터 입력, 보고서 출력, 구매주문서 처리, 비용 처리 등이 있는데, 모두가 이러한 일을 그다지 선호하지 않으며 때로는 지겨워한다. 대다수는 이러한 일들의 자동화 처리를 바라고 있고 이를 통해 생긴 여유시간을 활용해 정시에 퇴근하고, 남는 시간은 새로운 기술이나 지식 습득과 업무 역량 향상 등에 투자하고 싶어 한다. 이처럼 RPA는 일과 삶의 균형을 추구하는 사회적인 트렌드와 부합한다.

적은 오류와 정확성

RPA는 표준 로직에서 작동하며 지루해하거나 피곤해하거나, 산만해지지 않는다. 따라서 오류 발생 가능성을 크게 줄여 재작업을 최소화할 수 있다. 이처럼 RPA 봇을 통해 데이터 무결성을 확인하고 입력 자동화로 오류를 예방할 수 있다.

빠른 처리와 신속성

컴퓨터 소프트웨어는 인간처럼 휴식, 음식, 퇴근 등이 필요하지 않고 반복적인 작업을 계속할 수 있기 때문에 인력보다 더 빠르게 작동한다. 이와 함께 RPA를 통해 처리 시간을 예측할 수 있고 연중무휴로 일관성을 담보하여 운영 전반에 걸친 고품질 고객 서비스를 보장한다.

RPA 봇은 설계된 프로세스대로 동작하므로 인간의 최고 숙련도보다 높은 숙련도로 수행이 가능하다. 만약 일이 갑작스럽게 증가한다면 그에 대한 대처로 트랜잭션 볼륨 변경을 위한 신속한 스케일업이 가능하고, 그와 반대되는 경우에는 자원의 효율적 사용을 위한 스케일다운이 쉬우므로 업무량 증가와 변동에 대해 유연하게 대응할 수 있다.

규제 준수 개선

RPA 소프트웨어는 제공된 로직 및 데이터에서 작동하며 지정된 지침에 따라 필요한 작업만 수행한다. 따라서 표준 규정을 준수하지 않을 가능성을 최소화하며 설계 이외의 인적 개입을 줄여 컴플라이언스에 대한 인적 오류를 예방할 수 있다.

감사와 보안

RPA 봇은 권한이 부여된 데이터에만 접근하며 프로세스 설계 외에는 사람의 의도가 개입하지 않고 모든 활동에 대한 자세한 내용이 생성되므로 이를 추적하고 관리할 수 있다.

더 나은 고객 서비스

RPA는 담당 직원이 고객 관련 서비스 작업에 집중할 수 있도록 자유롭게 한다. 이는 많은 고객 문의를 받는 비즈니스에 유용하며 이러한 모든 이점을 통해 RPA는 모든 조직에 전반적으로 높은 수준의 품질을 보장한다.

4 RPA 기술의 장점

RPA에는 기술적으로도 여러 가지 장점이 있다.

코드 프리 혹은 적은 코드

RPA에는 코딩이나 프로그래밍 지식이 많이 필요하지 않다. 최신 RPA 도구는 기업의 각 부서에서 사용하는 업무를 자동화하는 데 사용된다. 따라서 직원은 RPA의 작동 방식에 대해서만 교육을 받으면 되고 GUI(Graphical User Interface) 및 다양하고 직관적인 여러 마법사를 통해 쉽게 봇을 만들 수 있다. 이처럼 기존 자동화 방법과 비교하면 장점이 있으며 비즈니스 응용 프로그램의 제공을 가속화할 수 있다.

무중단

일반적으로 새로운 애플리케이션을 배포하기 위해 대규모 조직에서 현재 실행 중인 시스템을 재설계하거나 교체 및 수정하는 작업은 쉽지 않다. 그러나 RPA를 적용하면 이러한 사항에 영향을 받지 않고 매우 쉽게 구현할 수 있다. RPA는 업무담당자가 컴퓨터에 대해 수행하는 작업을 그대로 모방하는 방식으로 구현되기 때문이다. 따라서 RPA 로봇은 기존 보안, 품질 및 데이터 무결성 표준을 준수하여 사람과 같은 방식으로 최종 사용자 시스템에 접근한다.

사용자 친화적

앞서 말한 것처럼 RPA는 코딩, 프로그래밍 또는 심도 있는 IT 기술과 같은 특별한 지식이 많이 필요치 않으므로 RPA 소프트웨어를 이해하기 쉽고 사용하기 쉽다. 이러한 RPA 도구를 사용하면 내장된 스크린 레코더 구성 요소를 사용하여 마우스 클릭과 키 입력을 캡처하여 봇을 쉽고 빠르게 만들 수 있다. 또한, RPA 소프트웨어에는 작업 편집기를 사용하여 봇을 수동으로 생성하거나 편집하는 옵션이 있다.

분석 도구 내장

RPA 소프트웨어에는 봇의 워크플로우 수행에 대한 성공, 실패 및 성능을 평가하는 분석 도구가 내장되어 있다. RPA 분석 도구는 관리 도구에서 자동화된 기능을 모니터링하거나 관리하는 데 도움이 되며 봇, 워크플로우 등에 대한 기본 메트릭을 제공한다. 이는 업무담당자가 작업을 추적하고 문제를 파악하는 데 도움이 된다. 그리고 이미 모든 것이 내장되어 바로 사용되므로 통합이 필요하지 않다.

보안

조직에서 자동화를 수행하게 되면 많은 사용자가 RPA 제품에 접근할 것이다. 따라서 강력한 사용자 접근 관리 기능이 있어야 한다. RPA 도구는 작업별 권한을 보장하기 위해 역할 기반 보안 기능을 할당하는 옵션을 제공한다. 이와 함께 RPA 도구는 사용자 로깅, 작업 및 실행된 각 작업에 대한 자세한 통계를 제공한다. 따라서 내부 보안을 보장하고 산업 규정 준수를 유지한다.

5 RPA로 구현 가능한 단위 업무

RPA로 구현 가능한 업무는 단순하고 반복적이며 규칙 기반적이고 구조화된 데이터를 사용하는 업무라는 것을 앞에서 살펴보았다. 실제로 RPA로 사용될 수 있는 단위 업무는 다음과 같다.

- 웹에 있는 정보 데이터(숫자, 텍스트) 추출
- 시스템에 데이터 입력
- 시스템에 접속하여 데이터 추출
- 이메일과 첨부 파일 열고 읽기
- 이메일 발송
- 파일 또는 폴더 옮기기
- 복사하고 붙여넣기
- 웹 또는 전사 시스템 로그인
- 데이터베이스 읽고 쓰기
- 소셜미디어 통계 데이터 수집
- 사칙연산 등의 계산 실행
- 조건에 해당하는 규칙 수행
- 비교/대조 확인에 대한 결과
- 정보 검색, 업데이트 및 수집/분석
- 이메일 내용에 기초한 업무 흐름 수행
- 문서에서 구조적 데이터 추출

일반적인 예를 통해 이해를 돕도록 하겠다. 웹 스크래핑은 웹사이트에서 방대한 양의 데이터를 추출하는 데 사용하는 프로세스이다. 모든 스크래핑 작업은 '스크래퍼'라고 하는 코드 조각으로 수행된다. 대부분의 웹 스크래퍼는 데이터를 CSV(쉼표로 구분된 값) 또는 엑셀 스프레드시트 형식으로 변환한다. 그러나 일부 고급 스크래퍼는 API(Application Programming Interface)에 사용할 수 있는 JSON(JavaScript Object Notation)과 같은 형식으로도 구성할 수 있다. 이런 작업을 RPA로 구현하게 되면 빠르고 쉬운 설치를 통해 저렴한 비용과 최소한의 오류로 규칙에 맞게 소셜 미디어 데이터를 수집할 수 있다. 이런 작업은 일정한 주기의 배치 작업으로 자동화가 가능하고 무엇보다 스크래핑을 위한 인력을 따로 준비할 필요가 없다는 장점이 있다.

데이터 입력 및 구축을 살펴보자. 많은 조직이 시스템에서 데이터베이스를 구축하기 위해 입력 화면을 통해 데이터를 처리한다. 서류 증명이 중요한 경우 조직은 서류 증명을 유지하면서 이러한 데이터를 디지털로 보관해야 하는 경우가 있는데, 이때 RPA가 도움이 될 수 있다. RPA 솔루션은 입력 양식을 읽고 해당 양식에 맞게 제공된 데이터를 기반으로 추가 데이터 입력 작업도 처리할 수 있다.

이러한 처리는 어디서든 데이터에 원격 액세스할 수 있게 하고 용지 비용 및 저장 메모리 사용을 감소시키며 체크리스트 자동화 및 강화된 감사를 통해 양질의 데이터만 입력되도록 하면서도 빠른 처리가 가능하다.

이처럼 현실 세계의 많은 업무는 이러한 단위 업무들의 구현과 조합으로 이루어져 있으며 자동화할 수 있는 업무들은 RPA 기술의 발전과 융합, 응용의 발전에 따라 더 늘어날 전망이다.

6 국내외 기업의 RPA 적용 사례

RPA는 디지털 트랜스포메이션의 하나로도 주목받고 있는데, 'IT 기술을 이용한 디지털 혁신'을 추구하고자 기업들은 발 빠르게 디지털화하는 방안을 고민하고 있다. 그리고 RPA를 통하여 이러한 혁신을 시도하고 있다.

외국은 우리보다 RPA 도입이 빠른 편이다. 먼저, RPA 독일 취리히보험사의 사례를 보자. 독일 취리히보험은 직원들의 업무량 과다로 어려움이 많았고 고객의 서비스도 원활하지 않아 고객 불만이 많았다. 그러나 2014년에 RPA를 도입하여 보험 계약 확인과 보상금 지급을 포함한 51개의 프로세스를 RPA 봇이 처리하게 했고, 이 RPA 봇은 1년 만에 27명분의 업무를 혼자 담당하며 구성원의 업무를 줄였다고 한다.

월마트는 조직 구성원들의 질문에 대한 답변, 문서 작성, 정보 검색 등의 작업에 500여 개의 RPA 봇을 활용하고 있으며 AT&T는 서비스 주문, 데이터 처리, 고객 리포트 작성에 이르는 광범위한 영역에 2018년 기준 1,000여 개의 봇을 투입하고 있다.

호주의 대형 은행인 커먼웰스 은행(Commonwealth Bank)은 RPA 도입을 통한 무인화로 대출 업무 프로세스를 획기적으로 간소화시키고 정보를 입력하는 과정에서 사람에 의해 발생할 수 있는 입력 오류를 최소화하고 있다고 알려졌다.

국내에서도 전 업종에 걸쳐서 RPA 적용을 진행하고 있다. 보도자료를 통해 몇 가지 구체적인 예를 중심으로 실제 구축 사례를 살펴보겠다.

경비 처리를 위한 전표 처리로봇(기업: KT, 출처: 데이터넷)

KT는 기업의 경비 처리를 더 쉽고 빠르게 처리할 수 있는 챗봇 기반의 '전표를 대신 처리하는 전표 로봇(이하 전대리)' 솔루션을 자체 개발하여 사내에 적용했다. '전대리'는 챗봇 기반의 RPA 프로그램으로, 자주 처리하는 전표의 이력을 추천하고 시스템에 접속하지 않아도 메신저 채팅을 통해 몇 번의 클릭만으로 전표에 필요한 계정, 적요 등을 선택해 모든 전표 처리 업무를 처리할 수 있도록 만든 솔루션이다.

그동안은 경비를 처리하기 위해 전표가 발생할 때마다 사용자가 시스템에 직접 접속해 처리해야 했다. 또한, 시스템 내에서 전표 처리에 필요한 계정, 적요 등을 모두 수작업으로 입력해야만 전표 처리가 가능해 업무 처리 시간이 오래 걸렸다.

KT는 '전대리'를 적용하면 기존 대비 최대 90% 이상 업무 효율성을 향상시킬 수 있을 것으로 기대하고 있다. 또한 현장 근무 등으로 PC 접속이 어려운 영업직원을 위한 전대리 모바일 버전도 출시 예정이다.

고객 및 계약 업무 처리(기업: 오렌지라이프, 출처: 데이터넷)

오렌지라이프는 2018년 3월 도입한 RPA 시스템을 계약 심사 등 45개 업무 프로세스에 확대 시행한다. 오렌지라이프는 지난해 신규 계약, 데이터 산출, 값 검증, 고객 관리, 보험상품 관리, 보장내용 관리, 사후 관리 등 총 33개 프로세스에 RPA를 1차 적용한 바 있다. 1차 도입 시 단순 반복업무 자동화에 중점을 뒀다면 2차에서는 계약심사, 고객 관리, 보험사기 수사, 조직 관리, IT 운영 등 업무 시 오류 감소, 장시간 수행 업무 적용 등에 중점을 두고 이를 도입했다. 특히 안내장 검수, 고객 주소 변경 업무를 업무 시간 외에도 RPA로 수행할 수 있게 돼 담당 직원의 업무 만족도가 크게 올랐으며 관련 업무의 효율도 높아졌다.

제조사의 전표 생성 및 출고 지시 업무 자동화

고객사 납품 시 담당자가 제품별로 고객사의 거래처 관리 홈페이지에 접속/로그인하여 납품 정보와 파일을 등록함과 동시에 전표를 생성하고 출고를 지시하는 데 자동화를 적용한 사례가 있다.

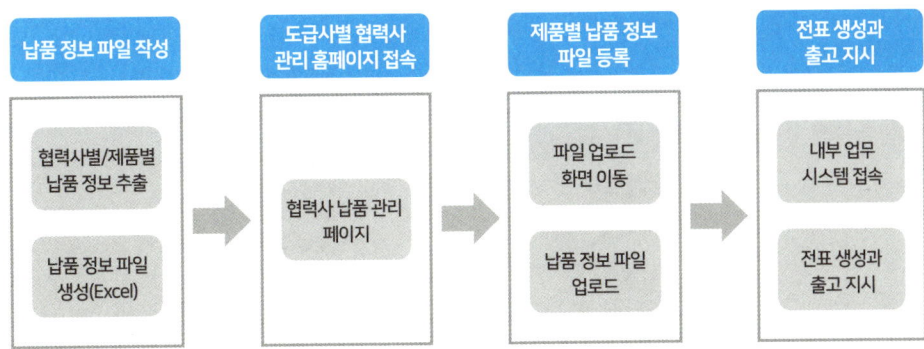

전표 생성과 출고 지시

출장비 신청 및 정산 자동화

부서별 서무 직원이 부서원의 출장 명세, 출장 영수증, 증빙 파일을 받아 총무 시스템에 등록하고 이를 이용하여 출장 신청, 전표 작성, 증빙 등록, 출장 결제 등을 처리하는 과정을 자동화한 사례가 있다.

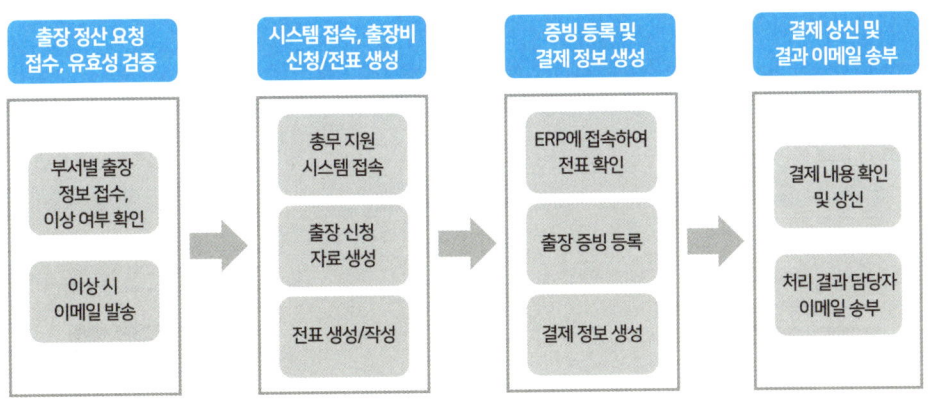

출장비 신청과 정산

매출 실적 정산 리포팅

매출 실적을 정산하는 업무로, 데이터베이스에 접속하여 질의 수행 후 결괏값을 엑셀로 저장하고 각 제휴사별로 매출, 적립 포인트, 사용 포인트를 차례대로 입력하여 리포팅하는 업무를 자동화한 사례가 있다.

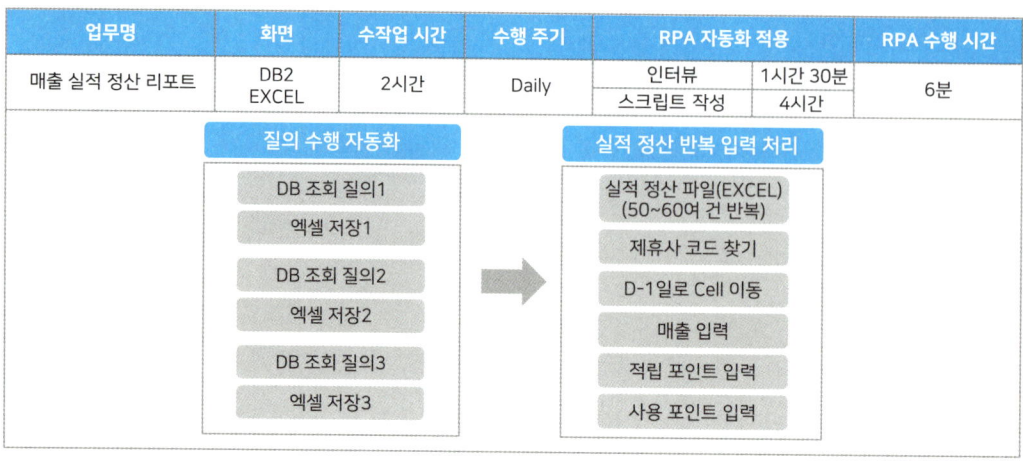

매출 실적 정산 리포팅

백화점 마감 정보 조회 및 업로드

백화점에서 영업 종료 후 대금 지불 정보를 조회한 후 엑셀로 다운로드하여 사내 SAP 시스템에 등록하는 업무를 자동화한 사례가 있다.

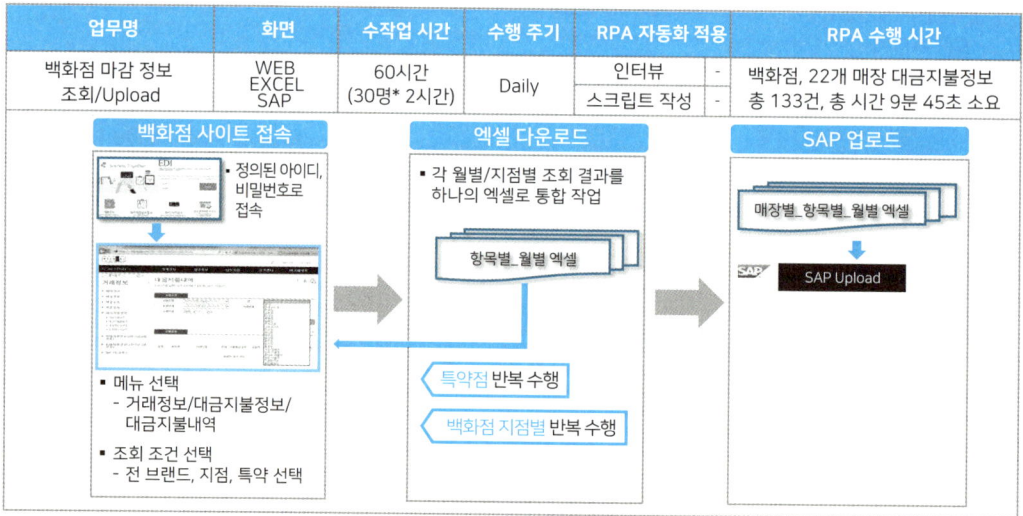

마감 정보 자동화

다음은 산업 도메인별로 어떠한 사례가 있는지 보고된 내용을 정리한 것이다.

은행

- 기업 대출 실행 전 관련 정보 조회 업무
- 부동산 담보 물건 시세 평가 업무
- 등기 배송 조회 업무
- 사업자 휴·폐업 조회 업무
- 자동차 등록 원부 조회 업무
- 파산 면책 사건 검색 업무
- 계약서 확인 업무
- 법원 우편물 스캔 업무
- 카드 정리 대상 채권 이관 업무

보험

- 고객 정보(프로파일) 갱신
- 갱신 보험료 자동 생성
- 불편사항 처리
- 정책 관리 및 서비스
- 유지 고객 안내장 생성 데이터 추출 업무
- 채권 추심 가능 고객 식별 업무
- 통합 약관 작성 지원 업무
- 사고 보험금 현황 일일 보고 작성 업무
- 채권 가압류 업무
- 안내문 샘플 체크 업무
- 보험 사기 민형사 재판 일정 확인 업무
- PF의 상품 속성값 변경 및 검토
- 부가세 신고 전 대사 작업

카드

- 법인 청구 업무
- 대 고객 서비스 업무
- 주민등록증 진위 확인 업무
- 개인 심사 업무 중 부동산 확인 서류 확인 업무
- 청구서 정보 검수 업무
- 카드 국제 정산 업무
- 정산 자료 대사 업무
- VDI 환경 자동화 업무
- 제휴처별 정산 결과 통보 업무

자산운용 / 대부

- 금융투자협회 통계 자료 수집 및 등록
- 한국예탁결제원 자료 수집 및 등록
- 펀드 상품 데이터 입력
- 해외 ETF 구성 종목 조회 및 다운로드

- 해외 파생 파일 업로드 및 대사
- ETF 변경 상장 수량 공시
- 배당금, 단주 대금 처리
- 증거금 운용 지시
- 국민연금 내역 대사(주식/채권/선물)

제조

- 자재, 생산관리를 위한 물자표 데이터 조회 및 ERP 입력 자동화
- SAP 송장 처리 업무
- 수출 D/O 정보 입력 업무
- 세금 계산서 업로드 업무
- 잠재 거래선 생성 업무
- 수출 면장 등록 업무
- CM Tool 작업 공정 관리 업무
- 출하 검사 성적서 자동 생성 업무
- 전표 생성 및 출고 지시 업무
- 일일 업무 보고 업무
- 제품/부품 등록 및 확인 업무
- 구매 입고 처리 업무
- 물품 대금 및 작업비 청구서 프로세스 자동화
- 재고 및 순출고 금액 확인 업무 자동화
- 판매 코드 기준 데이터 집계 자동화
- 중간 관리자 수수료 계산서 승인 요청 업무 자동화
- 선적 문서 데이터 조회 및 ERP 입력 자동화

서비스

- 일별 보고 자동 발송
- 주별 보고 자동 발송
- 협력사 주문 내역 자동 등록
- 메뉴 계획 다운로드
- 메뉴 계획 변경
- 운용 지시 이메일 처리 업무

증권

- 비대면 신분증 진위 확인 업무
- 비대면 계좌 개설 승인 업무
- 해외 시장 브로커 매매 펀드 기준가 업로드 업무
- 전자공시 시스템 검색 업무
- 메일 서버 점검 업무
- 신분증 진위 확인
- 입금 기간 초과 건 거부 처리
- 비대면 계좌 개설 신분증 인증

헬스케어

- 환자 등록 및 정보 이관, 통계정보 작성
- 공급자 정보 유효성 검사
- 빌링 및 컴플라이언스 관리
- 송장 발행
- 보험 등록 및 유효성 검사
- 시스템 간 의료 기록 비교
- 예약 정보 고지

물류

- 온라인 주문, 생산 지시서 작성, 제품 발송 시 송장, 포장 목록 작성
- 외부 계약자(물류창고, 물류회사 등)에게 출고, 배송 지시서, 해외주문 시 통관서류 작성
- 단순 정보 입력 및 이메일 발송

인사 / 경영지원

- 인사복지 관리
- 컴플라이언스 리포팅
- 원천징수 관리
- 주소 등록, 변경 처리
- 데이터 클렌징
- 주문 갱신

⑦ RPA 실패 사례와 대응

지금까지 RPA에 얼마나 많은 장점이 있으며, 얼마나 업무 정확도 및 효율성을 높이고 단기간에 우수한 ROI를 달성하는 데 도움이 되는지 살펴보았다. 그럼에도, RPA 실패 사례가 없는 것은 아니다. RPA가 실패할 수 있는 여러 가지 이유와 원인에 대해 한번 살펴보자.

숙련된 인력의 부족

RPA의 사용은 오늘날의 디지털 시장에서 중요한 요소가 되고 있다. 그러나 시장에는 숙련된 인력이 부족하다. 조직은 항상 RPA 기술 도입을 시작할 때는 관련 전문 인력에 대한 영입 및 구축 업체를 통한 지원을 염두에 두어야 한다. 숙련된 인력 부족 때문에 RPA가 실패할 수 있다.

엔드 투 엔드 자동화

좋은 ROI(Return on Investment)를 얻으려면 프로세스 대부분을 자동화해야 한다는 믿음이 있다. 그러나 프로세스의 모든 단계를 항상 자동화할 수 있는 것은 아니다. 일부 프로세스에서는 기계학습과 OCR 기술의 통합이 필요할 수도 있다. 따라서 이러한 새로운 기술은 추가 비용이 든다.

이와 함께 원하는 결과를 100%의 정확도로 한 번에 끝낼 수 있다는 생각을 가질수록 위험하다. OCR 엔진이 이미지를 인식하여 텍스트로 변환될 확률은 100%가 될 수 없기 때문이다. 이미지의 선명도, 기울기 등에 따라 인식률은 달라질 것이며 이를 보완하기 위한 프로세스 보정과 기계학습의 이용 등을 고려한 보장책이 있어야 한다. 그렇지 않다면 이는 RPA 프로젝트의 실패와 실망으로 이어질 수 있다. 따라서 RPA 요구 사항을 충족하는 가장 단순하고 기본적인 기능부터 시작하는 것이 좋다.

비즈니스의 필수 지원 부족

때로는 조직에서 보안상의 이유로 필요한 비즈니스 규칙, 워크플로우 다이어그램, 가능한 오류 해결 방법이나 기타 종류의 데이터를 제공하지 않을 수가 있다. 봇을 설정하려면 이러한 유형의 정보가 필요하다. 사업 부서에서 이러한 정보 및 지원을 제공받지 못하는 경우 운영팀에게는 어려운 작업이 될 것이며 이는 RPA 실패의 원인이 될 수 있다.

적절한 팀 구조 부족

RPA가 모든 디지털 프로세스를 자동화하는 데 사용될 수 있고 사람의 개입이 필요하지 않다고 생각하는 분들이 많은데, 조직은 프로세스를 모니터할 팀을 지정해야 한다. 팀은 프로세스에서 문제를 찾아 RPA 구축 업체와 공유할 수 있어야 하며 이는 성과를 달성하는 데 큰 도움이 된다. 적절한 팀 구조가 부족한 것은 조직이 원하는 결과를 얻지 못하게 하는 또 다른 이유일 수 있다.

RPA 플랫폼 공급 업체의 지원 부족

RPA 프로젝트에는 업무 자동화를 구현하거나 운영 중에 문제를 만났을 때 스스로 해결책을 찾기 어려운 상황이 있을 수 있다. 이러한 경우 자동화 개발팀이 특정 단계를 자동화하지 못할 수 있다. 따라서 RPA에 대한 경험과 기술력이 있고 도구의 모든 기능을 잘 아는 공급 업체 지원을 적시에 받는 것이 중요하다.

잘못된 업무를 자동화 대상으로 선택

ROI(Return on Investment)를 달성하는 데 자동화 대상을 선정하는 것은 매우 중요한 작업이다. 조직은 RPA를 구현할 때 단순하고 명료한 프로세스에 중점을 두어야 한다. 따라서 선택한 프로세스를 분석하여 일관되고 반복적인 규칙으로 자동화할 수 있는지 확인하는 것이 좋다. 자동화 대상 업무를 잘못 선정하게 되면 비즈니스 프로세스 효율성 또는 메트릭을 개선할 수 없게 된다.

유지 보수 계획의 부족

RPA 프로젝트를 관리하거나 실행하는 데 최소한의 유지 관리조차 하지 않아도 된다고 잘못 생각하는 경우가 있다. RPA 봇은 사람의 개입이 필요하지 않도록 배포된다. 그러나 RPA는 원활한 수행을 위해 정기적인 점검 및 유지 보수가 필요하다. 정전 때문에 시스템이 정지될 수도 있고, 네트워크에 이상이 생기거나 시스템 노후화로 말미암은 장애 등 시스템이 정상적으로 동작하지 못하는 경우는 그 외에도 많다. 따라서 유지보수는 반드시 필요하며 봇 실행 중 처리되지 않은 업무를 식별 처리해야 하고 운영 환경에서 발생하는 문제 등을 별도로 처리하기 위해서도 유지관리가 필요하다.

그 밖의 실패 사유

그 밖에도 조직이 RPA를 적용하는 데 있어 개념 증명(PoC, Proof of Concept)을 하지 않고 바로 진행하는 경우, 조직 업무가 RPA에 적합한지 알아보지 않고 진행하여 큰 낭패를 볼 확률이 있다. 또한, 너무 급하게 모든 업무에 적용하려는 소위 '빅뱅 방식'의 RPA 도입 또한 많은 부작용이 있을 수 있다

RPA 실패 사례로 배우는 최선의 방법

RPA를 도입하려는 기업은 RPA의 작동 방식을 이해하기 위해 몇 가지 자동화 가능한 핵심 업무에 대한 파일럿을 수행해야 한다. 이때는 2~3개월 정도의 기간이 적당하다. 이 기간에 효율적인 RPA 모델을 개발하고 성공적인 RPA 구현을 위한 사전 계획을 세워야 한다. 사전 계획에는 자동화되고 강력한 RPA 기술 구현을 위한 올바른 업무 선택이 포함된다. RPA를 구현하기 전에 예상 시간과 예산에 대한 확신을 얻는 것도 중요하다. 또한, 기업은 자동화 프로젝트를 모니터링하여 RPA 배포가 계획대로 작동하는지도 확인해야 하며 변경 또는 업그레이드의 경우에도 자동화가 정상적으로 작동하는지 살펴봐야 한다. 그러므로 파일럿을 통해 긍정적인 ROI를 얻은 후 배포를 고려해야 한다.

 RPA 전문가로서의 미래

RPA는 지난 몇 년간 기하 급수적으로 성장했다. 규칙적이고 반복적인 디지털 수작업을 소프트웨어 로봇으로 대체함에 따라 시장에서 RPA에 대한 수요는 증가하고 있다. 앞서 국내외 기업에 적용한 사례를 보았듯이 다양한 산업군의 많은 기업으로부터 관심을 받게 될 전망이다.

확산 및 채용의 기회 확대

RPA의 사용은 회계, 은행, 금융 서비스, 보험, 소매, 제조, 법률 등 다양한 분야에 다양한 쓰임새로 확산되었고 이제는 많은 조직이 RPA 기술과 그 이점에 대해 잘 알고 있다. 많은 다국적 기업과 대기업이 이미 이 기술을 채택했으며 이제는 중소기업에서도 이 기술을 도입하려는 추세이다. RPA 기술은 시간이 지남에 따라 나머지 기업 대부분과 조직에서 사용될 것으로 예상하며 이 분야에 대한 많은 채용 기회를 제공할 것이다.

일부에서는 RPA 기술의 도입으로 직업을 잃게 된다는 많은 걱정이 있다. 하지만, 중요한 것은 RPA가 많은 직업 옵션을 만들었다는 데 있다. 물론 이를 위해서는 특정 기술과 지식이 필요하며 소프트웨어 로봇의 도움으로 작업을 자동화할 때 비로소 새로운 일자리가 생길 것이다. 예를 들어 말로 끌던 마차를 자동차 및 기타 운송 기계로 대체하는 것이 있는데, 이는 운송 자동화라 할 수 있다. 이러한 운송 분야의 자동화를 통해 자동차 분야에서 많은 일자리가 창출되었다. 결론적으로 기술의 진보는 인간 두뇌의 독창적 창의성과 인지 기술을 요구한다. 따라서 RPA는 사람들이 새로운 것을 배우고 기술을 익히도록 도울 것이다. RPA에 대한 지식이 있는 사람들은 새로운 기술을 선택하고 지원할 수 있는 많은 직업 옵션을 가지게 된다. RPA 개발자는 기술적으로 비즈니스 프로세스로 소프트웨어 봇을 구현하기 위한 프로젝트 설계를 개발하고 업무별 자동화의 사용자 정의를 작성하고 관리한다. 또한, 프로세스 흐름, 제어 개체, 예외 처리 등을 구성하고 지속적인 개선을 지원하고자 필요한 업데이트를 제공한다.

다음은 이러한 직업 옵션의 예다.

- 프로세스 설계자

프로세스 설계자는 비즈니스 요구 사항 및 프로세스를 분석한다. 또한, 개발이나 테스트 단계에서 봇을 구현한 후 발생하는 변경 사항을 모니터링한다.

- 자동화 개발자

자동화 개발자가 실제 문제를 해결하기 위해 RPA 도구를 사용하여 RPA 프로젝트를 수행한다.

- RPA 관리자

자동화 설계 및 개발자가 시스템 구축을 완료하여 운영 단계에 다다르면 RPA 관리자는 프로세스가 올바르게 진행 처리되고 있는지 확인한다. 또한, 모든 예외가 처리되는지 모니터링한다.

추가되는 지능과 도구

RPA는 인공지능과 기계학습을 포함하도록 발전하고 있다. RPA는 향후 비정형 데이터 처리 및 간단한 판단 기반 자동화를 지원할 것으로 기대할 수 있다. 이를 통해 RPA는 단순한 규칙 기반 기술을 뛰어넘어 그 밖의 기능을 향상시키고 자동화를 쉽게 해주는 다양한 도구와 소프트웨어를 통합하는 방향으로 발전할 것이다.

9 RPA 시장 전망

현재 여러 기업은 내부의 업무 프로세스를 면밀히 분석하고 있다. '어떤 업무 프로세스에 RPA를 도입하여 효율 극대화와 비용 절감을 달성할 수 있을까?'라는 생각으로 가득하며 관심도가 굉장히 높은 수준에 있다. 이러한 기대감은 기업 업무시간 분석 결과와 무관하지 않다.

IBM이 발표한 자료를 보면 업무시간의 시간 투자 비율을 살펴봤을 때 데이터 수집 & 프로세싱 영역에 33%, 전문지식 & 인력과 상호작업 영역이 30%를 차지한다고 하며 약 63%의 기업 업무가 잠재적인 RPA 자동화 영역이라 말하고 있다.

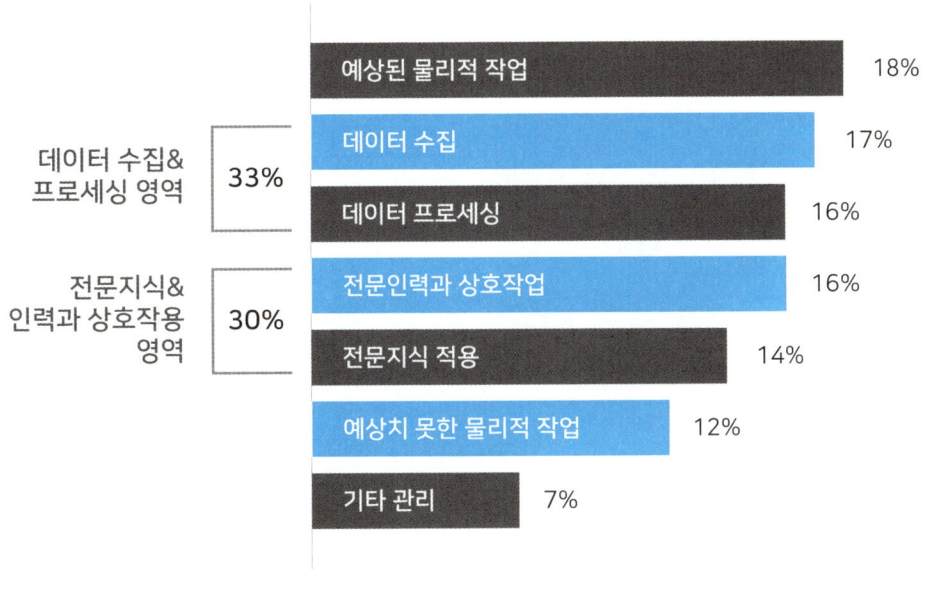

기업 업무에서 시간 투자 비율(출처: IBM)

이와 함께 국내외 RPA에 대한 기업과 일반 사용자의 관심을 구글 트렌드의 관심도 그래프로 확인할 수도 있다. 다음 그래프를 보면 2017년 이후로 관심도가 계속 상승하는 것을 알 수가 있다.

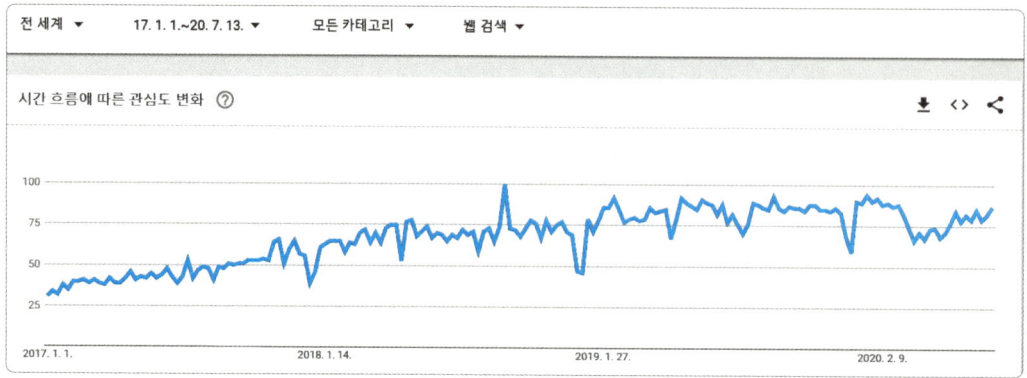

구글 트렌드 관심도 변화

세계 리서치 기관들의 전망을 살펴보면 RPA 시장은 2024년까지 연평균 30% 이상 성장할 것으로 보인다. 트랙티카(Tractica)는 2025년까지 51억 달러로 성장할 것으로 전망했으며 가트너 리서치는 RPA 시장 규모가 2022년에 24억 달러에 달할 것이며 2022년 말에는 대기업의 80%가 RPA를 도입할 것으로 전망하고 있다.

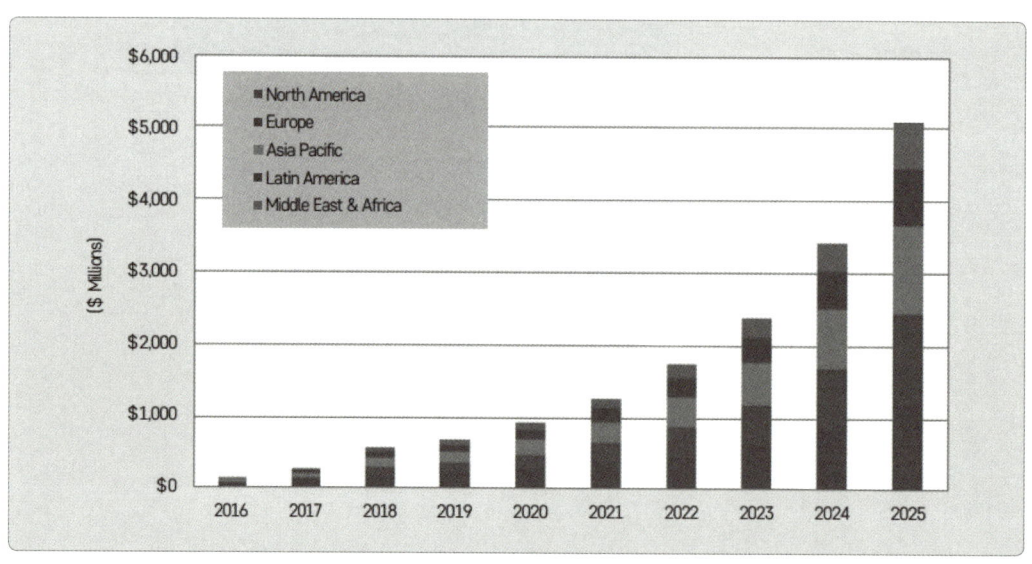

지역별 RPA 매출 전망(2016~2025)
(출처: Tractica(2017.7), Robotic Process Automation Market to Reach $5.1 Billion by 2025)

가트너가 발표한 '2020 10대 전략 IT 기술 트렌드' 보고서에서는 RPA, 기계학습 등 AI, 자동화 도구를 결합해 업무를 처리하는 초 자동화 기술이 새로운 트렌드로 자리 잡을 것으로 전망했다. RPA 솔루션이 AI와 결합하면 자연어 처리가 가능해지므로 챗봇과 연계돼 자동 스크립트를 실행하기도 하고 텍스트 분석, 비정형 문서, 스캔 파일, 이미지 등을 쉽게 인식해 업무 효율을 높이고 AI 학습 기능도 제공하므로 업무의 자동화 영역을 더 확대할 수 있게 된다.

이처럼 전 세계적으로 RPA 시장이 급성장하는 상황이지만 국내 시장 규모에 관한 조사 자료는 아직 없는 상태다. 국내의 경우 2019년부터 시행된 주 52시간 근무제와 최저임금 인상 등 새로운 정부 정책에 따른 사회경제적인 변화가 RPA 도입을 가속하는 주된 요인이다. RPA 적용을 통해 단순하지만 번거롭고 시간이 많이 드는 일을 자동화하여 고부가가치 업무에 집중함으로써 실질적인 업무 개선의 기반을 마련할 수 있다고 평가되고 있다.

이 때문에 국내 주요 기업이 RPA를 도입했거나 파일럿(사전 테스트) 절차를 밟고 있다. 특히 RPA 도입 효과가 크다고 여겨지는 금융, 통신 업계를 중심으로 도입이 활발하다.

RPA는 인간을 대체하기 위한 기술이 아닌 업무 효율성을 높이기 위한 하나의 수단이다. RPA 기술은 앞으로도 기존의 생산성을 유지하면서 우리의 '워라밸'(일과 삶의 균형)을 향상시키는 데 도움을 주는 방향으로 발전해 나갈 전망이다.

10 RPA와 여러 기술과의 비교

RPA는 여러 기술과 비교할 수 있다. 프로세스 자동화는 IT 세계에서 새로운 것이 아니며 RPA는 비즈니스 프로세스를 자동화하는 새로운 접근 방식이다. 따라서 이번에는 RPA와 전통적인 프로세스 자동화, 테스트 자동화, AI와의 비교를 통해 RPA에 대한 더욱 완벽한 이해를 돕고자 한다.

10.1 RPA vs. 전통적인 프로세스 자동화

RPA와 전통적인 프로세스 자동화를 비교해보도록 하자. 전통적인 프로세스 자동화는 워크플로우 자동화라는 용어로 부르기도 한다. RPA의 정의를 다시 떠올려보면 RPA는 컴퓨터 시스템의 사용자 인터페이스와 상호 작용하는 인간의 행동을 복제하는 소프트웨어 응용 프로그램이며 소프트웨어 로봇은 사용자와 동일한 방식으로 UI(사용자 인터페이스)에서 작동한다. 하지만, 전통적인 워크플로우 자동화 도구에서 프로그래머는 내부 API 또는 전용 스크립트 언어를 사용하여 백엔드 시스템에 대한 태스크와 인터페이스를 자동화하기 위한 일련의 동작을 생성한다.

기술

RPA 기술은 사용자 행동을 모방해서 자동화하므로 기존의 시스템이나 인프라를 수정할 필요가 없다. 반면에 전통적인 프로세스 자동화는 주로 프로그래밍을 기반으로 하는데, 다른 시스템을 통합하기 위한 통합 매서드와 API에 의존한다. 개발자는 타깃 시스템을 잘 이해해야 하고 이와 함께 사용자 행위가 했던 애플리케이션의 숨겨진 동작을 호출 및 구현하는 작업이 필요하므로 기존 IT 인프라 시스템 변경이 필요하거나 특정 사용자 정의가 필요하다.

소프트웨어 제약

RPA 기술은 구현에 큰 제약이 없으나 전통적인 프로세스 자동화에는 여러 가지 제약이 있다.

- 대상 시스템 소프트웨어의 소스 코드가 없다면 대상 시스템 애플리케이션에서의 동작을 구현 또는 커스터마이징하는 데 제한이 있을 수 있다.
- 레거시 시스템은 통합에 대해 고려하지 않은 것일 수도 있고 통합을 위한 강력한 API들이 없을 수도 있다.
- 숙련된 기술자들도 레거시 시스템 반영이 힘들 수 있다.

요약하자면 전통적인 프로세스 자동화는 소프트웨어에 대한 여러 가지 지식이 필요하므로 전통적인 프로세스 자동화가 가지는 제약이 적용되는 시스템이라면 RPA가 대안이 될 수 있다.

10.2 RPA vs. 테스트 자동화

RPA와 테스트 자동화는 모두 자동화를 포함하고 수작업을 감소시키면서 동일한 기능을 제공한다는 공통점이 있다. 테스트 자동화는 테스트 소프트웨어를 실행하여 테스트 실행을 제어하는 방법으로 실제 결과와 예상 결과를 비교한다. 테스트 엔지니어와의 상호작용 없이 자동으로 수행할 수 있다.

목적

RPA와 테스트 자동화를 본격적으로 비교해보면 먼저 RPA는 반복적인 비즈니스 프로세스를 자동화하는 것이고 테스트 자동화는 반복적인 테스트 케이스를 자동화하는 것이다.

적용 대상

RPA는 다른 비즈니스 프로세스뿐만 아니라 제품에도 적용되나 테스트 자동화는 제품 및 해당 기능에만 적용될 수 있다

환경과 사용자

RPA가 적용되는 환경은 제품 운영이지만, 테스트 자동화는 운영 환경이 아닌 개발, QA 환경(검증계) 등 다양한 환경에 구현될 수 있다. 또한, RPA는 업무 자동화를 위해 모든 개인이 사용할 수 있으나 테스트 자동화는 주로 특정 사용자(개발자나 테스터)만 사용하도록 하는 정책을 가진다.

도구 특성

테스트 자동화 도구 중 어떤 것은 웹 응용 프로그램(예: selenium)에만 적용되므로 다른 응용 애플리케이션에 적용하려면 다른 도구를 도입해서 써야 하는 경우가 있다. 객체 기반 인식 기법을 쓰는지, 이미지 기반 인식을 쓰는지로 제품을 구분하기도 하는데, 둘 모두 지원하지 않으면 하나의 도구로 전 애플리케이션 유형에 테스트 자동화를 적용할 수 없다. 그래서 테스트 자동화를 위하여 여러 제품을 같이 사용하는 경향이 있다. 반대로 RPA 제품은 업무 자동화를 위하여 어떠한 애플리케이션에도 적용될 수 있다는 전제 및 보증이 있어야 가능하므로 특정 애플리케이션만 대상으로 하는 경우는 거의 없다. 따라서 하나의 RPA 도구로 모든 업무에 적용 가능하다. 이와 같은 차이 때문에 RPA는 테스트 자동화를 대체하여 구현할 수 있지만, 테스트 자동화 도구로는 업무 자동화를 구현할 수 없다. 물론 RPA로 테스트 자동화를 구현하려면 예상 결과와 실제 결과를 비교하여 리포팅화는 업무도 부가적으로 구현해야 한다.

10.3 RPA vs. 인공지능 자동화

지금까지 살펴본 바에 따라 이제 RPA가 인간 행동을 모방할 수 있는 소프트웨어 로봇을 이용하여 업무를 자동화하고 RPA 도구는 이러한 소프트웨어 로봇을 설계하고 배포하는 데 사용된다는 사실을 알게 되었다. 이러한 도구는 사전 정의된 활동 및 비즈니스 규칙을 사용하여 소프트웨어 시스템에서 작업과 프로세스의 조합을 자율적으로 실행한다. 그러므로 RPA는 인간의 상호작용 없이 원하는 결과를 제공할 수 있다. 이와 달리 인공지능(AI)은 인간 지능을 시뮬레이션할 수 있는 기계를 말한다. 인지 자동화와 기계학습, 가설 생성, 언어 처리 및 알고리즘 변이와 결합하여 통찰력을 얻고 사람과 동일한 기능 수준에서 분석을 생성한다.

기술과 수행 방식

RPA는 인간 행동을 모방하는 방식이나 AI는 인간처럼 생각하고 행위를 하도록 프로그래밍한 인간 지능의 시뮬레이션이다. 따라서 RPA 로봇은 정의된 규칙에 따라 반복적 작업만을 자동화한다. 이와는 달리 AI는 생각과 학습을 기반으로 기계학습(Machine Learning)이나 자연어처리(Natural Language Processing)와 같은 기술이 포함되어 있어 작업을 자동화하는 규칙 기반 엔진을 만드는 것 이상을 수행할 수 있다. RPA는 AI보다 구현하기 쉽다. AI는 설정하고 실행하기 위해 많은 작업이 필요하다.

제공하는 서비스

RPA는 반복적이고 규칙 기반 비즈니스 프로세스를 자동화하는 것이기 때문에 RPA는 프로세스 중심 기술이고 AI는 데이터 중심 기술로 양질의 데이터를 제공한다. 청구서와 송장 관련 일로 예를 들어 구별해 본다면 RPA는 청구서 및 송장을 생성하는 일을 하는 것이고 AI는 청구서 및 송장을 읽고 데이터를 추출하여 구조적이고 지능적인 정보로 변환하여 의사결정 관련 일을 하는 것이라 할 수 있다.

RPA와 AI는 상호보완적 솔루션

RPA와 AI와의 관계에 대해 많은 오해가 있다. 보통 AI가 단순하게 RPA를 대체하는 기술이 될 것으로 생각하는 잘못된 시각이 많은데, 필자의 시각으로는 이 두 기술이 상호 보완적으로 적용되어야 각 기술의 장점이 적용된 모범 사례(Best Practice)가 나올 것으로 본다. RPA는 프로세스 자동화를 중점으로 사용하며 의사 판단 혹은 인지 기술이 필요한 업무 부분에 AI와 연계하여 처리하는 방향이 될 것이다. 이를 통하여 정형 데이터만 처리할 수 있었던 업무가 비정형 데이터에도 적용하여 처리할 수 있게 되며 기존에 의사결정 부분에서 사람의 판단 입력을 받아 부분 자동화하던 업무를 의사결정까지 포함하여 자동화할 수 있게 될 것이다.

2장

RPA 아키텍처와 구축 방법론

1. 일반적인 RPA 아키텍처
2. RPA 구성 요소
3. RPA 구축 프로세스

1 일반적인 RPA 아키텍처

RPA(Robotic Process Automation) 아키텍처에는 여러 가지 도구, 플랫폼 및 다양한 인프라 요소가 포함된다. RPA와 관련해 많은 제품이 있고 각각의 제품은 자기만의 특징 있는 철학과 구성을 가진다. 하지만, 개괄적으로 넓게 기능과 역할 측면에서 각 제품을 보면 비슷한 아키텍처를 가진다. 일반적인 RPA 솔루션 아키텍처를 보여주기 위해 다음과 같은 다이어그램을 만들었다. 이를 살펴보면 RPA 솔루션은 한 가지 도구가 아니라 솔루션에 필요한 여러 가지 도구, 플랫폼 및 인프라의 조합이라는 것을 알 수 있다.

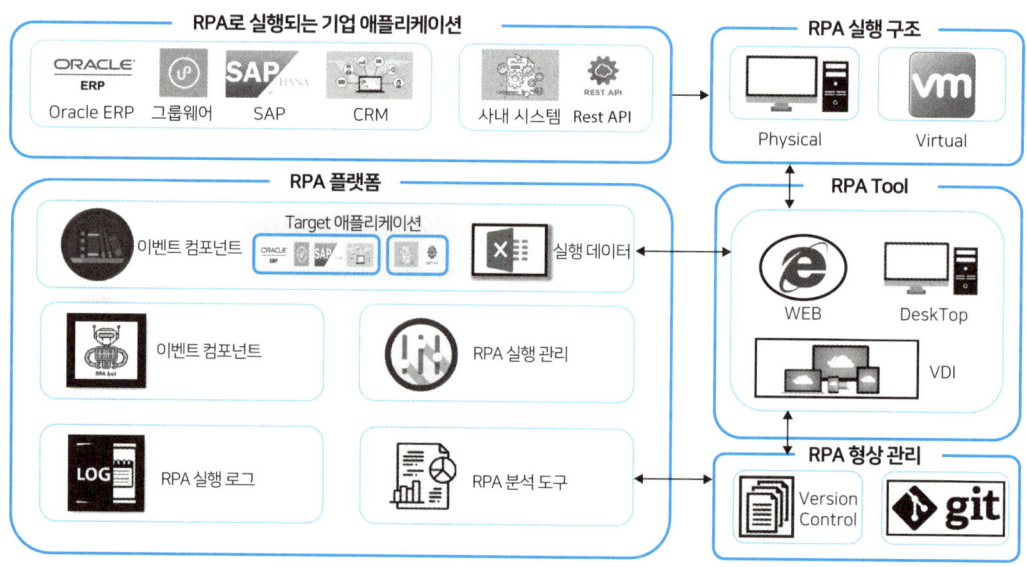

RPA 솔루션 아키텍처

RPA 실행 대상 애플리케이션

RPA는 SAP, Siebel과 같은 엔터프라이즈 응용 프로그램, 대규모 데이터 및 레코드 처리 응용 프로그램, 그룹웨어나 기타 프론트오피스 또는 백오피스 관리 플랫폼이 대상 애플리케이션이다. 이러한 여러 애플리케이션은 반복적인 프로세스 활동으로 많은 데이터를 사용한다.

RPA 도구

일반적으로 RPA 도구를 통해 다음과 같은 기능을 수행할 수 있다.

- 데스크톱, 웹, Citrix 등 다양한 환경에서 실행되는 응용 프로그램을 자동화할 수 있다.
- 루프 및 조건 등과 같은 프로그래밍 논리를 구성 및 개선, 기록하여 학습할 수 있는 소프트웨어 봇을 개발할 수 있다.
- 모듈화, 개발 시간 단축 및 유지관리를 보장하기 위해서 여러 로봇에 적용할 수 있는 재사용 가능한 컴포넌트를 구축할 수 있다.
- 공유 응용 프로그램, 사용자 인터페이스 개체 저장소 및 개체 로케이터가 포함된 개체 저장소를 구축할 수 있다.

RPA 플랫폼

RPA 플랫폼은 소프트웨어 봇의 실행을 예약, 배포 및 모니터링한다. 또한, 소프트웨어 봇에 대한 의미 있는 통찰력과 실행 통계를 발전시킬 수 있는 기능을 제공한다.

RPA 실행 인프라

RPA 실행 인프라는 사용 패턴을 기반으로 제어할 수 있는 물리적인 머신 또는 가상머신을 포함한다. 업무 자동화를 위해 병렬로 머신 수를 늘리거나 줄이는 프로세스도 수행할 수 있다.

형상 관리

RPA 봇을 개발하고 수정 및 변경을 최신 버전으로 업데이트한다. RPA 봇은 라이브러리 전체에서 재사용할 수 있으며 분기 및 병합 또한 형상 관리를 통해 가능하다.

2 RPA 구성 요소

RPA 플랫폼은 다음과 같은 구성 요소가 반드시 필요하다. 이러한 구성 요소는 반복적이고 규칙적인 업무를 자동화하는 데 사용한다.

RPA의 핵심 구성 요소는 다음과 같다.

- 레코더
- 개발 스튜디오
- 봇 러너
- 제어 센터

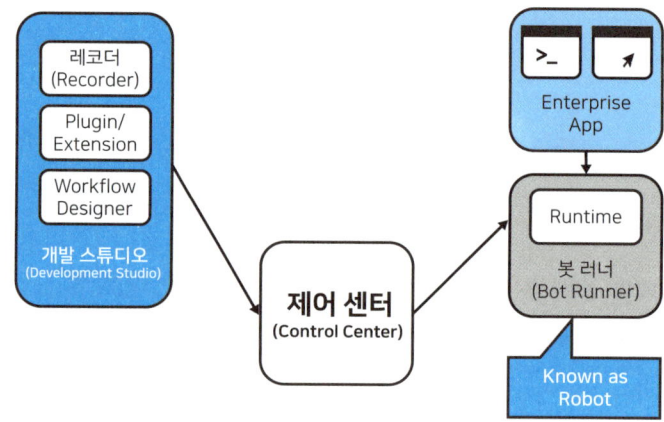

RPA 구성 요소

레코더

레코더는 RPA의 중요한 구성 요소 중 하나다. 이를 통해 프로그래밍, 코딩 또는 스크립팅 없이 응용 프로그램을 자연스러운 매크로와 같은 방식으로 자동화할 수 있다. RPA의 레코더는 이미지나 객체 기록 방식을 기본 모드로 사용한다. 기본적으로 RPA 봇은 레코딩 전체의 활성 요솟값을 포함하여 이미지나 오브젝트 특성을 캡처한다. 기록이 완료된 후 RPA 봇은 동일한 요소를 찾아 기록한 대로 프로세스를 반복한다. RPA 로봇은 스크립트 실행 중에 동일한 요소에서 클릭, 드래그 또는 스크롤과 같은 작업을 수행한다. 이러한 작업은 응용 프로그램 열기, 특정 창으로 전환, 클립 보드 작업, 엑셀 파일 조작 등으로 구성될 수 있다.

개발 스튜디오

거의 모든 RPA 도구는 핵심 구성 요소로 개발 스튜디오를 포함한다. 개발 스튜디오는 지능형 프로세스 자동화 워크플로우를 설계 또는 개발하는 데 도움을 주며 자동화를 완전히 제어할 수 있다. 개발 스튜디오에는 일반적으로 다음과 같은 기능이 있다.

- 그래픽 사용자 인터페이스
- 여러 유형의 레코더
- OCR과의 통합 지원
- 드래그앤드롭 이벤트 및 템플릿 마법사 모음
- 로깅 및 예외 처리

봇 러너

봇 러너는 개발된 소프트웨어 봇을 실행하는 데 사용된다. 봇을 실행하기 위한 유일한 요구 사항은 라이선스의 보유 여부이며 봇은 실행 상태(실행 로그, 성공 또는 실패 등)를 제어 센터에 다시 보고한다. 개발자가 소프트웨어 봇 또는 작업을 생성하고 제어의 상태를 추가로 업데이트하면 제어 센터에서 봇을 예약하고 실행한다. 일련의 봇 실행은 요구 사항 또는 우선순위에 따라 다르다.

제어 센터

제어 센터는 모든 RPA 도구의 가장 중요한 구성 요소로, RPA 봇을 제어하는 데 사용하는 플랫폼이다. 이를 통해 사용자는 많은 양의 RPA 봇의 활동을 예약, 관리, 제어 및 확장할 수 있다. 또한, 중앙집중식 사용자 관리, 자동화 배포, 소스 제어 및 대시보드와 같은 기능을 제공한다.

3 RPA 구축 프로세스

실제 RPA 프로젝트를 진행해 보면 SI 개발 및 유지보수 프로세스와 비슷하다는 것을 알 수 있다. 프로젝트 계획을 수립하고 어떤 업무를 자동화할지 선택하고 개발 운영 환경을 구축한다. 이어서 업무에 대한 분석과 설계를 거쳐 자동화 스크립트를 구현하고 테스트를 통해 실제 운영 환경에 릴리즈되어 운영된다. 운영하면서 업무나 프로세스의 변경이 있으면 이와 관련된 자동화 구현 부분을 요구 사항 변경 개발 절차에 맞춰서 유지보수, 개발하게 된다.

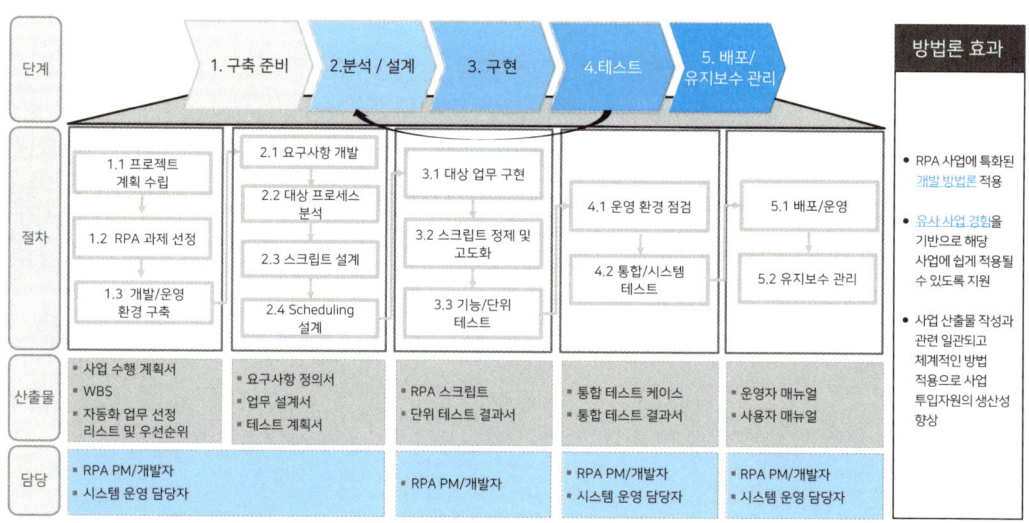

RPA 구축 프로세스

3.1 구축 준비

구축 준비 단계는 프로젝트 진행에 대한 구체적인 수행 계획을 작성하고 RPA로 구현할 업무를 선정하고 개발 및 운영 환경을 구축하는 단계이다. 구축 준비에서 가장 중요하면서, 컨설팅 요소가 있는 작업은 RPA 과제를 선정하는 작업이다. 뒤에서 어떤 판단 기준을 가지고 업무 자동화를 위한 과제를 선정하는지, 구현 우선순위는 어떻게 도출하는지를 살펴볼 것이다.

작업
- 프로젝트를 어떻게 진행할 지에 대한 구체적인 수행 계획을 작성하는 단계로, 일정, 인원, 작업 및 프로젝트 관리 방안을 작성한다.
- RPA 과제 선정과 개발 및 운영 환경에 대한 협의와 구축을 병행한다.

구축 준비 단계

프로젝트 계획 수립을 위해서 프로젝트 수행 계획서를 작성하는데, 프로젝트의 개요, 구현하는 범위를 한정하고 수행하는 조직과 역할, 프로젝트를 원활히 수행하기 위한 여러 가지 관리 요소를 어떻게 할지 기술한다. 구체적으로는 다음과 같은 목차로 구성된다.

1. 프로젝트 개요
   1.1 프로젝트 정보
   1.2 프로젝트 목표
   1.3 프로젝트 성공 요소

2. 추진 범위
   2.1 대상업무
   2.2 세부대상 개발 업무
   2.3 시스템 아키텍처

3. 추진조직/역할
   3.1 조직도
   3.2 책임/역할

4. 프로젝트 관리 방안
   4.1 전체 추진 일정
   4.2 상세 추진 일정
   4.3 인력 투입 계획
   4.4 기자재 투입 계획
   4.5 개발 규모 산정
   4.6 의사소통 관리
   4.7 품질보증
   4.8 형상 관리
   4.9 위험 관리
   4.10 동료 검토
   4.11 측정 및 분석
   4.12 인수 기준
   4.13 교육훈련
   4.14 의사결정 및 해결
   4.15 보안 관리
   4.16 프로젝트 종속성

5. 특기 사항
   5.1 전제 조건 및 지원 요청 사항
   5.2 제약 조건

프로젝트 수행 계획서

RPA 과제 선정을 위하여 업무 자동화 대상 과제를 목록으로 정리하고 각 과제가 타당한지 검토한다. 검토에서는 타당성 분석, 복잡도 평가, ROI 분석의 단계를 거쳐 선정한다. 타당성 분석에서는 보통 RPA 업무 대상인, 업무 규칙이 명확하고 반복적인 업무를 분석하며 정형 데이터를 사용하는지 등을 판단한다고 생각하면 된다. 복잡도 분석은 기술적으로 개발하기 어렵거나 얼마나 많은 업무 단계가 있는지를 판단하는데, 구현하는 데 많은 시간이 소요되고 오류가 발생할 여지가 많은 업무는 구현 대상 순위에서 뒤로 미룰 수 있다. ROI 분석은 해당 업무를 자동화하는 데 드는 노력과 비용 대비 얼마의 효과와 이익을 볼 수 있는지를 판단하는 작업이 된다. 이러한 단계적인 과정을 통하여 최종적으로 업무 자동화 대상을 선정하게 된다.

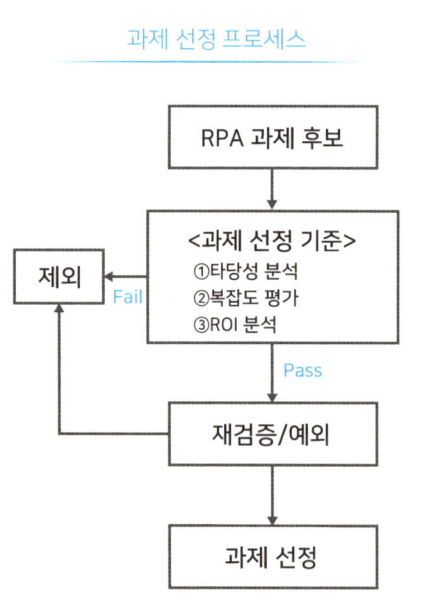

구분	판단기준
①개발 용이성	1. 규칙이 명확하고 반복적인 업무인가?
	2. 정형화/디지털화/표준화된 데이터를 사용하는 업무인가?
	3. 예외/분기가 제한적인 업무인가?
	4. 사람의 판단/ 개입이 필요한 업무는 아닌가?
②개발 효과성	1. 수작업 비중이 크고 대량의 업무인가?
	2. 자동화로 인한 수작업 절감 시간/도입 효과는 충분한가?
	3. 자동화 대상이 지나치게 적거나 많지는 않은가?
	4. 향후 업무 프로세스의 변경 가능성은 없는가?

과제 선정 프로세스와 판단 기준

다음은 자동화 대상 업무를 조사한 목록 예시인데, 업무명, 업무에 대한 간략한 설명과 프로세스 절차를 기술하여 정리하고 있다.

NO	업무명	업무 설명	업무 프로세스 절차
1	납세관리인 지정 신고	수탁자를 거치지 않고 재산세 납부 고지서를 위탁자에게 바로 송달	1. 해당 기간별 부동산 자원관리 시스템 내의 부동산 신탁 관리 대장 엑셀 파일 다운로드 2. 해당 기간별 부동산 자원관리 시스템 내의 관계자 현황(물건) 엑셀 파일 다운로드 3. 부동산 신탁관리 대장과 관계자 현황(물건) 엑셀 파일 취합(* 취합 시 공동위탁자 누락 및 동명이인 주의) - 필요 데이터: 위탁자 성명(법인명), 주민(법인, 외국인)등록번호, 사업자등록번호, 주소, 전화번호 또는 휴대전화, 과세대상 물건 소재지 4. 과세대상 물건 소재지별로 해당 지자체 구분 5. 가공된 엑셀 자료를 바탕으로 납세관리인 지정신고서 한글 파일 메일 머지 생성 6. 생성된 메일 머지 파일 출력 7. 출력된 납세관리인 지정신고서 은행장 직인 날인 [오프라인 작업] 8. 해당 지자체별로 납세관리인 지정신고서 등기 발송 [오프라인 작업]
2	종합부동산세 합산배제 신고	종부세 합산배제 신고를 통해 합산배제 요건을 충족하는 부동산에 대하여 종부세를 과세하지 아니함	1. 위탁자별 종부세 합산배제 대상 소유 주택 상세 내역을 홈택스로부터 다운로드 2. 1번의 파일을 해당 영업점별로 분류 3. 영업점별 종부세 합산배제 대상 위탁자 통지 및 해당 종부세 합산배제 신고 동의 요청 [영업점별 공문 발송] 4. 영업점별 종부세 합산배제 신고서 공문 회신 - 신고서 상 필수 기재 사항: 신고 구분, 소재지, 주택 유형, 사업계획 승인일(건축허가일), 사용승인일(사용검사일), 세무서 등록번호 및 등록일, 위탁자 서명 또는 날인 5. 홈택스를 통한 전자신고 [공인인증서 로그인→신고/납부→일반신고→종합부동산세 합산배제 신고](* 소유주택 상세 내역과 영업점 회신 신고서 목록 대조 필) 6. 신고 내역 영업점별 공문 통지

자동화 대상 업무 목록

자동화 대상 업무의 우선순위를 도출하려면 업무가 언제, 얼마나 자주 수행되는지, 그 수행 건수는 얼마나 많은지 조사하게 되는데, 수행 횟수가 많고 건수가 많을수록 이러한 자동화에 따른 수작업 대체 효과가 클 것이다. 구현 용이성은 업무 복잡도와 기술 복잡도 두 가지 사항을 고려하여 판단한다.

NO	업무명	업무 수행주기	수행시점	조사			구현 용이성 (업무)	구현 용이성 (기술)	프로세스 변경 가능성	프로세스 절차 수	리스크
				월간 수행횟수	월간 수행 예상 건수	건당 수작업 처리 시간					
1	납세관리인 지정 신고	월	업무 시간	2	2	10분 이하	중간	어려움	낮음	15이하	중간
2	종합부동산세 합산배제 신고	월	업무 시간	2	2	10분 이하	중간	어려움	낮음	20초과	높음

자동화 대상 업무 우선순위 도출

WBS(Work Breakdown Structure)는 여러 가지 방법으로 작성할 수 있는데, 예를 들면 업무 자동화 프로젝트의 단계와 액티비티를 기준으로 작성하는 방법과 구현해야 할 업무를 기준으로 작성하는 방법도 있다. 다음은 업무를 기준으로 작성한 WBS 사례이다.

RPA 구축 WBS

3.2 분석/설계

분석 설계 단계에서는 RPA 프로젝트에 대한 요구 사항을 도출하고 이를 명세화한 다음 각 업무 과제에 대한 프로세스 상세 분석을 통해 어떻게 구현할지를 설계하게 된다. 스크립트 구현 설계와 업무별 스크립트 수행 스케줄에 대한 설계로 이루어진다.

2장
RPA 아키텍처와 구축 방법론

- **작업**
  - 선정된 RPA 업무 과제에 대한 요구사항을 도출하고 이를 명세화한다.
  - 업무 프로세스에 대한 상세 분석을 수행한다.
  - 분석된 내용을 바탕으로 구체적인 스크립트 구현 설계와 각 업무가 수행되어야 하는 스케줄에 대해 설계한다.

분석/설계 단계

다음은 업무 프로세스 분석을 위한 업무 처리 화면 내비게이션 예시다. 해당 업무를 처리하는 시나리오라고 보면 되겠다.

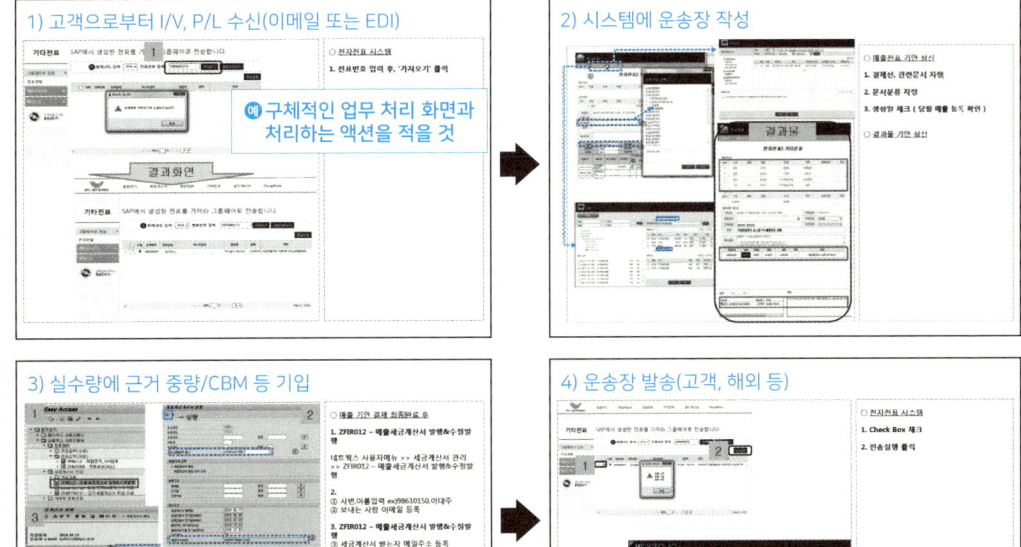

업무 처리 화면 내비게이션

다음은 업무를 구현하기 위해 RPA 도구를 이용한 처리까지 고려한 구체적인 업무 설계도의 예시다.

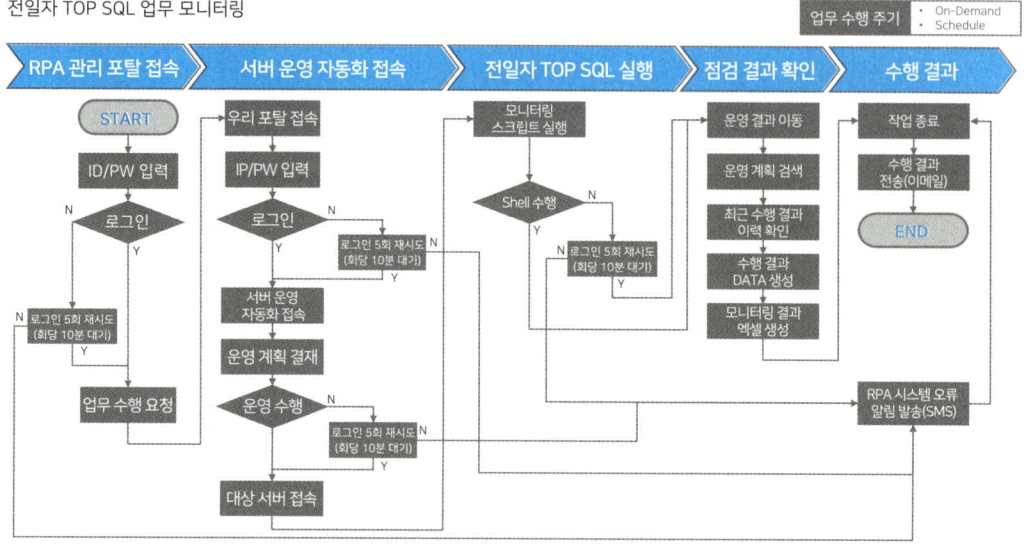

업무 설계도

3.3 구현

구현 단계에서는 분석 및 설계 단계에서 만들어진 여러 설계서를 기반으로 RPA 도구를 활용하여 스크립트를 작성한다. 스크립트는 안정된 수행과 성능을 보장하는 것이 매우 중요하므로 순서대로 고도화 및 최적화 작업을 거쳐야 한다. 이 단계에서 개발자는 스크립트를 개발하면서 개발 환경에서 자신이 구현한 업무 및 기능에 대한 단위 테스트를 수행한다.

구현 단계

다음은 CheckMATE RPA에서 이벤트를 사용하여 업무를 구현할 때의 Event List 화면으로, 어떤 순서대로 이벤트가 진행되는지를 알 수 있다. 이벤트에 대한 내용은 뒤에서 기본 설명과 사용 예시를 통하여 자세하게 설명하도록 하겠다.

Event List (Start)	
Excel Script	
Internet Browser	URL : https://docs.google.com/forms/d/e/1FAIpQLSeHuRc...
Image Check	Check Type : Until Found / Score : 75
Object Click	Click : Double Click Left
Object Click	Click : Click Left
HTML SetValue	Type : value / Data : {strPreWatchCount}
Object SetValue	Type : ValuePattern_SetValue / Data : {strPreWatchDay}
Image Click	Score : 75 / Click : Click Left
Key Typing	Typing Mode : Direct Typing / Delay : 0
HTML SetValue	Type : value / Data : {strWatchDay}
HTML SetValue	Type : value / Data : {strWarningCount}
Image Click	Score : 75 / Click : Mouse Wheel Down
HTML SetValue	Type : value / Data : {strWarningDay}
Object SetValue	Type : ValuePattern_SetValue / Data : {strMax}
Image Check	Check Type : Until Found / Score : 75
Image Click	Score : 75 / Click : Click Left

이벤트 단위로 업무 작성

다음은 이벤트에서 구체적으로 기술된 스크립트의 예시다. 엑셀 문서를 다루는 내용이 추가되어 있는데, 이것 역시 뒤에서 자세히 살펴볼 것이다.

```
1.  using System;
2.  using System.IO;
3.  using System.Collections;
4.  using System.Collections.Generic;
5.  using System.Data;
6.  using System.Text;
7.  using SymationModules.ExcelControl;
8.  
9.  public partial class CustomScript
10. {
11.         public void Excel_Script(ExcelControlClass xl)
12.         {
13.             xl.SetExcelID = "1";
14.             xl.ExcelAppExecute(xl.SetExcelID, true);
15.             xl.SetWorkbookID = xl.ExcelFileOpen(xl.SetExcelID,
    @"C:\Users\dhyoon\Desktop\서울특별시 초미세먼지 연도별 발령정보.xlsx");
16.             xl.ActiveSheet(1);
17.             xl.SelectRange(1, 2, xl.GetLastColumnIndex(),
    xl.GetLastRowIndex());
18.             strExcelData = xl.GetRangeCellValue();
19.             string[] excelrow = strExcelData.Replace("\"","").Split('\n');
20.             intLoopCount = excelrow.Length;
21.             xl.ExcelWorkbookClose(xl.SetExcelID, xl.SetWorkbookID);
22.             xl.ExcelAppTerminate(xl.SetExcelID);
23.             
24.         }
25. }
```

업무 스크립트

3.4 테스트

테스트 단계에서는 실제 검증 환경이나 운영 환경에 배포하고자 개발한 업무 스크립트를 실제 수행해 보면서 결함을 찾고 이를 수정하고 개선하는 작업을 한다. 더욱 충실한 테스트를 위해 통합 테스트 계획과 테스트 케이스를 작성하여 계획적이고 충분한 테스트를 수행한다.

테스트 단계

3.5 배포/유지보수 관리

배포 및 유지보수 관리 단계에서는 RPA 제품을 운영할 때 사용자의 요구나 시대적인 상황에 따라 발생하는 변경을 관리하게 된다. 프로세스 변경, 특정 단계의 업무나 화면 변경 등에 의해 RPA 스크립트를 부분 변경하거나 전체적으로 변경해야 하는 경우가 발생할 수 있다. 이를 위하여 적절한 변화 관리가 중요하며 모니터링을 통한 개선 과제 도출과 수정 재배포 등 적극적인 유지보수 관리가 필요하다.

배포/유지보수 관리 단계

지금까지 RPA에 대한 개괄적이고 전반적인 내용에 대해 알아보았다. 기업이 왜 RPA에 주목하고 도입하려는 하는지와 산업 도메인별로 국내외의 구체적인 적용 사례도 자세히 살펴보았다. 또한, RPA와 전통적인 프로세스 자동화, 테스트 자동화, AI 기술 등과의 비교를 통해 기술 비교 관점으로도 이해를 높였으며 일반적인 RPA 아키텍처와 구축 프로세스도 알아보았다. 다음 장부터는 실제 RPA 솔루션 중 하나인 CheckMATE RPA를 직접 설치하여 각각의 구성요소와 사용법에 대해 자세히 알아보겠다. 참고로 체험판 다운로드 방법과 설치 방법은 이 책 끝부분의 부록을 참고하길 바란다.

3장

CheckMATE for RPA 개요

1 폴더 구조
2 파일 정보
3 메뉴 구성

앞서 소개한 RPA를 구축하는 솔루션에는 여러 가지가 있다. 해외 업체로는 UI Path, Automation Anywhere, Blue Prism 등이 있으며 국내 업체로는 시메이션, 그리드원 등이 있다. 각각의 솔루션에는 저마다 장단점들이 있으며 이 책에서는 시메이션의 CheckMATE for RPA(이하 CheckMATE)에 대하여 다루어 보도록 하겠다.

CheckMATE는 국내 IT 환경에 맞춰 개발된 업무 자동화 솔루션으로, 다양하고 복잡한 IT 환경에 최적화되어 업무 자동화를 가능하게 도와주는 자동화 솔루션이다. CheckMATE는 업무 스크립트를 생성 관리하는 컨트롤 매니저(Control Manager), 통제 및 관리를 하는 서버, 실제 업무가 수행되는 봇(Bot)으로 구성된다. 주요 특장점으로는 국내 IT 환경에 최적화되어 있는 점, 이미지 인식(OCR)이 가능하다는 점, 운영이 안정적이고 구축이 쉽다는 점, 실시간 자동화 처리 속도가 빠르다는 점과 하이브리드 화면 인식이 가능하다는 점을 들 수 있다.

국내 IT 환경에 최적화된 프로그램이라 할 수 있다. 국내 제조사에서 개발한 프로그램으로, 국내외 다양한 프로그램의 모든 화면에 적용할 수 있고 엑셀이나 데이터베이스 질의를 이용한 데이터 파라미터를 처리할 수 있고 C#을 이용한 강력한 로직 구현을 솔루션 내에서 지원하고 있다. 그리고 응답 URL Header 및 Body 값에 대한 변수화 기능을 제공하며 물리 키보드 입력 기능(키보드 보안 프로그램)도 제공한다.

이미지 인식(OCR) 측면에서는 OCR 인식 학습 기능으로 인식률을 개선할 수 있고 이미지 필터링 및 폰트(문자) 학습 기능으로 인식률 향상을 기대할 수 있다. 그리고 자체 탑재된 OCR 모듈 대신 다른 모듈로도 교체할 수 있다. 예를 들어 Google OCR 모듈을 사용하여 OCR을 수행할 수도 있다.

운영 안정성 및 구축 용이성 측면에서 보면 태스크 변화를 버전별로 간단한 메모를 포함하여 저장하여 체계적인 업무 시나리오를 관리할 수 있고 일/주/월 및 특정 시간 수행을 예약하여 관리할 수 있다. 업무별 모니터링 및 실시간 차트로 수행률을 분석하고 오류 및 실패 항목은 자동으로 실패 이벤트로 등록하여 쉽게 파악할 수 있다. 필요한 이벤트들을 드래그앤드롭 방식으로 추가하여 쉽고 간단하며 직관적으로 스크립트를 작성할 수 있고, 이미지 패턴 매칭에 대한 독자적 기술력으로 정확한 화면 매칭을 통해 실시간 자동화 처리 속도 향상을 꾀할 수 있다.

마지막으로 CheckMATE는 하이브리드 화면 인식을 지원한다. 즉, 이미지 패턴, 오브젝트, 좌표 기반의 화면 인식 기능을 모두 제공한다. 그러므로 CheckMATE에서 화면 인식 기능을 사용할 때 업무 자동화 구축 환경에 따라 다양한 방법으로 화면 인식을 수행할 수 있다. 창, 웹, C/S, 동영상, X-Platform, Active X 등 화면에 출력되는 거의 모든 상황에서 이미지 패턴을 인식할 수 있다. 오브젝트 인식으로는 Win32 프로그램, 인터넷 익스플로러, 크롬, 파이어폭스 등 대부분의 윈도우 프로그램이나 인터넷 브라우저를 인식할 수 있다. 좌표 기반은 캡처 방지 기능이 있는 보안 프로그램을 사용하고 있다면 화면 인식의 대안이 될 수 있다.

그럼 지금부터 다양한 기능이 있는 CheckMATE에 대하여 자세히 살펴보도록 하자. 먼저 CheckMATE의 폴더와 파일의 구조에 대해 살펴보겠다.

❶ 폴더 구조

CheckMATE 프로그램이 설치되면 자동화 업무를 수행하는 프로세스 및 실행 파일이 저장되는 프로그램 폴더와 CheckMATE에서 수행한 이력 및 수행에 필요한 파일 정보가 저장되는 프로젝트 폴더로 구분되어 생성된다.

1.1 프로그램 폴더 구조

프로그램 폴더는 'C:₩CheckMATE₩RPA₩ControlManager₩'(기본 설정)로 명명되어 있으며 해당 폴더 안에 CheckMATE의 실행에 필요한 파일이 저장된다. 해당 폴더에는 CheckMATE를 컨트롤하는 실행 파일과 CheckMATE를 실행한 후 필요한 프로세스, 그리고 파일 및 CheckMATE를 구성하고 수행한 이력을 기록한 데이터 파일이 저장된다.

프로그램 폴더의 구조는 다음과 같다.

구분	프로세스	설명
1	CheckMATEService.exe	CheckMATE 프로세스로, 백그라운드에서 수행되는 트리거(Trigger) 모듈 혹은 스케줄(Schedule) 관리 등의 연결 및 하위 프로세스를 관리하는 모듈
2	CheckMATE_RPA.exe	CheckMATE가 기본적으로 수행하는 태스크(Task) 및 플로우(Flow)를 작동시키는 모듈
3	CpmEx.exe/ CpmStatus.exe	CheckMATE에서 제공하는 자동 로그인이 가능하도록 동작시키는 모듈
4	cvMatRpa.exe	특정 이미지를 지정하고 인식하여 매칭시키는 모듈
5	InetEx.exe	브라우저를 자동으로 실행시키도록 제어하는 모듈
6	OcrTess.exe	OCR 기능을 실행하는 모듈
7	RmPart.exe	Bot을 원격으로 접근하여 제어하는 모듈
8	SePart.exe	백그라운드에서 실행되지 않는 트리거를 제어하는 모듈
9	TrPart.exe	프로세스 간 권한을 제어하는 모듈
10	TsPart.exe	로컬 프록시 서버를 설정하는 모듈

프로그램 파일 설명

1.2 프로젝트 폴더 구조

프로젝트 폴더는 CheckMATE가 자동화 업무를 수행하는 데 필요한 데이터나 CheckMATE 내에서 만들어진 스크립트 파일 등이 저장된다. 해당 폴더는 'C:\RPA Project\'(기본 설정)이며 이 폴더에 CheckMATE의 주요 기능인 FlowBuilder, TaskBuilder, Trigger, Schedule을 통해 생성된 파일이 저장되고 이를 계속 재사용하게 된다.

프로젝트 폴더의 구조는 다음과 같다.

구분	폴더	설명
1	_TemporaryBase	업무 자동화가 수행된 이력이 데이터 파일로 저장되는 폴더
2	BotDownload	봇으로 구성된 PC에서 수행된 태스크 및 플로우 파일이 저장되는 폴더
3	BotLogViewer	봇에서 자동화 업무 수행 시 캡처한 이미지 파일 및 로그 파일 등이 저장되는 폴더
4	FlowRoot	CheckMATE에서 만들어진 플로우 파일이 저장되는 폴더
5	IncludeData	자동화 업무에 적용될 엑셀 데이터 등이 저장되는 폴더
6	Reference	CheckMATE에 적용할 추가 기능을 가진 라이브러리 파일이 저장되는 폴더
7	Scheduler	스케줄에 등록되어 수행된 이력인 로그 파일이 날짜별로 구분되어 저장되는 폴더
8	ShareBox	봇에 적용할 태스크 및 플로우 파일이 저장되는 폴더
9	TaskRoot	CheckMATE에서 만들어진 태스크 파일이 저장되는 폴더
10	Trigger	트리거가 수행된 이력이 저장되는 폴더

프로젝트 폴더 구조

프로그램 폴더 및 프로젝트 폴더에 저장되는 파일과 앞서 언급한 봇(Bot), 태스크(Task) 및 트리거(Trigger) 등 해당 용어에 대해서는 파일 정보를 설명하는 다음 절에서 다루도록 하겠다.

② 파일 정보

앞에서 언급한 업무 자동화의 이점을 최대한 살릴 수 있도록 CheckMATE를 설치하면 CheckMATE에서 사용되는 많은 기능이 파일로 저장되어 재사용할 수 있도록 구성되고 수행 이력이 파일로 저장되므로 해당 이력을 확인할 수 있다.

이러한 파일은 실제 업무 자동화를 수행하는 스크립트 내용이 저장된 태스크(Task) 파일, 특정 태스크 파일을 다양한 방법 및 조건을 통해 단일 태스크 파일로 연결해 하나의 프로세스로 만든 플로우(Flow) 파일, 특정 조건을 설정하여 이에 부합하면 태스크 파일 및 플로우 파일을 수행하도록 하는 트리거(Trigger) 파일 등으로 구성된다. CheckMATE 내에서 생성하면 특정 폴더 경로에 파일이 생성되고 파일은 CheckMATE에서 생성된 이름과 같은 이름으로 생성된다. 또한, 실제 업무를 수행할 수 있는 파일의 특정 기능을 추가하거나 보조할 수 있는 라이브러리 파일 역시, 지정된 폴더 경로에 저장되어 사용할 수 있다.

CheckMATE는 C# 언어를 기반으로 개발되었지만, 파일 형식이 달라도 다양한 기능을 수행하는 파일과 연동하여 사용할 수 있다. 기본적으로 CheckMATE가 가진 여러 기능 파일 이외에 추가 기능이 필요하다면 해당 기능을 수행하는 파일을 가져와 적용할 수 있다.

그러면 CheckMATE 파일 정보에 대해 알아보도록 하자.

2.1 프로그램 파일 정보

프로그램 폴더는 CheckMATE 프로그램이 동작하는 데 필요한 프로세스 정보가 담긴 폴더를 말한다. 프로젝트 폴더에는 CheckMATE에서 수행된 자동화 업무의 결과물 혹은 자동화 업무에 필요한 데이터가 저장되는 반면, 프로그램 폴더에는 업무 자동화가 정상적으로 작동되는 데 필요한 프로세스 및 해당 모듈이 저장된다. CheckMATE를 설치하면 7개의 프로그램 폴더가 자동으로 생성되며 해당 폴더는 'C:₩CheckMATE₩RPA₩ControlManager₩'(기본 설정) 아래에 생성된다. 이제 각 폴더의 내용 및 성격에 대해 알아보자.

_Exception 폴더

업무 자동화를 수행하다 보면 CheckMATE가 설치된 PC에서 예기치 못한 문제가 발생하여 PC가 꺼지거나 CheckMATE 프로그램이 비정상적으로 종료되는 경우가 발생할 수 있다. 이때 CheckMATE가 종료되는 시점의 현상에 대한 로그 파일이 생성되는데, 이러한 로그 파일이 저장되는 폴더가 _Exception 폴더다.

_Exception 폴더와 파일

_ChromeTemp 폴더

자동화 업무를 선정할 때 업무 담당자와 지속해서 협의하여 기준을 정하면 다양한 업무에 자동화에 적용할 수 있다. 자동화 업무 영역은 다양하지만, 그중 큰 비중을 차지하는 업무가 특정 웹페이지에 접속하여 자동화 업무를 수행하는 것이다. 기업 대부분은 업무 및 경영 관리를 모두 전산화하여 관리한다. 예를 들어 기업은 자신만의 웹페이지를 만들어 기업의 구성원들이 해당 웹페이지에서 모든 전산 업무를 수행하도록 한다. 이처럼 다른 브라우저에서 크롬 브라우저로 접근하여 자동화 업무를 수행하고자 할 때 필요한 환경 설정 및 프로세스 파일이 ChromeTemp 폴더에 저장된다.

_ChromeTemp 폴더 및 하위 폴더

tessUtils 폴더

CheckMATE의 핵심 기능 중 하나는 OCR(Optical Character Recognition)이다. OCR 기능은 이미지 형식으로 된 파일의 문자나 숫자, 기호 등을 인식하여 텍스트 데이터로 전환하는 기능으로, 이를 통해 CheckMATE를 활용하여 업무 자동화를 구현할 수 있다.

일반적으로 기업의 업무 담당자는 업무 시간에 많은 문서를 다루면서 업무를 수행한다. 문서 대부분은 포맷이 정형화되어 있고 해당 포맷에 들어가는 정보도 형식이 지정된 경우가 많다.

예를 들면, 기업에서 생산하는 제품을 판매하기 위해서 제품의 규격과 가격 등 판매에 필요한 정보가 작성된 문서를 수신받으면 업무 담당자가 문서를 일일이 읽어 정보를 기업의 전산 시스템에 입력한다. 제품의 종류가 다양하고 문서 양이 방대하다면 업무 담당자가 전산 시스템에 정보를 입력하는 데 많은 시간이 소요된다. 하지만, OCR 기능을 사용하여 이 업무를 자동화하면 문서 내용이 다르더라도 지정된 포맷에 작성된 정보를 데이터화하여 짧은 시간에 정보를 입력할 수 있다.

이처럼 정형화된 문서 포맷을 인식하여 문자나 숫자 기호 등을 데이터로 전환, 사용하는 데 필요한 OCR 기능을 위한 파일이 필요하고 이런 파일은 tessUtils 폴더에 저장된다.

tessUtils 폴더

2.2 프로젝트 파일 정보

프로젝트 폴더는 실제 업무 자동화를 수행하는 파일이 있는 폴더를 말한다. CheckMATE에서 생성된 파일은 특정 경로에 위치한 폴더에 저장된다. CheckMATE를 설치하면 10개의 Client 폴더가 자동으로 생성되며 이 폴더는 'C:\RPA Project'(기본 설정) 아래에 생성된다. 10개 폴더 모두가 다른 성격의 폴더로 구성되며 각각의 폴더에는 업무 자동화에 필요한 파일들이 저장된다.

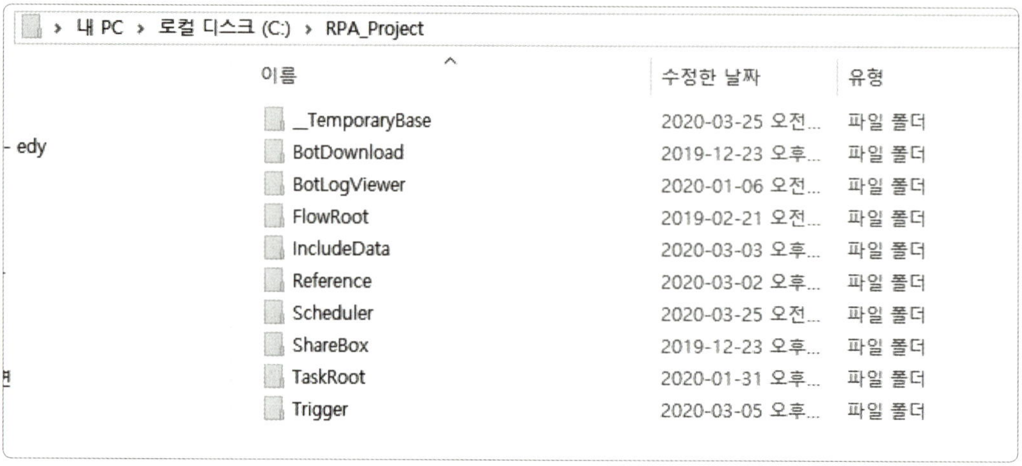

프로젝트 폴더 및 하위 폴더

다음에서 각 폴더의 내용 및 성격에 대해 알아보자.

__TemporaryBase 폴더

_TemporaryBase 폴더에는 실시간으로 자동화 수행 이력 데이터가 남게 된다. 자동화 수행 이력 로그 데이터, 수행 시 화면을 캡처한 이미지, 자동화 업무의 변수 데이터, 수행된 태스크 및 플로우 파일의 정보 등이 실시간으로 저장된다. 즉, 하나의 자동화 업무가 수행되면 수행 내용이 저장되고 다음 자동화 업무가 수행되면 이전 내용이 갱신되면서 새롭게 수행되는 자동화 업무의 수행 이력이 저장된다. 단, 이 정보는 실시간으로 갱신되며 임시로 저장되는 정보이기 때문에 영구 저장되지는 않는다.

_TemporaryBase 폴더 및 하위 폴더

BotDownload 폴더

BotDownload 폴더 정보에 대해 알아보기 전에 봇(Bot)이라는 대상에 대해 간략히 설명하고 넘어가겠다.

기본적으로 CheckMATE는 개별 PC에 설치되고 PC에서 업무 자동화에 필요한 스크립트 파일을 작성하고 작성된 파일을 기반으로 자동화 업무를 수행한다. 즉, 자동화 업무를 수행하는 동안에는 자동화 업무 이외에는 PC에서 어떠한 액션도 취할 수 없다. 만약, 자동화 업무가 수행되는 도중에 마우스를 수동으로 움직이거나 수행 화면에서 다른 프로세스를 활성화하면 오브젝트나 이미지 인식에 실패하여 자동화 업무에 실패한다. 따라서 해당 PC는 자동화 업무 이외에는 사용할 수가 없다. 즉, 봇으로 지정된 PC는 자동화 업무의 용도로만 사용해야 한다.

봇 PC가 구성되면 BotDownload 폴더에는 봇 PC에서 수행되었던 태스크 및 플로우 파일 정보가 저장된다. 이를 통해 이 PC에서 진행되었던 자동화 업무를 확인할 수 있고 수정이나 삭제 또한 가능하다.

BotDownload 폴더

BotLogViewer 폴더

BotDownload 폴더와 비슷한 성격의 폴더로, 봇 PC에서 수행된 수행 이력 데이터가 저장된다. 자동화 업무 수행 시 캡처한 이미지 파일 및 로그 파일 등이 저장되므로 BotLogViewer 폴더에서 수행 이력을 확인할 수 있다. 단, 지금 설명하는 봇과 관련된 폴더 정보는 네트워크와 서버가 구성된 후 실제 봇에서 자동화 업무가 수행되어야 수행 이력 및 캡처 파일을 확인할 수 있다.

BotLogViewer 폴더

FlowRoot 폴더

CheckMATE 프로그램 내에서 연속적인 업무 자동화를 위한 스크립트 파일을 생성하면 FlowRoot 폴더 아래에 플로우 파일이 생성된다. FlowRoot 폴더에는 CheckMATE 프로그램 내에서 생성한 모든 플로우 관련 폴더 및 파일이 저장되며 CheckMATE에 업무의 특성별로 스크립트가 생성되어 있다면 FlowRoot 폴더에도 동일한 형태로 저장된다.

FlowRoot 폴더 내에서 폴더명 및 파일명을 수정한 후 CheckMATE 프로그램 내에서 새로 고침하면 즉각 반영된다.

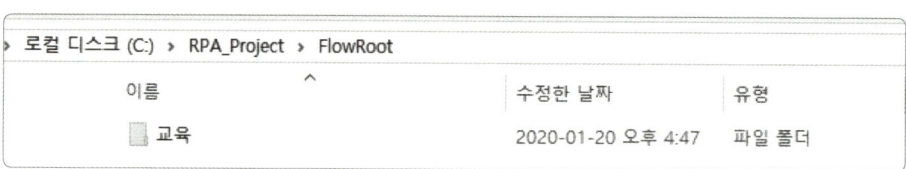

FlowRoot 폴더

IncludeData 폴더

IncludeData 폴더에는 데이터 정보가 포함된 엑셀 파일 및 데이터베이스 타입의 파일이 저장된다. 그리고 이 파일은 Flow Builder를 사용하여 업무를 자동화로 구현한 경우 사용된다. Task Builder만을 사용하여 구현한 경우에는 사용할 수 없다.

예를 들면, 서버에 접속하고자 여러 계정을 반복적으로 로그인 후 접속해야 할 때 계정 정보가 든 파일을 미리 작성하여 Include Data 폴더에 저장하면, 플로우 스크립트가 수행될 때 Include Data 폴더에 저장된 데이터 파일을 적용하여 로그인 시에 데이터 파일에 입력된 데이터 수만큼 반복하여 수행한다.

IncludeData 폴더에 저장되는 파일로는 엑셀 파일 형식인 .xlsx, .xls, .csv와 데이터베이스 타입의 파일 등이 있다. 파일 안에 있는 데이터를 순차적으로 또는 랜덤으로 적용하는 등 데이터 파일을 적용하는 방식과 데이터는 CheckMATE에서 설정할 수 있으며 자세한 설명은 뒤에서 하도록 하겠다.

IncludeData 폴더

Reference 폴더

Reference 폴더에는 CheckMATE가 기본적으로 가진 기능 이외에 필요한 기능을 추가할 때 사용하는 파일을 저장할 수 있다. 업무 자동화에 필수적인 기능은 대부분 CheckMATE에 준비되어 있지만, 일부 특수한 기능을 수행하는 업무라면 그 기능을 수행할 수 있는 파일을 가져와 적용시키면 CheckMATE에서 활용할 수 있다. 이 일부 특수한 기능을 수행하는 데 필요한 파일의 형식은 3가지다. Java 기반으로 구성된 JAR 파일, .NET 기반으로 구성된 DLL 파일 그리고 Microsoft Command 기반의 COM 파일이 있다. C#으로 개발된 CheckMATE는 C# 개발 언어가 .NET 기반이기 때문에 DLL 파일을 적용하는 데는 문제가 없고 JAR 파일이나 COM 파일도 CheckMATE가 자체적으로 적용해주기 때문에 호환성에 문제는 없다. 따라서 필요한 기능이 포함된 3가지 파일 형식을 통해 추가 기능을 구현할 수 있다.

구분	파일 형식	설명
COM	.com	운영 체제에 내보낼 명령어를 포함하는 텍스트 파일 포맷
JAR	.jar	자바 플랫폼에 응용 소프트웨어나 라이브러리를 배포하기 위한 소프트웨어 패키지 파일 포맷
DLL	.dll	여러 프로그램에서 동시에 사용할 수 있는 코드와 데이터를 포함하는 파일 포맷

Reference 폴더 구분

이 파일은 CheckMATE 설치 시 구성된 3개의 폴더로 구분되어 저장되며 각 폴더에 저장한 이후에 적용하여 해당 기능을 사용할 수 있다.

Reference 폴더

Scheduler 폴더

반복 업무를 자동으로 수행하려면 업무를 태스크나 플로우 파일로 만든 후 CheckMATE를 통해서 수행시켜야 한다. 이때 자동화 업무를 매 시점에 반복적으로 수행해야 한다면 업무 담당자는 자동화 업무를 실행할 때마다 CheckMATE를 실행해야 하는 번거로움이 생긴다. 이럴 때는 업무 자동화의 이점이 크게 작용하지 못할 수 있다. 하지만, CheckMATE가 가진 기능 중 스케줄(Schedule) 기능을 이용하면 이 문제를 해결할 수 있다.

스케줄은 CheckMATE를 통해 만들어진 태스크나 플로우 파일을 원하는 시간에 원하는 횟수만큼 설정하여 수행할 수 있는 기능이다. 이처럼 매일 특정 시간에 원하는 횟수만큼 업무를 수행할 수 있다면 업무 자동화의 효율성을 극대화할 수 있다. 스케줄 기능을 통해서 매번 자동화 업무를 확인하지 않아도 업무 수행이 정상적으로 작동하는지는 Scheduler 폴더에 저장되는 로그 파일만으로 확인할 수 있다.

Scheduler 폴더에는 스케줄에 등록되어 수행된 수행 이력인 로그 파일이 날짜별로 구분되어 저장된다. 로그 파일에는 등록된 업무가 수행될 때마다 갱신되어 수행 이력이 파일에 저장된다. 또한, 수행된 자동화 업무는 수행 시점에서 결과 이미지 파일도 저장하므로 이를 통해서도 확인할 수 있다.

이름	수정한 날짜	유형
20200304095100167	2020-03-04 오전 9:51	파일 폴더
20200326095500201	2020-03-26 오전 9:55	파일 폴더
Active.db	2020-03-26 오전 9:55	Data Base File
Scheduler.xml	2020-03-26 오전 9:53	XML 문서
Scheduler_20200320.log	2020-03-20 오후 5:33	텍스트 문서
Scheduler_20200324.log	2020-03-24 오후 5:35	텍스트 문서
Scheduler_20200325.log	2020-03-25 오후 5:36	텍스트 문서
Scheduler_20200326.log	2020-03-26 오전 9:59	텍스트 문서
SchedulerBot.xml	2020-01-13 오후 12:50	XML 문서

Scheduler 폴더

ShareBox 폴더

ShareBox 폴더는 앞서 설명한 봇과 관련된 파일이 저장된다. 봇 PC는 자동화 업무를 수행하도록 설정되어 있다. 실제 태스크 파일 및 플로우 파일을 주로 작성하는 것은 봇 PC와 연동된 CheckMATE ControlManager가 설치된 PC다. 이 PC에서 작성된 태스크나 플로우 파일을 봇 PC에 적용시키기 위해서 CheckMATE는 ShareBox 기능을 제공하며 봇 PC가 물리적으로 멀리 떨어져 있더라도 이 ShareBox 기능을 이용하여 손쉽게 봇 PC에 저장하여 수행시킬 수 있다. 이러한 ShareBox 기능을 통해 저장된 스크립트 파일은 ShareBox 폴더에 저장되며 업로드 시 버전 정보도 간단하게 작성하여 저장할 수 있다. 이처럼 ShareBox는 데이터베이스 역할을 하는 구조로, ShareBox에 스크립트 파일을 업로드할 때마다 ShareBox 폴더에 업로드한 정보가 갱신된다.

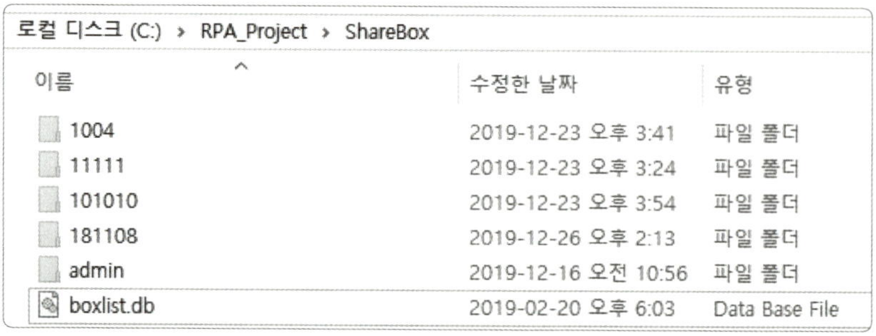

ShareBox 폴더

TaskRoot 폴더

CheckMATE의 TaskRoot 폴더에는 CheckMATE Task Builder를 통하여 구현한 업무 자동화 스크립트 파일이 생성되며 TaskRoot 폴더 아래에 태스크 파일로 생성된다.

FlowRoot 폴더와 마찬가지로 TaskRoot 폴더 내에서 폴더 명 및 파일명을 수정하면 CheckMATE 프로그램 내에서 새로 고침을 통해 즉각 반영할 수 있다.

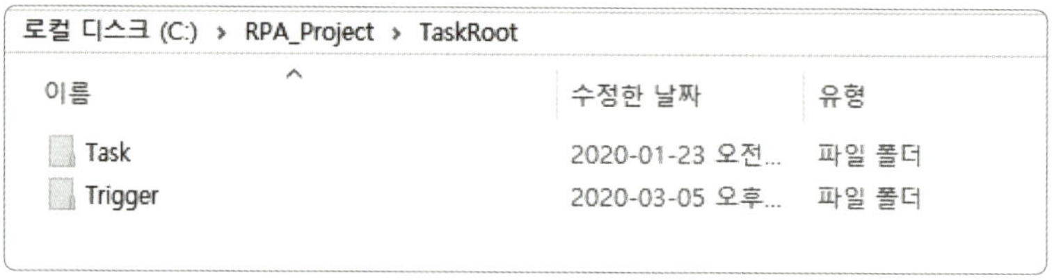

TaskRoot 폴더

Trigger 폴더

자동화를 통해 수행되는 자동화 업무는 보통 규칙적이고 반복적이며 정형화된 것이 대부분이다. 그러나 간혹 반복적이고 정형화된 업무이지만 불규칙적으로 수행되는 업무가 있을 수 있다. 이 경우 보통 긴급을 요하는 업무가 주를 이루게 되므로 업무를 수행해야 할 때 바로 수행할 필요가 있다. 이때 사용하는 것이 트리거(Trigger)다.

트리거는 기존에 미리 설정해 둔 조건에 일치하는 상황이 발생하면 설정된 태스크를 수행하는 기능이다. 예를 들어, 특정인으로부터 이메일을 수신할 경우나 FTP에 파일이 업로드되는 경우 업무 자동화를 수행하게 설정할 수 있다.

다른 방법으로는 예상치 못한 예외 사항이 발생하거나 광고 알람과 같은 랜덤하게 발생하는 예외 사항이 생길 경우 자동화 업무가 정상적으로 수행되지 않을 수 있다. 또한, 매번 예외 사항이 발생할 때마다 스크립트 수정이 진행된다면 업무 자동화의 효율성이 떨어질 수 있다. 이러한 상황을 방지하기 위해 트리거 기능을 사용할 수 있다. 이 경우 트리거는 미리 정해진 규칙에 따라 진행되는 것이 아닌 예외 사항에 대한 조건을 설정하여 해당 조건의 발생을 감지하는 프로세스를 설정하는 것이다. 트리거를 실행하게 되면 예외 사항을 감지하는 프로세스가 동작하여 예외 사항이 랜덤하게 발생하더라도 즉각 감지하여 예외 처리를 수행하게 된다.

Trigger 폴더에는 트리거가 수행된 이력이 저장되며 해당 로그 파일을 통해서 수행 결과를 확인할 수 있다. 이러한 결과 내용을 통해 작동된 트리거의 종류와 트리거에 의해 수행된 내용을 확인할 수 있다.

Trigger 경로 및 세부 내용

Layout 폴더

CheckMATE 프로그램 내에는 자동화 업무를 수행하는 주요 4가지 기능으로 FlowBuilder, TaskBuidler, Schedule, Trigger가 있다. 각 기능별로 사용 가능한 메뉴와 인터페이스가 고정되어 있는데, 이러한 인터페이스를 변경하여 CheckMATE 사용자의 편의성을 증가시킬 수 있다.

자동화 업무를 등록하고 변경 및 수정하는 컴포넌트 화면의 크기를 줄이거나 늘릴 수 있고 C# 코드를 입력하는 부분의 크기를 늘리거나 줄일 수 있다.

사용자의 편의에 맞게 레이아웃을 설정하여 저장하면 해당 Layout 파일이 생성되고 해당 파일은 Layout 폴더에 저장된다. 레이아웃을 설정하여 저장한 다음 CheckMATE를 종료 후 재실행하게 되면 저장한 Layout 파일을 불러와 이전에 설정한 인터페이스 형태로 CheckMATE를 다시 사용할 수 있다.

Layout 폴더

Wav 폴더

업무 자동화를 위한 스크립트를 작성하는 데 필요한 컴포넌트 중 사운드 파일이 있다. 이 사운드 파일은 .wav 파일 형식으로 Wav 폴더에 저장된다. 기본적인 사운드 파일은 CheckMATE 설치 시 Wav 폴더에 저장되어 있으며, 추가 .wav 형식의 파일이 필요하다면 그 파일을 Wav 폴더에 저장하여 사용할 수 있다.

로컬 디스크 (C:) › CheckMATE › RPA › ControlManager › Wav			
이름 ^	수정한 날짜	유형	크기
Windows Background.wav	2017-09-29 오후 10:41	WAV 파일	209KB
Windows Balloon.wav	2017-09-29 오후 10:41	WAV 파일	175KB
Windows Battery Critical.wav	2017-09-29 오후 10:41	WAV 파일	210KB
Windows Battery Low.wav	2017-09-29 오후 10:41	WAV 파일	176KB
Windows Critical Stop.wav	2017-09-29 오후 10:41	WAV 파일	156KB
Windows Default.wav	2017-09-29 오후 10:41	WAV 파일	71KB
Windows Ding.wav	2017-09-29 오후 10:41	WAV 파일	188KB
Windows Error.wav	2017-09-29 오후 10:41	WAV 파일	168KB
Windows Exclamation.wav	2017-09-29 오후 10:41	WAV 파일	235KB
Windows Foreground.wav	2017-09-29 오후 10:41	WAV 파일	186KB
Windows Hardware Fail.wav	2017-09-29 오후 10:41	WAV 파일	131KB
Windows Hardware Insert.wav	2017-09-29 오후 10:41	WAV 파일	145KB
Windows Hardware Remove.wav	2017-09-29 오후 10:41	WAV 파일	104KB
Windows Logoff Sound.wav	2017-09-29 오후 10:41	WAV 파일	186KB
Windows Logon.wav	2017-09-29 오후 10:41	WAV 파일	376KB

Wav 폴더

3 메뉴 구성

3.1 전체 GUI

CheckMATE Control Manager는 기능별로 5가지 메뉴로 구성되어 있다. 실제 업무를 수행하도록 업무 스크립트를 작성할 수 있는 Task Builder, 작성된 스크립트를 업무의 흐름에 맞도록 연결하여 연속적으로 수행할 수 있는 Flow Builder, 개별 업무 스크립트 및 연속 플로우 스크립트를 정해진 시간에 동작하도록 예약 수행 기능을 하는 Schedule, 특정 조건을 만족하면 미리 등록된 스크립트를 동작시키는 Trigger, CheckMATE Control Manager의 기본적인 설정을 할 수 있는 Setting 메뉴로 나뉜다.

Setting 메뉴를 제외한 4가지 메뉴는 해당 기능을 수행하는 기능 탭과 화면 보기를 설정하는 [View] 탭으로 구성되므로 사용자에게 편의성을 제공한다.

우선, 공통으로 사용하는 [View] 탭에 대한 설명을 진행하고 각 메뉴의 기능 탭에 대해서는 다음 장에서 자세히 설명하겠다.

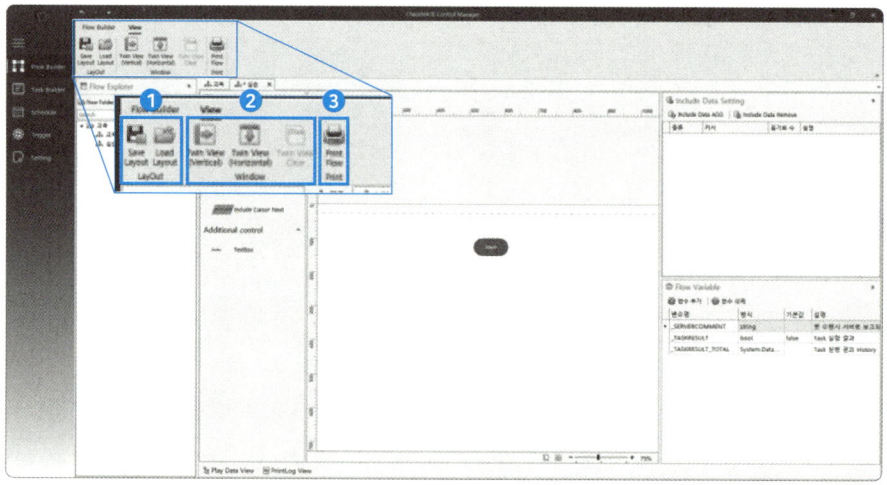

Flow Builder 메뉴

① Layout

- **Save Layout:** 현재 설정된 CheckMATE Control Manager의 레이아웃 설정을 저장한다.
- **Load Layout:** 저장된 레이아웃 설정을 불러온다.

② Window(Flow Builder, Task Builder만)

- **Twin View(Vertical):** 현재 화면에서 2개 이상의 파일을 2개의 수직 레이아웃으로 나누어 보여준다.
- **Twin View(Horizontal):** 전체 화면에서 2개 이상의 파일을 2개의 수평 레이아웃으로 나누어 보여준다.
- **Twin View Clear:** Twin View로 나뉜 레이아웃을 기본 형태로 복구한다.

③ Print(Flow Builder만)

- **Print Flow:** 현재 지정된 스크립트 페이지를 인쇄하는 설정 페이지로 이동하여 인쇄를 실행하거나 Zoom 설정을 통해 화면을 제어한다.

3.2 상세 GUI

CheckMATE Control Manager는 총 5개의 메뉴로 구성되어 있으며 각 메뉴는 해당 기능을 사용자가 효율적으로 사용할 수 있도록 GUI로 만들어졌다. 이 메뉴에 대한 UI 구성을 알아보자.

3.2.1 Flow Builder

Flow Builder는 개별적인 스크립트를 연결하여 하나의 흐름을 만들어내는 메뉴로, 스크립트를 선택하고 예외 처리 등의 기능을 수행할 수 있도록 구성된다. 다음은 Flow Builder의 화면 구성이다.

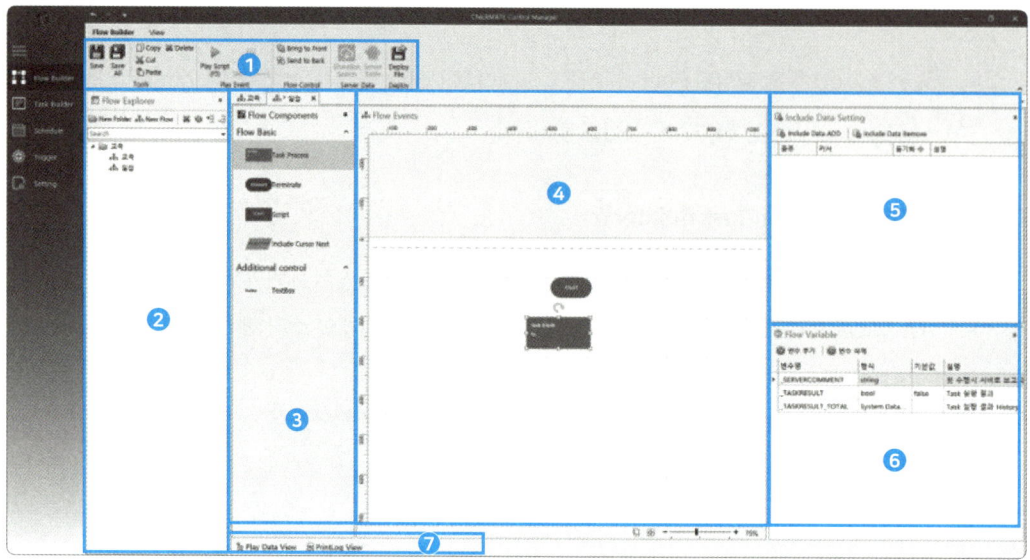

Flow Builder 화면 구성

① Ribbon

- **Tools:** Flow 파일을 저장하거나 해당 파일의 복사 및 붙여넣기 등 파일 컨트롤을 수행한다.
- **Play Event:** Flow 파일을 실행하거나 실행 중인 스크립트를 중지한다.
- **Flow Control:** Flow Components의 위치를 앞/뒤로 변경할 수 있다.
- **Server Data:** CheckMATE Server와 연동 시 ShareBox 및 CheckMATE에서 제공하는 데이터베이스를 사용할 수 있다(RPA만 사용 가능).
- **Deploy File:** 플로우/태스크 파일을 배포 .exe 파일로 생성한다(CheckMATE가 설치된 환경에서만 동작).

② Flow Explorer

플로우 폴더 및 파일을 생성하고 컨트롤하는 영역이다.

- **New Folder:** 새로운 플로우 폴더를 생성한다.
- **New Flow:** 새로운 플로우 스크립트 파일을 생성한다.

③ **Flow Components**

- **Flow Basic:** 업무의 플로우 흐름을 구성하기 위해 해당 Task Process 및 Terminate 등의 Flow Components를 선택할 수 있다.
- **Additional control:** 구성된 Flow Components를 설명하기 위한 TextBox를 선택할 수 있다.

④ **Flow Events**

Flow Components를 사용하여 흐름도를 구성하고 구성된 흐름도를 확인할 수 있다.

⑤ **Include Data Setting**

특정 데이터(엑셀 파일, DB 등) 형식을 읽어 들여 데이터를 변수화한 다음 사용할 수 있다.

- **Include Data ADD:** 새로운 Include Data를 생성한다.
- **Include Data Remove:** 기존 Include Data를 삭제한다.

⑥ **Flow Variable**

- **변수 추가:** 스크립트에서 사용할 변수를 생성한다.
- **변수 삭제:** 불필요한 변수를 삭제한다.

⑦ **Play Data View & PrintLog View**

- **Play Data View:** 플로우 스크립트의 수행 과정 및 결과를 확인할 수 있다.
- **PrintLog View:** PrintLog 함수를 통해 변수의 데이터를 확인할 수 있다.

3.2.2 Task Builder

Task Builder에서는 업무를 구성하기 위한 스크립트를 작성하고 작성된 스크립트를 실행하여 결과를 현재 환경에서 확인할 수 있다. 다음은 Task Builder의 화면 구성이다.

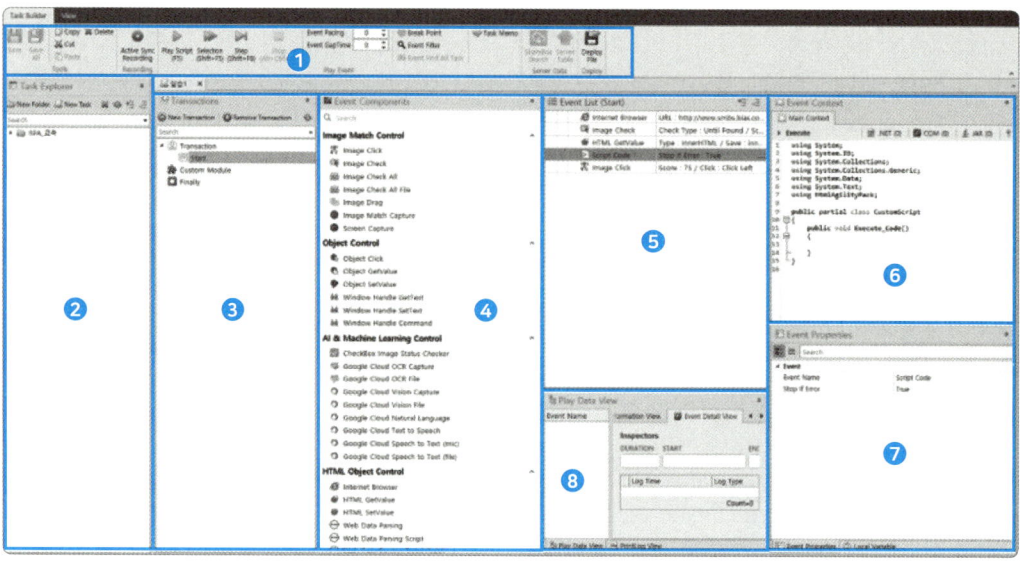

Task Builder 화면 구성

① Ribbon

- **Tools:** Task 파일을 저장하거나 해당 파일의 복사 및 붙여넣기 등 파일 컨트롤을 수행한다.
- **Recording:** 실제 PC 화면을 컨트롤하여 자동으로 스크립트를 생성한다(Auto Sync Recording).
- **Play Event:** 해당 태스크 파일을 실행하거나 실행 중인 스크립트를 중지한다. 스크립트 실행 시 특정 이벤트만 실행하거나 단계별로 이벤트를 확인하면서 실행할 수 있다. 또한, 특정 이벤트를 찾거나 확인하고 해당 이벤트에 설명을 삽입할 수도 있다.
- **Server Data:** CheckMATE 서버와 연동 시 ShareBox 및 CheckMATE에서 제공하는 데이터베이스를 사용할 수 있다.
- **Deploy File:** 플로우/태스크 파일을 배포 .exe 파일로 생성한다(CheckMATE가 설치된 환경에서만 동작).

② Task Explorer

태스크 폴더 및 파일을 생성하고 컨트롤하는 영역이다.

- **New Folder:** 새로운 태스크 폴더를 생성한다.
- **New Task:** 새로운 태스크 스크립트 파일을 생성한다.

③ Transactions

Transactions는 워크 그룹(Work Group)으로 생각할 수 있으며 새로운 태스크 케이스(Task Case)를 다양하게 생성할 수 있다.

- **New Transaction**: 새로운 태스크 케이스를 생성한다.

④ Event Components

CheckMATE에서 지원하는 다양한 이벤트로 구성되며 이 이벤트를 Event List로 드래그앤드롭하거나 더블클릭하여 사용할 수 있다.

⑤ Event List

Event Components의 이벤트를 드래그앤드롭하여 업무 자동화 스크립트로 구성할 수 있다.

⑥ Event Context

이벤트별로 기능을 실행하는 데 필요한 필수 조건을 설정하거나 구성 정보를 확인할 수 있다. 기능별로 다르게 구성된 Event Context는 이후 이벤트 부분에서 자세히 설명하고 여기서는 공통적인 부분만 살펴보자.

1. 이벤트 수행 시 주된 속성을 설정하는 Main Context, 이벤트가 수행되기 전 프로세스 실행이 가능한 Pre Run Script, 이벤트가 수행된 후 프로세스가 실행되는 Post Run Script로 구성된다.

Event Context

- **Main Context**: Main Context에서는 각 이벤트의 특성 및 기능에 따라서 구성에 차이가 있다. 이미지를 클릭하거나 오브젝트를 선택하는 경우 캡처 및 검증 버튼이 있으며 C# 코드를 작성하여 이벤트를 수행하는 경우 컴파일할 수 있는 <Execute> 버튼이 있는 등 이벤트의 특성에 맞게 구성되어

있다.

```
Event Context
 Main Context  | Pre Run Script | Post Run Script
▶ Execute
1   using System;
2   using System.IO;
3   using System.Collections;
4   using System.Collections.Generic;
5   using System.Data;
6   using System.Text;
7
8   public partial class CustomScript
9   {
10      public void PreRun(EvPPEntry_Image_Click EntryData)
11      {
12
13      }
14  }
15
```

Pre Run Script

- **Pre Run Script:** 이벤트가 수행되기 전에 실행할 프로세스를 C# 코드로 작성할 수 있다.

```
Event Context
 Main Context  | Pre Run Script | Post Run Script
▶ Execute
1   using System;
2   using System.IO;
3   using System.Collections;
4   using System.Collections.Generic;
5   using System.Data;
6   using System.Text;
7
8   public partial class CustomScript
9   {
10      public void PostRun()
11      {
12
13      }
14  }
```

Post Run Script

- **Post Run Script:** 이벤트가 수행되고 나서 실행할 프로세스를 C# 코드로 작성할 수 있다.

2. 이벤트 수행 시 이벤트의 속성을 설정할 필요가 없고 프로세스의 전후 처리만 가능한 이벤트일 때 보이는 Event Context이다. 대표적인 이벤트로는 Internet Browser 이벤트가 있다.

Internet Browser 이벤트의 Context

3. 이벤트 수행 시 이벤트의 속성을 설정할 수 있고 프로세스의 전 처리만 가능한 이벤트일 때 보이는 Event Context이다. 대표적인 이벤트로는 Custom Module Item 이벤트가 있다.

Custom Module Item 이벤트의 Context

4. 해당 이벤트를 수행할 때 이벤트의 속성 설정만 가능한 경우에 보이는 Event Context이다. 대표적인 이벤트로는 Script Code 이벤트가 있다.

Script Code Event의 Context

⑦ Event Properties

- **Event Properties**: 해당 이벤트별 속성 정보를 확인하거나 설정할 수 있다.
- **Local Variable**: 스크립트에서 사용할 변수를 생성하거나 삭제할 수 있다.

⑧ Play Data View & PrintLog View

- **Play Data View**: 수행된 태스크 스크립트에 대한 결과를 확인할 수 있다.
- **PrintLog View**: PrintLog 함수를 사용한 경우 그 변수의 데이터를 확인할 수 있다.

3.2.3 Schedule

Schedule을 이용하여 원하는 날짜/시간에 특정 플로우/태스크 스크립트를 수행할 수 있다. 반복 스케줄링 기능을 사용하여 통합 관리가 가능하며 세분화된 스케줄 설정으로 업무를 효율적으로 운영할 수 있다. 다음은 Schedule의 화면 구성이다.

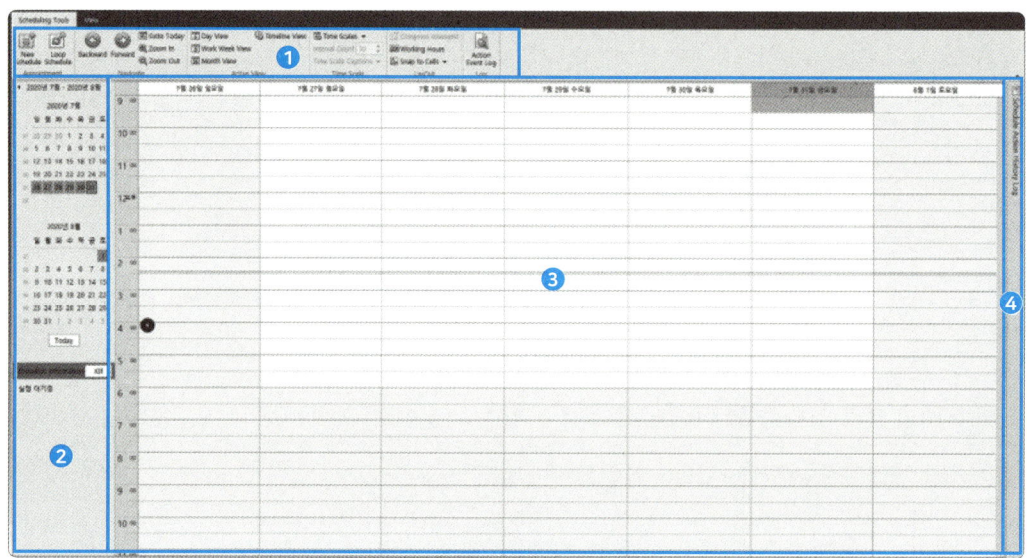

Schedule 화면 구성

① **Ribbon**

- **Appointment:** 개별 스케줄이나 반복 스케줄을 신규로 등록할 수 있다.
- **Navigate:** 지정된 날짜의 달력을 이전 또는 이후로 이동하거나 오늘 일자로 달력을 이동할 수 있다. Zoom In/Out을 통해 시간 구간을 조정할 수도 있다.
- **Active View:** 일/주/월 및 TimeLine 단위로 달력 보기가 가능하다.
- **Time Scale:** Active View에서 일/주/TimeLine 단위로 기준을 설정하면 시간 배율을 조정하여 화면의 시간 기준을 설정할 수 있다.
- **LayOut:** 스케줄 화면에서 보이는 시간 기준을 업무 시간으로 설정하거나 달력을 셀 단위로 볼 수 있는 기능을 제공한다.
- **Log:** 스케줄에 등록된 스크립트의 수행 여부를 로그 형식으로 확인할 수 있다.

② **Calendar**

월 단위의 달력 형태로 날짜를 표시해주며 원하는 날짜 혹은 기간을 선택할 수 있다. Execution information Kill 기능을 통해 수행 중인 스크립트를 종료할 수도 있다.

③ **통합 스케줄 관리**

통합 스케줄 관리 화면을 통해 스케줄을 등록하거나 등록된 스케줄을 조회할 수 있다.

④ **Schedule Action History Log**

기간을 설정하여 스케줄 실행 결과를 확인할 수 있고 수행 내용을 자세하게 조회할 수 있다.

3.2.4 Trigger

지정된 상황에서 약속된 작업을 수행할 수 있는 Trigger를 설정할 수 있다. Trigger 설정을 통해 예상 가능한 상황에 대한 예외 처리를 미리 할 수 있으며 지속적으로 상황에 대한 체크가 가능하다. 다음은 Trigger의 화면 구성이다.

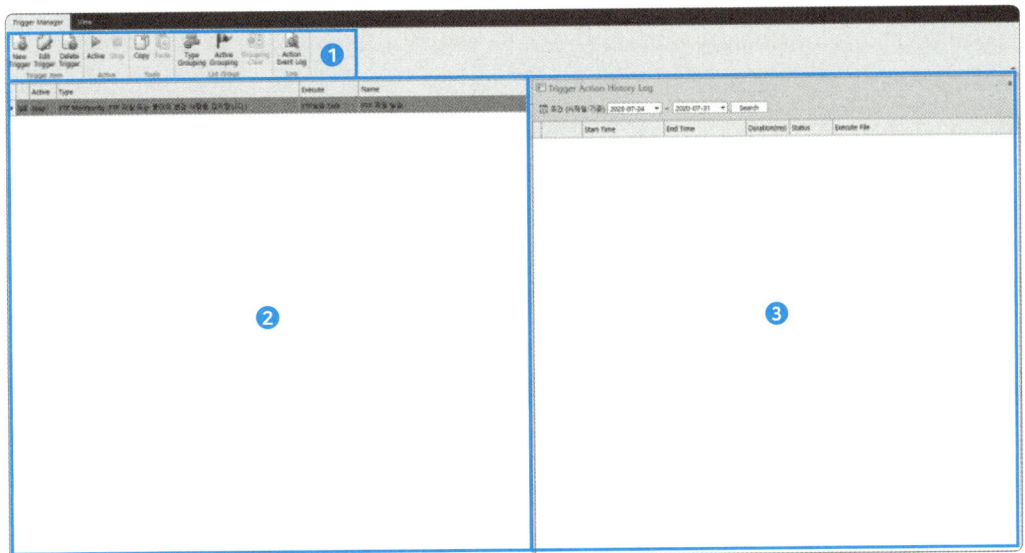

Trigger 화면 구성

① **Ribbon**

- **Trigger Item:** 새로운 트리거를 생성하거나 선택된 트리거를 편집 및 삭제할 수 있다.
- **Active:** 선택된 트리거를 활성화/비활성화 상태로 설정할 수 있다.
- **Tools:** 트리거를 복사하거나 붙여넣기할 수 있다.
- **List Group:** 트리거를 종류나 활성/비활성화로 그룹화하여 확인할 수 있으며 제공된 그룹 뷰를 해제할 수 있다.
- **Log:** 트리거에 설정된 조건에 맞는 동작이 발생했을 때 트리거의 수행 여부를 로그 형식으로 확인할 수 있다.

② **통합 트리거 관리 화면**

등록된 트리거를 관리하고 확인할 수 있다.

③ **Trigger Action History Log**

기간을 설정하여 트리거 실행 결과를 확인할 수 있고 수행 내용을 자세히 조회할 수 있다.

3.2.5 Setting

CheckMATE Control Manager의 환경을 설정할 수 있다. 다음은 Setting의 화면 구성이다.

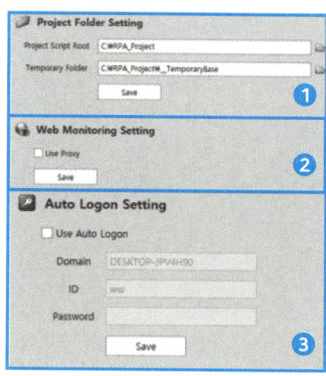
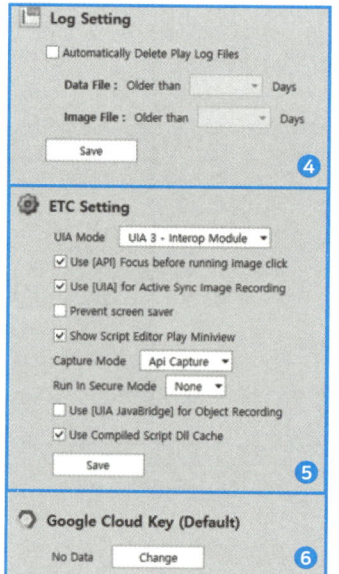

Setting 화면 구성

① **Project Folder Setting**

- **Project Script Root:** 플로우/태스크/스케줄/트리거에 관련된 파일의 저장 위치를 설정한다.
- **Temporary Folder:** 수행 결과 및 임시 파일의 저장 위치를 설정한다.

② **Web Monitoring Setting**

웹 데이터 파싱(Web Data Parsing) 기능을 사용하기 위해 로컬 프록시 서버의 사용 여부를 설정할 수 있다(이 옵션을 활성화해야만 웹 데이터 파싱 기능을 사용할 수 있음).

③ **Auto Logon Setting**

- **Use Auto Logon:** 자동화 스크립트가 실행되기 전 윈도우가 잠금 상태일 경우 자동으로 로그온하도록 도메인, ID, 비밀번호를 설정할 수 있다.

④ **Log Setting**

- **Automatically Delete logs Files:** 수행 결과와 로그의 자동 삭제 여부를 선택하여 데이터 파일과 이미지 파일의 보관 주기를 각각 설정할 수 있다.

⑤ **ETC Setting**

- **UIA Mode:** UIA Mode를 변경하거나 모드 사용 시 오브젝트 및 추가 기능을 설정할 수 있다.
- **Capture Mode:** Capture Mode를 변경하거나 해당 모드를 사용 시 오브젝트 및 추가 기능을 설정할 수 있다.

⑥ **Google Cloud Key(Default)**

Google Cloud API Key를 등록하여 Task Builder 이벤트 사용 시 자동으로 적용시킬 수 있다.

⑦ **Local License**

CheckMATE Control Manager를 사용하기 위한 로컬 라이선스 정보를 확인하거나 변경할 수 있다.

지금까지 CheckMATE의 폴더 및 파일 구조 그리고 GUI를 중심으로 살펴보았다.

CheckMATE의 폴더와 파일 구조는 직관적으로 구성되므로 업무 자동화 구현 시 필요 정보, 예를 들면 로그 파일이나 업무 수행 스크린 샷 등을 손쉽게 찾아볼 수 있으며, 메뉴 구성 또한 그동안 우리가 많이 사용했던 윈도우 등의 프로그램과 비슷하므로 좀 더 사용자 친화적이라 할 수 있다. 특히 사용자가 화면 구성을 마음대로 변경하거나 창 모드로 사용할 수도 있으며 마음에 드는 화면 구성을 저장하는 기능까지 지원하여 사용에 편리성을 더하였다.

다음 장부터는 CheckMATE를 통한 업무 자동화를 구현할 때의 핵심적인 기능인 이벤트에 대해 알아보도록 하겠다. CheckMATE에는 다양한 종류의 이벤트가 있으며 그 쓰임새는 각각 다르다. 그럼 이벤트를 하나씩 자세히 알아보도록 하자.

4장

이벤트 개요와 이미지 기본

1 개요
2 이미지 다루기

1 개요

> 매주 이메일로 수신한 지점별 매출 내역 엑셀 문서를 취합하여 통합하고 필터링, 정렬하여 가공한 주간 통계를 회사의 인트라넷 시스템에 입력한 후 그 결과를 관련 부서에 이메일로 보고하라.

이 내용은 많은 기업에서 발생하는 단순하고 반복적인 업무 중 하나이며 업무 자동화를 위한 적절한 대상이라 할 수 있다.

업무를 자동화하려면 대상 업무를 분석하여, 업무를 세부 프로세스로 분해할 필요가 있다. 예를 들어 이 업무는 다음과 같이 정리해볼 수 있다.

1. 지점별 매출 내역 문서를 이메일로 수신하여 저장
2. 엑셀 문서를 모두 읽어서 하나의 문서로 통합
3. 필터링, 정렬 가공하여 주간 통계 도출
4. 인트라넷에 입력
5. 결과 이메일 보고

이처럼 세분화된 개별 프로세스는 CheckMATE에서 제공되는 이벤트를 사용하여 자동화를 구현한다. 또한, 구현된 이벤트는 스크립트 파일 형태로 저장 관리되며 CheckMATE의 봇에서 읽어 들여 자동으로 업무를 수행할 수 있게 된다.

이벤트는 프로세스를 구성하기 위한 기능상의 기본 요소이며 앞 예시의 첫 번째와 두 번째 프로세스는 다음과 같은 순서로 기능에 맞게 조합하여 구성할 수 있다.

순서	수행하는 동작	사용되는 이벤트
1-1	메일 계정에서 읽지 않은 이메일 목록을 가져온다. (특정 제목의 이메일로 필터)	IMAP Mail List 이벤트
1-2	각 이메일의 첨부 파일을 PC에 저장한다.	IMAP Mail Message 이벤트
1-3	지점별 수신 이메일 개수만큼 1-2번 동작을 반복한다.	Loop, Break 이벤트
2-1	(내용이 통합될) 빈 엑셀 문서를 생성한다.	Excel Open 이벤트
2-2	다운로드하여 저장한 엑셀 문서 하나를 연다	Excel Open 이벤트
2-3	문서에서 내용을 복사한다.	Excel Get Range Data 이벤트 Excel Clipboard Write 이벤트
2-4	통합될 엑셀 문서에 붙여넣기한다.	Excel Clipboard Paste 이벤트
2-5	다운로드한 엑셀 문서 개수만큼 2-2, 2-3, 2-4번 동작을 반복한다.	Loop, IF, Break 이벤트

자동화 예제

물론 위 이벤트 목록은 매우 단순화된 예시이므로 안정적이고 정확한 수행을 위해 동작을 더 세분화하거나 각 동작 결과의 확인 작업을 위한 추가 이벤트가 필요할 수 있다.

CheckMATE는 업무 프로세스를 자동화하기 위해 다양한 이벤트를 제공한다. 화면의 아이콘, 창, 텍스트 등을 제어하기 위한 기본 기능은 물론, 이미지에서 글자를 인식하고 읽어내는 OCR(Optical Character Recognition), 이메일을 읽고 쓰거나 웹페이지, 엑셀에 있는 정보를 처리하기 위한 기능, 그 외에도 파일이나 폴더 조작, PDF, FTP, SSH, Telnet 등을 조작하는 기능을 제공하고 있다.

또한, 앞서 열거한 이벤트 이외에도 업무 자동화 개발자가 이벤트를 직접 만들어 사용할 수도 있다. 이를 위해서는 C#을 기반으로 외부 라이브러리를 사용하거나 별도의 함수를 작성하여 사용자 정의 이벤트를 만들면 된다.

결론적으로 CheckMATE에서 제공하는 이벤트는 개발자를 위한 사용자 인터페이스인 Event Context와 Event Properties로 구성되며 이를 통해 업무 자동화를 구현한다.

1.1 Event Context

Event Context 메뉴를 이용하여 해당 이벤트의 핵심 기능을 설정할 수 있다. 예를 들어 Image Click 이벤트의 경우 클릭하려는 대상 이미지를 설정할 수 있고 Key Typing 이벤트의 경우 타이핑하려는 텍스트 값을 설정할 수 있다.

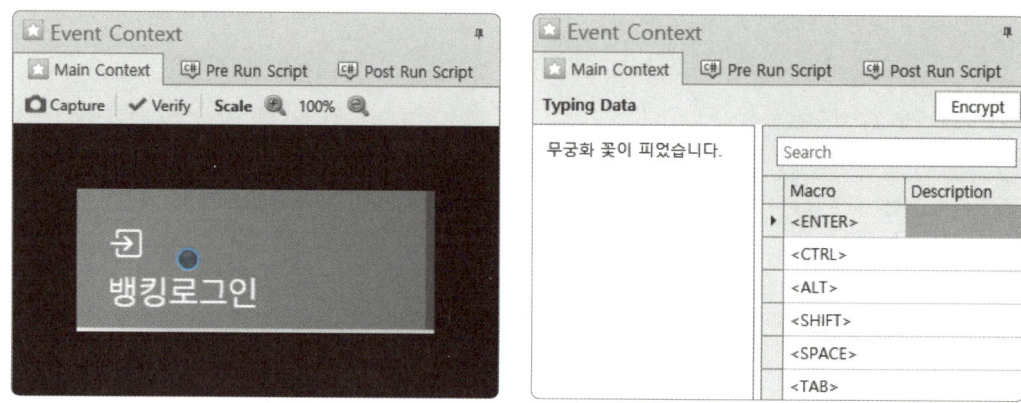

Image Click, Key Typing 적용 예제

또한, 이벤트가 실행되기 전/후의 환경 구성 또는 필요한 절차를 C# 코드로 처리할 수 있는 기능을 제공한다. 이는 중요 이벤트의 수행 전/후에 대한 로그 추가나 변수 초기화 등에 유용하게 사용할 수 있다.

Pre Run Script, Post Run Script

1.2 Event Properties

각 이벤트는 Properties 메뉴에서 세부 옵션을 설정할 수 있다. 예를 들면 Image Click 이벤트에서 대상 이미지를 검색할 시간을 설정하거나 Key Typing 이벤트에서 타이핑하려는 텍스트의 키 입력 속도를 조절하는 등 이벤트 기능이 처한 상황에 따라 올바르게 동작할 수 있도록 각 이벤트의 고유 기능에 따라 다양한 옵션 항목이 존재한다.

다음 그림에서 이러한 Image Click 이벤트와 Key Typing 이벤트의 세부 옵션 항목을 확인할 수 있다.

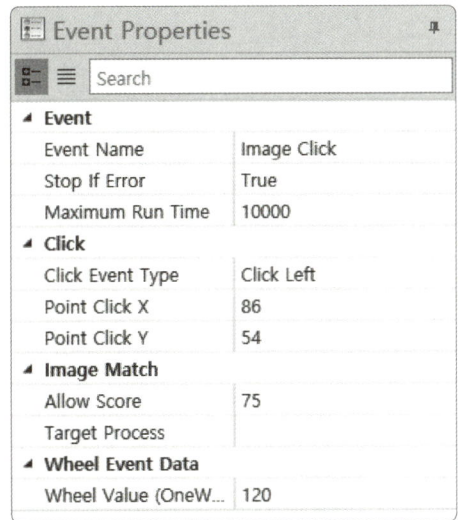 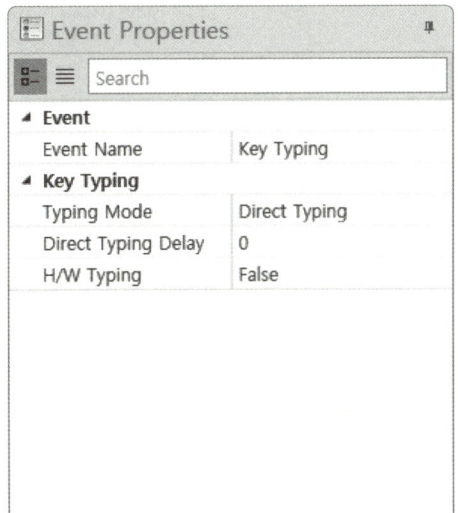

Event Properties 예시

Event Properties의 세부 옵션은 그림과 같이 UI의 메뉴를 통해 값을 설정하거나 Event Context의 Pre Run Script에서 코드를 통해 동적으로 설정할 수도 있다.

다음은 Key Typing 이벤트의 옵션 설정을 위한 예시이며 Pre Run Script에서 코드로 설정한 화면(위)과 Event Properties 메뉴의 UI를 통해 설정한 화면(아래)을 보여주고 있다.

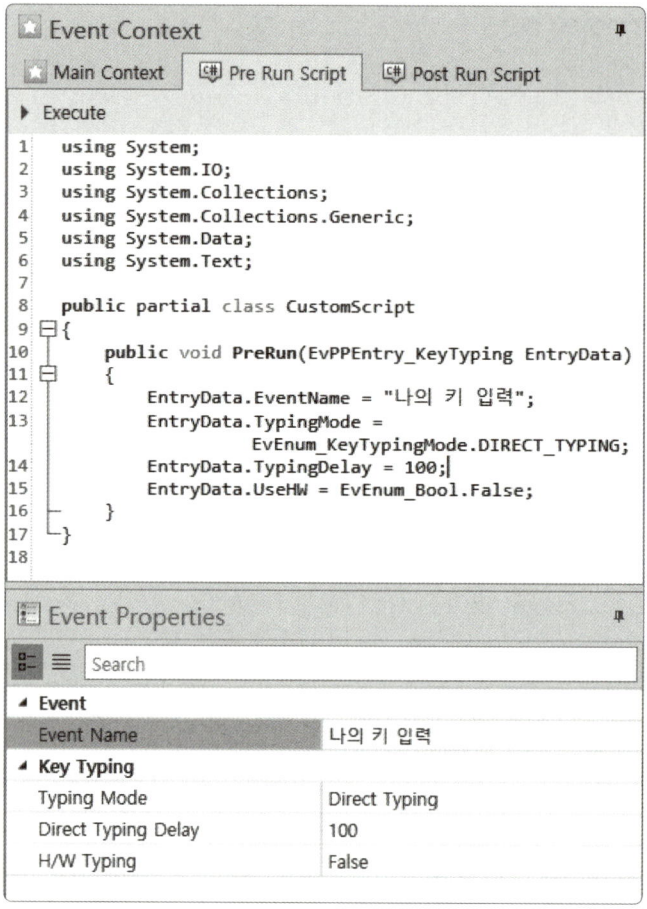

Key Typing 설정

다음은 각 이벤트의 다양한 옵션 중 공통으로 포함되는 대표적 옵션에 대하여 설명한 내용이다.

Event Name

이벤트 이름을 임의로 설정할 수 있다. 기본값은 이벤트의 기능을 표현하는 단어로 정의되며 업무 목적에 따라 이벤트 내용이나 기능을 쉽게 파악할 수 있는 이름으로 변경하여 사용한다.

Stop If Error

이벤트 대부분은 해당 이벤트가 수행된 후 의도한 기능이 성공적으로 처리되었는지 또는 실패했는지를 알 수 있는 결과를 반환한다. 이때 Stop If Error 속성이 True로 설정된 상태에서 기능이 실패한다면 CheckMATE는 스크립트의 수행을 종료한다. 반대로 Stop If Error 속성이 False로 설정됐다면 해당 이벤트의 기능이 실패해도 다음 단계의 이벤트를 수행한다.

직전 이벤트의 수행 결과는 태스크의 전역 변수인 _RESULT를 통해 True 혹은 False 값으로 확인할 수 있으며 해당 변수를 이용하여 각종 분기나 조건 처리를 할 수 있다.

Stop If Error	결과 성공	결과 실패
True	계속 진행	수행 중지
False	계속 진행	계속 진행
_RESULT	True	False

Stop If Error 예제

인터넷으로 은행 사이트에 접속하여 로그인하는 시나리오가 있다고 가정하자. 은행 사이트는 특정 이벤트나 공지사항이 있을 때 팝업 화면이 나타나기도 하는데, 이 경우엔 팝업 화면을 닫아야 다음 단계인 로그인을 할 수 있으므로 불특정하게 나타나는 팝업 화면은 자동화 구현 시 문제가 될 수 있다.

이 경우 다양한 해결 방법이 있을 수 있는데, 여기서는 Image Check 이벤트를 사용하는 예를 들어보도록 하겠다. 즉, 화면의 팝업 이미지 유무를 체크하는 Image Check 이벤트 수행 후 _RESULT가 True이면 팝업 화면을 닫는 동작을 수행시키고 False이면 그대로 로그인 동작을 수행하도록 조건에 따라 분기하는 스크립트를 구성하면 이와 같은 문제를 해결할 수 있다.

Stop If Error 예제

여기서 핵심은 팝업이 화면에 나타났는지 확인하기 위한 Image Check 이벤트 속성에서 Stop If Error 옵션을 False로 설정해 놓아야 팝업 화면이 나타나지 않았더라도 다음 단계인 로그인 처리를 수행할 수 있다는 점이다.

시나리오의 내용에 따라서는 어떠한 기능은 절대로 실패하지 않아야 하는 때도 있다. 이 경우엔 해당 옵션을 True로 설정하여 기능이 실패했을 때 스크립트 수행을 중지하고 명시적으로 동작이 실패했음을 알 수 있도록 해야 한다.

Maximum Run Time

앞서 예를 든 은행 사이트의 팝업은 인터넷이나 시스템 환경에 따라 출력 속도가 다르거나 때로는 팝업이 없을 수도 있다.

이런 상황에서는 Image Check 이벤트는 해당 이벤트가 동작을 수행하기 위해 대기할 수 있는 최대 시간을 설정할 필요가 있다. 대기 시간은 ms(밀리초) 단위로 설정하며 해당 시간 동안 처리가 완료되지 않으면 해당 이벤트는 실패로 처리되고 Stop If False 항목의 설정 값에 따라 다음 이벤트를 수행하거나 중지한다.

Image Check 이벤트의 Maximum Run Time 항목을 '5000'(5초)로 설정하고 Stop If False 항목을 False로 설정하면 스크립트 수행 시 해당 이벤트는 팝업 이미지가 나타날 때까지 멈춰 대기하다가 최대 5초 동안 이미지가 나타나지 않는다면 실패 처리, 즉 팝업이 나타나지 않는다고 간주하고 다음 이벤트를 수행할 것이다.

Allow Score

이미지 인식과 관련된 이벤트에서 사용되는 옵션으로, 화면에서 이미지를 찾을 때 같은 이미지라고 판단하는 정확도를 0부터 100 사이의 수치로 설정한다. 100에 가까울수록 정확한 이미지를 찾으며 수치가 낮아질수록 정확도는 낮아진다.

다음 표는 원본 이미지(정확도 100%) 대비 단계별(83%, 76%, 71%)로 임의로 변형한 이미지들을 이용하여 Allow Score 75(기본 설정 값)로 설정한 Image Check 이벤트 결과가 어떻게 나타나는지를 설명하였다.

	원본	비교-1	비교-2	비교-3
정확도	100%	83%	76%	71%
Allow Score	75	75	75	75
_RESULT	True	True	True	False

Allow Score 예제

이벤트 처리 결과, Allow Score 75보다 정확도가 높은 이미지는 정상적으로 인식하지만 75보다 낮은 정확도의 이미지는 실패로 처리한다.

'비교-3'과 같은 정확도로도 올바르게 인식해야 한다면 Allow Score를 65 정도로 낮게 설정하면 되고 반대로 '비교-1'만큼의 차이도 허용하지 않는다면 Allow Score를 90 정도로 높게 설정해야 한다.

Result Save

이벤트 중에는 Object GetValue, Image Check All, OCR Capture, Clipboard Read, Pdf Get Text 등과 같이 특정 대상으로부터 정보를 읽어내는 기능이 있다. 이러한 이벤트는 읽어

낸 정보를 저장할 변수를 필요로 하는데, 이는 Properties의 Result Save 항목에서 설정할 수 있다.

Result Save에 설정해줄 수 있는 변수는 해당 이벤트에서 읽어낼 수 있는 정보의 유형에 따라 달라지는데, 예를 들어 OCR Capture 이벤트에선 일련의 문자열(string) 타입이나 테이블 형태의 문자열(DataTable) 타입 변수를 지정하고, 대상 이미지들의 좌푯값을 얻어오는 Image Check All 이벤트에서는 여러 개의 좌푯값을 저장할 수 있는 리스트(List<Point>) 타입 변수를 지정해준다.

참고로 CheckMATE에서 전역으로 선언하여 사용할 수 있는 변수의 타입은 다음과 같다.

타입	설명	타입	설명
String	문자열 타입	List<string>	문자열의 리스트 타입
Int	4바이트 길이의 정수 타입	List<int>	int 타입 변수의 리스트 타입
int64	8바이트 길이의 정수 타입	List<int64>	int64 타입 변수의 리스트 타입
Bool	True, False	List<byte>	바이트 타입 변수의 리스트 타입
Float	4바이트 길이의 실수 타입	List<Point>	Point 타입 변수의 리스트 타입
double	8바이트 길이의 실수 타입	object	object 타입
decimal	16바이트 길이의 실수 타입	DataTable	DataTable 타입
DataTime	날짜와 시간 정보 타입	List<RemoteFileListItem>	FTP 파일 시스템 정보 타입
HashTable	HashTable 타입		

변수 타입

Alias ID

엑셀 문서를 읽거나 쓰려고 하는 경우를 생각해보자. 우선 엑셀 문서를 열어야 하고 특정 시트를 선택해야 하며 선택한 시트에서 원하는 셀 범위를 지정해야 하고 해당 셀 범위의 정보를 읽거나 쓰는 작업을 수행한 후, 마지막으로 열었던 엑셀 문서를 닫아주는 작업이 순서대로 진행되어야 한다. 이러한 일련의 과정은 복수의 이벤트로 구현될 수도 있다. 또한, 두 개 이상의 엑셀 문서를 동시에 열어서 정보를 번갈아 가면서 복사하는 작업이 필요할 수도 있다.

CheckMATE 스크립트는 절차적으로 한 번에 하나의 이벤트만 수행하며 이벤트와 이벤트 사이에는 데이터 변수를 이용한 정보 전달 이외에는 서로 독립적으로 분리되어 있기 때문에 이전의 이벤트에서 열었던 엑셀 문서의 객체를 이후의 이벤트에서는 찾을 수 없다.

CheckMATE에서는 이를 해결하기 위해 Alias ID 옵션이 제공된다. Alias ID에는 절차적으로 수행이 필요한 일련의 이벤트 사이에 구별할 수 있는 임의의 문자열로 지정해야 한다. 엑셀 문서를 열면서 Alias ID를 지정하면 이를 통해 해당 엑셀 문서를 찾아 정보를 읽거나 쓸 수 있으며 여러 개의 엑셀 문서를 서로 다른 Alias ID로 지정하여 동시에 열어 두고 병행 작업을 수행할 수도 있다.

이러한 Alias ID는 엑셀 문서 작업뿐만 아니라 Telnet, FTP, SSH, PDF 등 하나의 기능을 수행하기 위해 여러 단계의 작업이 필요한 이벤트에서 유용하게 사용된다.

다음 그림은 하나의 FTP 서버에서 파일들 다운로드해 다른 FTP 서버에 백업하는 동작을 구현한 예제이다. 이때 둘을 구분하고자 첫 번째 FTP 서버는 '작업서버'라는 이름으로, 두 번째 FTP 서버는 '백업서버'라는 이름으로 Alias ID를 설정했다.

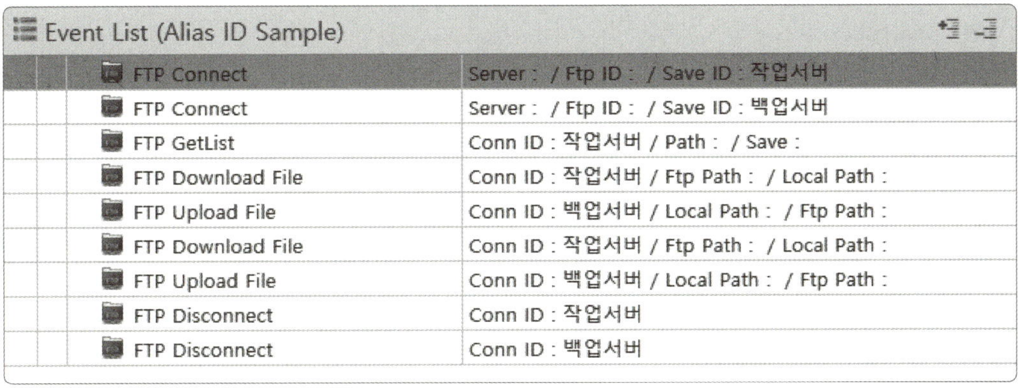

Event List (Alias ID Sample)	
FTP Connect	Server : / Ftp ID : / Save ID : 작업서버
FTP Connect	Server : / Ftp ID : / Save ID : 백업서버
FTP GetList	Conn ID : 작업서버 / Path : / Save :
FTP Download File	Conn ID : 작업서버 / Ftp Path : / Local Path :
FTP Upload File	Conn ID : 백업서버 / Local Path : / Ftp Path :
FTP Download File	Conn ID : 작업서버 / Ftp Path : / Local Path :
FTP Upload File	Conn ID : 백업서버 / Local Path : / Ftp Path :
FTP Disconnect	Conn ID : 작업서버
FTP Disconnect	Conn ID : 백업서버

Alias ID 사용 예제

두 개의 FTP 서버에 각각 접속하여 작업서버에서 파일 하나를 다운로드해 백업서버에 파일을 업로드하는 과정을 두 번에 걸쳐 수행한 후 각 FTP 서버의 연결을 해제한다. 이 과정에서 각 이벤트 수행마다 Alias ID를 이용하여 어떤 작업을 어떤 서버에서 수행해야 하는지를 식별할 수 있도록 해준다.

1.3 이벤트 사용 방법

Event Components(다음 그림 왼쪽)에는 CheckMATE에서 제공하는 이벤트의 전체 목록이 나열되어 있으며 Event List(다음 그림 오른쪽)에는 현재 작성 중인 스크립트 내용이 표시된다. 이 스크립트에 원하는 이벤트를 추가하려면 그림처럼 아래 [Event Components] 탭을 클릭하고 필요한 이벤트를 선택하여 Event List로 드래그앤드롭하거나 더블클릭하면 된다.

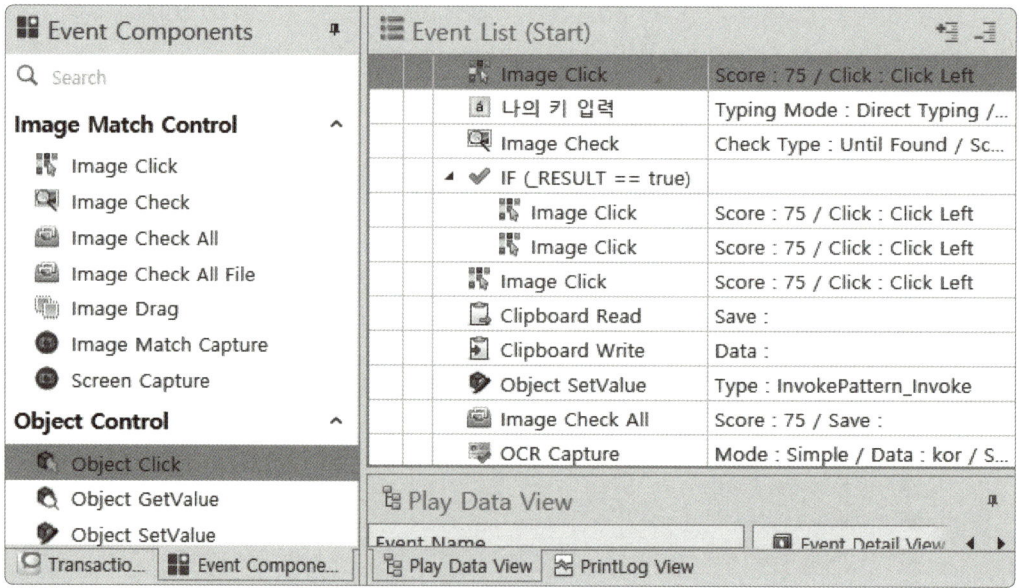

Event List 사용 예제

또한, Event List에 이미 추가된 특정 이벤트의 순서를 변경하고자 할 때는 해당 이벤트를 클릭하여 원하는 위치로 드래그앤드롭할 수 있으며 리본 메뉴의 <Copy>, <Cut>, <Delete> 버튼을 클릭하여 복사, 잘라내기, 삭제도 가능하다.

Event List에 등록된 이벤트를 실행하는 방법에는 두 가지가 있다. 첫째, <F5> 버튼을 누르면 Event List에 등록된 모든 이벤트가 처음부터 순서대로 실행되며, 둘째 <Shift> + <F5> 버튼을 누르면 Event List에서 마우스를 사용하여 선택한 하나 이상의 일부 이벤트만 선택적으로 실행한다.

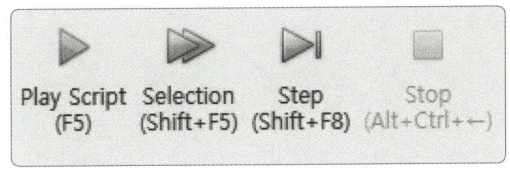

Play 이벤트 메뉴

일부 이벤트만을 실행시키고자 할 때는 <Shift> 버튼을 누른 상태에서 연속된 이벤트를 클릭하거나 <Ctrl> 버튼을 누른 상태에서 선택적으로 이벤트를 클릭한다.

또한, 이벤트가 실행 중인 상태에서 오류가 발생해 멈추거나 장시간 대기 상태에 빠지는 등 수행을 강제로 취소해야 하는 상황이 발생할 수 있다. 이때는 <Alt> + <Ctrl> + <Back Space> 버튼을 누르면 이벤트 수행이 강제로 종료된다.

2 이미지 다루기

Image Match Control은 자동화 스크립트를 작성할 때 가장 자주 사용하는 기본 이벤트 모음 중 하나로, 프로그램이나 브라우저는 물론 바탕화면에 보이는 모든 항목을 이미지 기반으로 찾아 원하는 작업을 수행할 수 있다.

해당 이벤트의 Event Context를 통해 원하는 이미지 패턴을 캡처하여 등록해두면 스크립트 수행 시 해당 이미지 패턴을 바탕화면에서 찾는 방식인데, 주의할 점은 화면에서 찾고자 하는 이미지가 프로그램이나 브라우저 등 다른 창에 의해 가려지면 인식할 수 없다는 것이다. 마찬가지로 웹 브라우저에서 특정 이미지를 찾을 때 찾고자 하는 이미지가 페이지 아래에 있어 스크롤을 해야 하는 상황 역시 현재 화면에는 나타나지 않았으므로 인식하지 못한다는 점에 유의할 필요가 있다.

2.1 이미지 클릭하기

화면에서 원하는 이미지를 찾아 해당 이미지를 기준으로 각종 마우스 동작을 수행할 수 있다. Image Click 이벤트를 추가한 다음, Event Context의 <Capture> 버튼을 이용하여 찾고자 하는 이미지를 설정하고 Allow Score를 적절히 조정한다. 이때 <Verify> 버튼을 클릭하여 캡처한 이미지가 정상적으로 찾아지는지 사전에 확인할 수 있다.

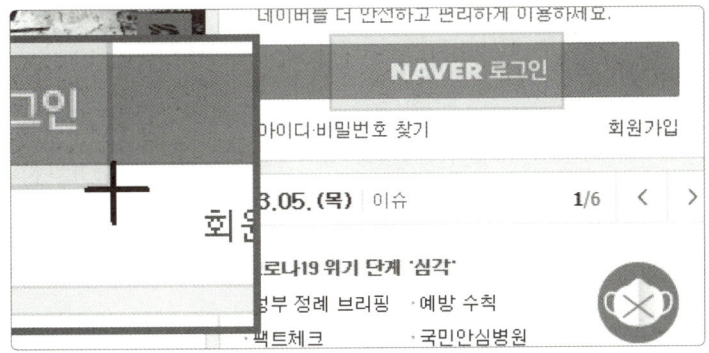

Image Click 적용 예제

캡처한 이미지에는 빨간 점이 나타나는데, 이는 해당 이벤트가 실행되면서 화면에서 지정한 이미지를 찾았을 때 마우스가 이동하여 동작할 좌표를 나타낸 것이다.

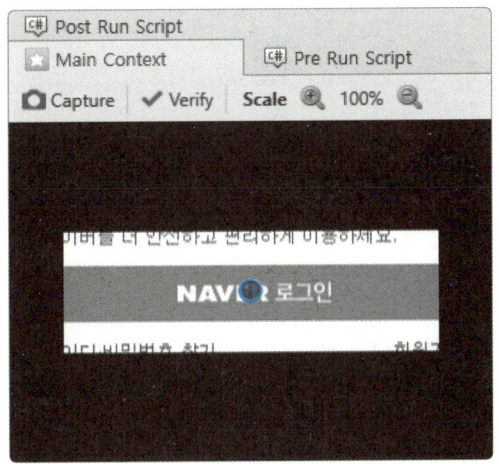

Image Click 이벤트의 Context

빨간 점의 위치는 마우스를 이용하여 원하는 대로 변경할 수 있으며 지정한 이미지의 왼쪽 위를 기준으로 X, Y축의 상대적인 픽셀 거리를 Event Properties 항목에서 직접 지정할 수도 있다.

Click Event Type

이미지 인식 후 설정할 수 있는 마우스 동작은 다음과 같다.

```
Click Left
Click Middle
Click Right
Double Click Left
Double Click Middle
Double Click Right
Move mouse cursor
Mouse Left Button Down
Mouse Left Button Up
Mouse Middle Button Down
Mouse Middle Button Up
Mouse Right Button Down
Mouse Right Button Up
Mouse Wheel Down
Mouse Wheel Up
```

Click Event Type

앞의 그림 중 Click Left를 지정하고 이벤트를 실행시키면 화면에서 <NAVER 로그인> 버튼 이미지를 찾아 빨간 점 위치에서 마우스 왼쪽 버튼을 클릭하는 동작이 수행된다.

Target Process

Target Process가 지정되지 않는 기본 설정 상태에서는 바탕화면 전체에서 캡처한 이미지를 탐색하지만, Target Process를 지정하면 해당 프로세스 창 내에서만 찾는다. 예를 들어 Target Process에 Chrome을 지정하면 크롬 브라우저 내부에서만 이미지 탐색을 수행한다.

Wheel Value

Click Event Type에서 마우스 동작 유형을 Mouse Wheel Down이나 Up으로 설정했을 때 Wheel Value를 통해 Wheel의 회전량을 지정해 줄 수 있다. Wheel의 한 Tick 당 수치는 120단위로 표현된다.

2.2 이미지 확인하기

Image Check 이벤트는 캡처한 이미지가 화면에 있는지를 확인한다. 대상 이미지 탐색에 성공했을 경우 _RESULT는 True로 설정되고 탐색에 실패했을 경우는 False로 설정되므로 다음 단계의 이벤트에서 _RESULT 값에 따라 이벤트의 수행을 분기할 수도 있다.

대상 이미지를 캡처하는 방법, 캡처 이미지의 Verify나 Allow Score, Target Process의 동작은 Image Click 이벤트와 마찬가지다.

Image Check Type

이미지 유무를 체크하는 방법은 두 가지 중 선택할 수 있는데, Until Found로 설정한 경우 지정한 이미지가 이미 화면에 있거나, 없더라도 최대 Maximum Run Time 안에 나타난다면 이벤트의 결과는 성공인 것으로 처리되어 _RESULT는 True로 설정되고 다음 이벤트로 넘어간다.

반대로 Until Not Found로 설정된 경우는 지정한 이미지가 처음부터 화면에 없거나, 있더라도 최대 Maximum Run Time 안에 사라진다면 이벤트의 결과는 성공으로 처리되고 _RESULT는 True로 설정된다.

은행 사이트에서 계좌이체를 하는 경우를 생각해보자 이체금액과 그 외 필요한 정보를 입력 후 최종적으로 이체 버튼을 클릭하면 화면에 '처리 중'이라는 안내와 함께 이체가 진행 중임을 알리는 화면이 일정 시간 나타나고 시스템상의 이체 처리가 모두 완료되었을 때 결과 화면으로 전환될 것이다. 이때 결과 화면으로 전환되었는지를 스크립트는 어떻게 판단할 수 있을까?

결과 화면에서 특정 이미지가 고정적으로 나타난다면 해당 이미지가 화면에 나타났는지로 판단할 수도 있지만, 이미지를 특정하기 어려운 경우엔 '이체 처리 중' 화면의 이미지를 이용하여 처리 중 화면이 나타났는지와 처리 중 화면이 사라졌는지를 조합하여 판단할 수 있다.

다음 예제에서는 이체 버튼을 클릭 후 Until Found 속성을 이용하여 Image Check 이벤트에서 처리 중 화면이 나타날 때까지 기다렸다가 처리 중 화면이 나타난 이후에는 Until Not Found 속성을 이용하여 Image Check 이벤트에서 '처리 중' 화면이 사라질 때까지 기다린다.

Event List

Until Found, Until Not Found 사용 예제

2.3 이미지 좌표 가져오기

대상 이미지가 화면에 나타나 있을 때 같은 이미지가 몇 개 있는지와 함께 각 이미지의 좌표가 무엇인지를 알고자 할 때는 Image Check All 이벤트를 이용할 수 있다. 예를 들어 다음 그림에서 폴더의 개수와 각 폴더 아이콘의 위치를 알아보자.

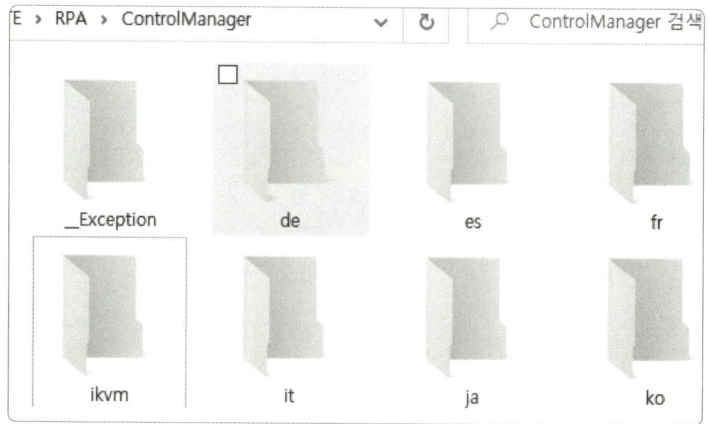

Image Check All 이벤트를 사용하여 폴더 개수 확인 예제

우선 Image Check All 이벤트로부터 생성되는 정보를 저장할 변수를 생성한다. 참고로 Image Check All 이벤트에서 정보를 저장하는 변수 타입은 List<Point>이다. Task Builder의 Local Variable 메뉴에서 List<Point> 타입 변수를 nFoler라는 이름으로 추가하고 Main Context에서 폴더 이미지를 캡처한다.

오른쪽 그림처럼 폴더 이미지를 캡처한 후 Event Properties의 Result Save 항목에 생성한 변수를 지정한다.

이렇게 설정한 이벤트를 실행한 후 Play Data View의 Event Information view에서 nFoler에 저장된 내용을 확인해보면 다음과 같이 각 아이콘의 좌표를 확인할 수 있다.

Image Check All 이벤트의 Properties

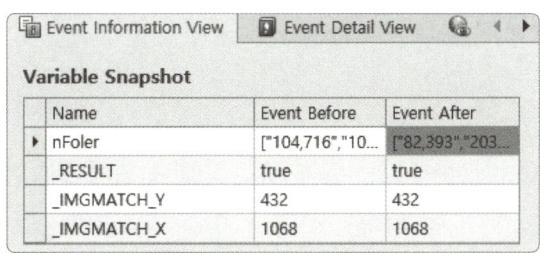
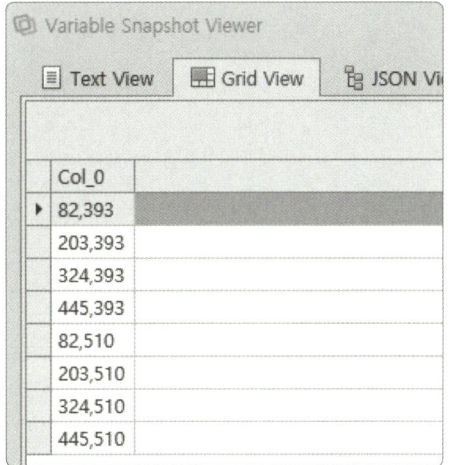

Image Check All 이벤트 실행 결과

이렇게 입수한 좌표 정보는 다음 단계의 이벤트에서 클릭이나 드래그앤드롭 등 다양한 동작에 활용할 수 있다.

Image Check All 이벤트와 비슷한 Image Check All File 이벤트도 제공하는데, Image Check All 이벤트는 전체 화면 또는 Target Process로 지정한 창 안에서 이미지를 탐색하는 반면 Image Check All File 이벤트는 타깃으로 지정한 파일 이미지 내에서 이미지를 탐색하여 파일 이미지의 왼쪽 위를 기준으로 좌표 정보를 가져온다는 점이 다르다.

2.4 이미지 범위 지정하기

마우스의 드래그앤드롭 동작을 수행하는 이벤트로, 탐색기에서 여러 개의 파일 아이콘을 선택하거나 이동하고 문장에서 특정 범위를 선택하는 등 다양하게 활용할 수 있다. 드래그앤드롭을 수행하려면 마우스로 클릭할 첫 번째 위치와 드래그 후 버튼을 해제할 두 번째 위치 정보 2개를 지정해야 한다.

각 화면에서 원하는 이미지 위치를 캡처하여 2개의 위치 정보를 설정하며 캡처한 각 이미지에서 빨간 점의 위치를 세부 조정하여 마우스로 클릭할 위치와 드래그 후 버튼을 해제할 위치를 지정한다.

Drag Time

Image Drag 이벤트의 Properties에서 추가로 설정할 수 있는 항목으로, 첫 번째 위치에서 마우스로 클릭한 후 해제되기까지의 시간을 ms(밀리초) 단위로 임의 지정해줄 수 있다. 일정 시간 이상 버튼을 누르고 있어야 하는 특수한 경우에 사용할 수 있다.

Image Drag 이벤트를 이용하여 다음 웹사이트 기사에서 원하는 문장을 범위로 선택해 보자. 여기서는 첫 문장을 선택해보겠다.

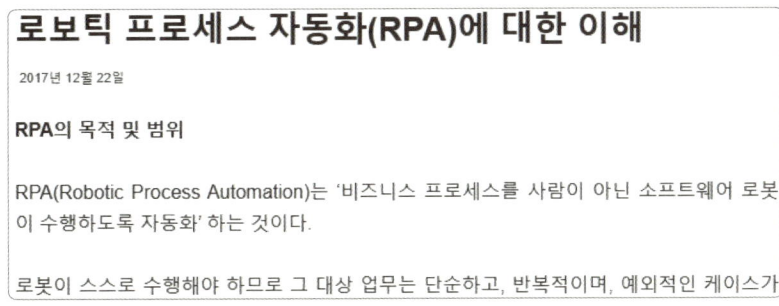

Image Drag 사용 예제

범위를 지정하고자 하는 내용은 "RPA(Robotic Process Automation)는 '비즈니스 프로세스를 사람이 아닌 소프트웨어 로봇이 수행하도록 자동화'하는 것이다."라는 문장이므로 첫 번째 단어인 'RPA'에서 마우스를 클릭하여 문장의 끝인 '것이다.'에서 버튼을 해제할 수 있도록 위치를 지정해야 한다.

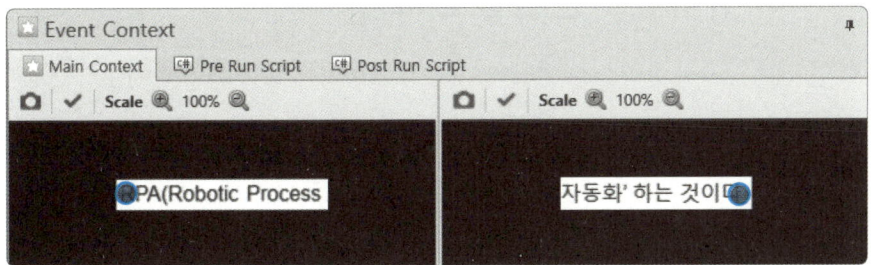

Image Drag 이벤트의 Context

이처럼 Event Context를 설정해 준 후 이벤트를 실행해 보면 다음과 같이 범위가 지정되는 것을 확인할 수 있다.

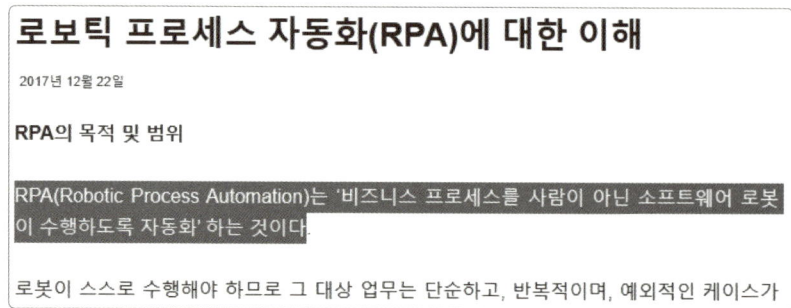

Image Drag 실행 결과

범위 지정이 성공적으로 수행되면 다음 단계의 이벤트에서 복사나 붙여넣기 등의 작업이 가능해진다.

2.5 [따라 하기] 유튜브 순위 정보 확인

Google 메인 페이지에서 유튜브로 이동하여 인기 페이지에서 특정 크리에이터가 순위에 몇 명이나 있는지 확인하는 간단한 시나리오를 Image Match Control에 포함된 이벤트를 활용해 만들어보자.

선결 조건

인터넷 익스플로러나 크롬으로 구글 메인 페이지를 열고 있어야 한다.

1. Event Components에서 다음 Event List와 동일하게 각각의 이벤트를 드래그앤드롭한다(Image Click 이벤트, Image Check 이벤트, Image Check All 이벤트).

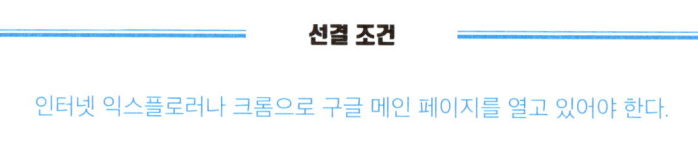

시나리오 Event List

2. **첫 번째 Image Click 이벤트:** 다음과 같이 구글 메인 페이지 오른쪽 위에 있는 옵션 메뉴를 캡처한다.

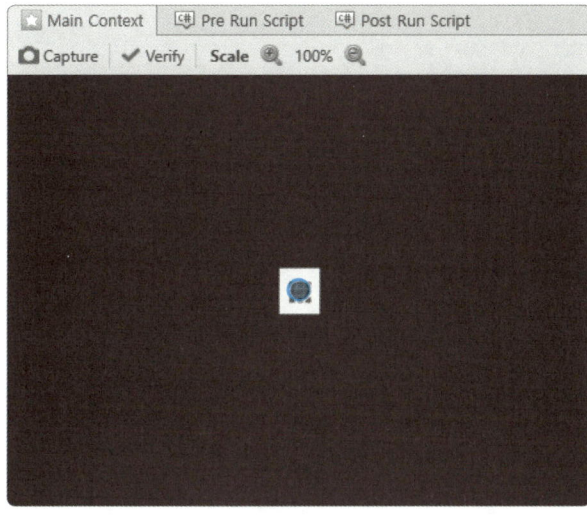

Image Click 이벤트 캡처 예제

3. **두 번째 Image Click 이벤트:** 다음과 같이 YouTube 아이콘을 캡처한다(Active Sync Recording 기능을 활용하거나 Windows의 캡처 기능을 활용).

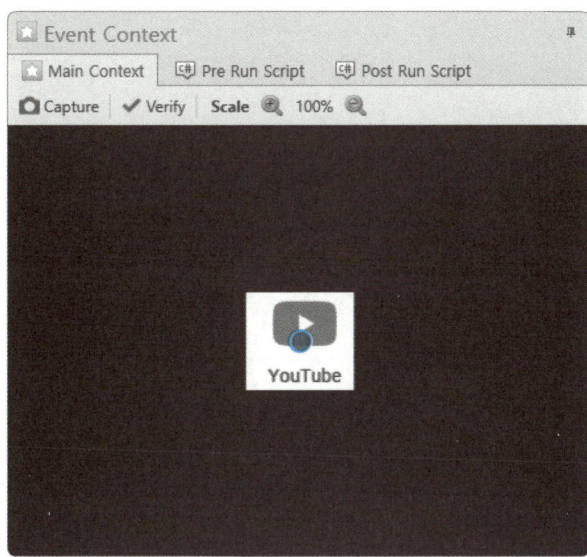

Image Click 이벤트 캡처 예제

4. **Image Check 이벤트:** 유튜브로 이동했는지 확인하고자 유튜브 메인 페이지에서 YouTube 아이콘을 캡처한다.

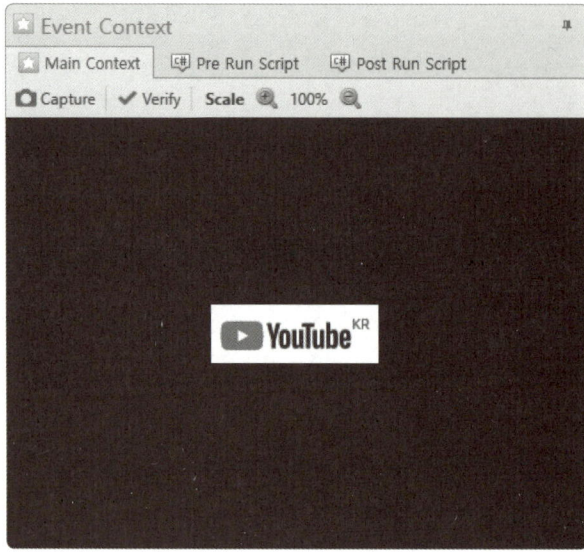

Image Click 이벤트 캡처 예제

5. **Image Click 이벤트:** 유튜브 인기 페이지로 이동하고자 해당 부분을 캡처한다.

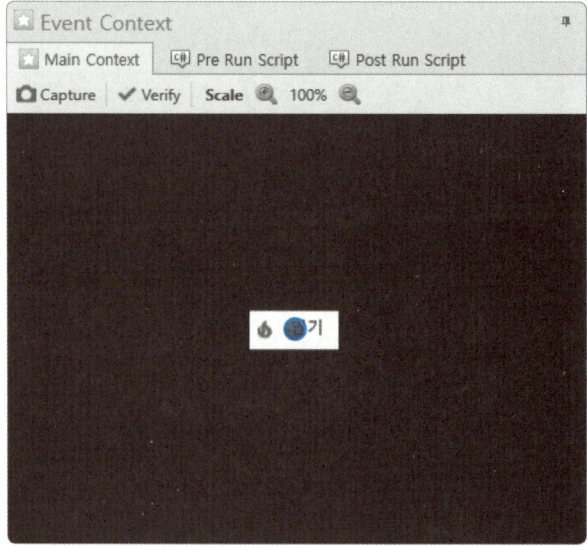

Image Click 이벤트 캡처 예제

4장
이벤트 개요와 이미지 기본

6. **Image Check All 이벤트:** 확인하고자 하는 크리에이터의 명칭을 캡처한다(여기서는 'JTBC'를 대상으로 진행).

Image Check All 이벤트 캡처 예제

7. Event Properties의 Result Save에 변수(예: Lamount)를 선언한다.

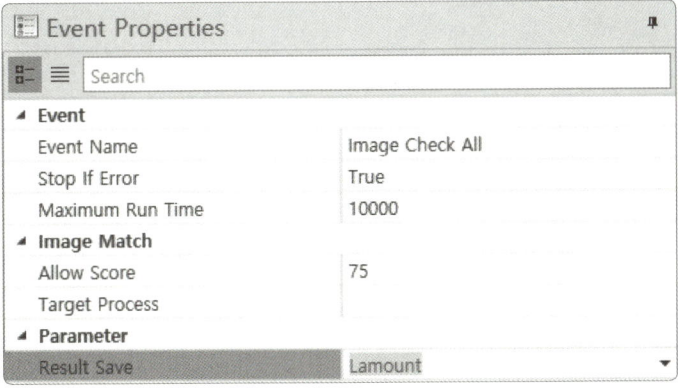

Image Check All 이벤트의 Properties

8. **수행 결과:** 다음과 같은 화면에서 수행한 결과 6번 Image Check All 이벤트에서 캡처한 것과 같은 이미지 1개를 확인할 수 있다.

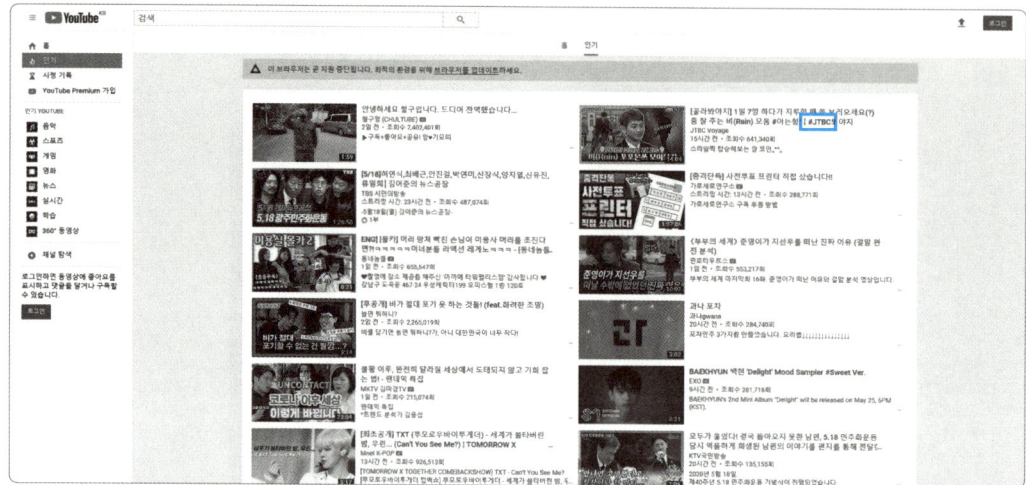

Image Match Control 예제 실행 결과 1

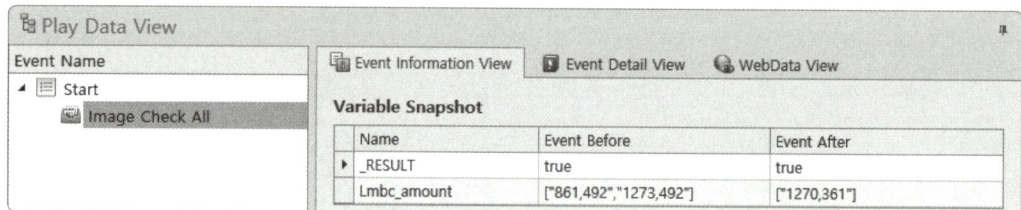

Image Match Control 예제 실행 결과 2

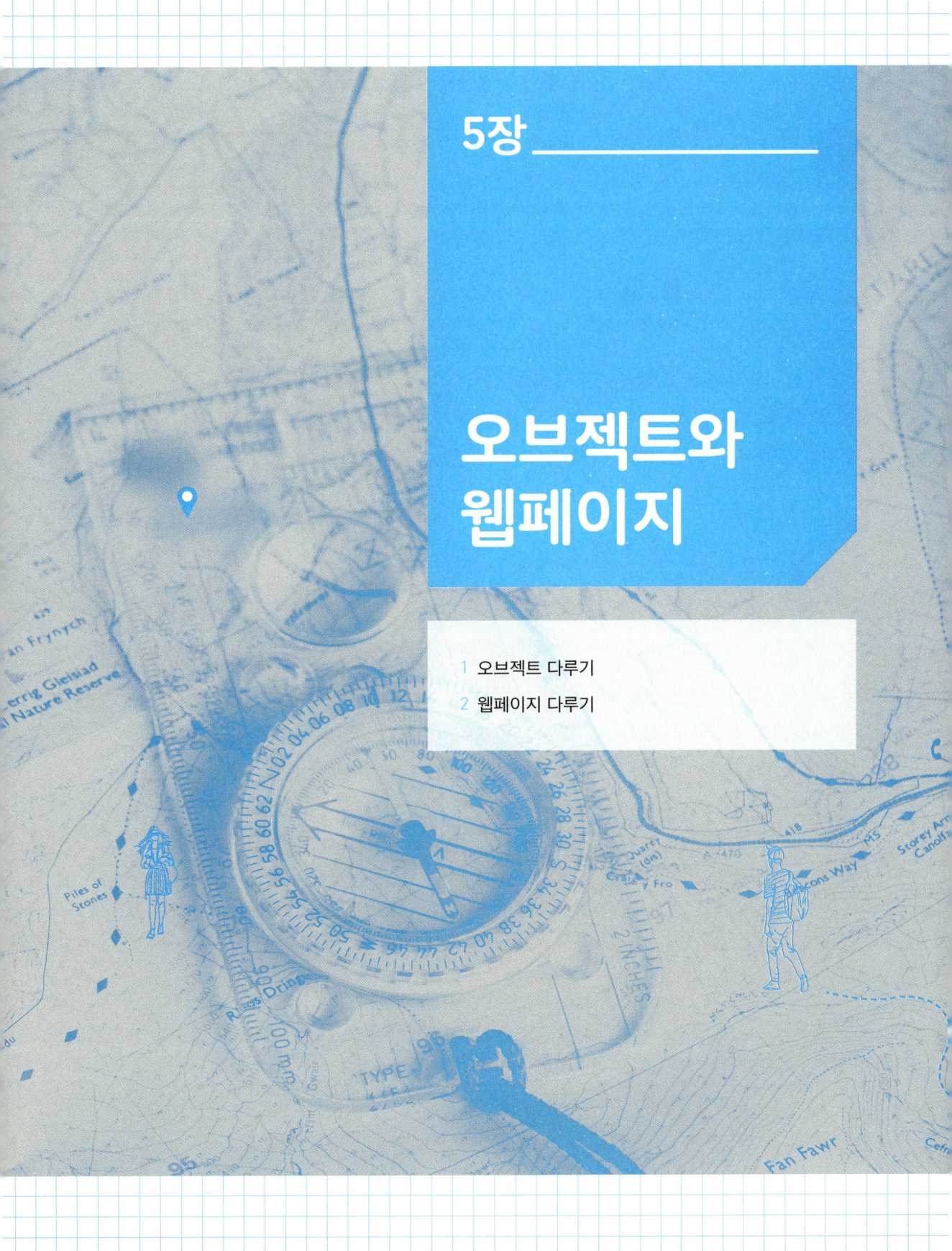

5장

오브젝트와 웹페이지

1 오브젝트 다루기
2 웹페이지 다루기

① 오브젝트 다루기

윈도우뿐만 아니라 유닉스, 맥 등을 포함한 컴퓨터 환경에서 오브젝트(Object)라는 용어는 메모리에서 값을 가지거나 식별할 수 있는 모든 유형을 포괄하는 의미로 사용한다. 이와는 달리 CheckMATE의 스크립트 개발자 입장에서 오브젝트란 화면에 나타나는 텍스트, 아이콘, 파일, 각종 버튼, 탐색기나 브라우저와 같은 각각의 프로그램, 각 프로그램의 하위 창, 서브 메뉴 등 사람이 인식하여 구별할 수 있는 모든 항목을 의미한다.

CheckMATE에서는 이미지 기반의 화면 인식 이외에도 화면에서 이러한 오브젝트를 직접 찾아 해당 오브젝트의 정보를 읽거나 쓸 수도 있고 마우스 클릭과 같은 동작을 수행할 수도 있다.

단순히 주어진 대상 이미지를 화면에서 탐색하는 방법과 달리 오브젝트 기반의 인식 방법은 마치 우체부가 우편물을 배달하기 위해 받는 사람 주소 정보를 이용하여 목적지를 찾아가는 것과 비슷하다. 우체부가 우편물을 정확히 전달하려면 받는 사람의 주소와 이름을 알아야 하는 것처럼 CheckMATE 역시 오브젝트가 어디에 있는지, 오브젝트의 이름은 무엇인지 등의 정보를 알고 있어야 한다.

다음과 같이 윈도우의 바탕화면에서 실행 창을 찾아 '열기(O)'라는 문자열 오른쪽에 있는 입력 박스(Edit Box)에 'Notepad'라는 문자열을 입력하는 상황을 CheckMATE의 오브젝트 인식 방법을 이용하여 구현해보자(실행 창은 이미 실행되어 있다고 가정한다).

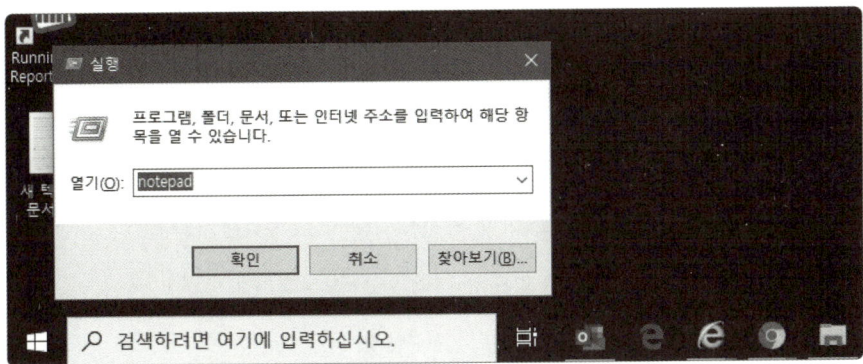

오브젝트 인식 방법 예제

우편주소 방식으로 생각해본다면 우선 바탕화면에서 실행 창을 찾고 다시 실행 창에서 입력 박스를 찾는 순으로 탐색해가면 되는데, 이를 CheckMATE에선 어떻게 표현할 수 있을까?

CheckMATE에서 Object SetValue 이벤트를 이용하여 입력 박스(Edit Box)를 캡처해보면 다음과 같은 정보가 표시된다. 다음 그림은 CheckMATE가 오브젝트를 다시 찾으려 할 때 필요한 집 주소 역할을 하는 오브젝트 맵(Object Map)의 모습이다.

이 과정은 순서대로 다음과 같다. 목표로 하는 대상 오브젝트(입력 박스)를 찾으려면 총 3단계의 경로를 찾아 들어가야 한다는 내용(COUNT=3)에서 시작하여 첫 번째 단계([1])에서 이름이 '실행'인 'Window(창)' 타입의 오브젝트를 우선 탐지한다.

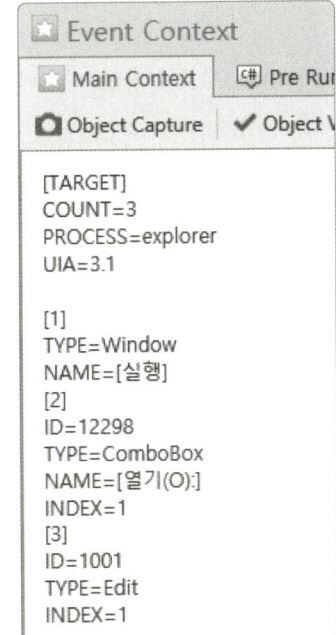

오브젝트 맵

실행 창을 찾았으면 두 번째 단계([2])에서는 Window 타입 오브젝트 내부에서 이름이 '열기(O)'인 ComboBox 타입의 오브젝트를 찾는다. 마지막 단계([3])에서는 ComboBox 타입 오브젝트 내부의 Edit 타입 오브젝트를 찾으면 최종 목적지에 다다른 것이다.

참고로 다음 목록은 오브젝트 맵에서 일반적으로 보이는 항목이다.

속성	내용
TYPE	Window, ComboBox, EditBox, Button 등과 같은 오브젝트의 타입 정보
NAME	창이나 아이콘 제목과 같은 사용자에게 표시되는 문자열
INDEX	같은 계층에서 해당 오브젝트가 위치한 순서
ID	같은 계층에서 해당 오브젝트를 식별할 수 있는 값

오브젝트 맵 속성

만일 윈도우 OS의 언어를 영문으로 변경해야 하는 상황이 발생한다면 윈도우에 나타나는 창이나 제목이 영문으로 표시되므로 오브젝트 탐색 정보에서 한국어로 되어 있는 항목(실행, 열기 등)은 탐색에 실패하게 될 것이다. 이처럼 윈도우 OS 환경 정보가 바뀔 수 있는 조건에서 오브젝트 인식을 사용하고자 할 때는 *(와일드카드)를 활용하면 된다.

다음 그림은 앞의 오브젝트 맵에서 한글이 포함된 항목을 언어와 상관없이 탐색할 수 있도록 별표(*)로 수정한 것으로, 원하는 내용을 '{*}'로 치환하면 오브젝트 탐색 시 해당 조건은 무시된다.

*는 이처럼 유용한 부분도 있지만, 너무 남발하면 탐색 속도가 떨어지거나 탐색 정확도가 낮아질 수 있기 때문에 충분한 확인이 필요하다.

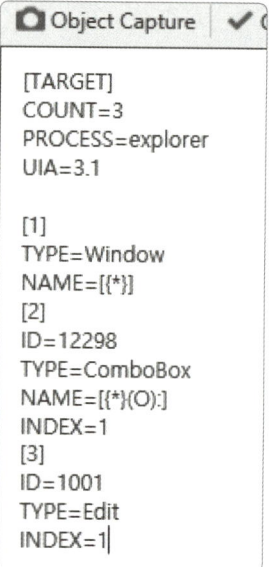

별표 사용 예제

1.1 오브젝트 클릭하기

오브젝트를 찾아서 마우스 동작을 수행하는 이벤트다. 마우스로 수행할 수 있는 동작은 Image Click 이벤트와 동일하다. 윈도우의 탐색기 메뉴를 Object Click 이벤트를 이용하여 조작해보자.

Object Click의 Event Context에서 탐색기 메뉴 중 [자세히] 메뉴를 캡처한다. 캡처할 때는 가능한 [자세히] 메뉴의 한가운데를 클릭할 수 있게 하자.

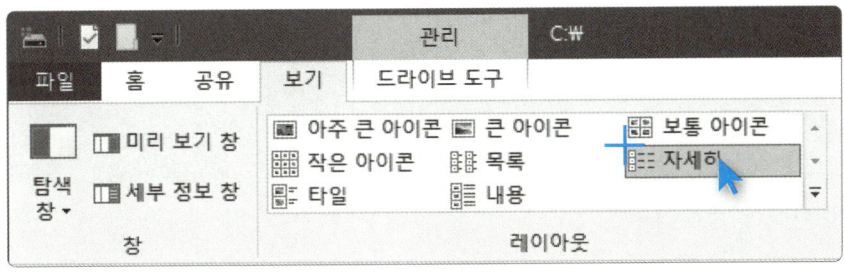

Object Click 이벤트 캡처 사용 예제

캡처 후 Event Properties를 확인해 보면 마우스로 클릭한 X, Y 좌표가 나타나는데, 이때 표시된 좌표는 선택한 오브젝트([자세히] 메뉴)의 왼쪽 위를 기준으로 오른쪽으로 53픽셀, 아래로 9픽셀 떨어진 곳을 마우스로 클릭했음을 의미한다.

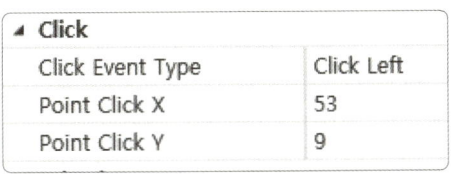

Object Click 이벤트 Point 위치

이렇게 설정된 이벤트를 실행해보면 바탕화면에 있는 탐색기를 찾아 [자세히] 메뉴의 한가운데를 마우스 왼쪽 버튼으로 클릭하는 작업이 수행된다.

현재의 설정에서 만약 Point Click X의 값을 53이 아닌 -53로 수정한다면 동작이 어떻게 바뀔

까? 이때는 우선 오브젝트 맵의 정보를 이용하여 탐색기의 [자세히] 메뉴를 찾고, 그다음 메뉴의 왼쪽 위를 기준으로 오른쪽으로 -53픽셀, 즉 왼쪽으로 53픽셀, 하단으로 9픽셀의 위치를 마우스 왼쪽 버튼으로 클릭한 것이 된다. 따라서 [목록] 메뉴를 클릭하게 된다.

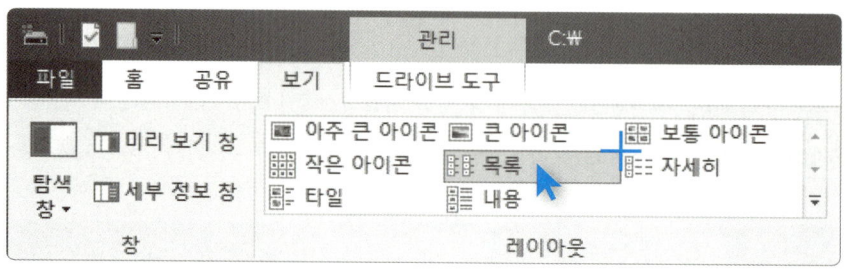

Object Click 이벤트 Point 위치 변경 예제

마찬가지로 Point Click X의 값을 -53, Point Click Y 값을 -9로 수정한다면 [큰 아이콘] 메뉴를 클릭한 것이 될 것이다.

이러한 방법은 CheckMATE의 장점 중 하나로, 오브젝트 인식이 안 되는 지점이라 주변에 있는 오브젝트를 기준으로 상대 위치를 이용해 클릭해야 할 때 간편하게 응용하여 활용할 수 있다.

Allow Multiple(UIA Only)

Event Properties의 항목 중 Allow Multiple 속성을 True로 설정하면 오브젝트 맵이 똑같은 여러 개의 오브젝트를 선택할 수 있다. 예를 들어 윈도우 바탕화면에 두 개 혹은 여러 개의 그림판 프로그램이 실행되어 있을 때 모든 그림판 프로그램의 저장 버튼을 클릭하고자 하는 경우를 생각해 보자.

하나의 그림판에서 저장 버튼을 클릭하도록 이벤트를 구성한 후 Allow Multiple 항목을 True로 설정하여 실행하면 화면에 실행 중인 모든 그림판의 저장 버튼을 차례대로 클릭하는 동작이 수행된다.

Allow Finder Scrolling(UIA Only)

기본적으로 Image Match Capture 이벤트나 Object Control 이벤트는 화면에 나타나 있을 때만 인식할 수 있다. 예를 들어 다음 그림 중 탐색기 왼쪽의 트리에서 현재 화면에는 '로컬 디스크 (C:)'까지만 보이지만 바로 밑에 있는 '로컬 디스크 (D:)'를 클릭하고 싶을 때나 네이버 메인 페이지에서 현재 화면에서는 보이지 않지만 'NAVER 로그인' 버튼 밑에 있는 '회원 가입' 버튼을 클릭하고자 하는 때는 원하는 오브젝트 즉, '로컬 디스크 (D:)'나 '회원 가입' 버튼을 찾고자 마우스를 이용하여 아래 방향으로 스크롤할 필요가 있다.

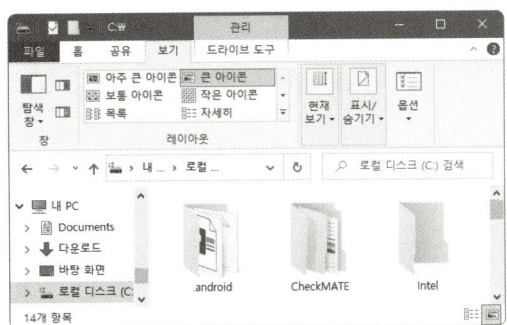 

Allow Finder Scrolling 항목 사용 예제

이럴 때 Object Click 이벤트의 Allow Finder Scrolling 항목을 True로 설정해주면 이벤트 수행 시 오브젝트 맵에 지정된 오브젝트를 찾을 때까지 자동으로 스크롤한다.

1.2 오브젝트 정보 읽기/쓰기

Object Click 이벤트는 임의의 오브젝트를 대상으로 마우스 동작을 수행하는 반면, Object GetValue 이벤트나 Object SetValue 이벤트는 대상 오브젝트에서 정보를 읽거나 쓰는 동작을 수행한다. 오브젝트에서 정보를 읽는다는 의미는 탐색기의 파일 목록에서 파일 이름을 알아내거나 웹사이트의 기사 내용, 메모장에 쓰여 있는 내용 등을 읽어낸다는 것이며, 정보를 쓴다는 의미는 로그인 화면의 아이디 입력 창이나 비밀번호 입력 창에 아이디, 비밀번호를 입력하거나 인터넷 게시판이나 메모장에 내용을 쓴다는 것이다.

이렇게 특정 오브젝트를 대상으로 정보를 읽거나 쓸 때는 우선 대상 오브젝트를 찾을 수 있도록 오브젝트 맵을 생성해 주고 어떤 정보를 쓰거나 읽을 것인지 지정해야 한다. Object SetValue 이벤트를 이용하여 바탕화면에 실행 중인 메모장에 정보를 입력한 후 Object GetValue 이벤트를 이용하여 다시 메모장에 입력된 내용을 읽어보자. 메모장은 이미 실행되어 있다고 가정한다.

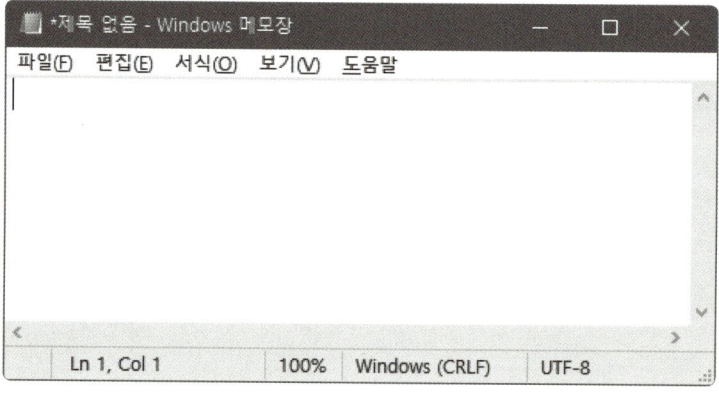

메모장 실행 화면

메모장은 그 자체가 여러 개의 오브젝트 조합으로, 상단의 메모장 제목, [파일(F)], [편집(E)] 등과 같은 각각의 메뉴, 글자 입력 영역 등 다양한 오브젝트로 구성되어 있으며 이는 메모장뿐만 아니라 대부분 프로그램이 마찬가지다. 이 중 우리가 원하는 동작은 메모장의 글자 입력 영역에 글자를 입력하는 것이다. 따라서 Object SetValue 이벤트의 <Object Capture> 버튼을 클릭 후 캡처하려는 오브젝트를 지정할 때 다음과 같이 글자 입력 영역을 정확히 지정해야 한다.

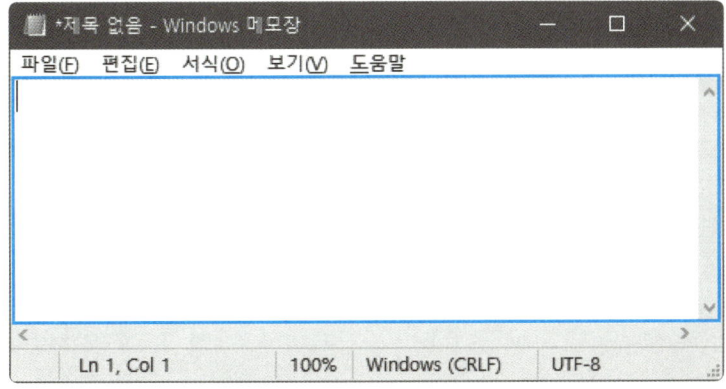

메모장 Edit Box를 오브젝트 캡처한 화면

글자 입력 영역 그 자체도 하나의 오브젝트며 흔히 Edit Box라 불리기도 한다. 원하는 오브젝트를 지정하고 나면 해당 오브젝트의 어떠한 정보에 접근할 것인지 선택하는 메뉴가 나타난다.

다음 그림은 메모장의 Edit Box 오브젝트를 선택했을 때 해당 오브젝트가 제공하는 정보로 Value라는 항목이 있음을 보여준다. Value라는 항목에 어떠한 정보를 입력할 것인지 현 단계에서 직접 지정할 수도 있다.

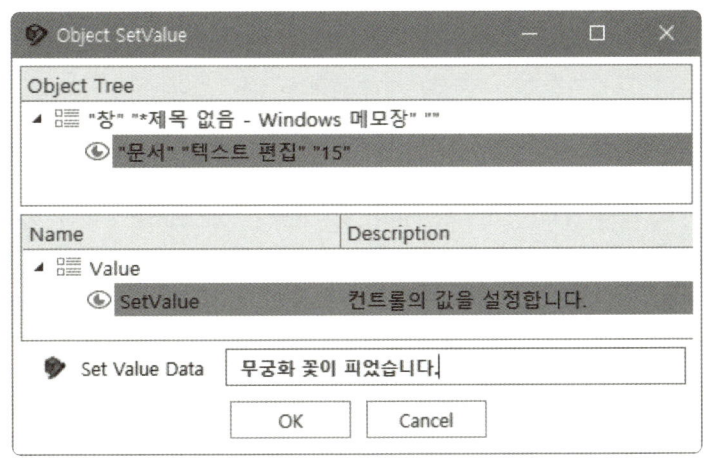

Object SetValue 이벤트 설정

참고로 오브젝트마다 제공하는 정보는 매우 다양한데, Edit Box 오브젝트의 경우는 Value라는 항목 하나뿐이었지만 오브젝트의 유형이나 특성에 따라 제공되는 정보는 다음과 같이 다양하다.

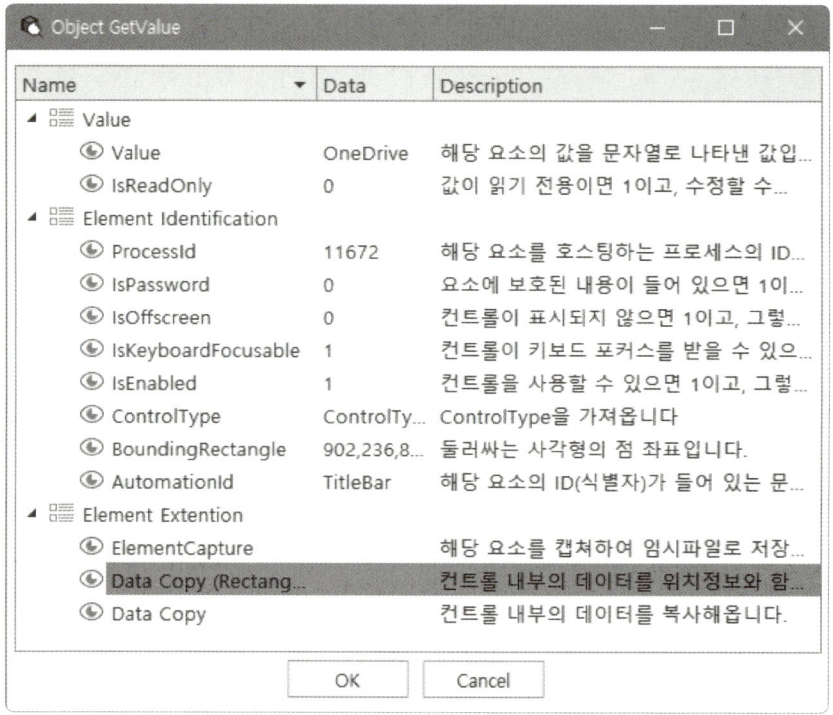

Object GetValue 이벤트 설정

이 중 어떤 정보를 사용할 것인지는 개발자가 구현하려는 동작이 무엇인가에 따라 달라진다. 여기서는 메모장의 글자 입력 영역, 즉 Edit Box 오브젝트의 Value 항목에 '무궁화 꽃이 피었습니다.'라는 문장을 입력하는 것이 목적이다.

여기까지 Edit Box 오브젝트를 지정하고 Value 항목에 입력하려는 내용을 지정해주면 Object SetValue 이벤트는 다음과 같이 구성될 것이다.

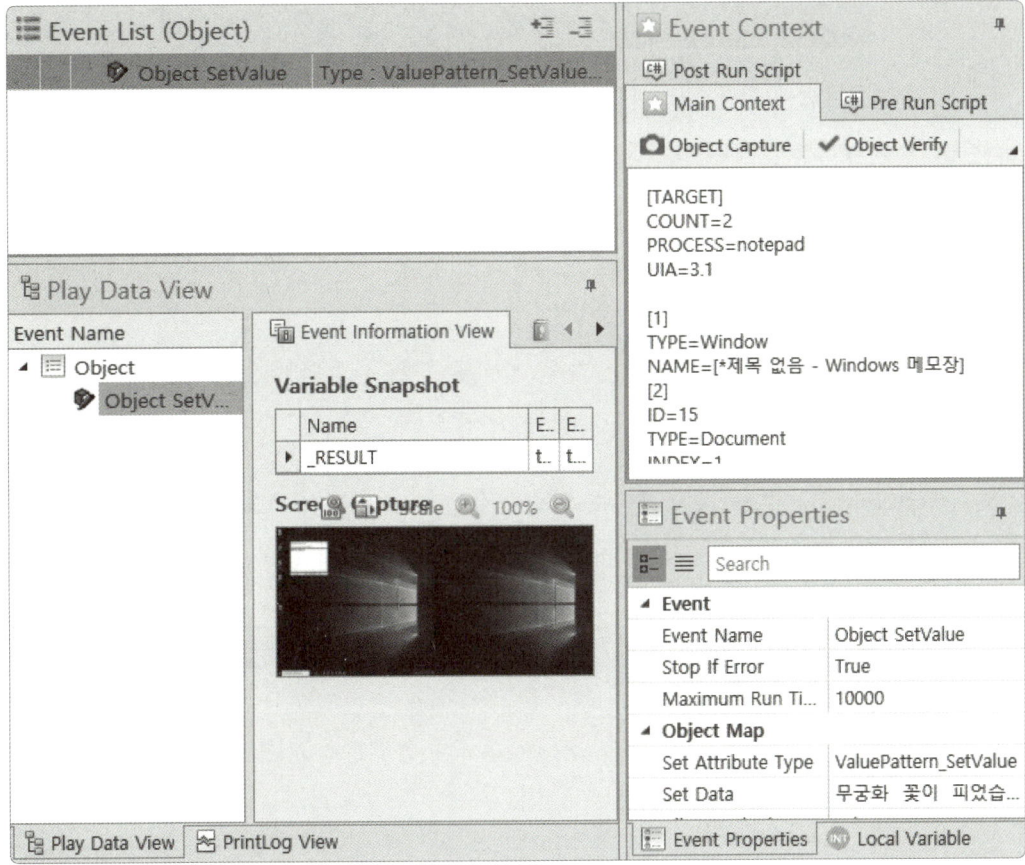

Object SetValue 이벤트 구성 화면

Object SetValue 이벤트의 Context에서 오브젝트 맵은 notepad 프로세스에서 Document 유형의 오브젝트를 찾으라는 내용으로 구성되어 있으며, 아래의 Properties에는 Value 타입의 오브젝트 속성에 '무궁화 꽃이 피었습니다.'라는 문장을 입력하도록 구성한다.

설정이 끝난 이벤트를 실행시켜 보면 다음과 같이 수행될 것이다.

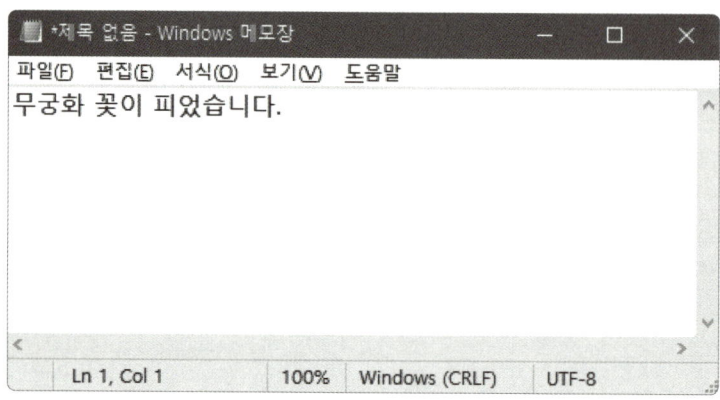

문장이 입력된 메모장

이제 Object SetValue 이벤트로 메모장에 입력한 문장을 Object GetValue 이벤트를 이용하여 다시 읽어보자. Object GetValue 이벤트에서 Object Capture를 다음과 같이 잡아준다.

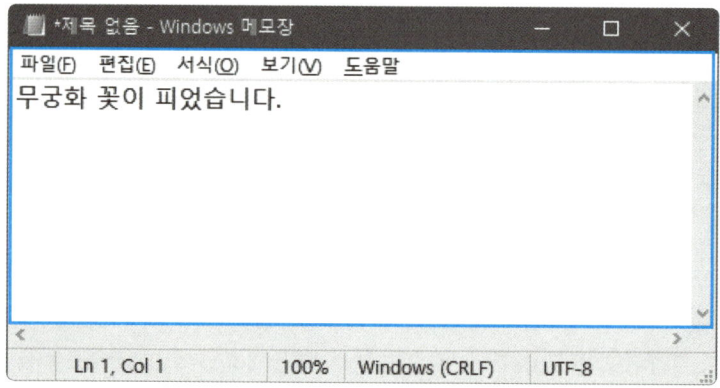

오브젝트로 인식된 메모장 Edit Box

캡처한 오브젝트 맵은 바로 앞의 Object SetValue 이벤트 내용과 같을 것이다. 오브젝트를 캡처하고 나면 다음과 같이 해당 오브젝트에서 얻을 수 있는 정보의 종류가 표시된다.

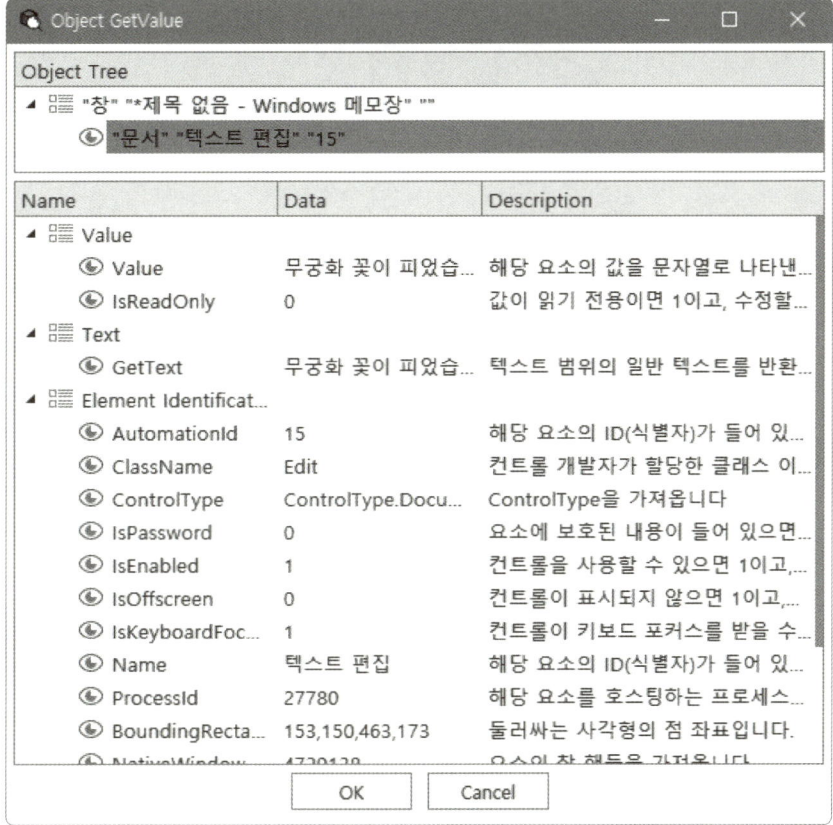

메모장 Edit Box를 캡처한 오브젝트 속성 예제

다양한 속성 항목이 있지만, 여기서는 이 중 Value 항목의 정보를 얻어올 것이기 때문에 Value 항목을 선택하고 <OK> 버튼을 클릭한다.

다음 수행해야 할 것은 얻어온 문자열을 저장할 변수를 생성하여 지정하는 것이다. 변수는 Local Variable 메뉴에서 생성할 수 있으며 이번에는 문자열(String) 정보를 얻어올 것이므로 string 타입 변수를 하나 생성한다.

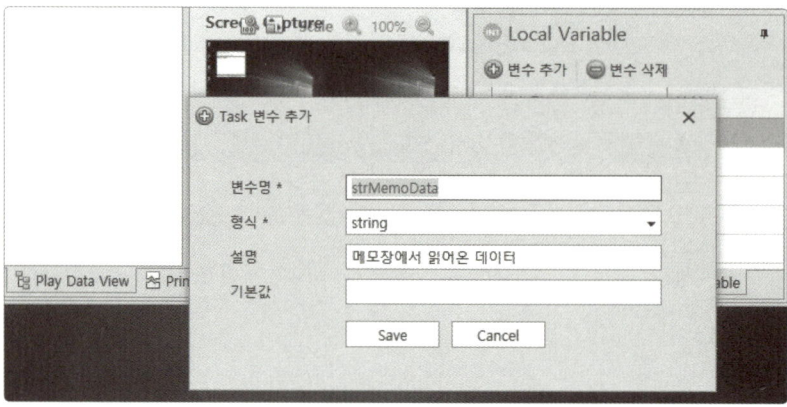

변수 추가

생성한 변수를 Object GetValue 이벤트의 Properties에 있는 Result Save 항목에 설정한다.

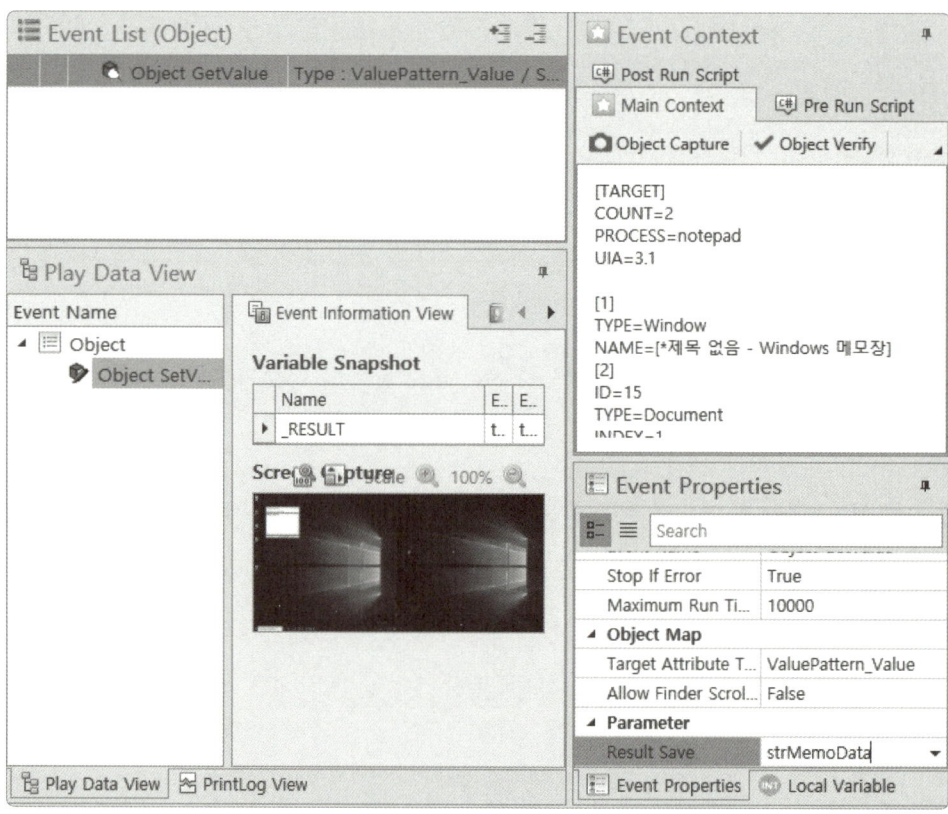

Object GetValue 이벤트의 Result Save 설정 예제

이제 Event List에 등록된 Object GetValue 이벤트는 Context에 지정한 대상의 오브젝트 맵 정보가 생성되어 있으며 Properties 메뉴에는 Value 타입의 오브젝트 속성에서 가져온 정보를 strMemoData 변수에 저장하도록 설정된다.

이 이벤트를 실행한 후 결괏값을 다음과 같이 Play Data View에서 확인해 보면 메모장에 쓰인 내용이 strMemoData 변수에 저장되어 있음을 확인할 수 있다.

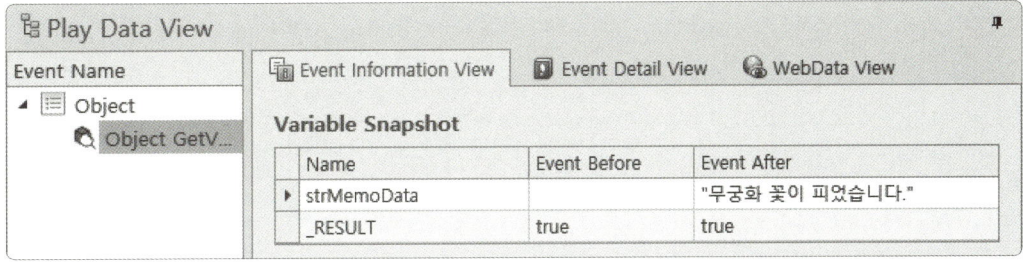

Object GetValue 이벤트 실행 결과

지금까지 오브젝트에서 정보를 읽거나 쓰는 방법에 대하여 알아보았다. 오브젝트에서 정보를 읽으려 할 때는 읽어낸 정보가 저장될 변수를 필수로 지정해야 하는데, 정보를 쓰려 할 때는 앞의 과정처럼 입력하려는 문자열을 직접 지정해줄 수도 있지만, 문자열 변수를 이용하여 지정하는 방법도 있다.

변수를 통해 오브젝트에 입력하는 방법은 상황에 따라 동적으로 변하는 정보라면 매우 효율적인데, 예를 들어 앞에서 설명한 Object SetValue 이벤트를 통해 메모장에 입력한 '무궁화 꽃이 피었습니다.'라는 문자열 대신 스크립트가 실행될 때마다 현재 시각을 메모장에 쓰고자 할 때를 생각해보자. 현재 시각의 문자열은 순간마다 바뀌기 때문에 시각 문자열을 직접 지정하는 것은 의미가 없다. 따라서 이럴 때는 C# 코드로 현재 시각 값을 구한 다음 이를 문자열로 변환한 다음, 변수에 대입하고 이 변수를 Object SetValue 이벤트 Properties의 Set Data 항목에 지정하면 된다.

```csharp
using System;
using System.IO;
using System.Collections;
using System.Collections.Generic;
using System.Data;
using System.Text;

public partial class CustomScript
{
    public void PreRun(EvPPEntry_Object_SetValue EntryData)
    {
        // curtime 변수에 현재 시간을 설정한다.
        DateTime curtime = DateTime.Now;
        // curtime 을 문자열 변수로 변환하여
        // strMemoData 변수에 저장한다.
        strMemoData = curtime.ToString();
    }
}
```

현재 시각을 변수에 저장하는 C# 코드 예제

현재 시각을 구하는 C# 코드는 Object SetValue Event Context 메뉴의 Pre Run Script에 입력하고 C# 코드에서 최종적인 시간 정보 문자열은 미리 생성해 놓은 strMemoData 변수에 대입한다.

다음으로, Properties의 Set Data 항목에 해당 변수를 설정하는데, 설정된 값이 문자열이 아닌 변수임을 알리고자 이를 중괄호(Brace)로 감싸야 한다. 중괄호로 감싼 내용은 일반적인 문자열이 아닌 변수로 취급되므로 메모장의 Edit Box 오브젝트에는 해당 변수에 저장된 내용이 출력된다.

문자열 직접 입력 방법		변수를 통한 입력 방법	
▲ Object Map		▲ Object Map	
Set Attribute Type	ValuePattern_SetValue	Set Attribute Type	ValuePattern_SetValue
Set Data	무궁화 꽃이 피었습니다.	Set Data	{strMemoData}
Allow Multiple (UIA Only)	False	Allow Multiple (UIA Only)	False
Allow Finder Scrolling (...	False	Allow Finder Scrolling (...	False

Object SetValue 이벤트를 사용한 입력 방법 Type

이제 스크립트를 실행시켜보면 다음과 같은 결과가 나타날 것이다.

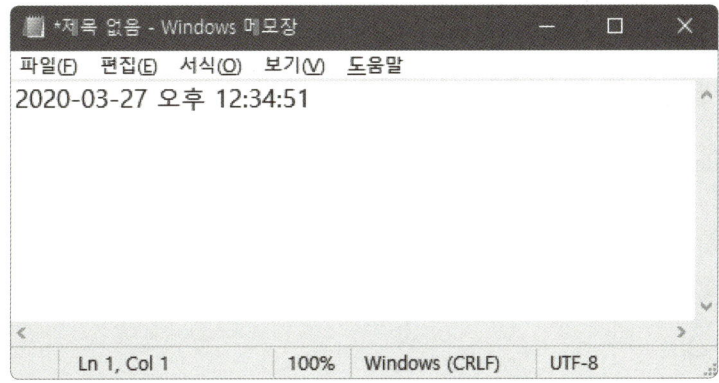

Object SetValue 이벤트 실행 결과

참고로 Properties 메뉴에서 여러 세부 항목을 앞의 과정처럼 직접 설정할 수도 있지만, Pre Run Script에서도 코딩을 통해 동적으로도 설정할 수 있으며 Set Data 항목 역시 문자열이나 변수 설정 모두 가능하다.

```
using System.Collections.Generic;
using System.Data;
using System.Text;

public partial class CustomScript
{
    public void PreRun(EvPPEntry_Object_SetValue EntryData)
    {
        DateTime curtime = DateTime.Now;
        strMemoData = curtime.ToString();
        // Object Set Value Event의 Pre Run
        // Script에서 코딩을 통해 아래와 같이
        // 직접 변수 설정도 가능하다.
        EntryData.SetData = strMemoData;
    }
}
```

Pre Run Script를 사용한 설정 예제

코딩으로 변수 설정:

EntryData.setData = strMemoData;

코딩으로 문자열 설정:

EntryData.setData = "무궁화 꽃이 피었습니다.";

C# 언어에 대한 지식이 있는 사람이라면 잘 아는 내용이지만, 코드에서 변수에 대입할 때는 변수를 중괄호로 감싸면 안 되며 Properties와 같은 UI 메뉴에서 변수를 활용할 때만 중괄호를 사용해야 한다.

한편, UI 메뉴에서 중괄호를 사용한 변수는 앞의 Set Data 항목뿐 아니라 CheckMATE의 여러 곳에서 다양하게 사용할 수 있다. 몇 가지 예를 살펴보자.

Key Typing

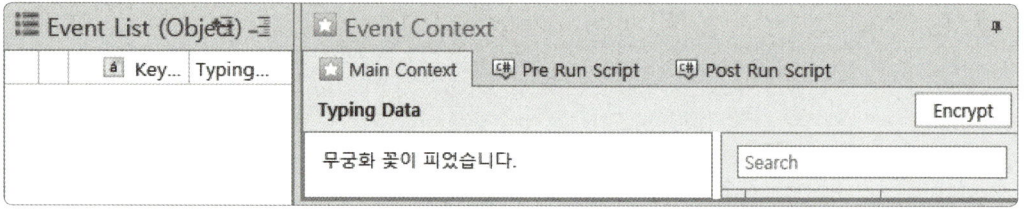

Key Typing 이벤트에서 직접 문자열 입력

strUserData 변수에 '무궁화 꽃이 피었습니다.'라는 문자열이 저장되어 있다면 Key Typing 이벤트에서 앞의 그림 대신에 다음과 같이 사용할 수 있다.

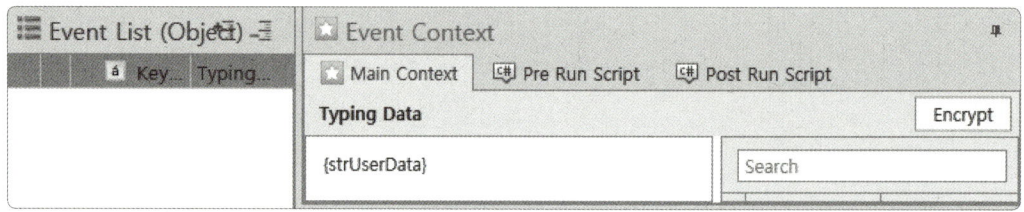

Key Typing 이벤트에서 변수를 사용한 문자열 입력

Object Map

Object Set / GetValue 이벤트에서 메모장 Object Capture 시 생성되는 오브젝트 맵의 내용이다.

제목이 없는 메모장	TEST.txt 파일을 연 메모장
[TARGET] COUNT=2 PROCESS=notepad UIA=3.1 [1] TYPE=Window NAME=[*제목 없음 - Windows 메모장] [2]	[TARGET] COUNT=2 PROCESS=notepad UIA=3.1 [1] TYPE=Window NAME=[TEST.txt - Windows 메모장] [2]

파일명에 따른 Object Map의 변화

윈도우 메모장을 새로 연 경우에는 메모장 제목 앞에 '제목 없음'이라는 문구가 있지만, 기존의 파일(TEST.txt)을 메모장으로 연 경우에는 파일 이름이 표시된다는 것을 오브젝트 맵에서 확인할 수 있다. 이 오브젝트 맵을 그대로 사용하면 제목이 있는지에 따라 메모장 오브젝트를 찾을 수도 있고 못 찾을 수도 있다. 파일 제목이 무엇이든 상관없이 메모장 오브젝트를 찾으려면 오브젝트를 탐색할 때 해당 문구를 무시할 필요가 있는데, 이때는 다음과 같이 와일드카드를 중괄호로 감싸면 된다.

```
[TARGET]
COUNT=2
PROCESS=notepad
UIA=3.1

[1]
TYPE=Window
NAME=[{*} - Windows 메모장]
[2]
```

오브젝트 맵에서 중괄호 사용 예

위의 NAME에서 '{*} – Windows 메모장'은 '– Windows 메모장' 문구 앞에 어떠한 내용이 있어도 상관없음을 뜻한다.

1.3 [따라 하기] 오늘의 날씨 정보 쓰기

날씨 앱에서 오늘의 날씨 정보를 메모장으로 옮기는 간단한 시나리오를 구현해 보자.

선결 조건

날씨 정보를 저장할 메모장을 미리 열어둔다.

---

1. Event Components에서 다음 Event List와 동일하게 각각의 이벤트를 드래그앤드롭한다(Object Click 이벤트, Object GetValue 이벤트, Object SetValue 이벤트).

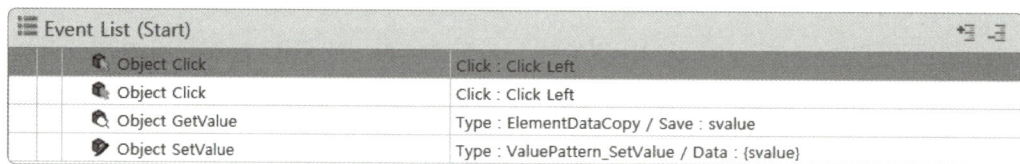

시나리오 Event List

2. **첫 번째 Object Click 이벤트:** 날씨 앱을 시작하고자 윈도우 화면 왼쪽 아래에 있는 시작 버튼을 캡처한다.

Object Click 이벤트 캡처 예제

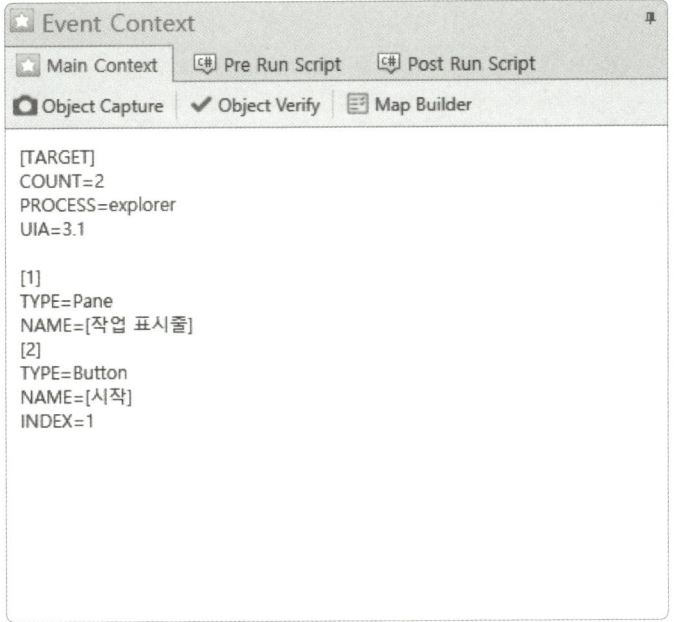

Object Click 이벤트의 Context

3. **두 번째 Object Click 이벤트:** 시작 메뉴에서 다음과 같이 날씨 앱을 캡처한다.

날씨 앱 캡처 예제

4. Object GetValue 이벤트

① 실행된 날씨 앱에서 날씨 정보를 받아올 부분을 다음과 같이 캡처한다.

Object GetValue 이벤트 캡처 영역

② 캡처 진행 시 GetValue를 할 위치인 'Object Tree'와 내용을 선택하는 부분이 있는데, 다음과 같이 위치를 지정하고 'Data Copy'를 선택한다.

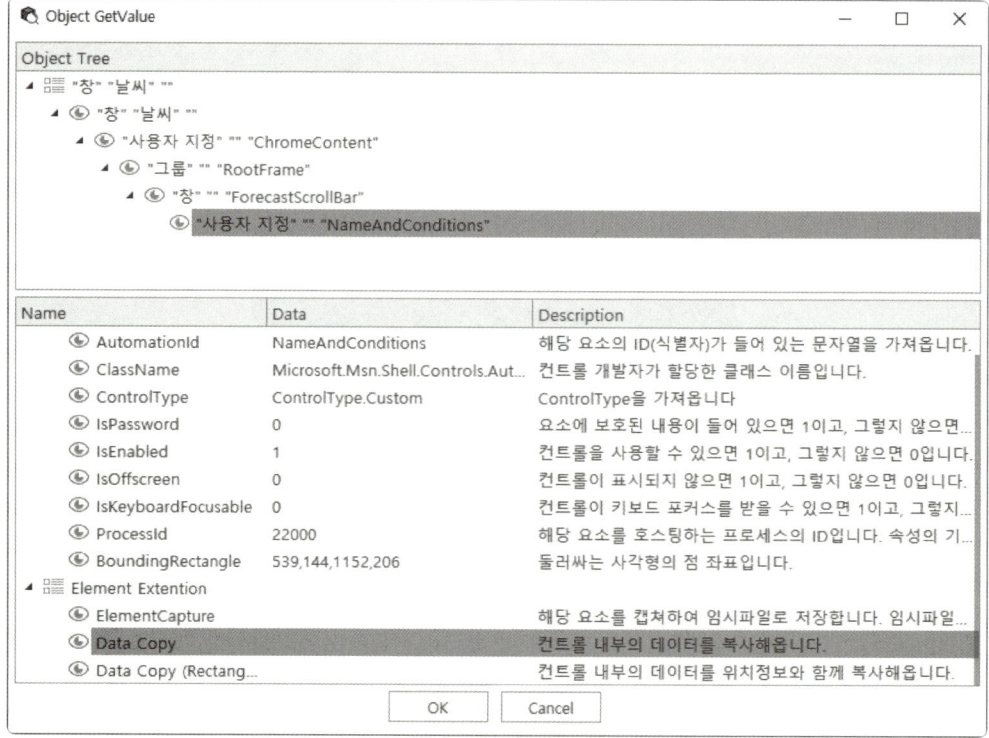

Object GetValue 이벤트 설정

③ 날씨 정보를 저장할 변수를 선언한다(예: sWeatherinfo).

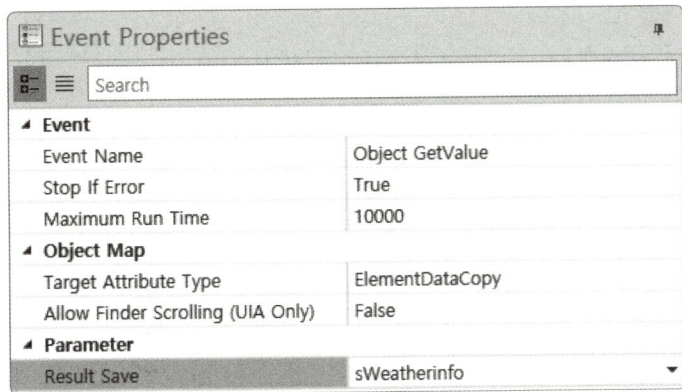

변수 선언

5. **Object SetValue 이벤트:** 메모장의 입력 영역을 캡처한 후 Object GetValue 이벤트로 가져온 변수명을 'Set Data'에 설정한다.

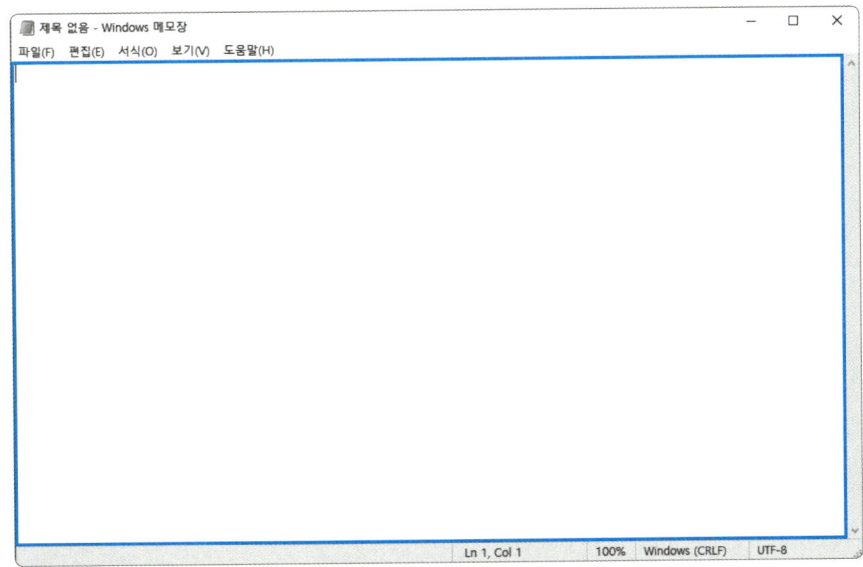

입력 영역 선택

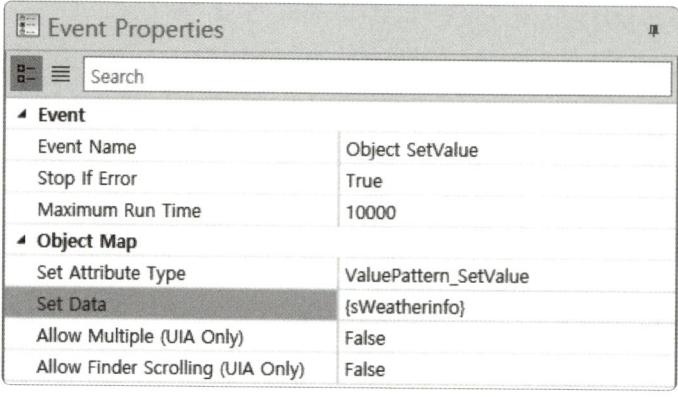

Set Data 설정

6. **수행 결과:** 다음과 같이 날씨 앱의 날씨 정보가 메모장에 기입된 것을 확인할 수 있다.

```
*제목 없음 - Windows 메모장
파일(F)  편집(E)  서식(O)  보기(V)  도움말(H)
"강남구, 서울특별시"
"현재 상태: 19°"
"섭씨가 선택되었습니다. 화씨로 변경하려면 누르세요."
"대체로 흐림"
"마지막 업데이트: 오후 2:32"
"""풍속 풍향: 서, 4 m/s """
"""체감 온도 19""도"""        ""시야 20""킬로미터"""""
"""기압계 1012.00"""""습도 50%""        ""이슬점 7""도"""""
```

따라 하기 실행 결과

❷ 웹페이지 다루기

HTML Object Control을 이용하면 웹 브라우저를 실행한 다음 원하는 사이트에 접속하거나 검색창에 필요로 하는 정보를 입력하여 검색하고 그 결과를 읽어내는 등 웹사이트와 관련한 제어가 가능하다.

HTML GetValue 이벤트나 HTML SetValue 이벤트를 이용하여 웹사이트의 특정 항목을 찾는 방법은 Object Control의 Object GetValue 이벤트나 Object SetValue 이벤트의 오브젝트 맵과 개념적으로 같지만, Object Control에서는 윈도우 시스템의 오브젝트 관리 정보를 이용하여 탐색하는 반면, HTML Object Control에서는 웹사이트의 HTML 코드를 읽고 태그를 분석하여 원하는 대상을 탐색한다는 점에서 차이가 있다.

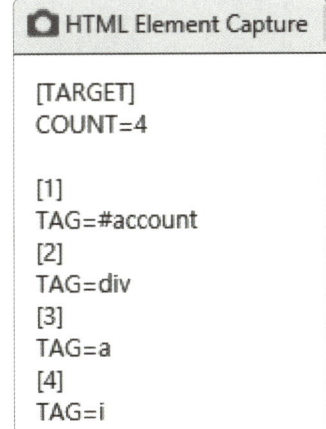

HTML Tag Map

HTML Object Control 캡처 예제

현재 HTML Object Control로 제어할 수 있는 웹 브라우저는 마이크로소프트의 인터넷 익스플로러와 구글의 크롬, 모질라의 파이어폭스가 있다. 한가지 주의할 점은 사용자가 직접 실행한 크롬 브라우저는 CheckMATE에서 정상적으로 제어하거나 인식할 수 없으며 CheckMATE의 Internet Browser 이벤트를 통해 크롬 브라우저를 실행해야 정상적인 동작이 가능하다는 점이다.

2.1 인터넷 브라우저 실행하기

스크립트 수행 시 Internet Browser 이벤트를 이용하여 웹 브라우저를 실행하고 지정한 URL로 이동하고자 Properties 메뉴의 다음 항목을 설정한다.

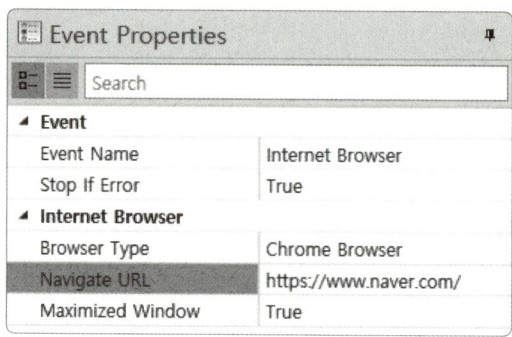

Internet Browser 이벤트의 Properties

Browser Type

실행할 브라우저를 선택한다. 선택할 수 있는 브라우저에는 인터넷 익스플로러, 크롬 브라우저, 파이어폭스가 있는데, 크롬이나 파이어폭스는 브라우저가 설치된 환경이어야 동작할 수 있다.

Navigate URL

브라우저의 실행과 동시에 찾아갈 웹페이지의 URL을 지정한다. URL을 지정하지 않으면 브라우저 설정에 따라 빈 페이지나 기본 페이지가 나타날 것이다.

Maximized Window

브라우저가 실행될 때 기본 크기로 보이게 할 것인지 최대 크기로 보이게 할 것인지를 선택한다. True이면 최대 크기 상태로 브라우저가 실행된다.

다음은 네이버 메인 페이지를 크롬 브라우저로 접속한 화면이다.

네이버 메인 페이지

참고로 CheckMATE의 Internet Browser 이벤트를 이용하여 크롬 브라우저를 실행시키면 페이지 상단에 다음과 같은 경고가 표시된다.

> 지원되지 않는 명령줄 플래그(--disable-web-security)를 사용 중이므로 안정성과 보안에 문제가 발생합니다. ✕

경고 표시

여기서 해당 경고는 CheckMATE가 크롬 브라우저에 접근하여 정보를 추출하고 제어하기 위해 보안을 완화했기 때문으로, 실제 수행에는 영향을 끼치지 않는다.

2.2 웹페이지 정보 읽기/쓰기

윈도우 OS의 모든 요소가 오브젝트로 구성되어 있듯이 웹페이지에 표현되는 다양한 내용은 HTML 요소(Element)로 구성된다.

HTML Get / SetValue 이벤트는 개념적으로 Object Get / SetValue 이벤트와 원리가 비슷하며 HTML 태그 정보를 기반으로 사용자가 지정한 HTML 요소를 탐색하고 이에 접근하여 정보를 읽거나 쓰는 동작을 수행할 수 있다.

참고로, 웹페이지를 제어할 때 HTML Get / SetValue 이벤트만을 사용할 수 있는 것은 아니다. HTML 요소 또한 오브젝트이므로 Object Get / SetValue 이벤트로 접근할 수도 있다. 그러나 HTML Get / SetValue 이벤트가 좀 더 호환성이 좋고 웹페이지에 특화되어 있다고 볼 수 있다.

HTML GetValue 이벤트와 HTML SetValue 이벤트를 이용하여 NAVER 검색창에서 '시메이션'을 검색하여 회사의 전화번호를 확인해보자. 이를 구현하려면 다음과 같은 과정이 수행되어야 할 것이다.

1. 웹 브라우저를 실행하고 네이버 메인으로 이동한다.
2. 검색창에 '시메이션'을 입력하고 검색 버튼을 클릭한다.
3. 검색 결과로 나온 정보에서 시메이션의 전화번호 항목을 찾아 이를 추출한다.

이 중 검색창에 '시메이션'을 입력하는 과정과 검색 결과에서 전화번호 항목을 찾아 읽는 과정이 핵심이 되겠다.

우선 다음 그림과 같이 Internet Browser 이벤트를 이용하여 웹 브라우저를 실행하고 네이버에 접속한다.

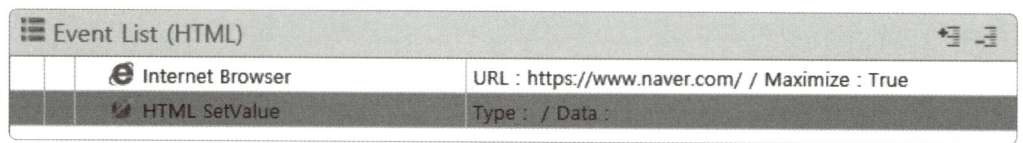

시나리오 Event List

다음 이벤트인 HTML SetValue의 Context 메뉴에서 <HTML Element Capture> 버튼을 이용하여 네이버 페이지에 '시메이션'을 입력하기 위한 검색창을 지정한다.

HTML Element Capture

HTML 요소를 선택하면 Object Control 이벤트에서와 마찬가지로 선택한 HTML 요소 내부의 다양한 속성 목록이 나타난다. 이 중 여기서는 Value 속성에 접근하여 검색어를 직접 입력할 것이므로 value 항목을 선택 후 Attribute Data에 검색할 키워드인 '시메이션'을 입력 후 <OK> 버튼을 클릭한다.

물론 Attribute Name이나 Attribute Data는 현재 단계가 아닌 HTML Set 이벤트의 Properties 메뉴에서 지정해 줄 수도 있고 Context 메뉴의 Pre Run Script에서 C# 코드를 이용하여 지정할 수도 있다.

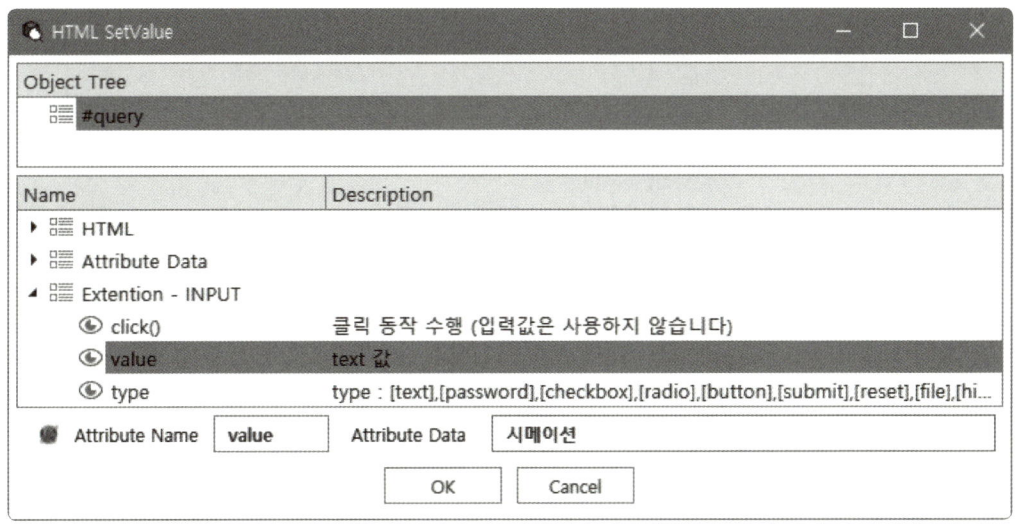

Attribute Name, Attribute Data 설정

여기까지 진행되었으면 HTML SetValue 이벤트의 Context와 Properties 메뉴는 다음과 같이 구성되어 있을 것이다.

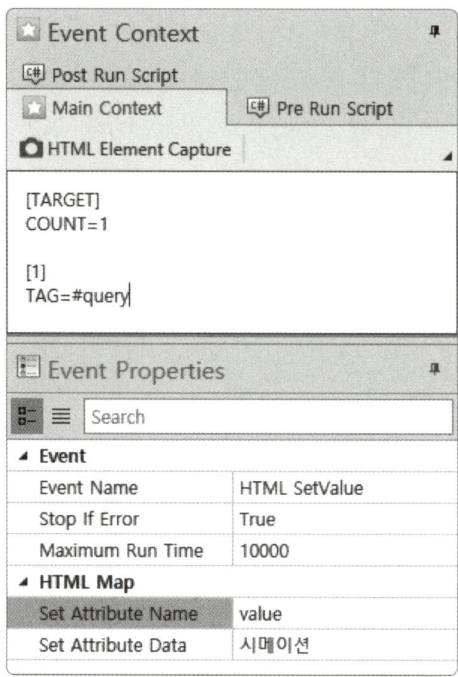

HTML SetValue 이벤트의 Context와 Properties

이 내용은 네이버 메인 페이지의 HTML 코드로는 다음과 같이 작성된다.

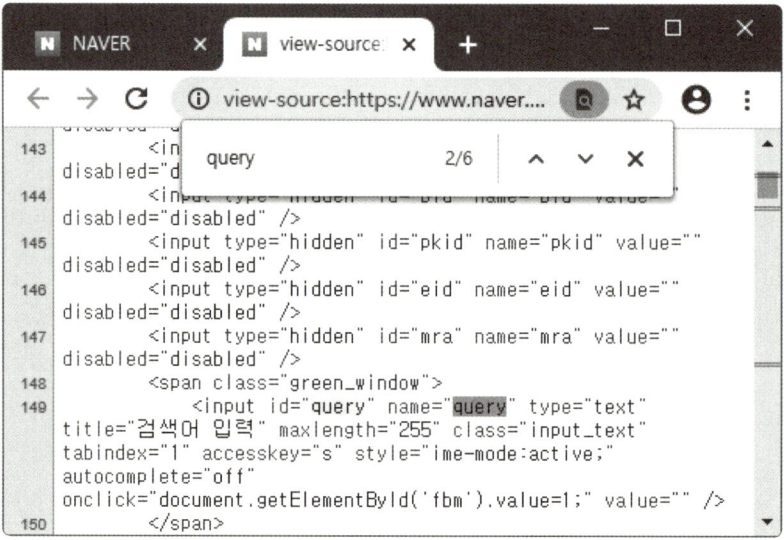

네이버 메인 페이지 HTML 코드

구성된 내용은 현재 웹페이지에서 이름과 ID가 'query'인 태그를 찾아 value 속성에 '시메이션'라는 값을 입력하는 것이다.

이제 검색창에 검색 키워드가 입력되어 있으면 검색 버튼을 클릭한다. 검색 버튼 클릭에는 Image Click 이벤트를 사용해도 되고 Object Click 이벤트를 사용해도 된다.

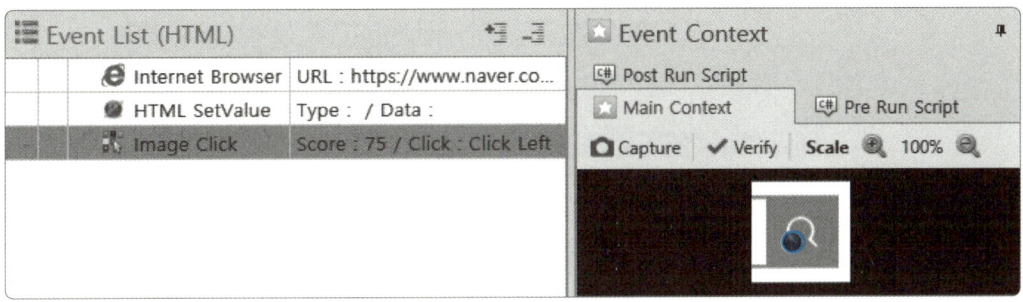

검색 버튼 클릭 구현 이벤트

여기까지 작성된 Event List를 실행해보면 네이버의 검색창에 '시메이션' 키워드가 입력된 후 검색 버튼이 클릭 되어 결과가 나타날 것이다. 이제 검색 결과 중 시메이션의 전화번호를 찾아 변수에 저장하고자 HTML GetValue 이벤트를 추가하여 요소 캡처(Element Capture)를 수행한다.

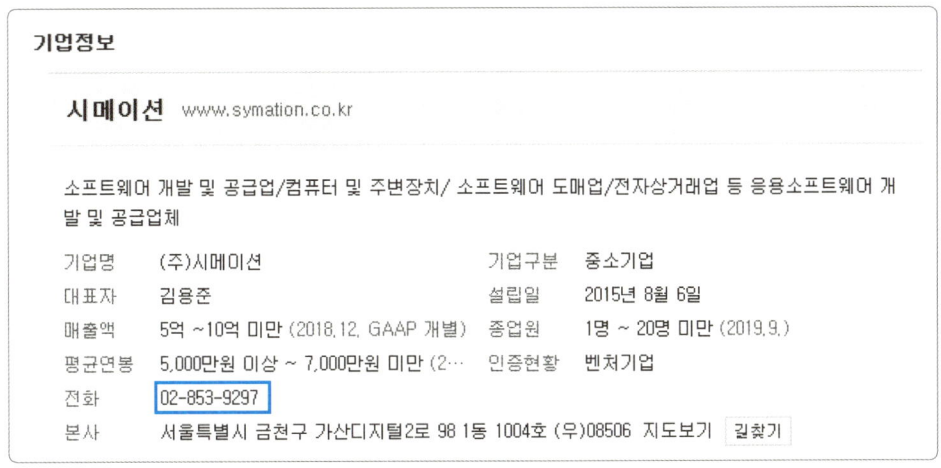

네이버에서 시메이션 검색 결과

HTML 요소를 캡처하여 나타나는 요소 속성 목록에서 원하는 전화번호 정보는 innerText 속성에서 찾을 수 있다. 이를 선택 후 <OK> 버튼을 클릭한다.

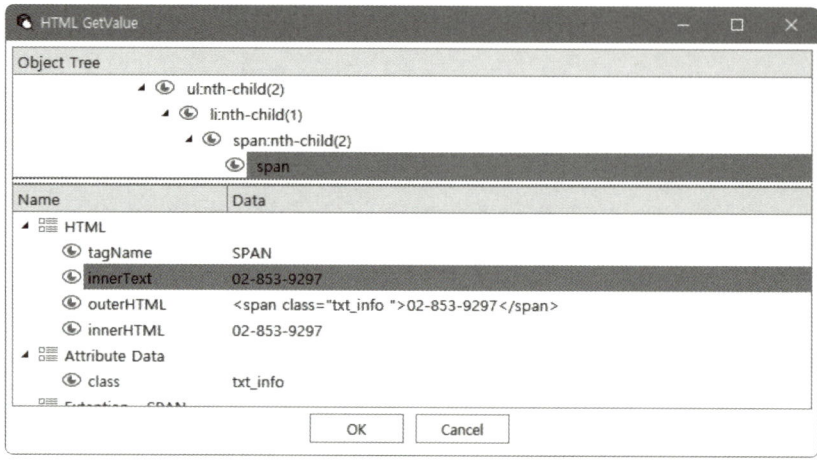

전화번호 캡처 시 설정

다음으로, innerText 속성의 정보를 저장할 변수를 추가하여 지정한다. 이때 변수는 string 타입으로 생성한다.

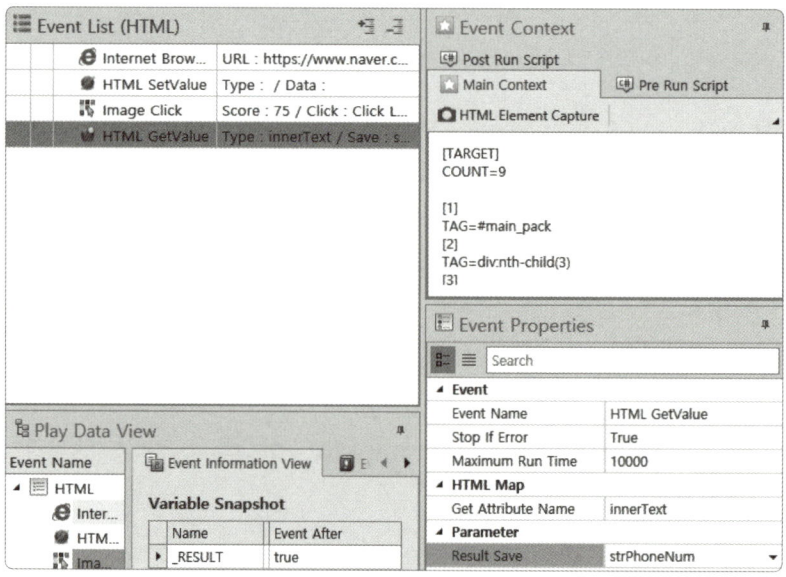

HTML GetValue 이벤트 변수 지정

지금까지 4개의 이벤트로 네이버의 검색 결과를 추출하는 과정을 구현해보았으며 최종 수행 결과는 다음과 같이 나타날 것이다.

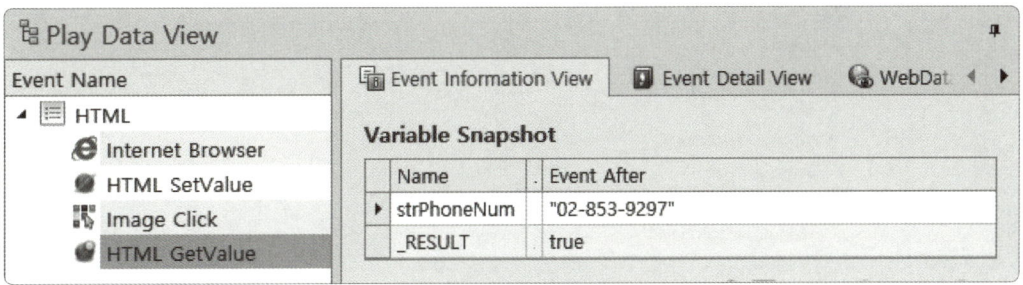

실행 결과

2.3 [따라 하기] 웹페이지에서 원하는 정보 가져오기

Internet Browser 이벤트를 이용하여 검색을 수행하고 검색 결과에서 특정 위치에 있는 문구를 가져오는 시나리오를 구현해 보자.

1. Event Components에서 다음 Event List와 동일하게 각각의 이벤트를 드래그앤드롭한다(Internet Browser 이벤트, HTML SetValue 이벤트, HTML GetValue 이벤트).

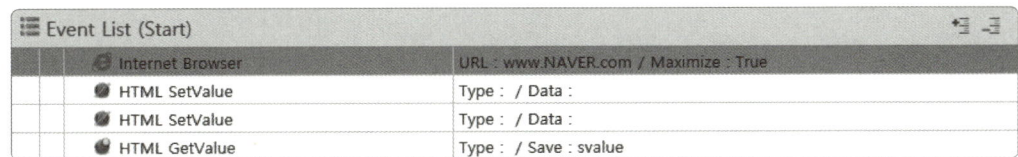

시나리오 Event List

2. **Internet Browser 이벤트:** 다음과 같이 접속하고자 하는 주소를 기입한다(예: www.NAVER.com).

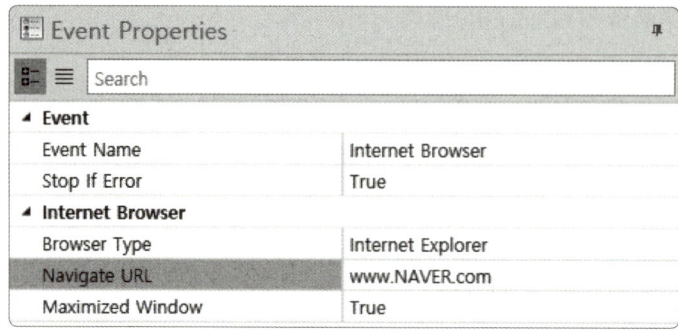

Internet Browser 이벤트의 URL 설정

3. **HTML SetValue 이벤트**

① 입력하고자 하는 위치를 캡처한다(예: 다음 그림에서는 검색창).

네이버 검색창 캡처

② 입력하고자 하는 위치 및 기능 그리고 값을 입력한다(예: 다음은 value 속성에 'RPA'가 입력되도록 설정).

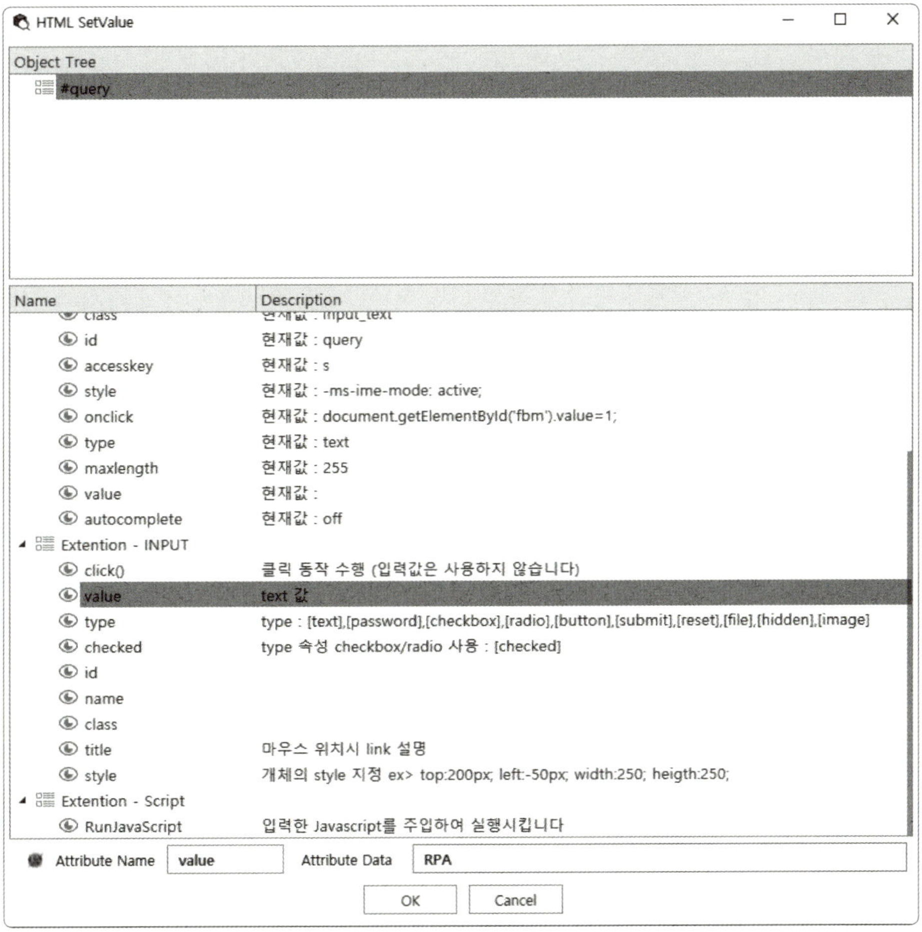

HTML SetValue 이벤트 설정

4. HTML SetValue 이벤트

① 검색을 수행하도록 검색 버튼을 캡처한다.

네이버 검색 버튼 캡처

클릭 동작을 수행하도록 다음과 같이 click( )을 선택한다.

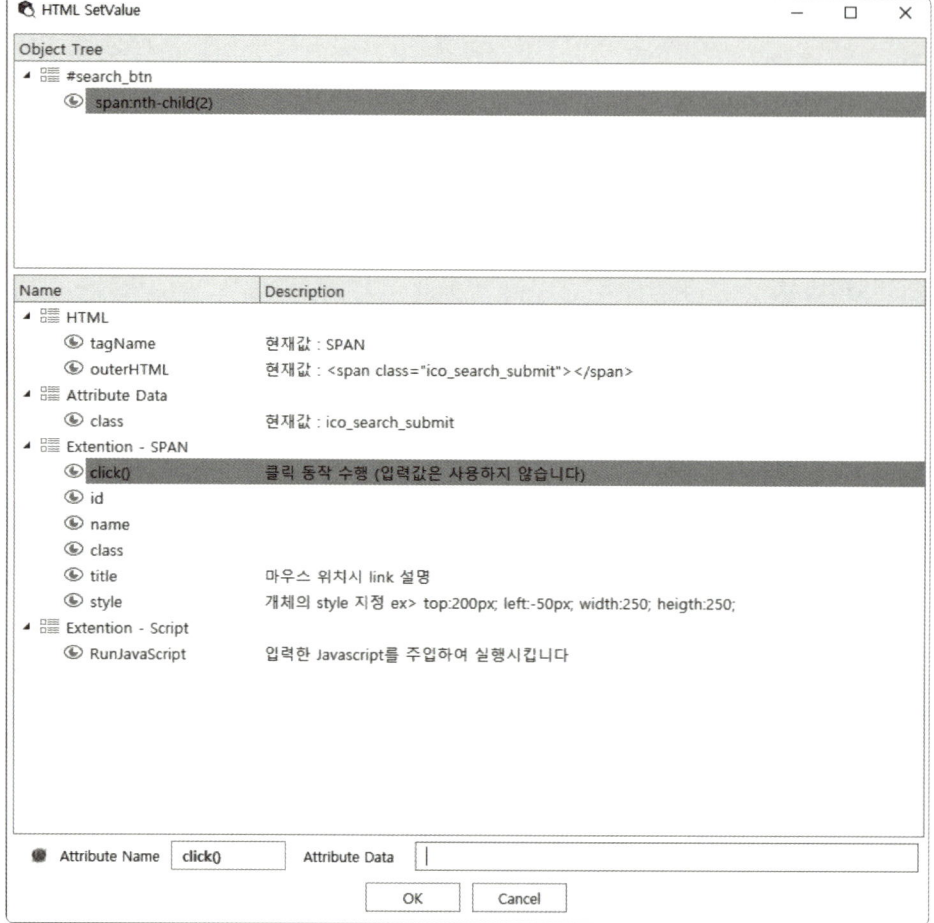

HTML SetValue 이벤트 설정

5. HTML GetValue 이벤트

① GetValue를 통하여 가지고 올 위치를 캡처한다(예: 다음에서는 '와이즈와이어즈').

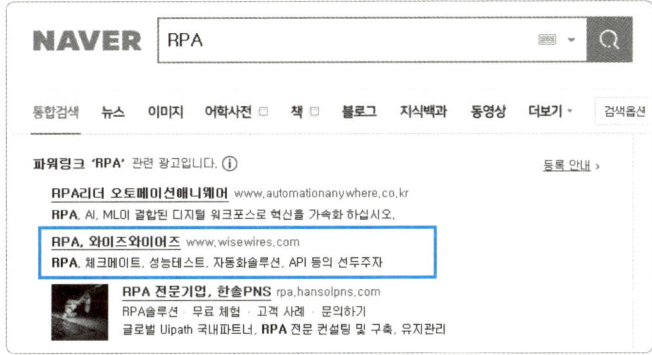

필요 영역 캡처

② 세부 위치와 종류를 선택한다(예: 다음은 'ElementDataCopy'를 통해 전체 Data를 가져오도록 설정한 모습).

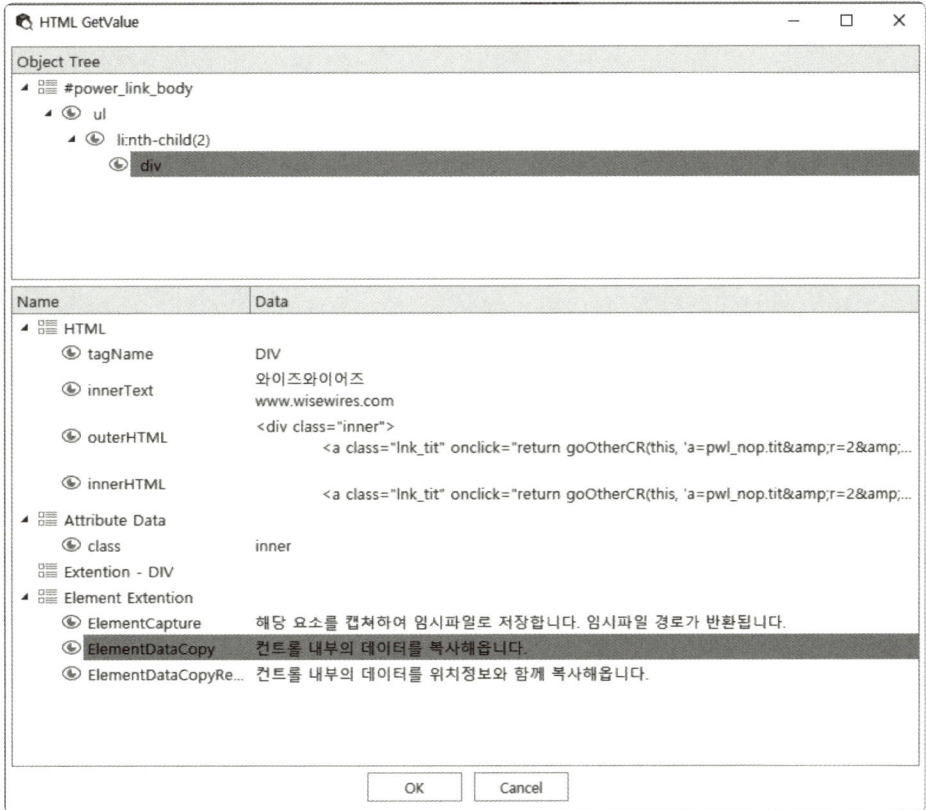

HTML GetValue 이벤트 설정

6. **수행 결과:** 앞에서 지정한 범위의 내용과 동일하게 다음과 같은 데이터가 변수에 저장된 것을 확인할 수 있다.

시나리오 실행 결과

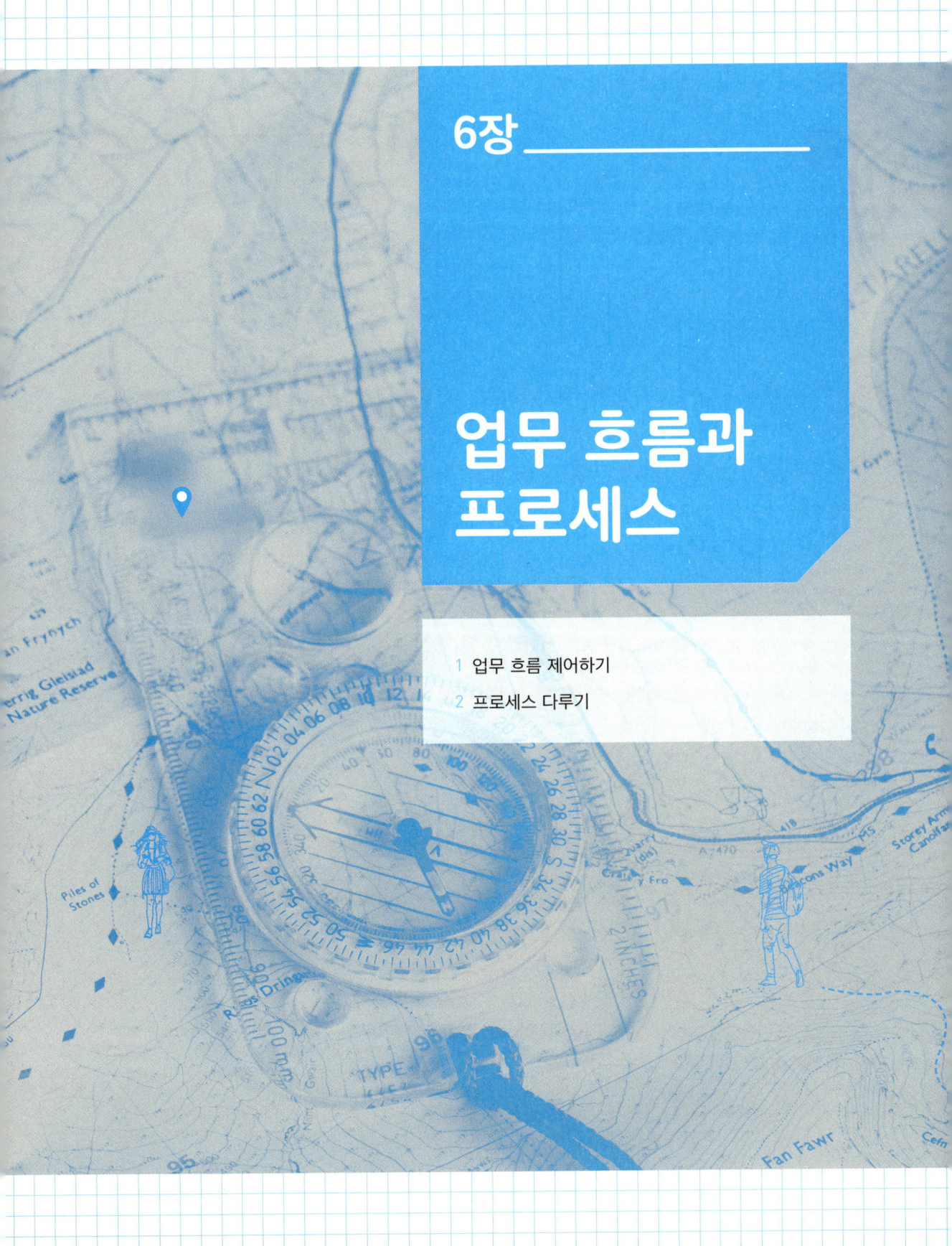

① 업무 흐름 제어하기

Flow Control은 실제 업무와 관련된 기능을 수행하는 것이 목적이 아닌 업무의 흐름을 제어하기 위한 이벤트다.

프로그램 닫기 버튼을 클릭한 후 프로그램이 완전히 종료되기까지 다음 단계의 기능 수행을 잠시 중지할 필요가 있거나 엑셀 문서에서 특정 셀(Cell)에 값이 있는 경우에만 복사 작업을 수행하고 10건의 계좌이체를 수행하고자 10번의 이체작업을 반복하는 등 상황이나 조건에 따라 분기하거나 반복하도록 원하는 이벤트 사이에 Flow Control 이벤트를 삽입하여 업무의 진행 흐름을 제어할 수 있다. Flow Control을 사용하지 않는다면 스크립트의 Event List에 등록된 이벤트는 무조건 차례대로 실행되어 버릴 것이다.

Flow Control은 그 활용 정도에 따라 업무의 흐름에서 발생할 수 있는 다양한 조건에 대응하는 신뢰성과 안정성을 제공함과 함께 효율적인 이벤트 사용이 가능해지므로 개발 시간과 비용 측면에 큰 영향을 미친다.

1.1 이벤트 속도 조절하기

(A) 이벤트와 (B) 이벤트 사이에 Wait Time 이벤트를 삽입하면 (A) 이벤트 수행이 끝난 후 지정한 시간만큼 진행을 멈추었다가 (B) 이벤트를 수행하도록 스크립트의 진행 속도를 조절할 수 있다.

이는 의도적으로 스크립트의 진행을 중지하고 일정 시간 동안 대기시키고자 할 때 활용할 수 있는데, 예를 들면 엑셀 아이콘을 더블클릭한 후 프로그램이 화면에 나타나기까지 기다려야 하거나 브라우저에서 다운로드 버튼을 클릭 후 다운로드 시작 페이지가 나타날 때까지 잠시 기다리는 경우 또는 로그인 페이지에서 로그인 버튼을 클릭 후 메인 페이지가 나타나길 기다려야 하는 경우 등이 이에 해당한다.

온라인 쇼핑 사이트에서 노트북을 검색하려 한다고 가정해보자. 우선 브라우저를 실행한 다음 주소창에 쇼핑몰 주소를 입력해야 하고 쇼핑몰 메인 화면이 나타나면 상품 검색창에서 '노트북'을 입력한 다음 검색 버튼을 클릭해야 한다.

사람이 이 과정을 수행할 때는 화면에 출력되는 상황을 눈으로 확인하면서 화면 표시 속도에 따라 마우스나 키보드를 조작할 수 있지만, 스크립트를 통해 구현할 때는 화면과 화면 사이의 전환이나 클릭 후의 특정 동작이 시작되기 전까지의 짧은 대기 시간에 대해 적절하게 대처해야 한다. 그렇지 않으면 다음 단계가 화면에 나타나기 전에 스크립트가 계속 진행되어 이후 동작에서 오류가 발생할 수 있기 때문이다. 이럴 때는 스크립트의 수행 속도와 실제 업무의 수행 속도 차이를 Wait Time 이벤트 등을 이용하여 조절해야 한다.

그러나 Wait Time 이벤트의 남발은 권장하지 않는다. Wait Time 이벤트는 전후 상황에 상관없이 무조건 수행을 중지하기 때문에 불필요하게 많은 Wait Time 이벤트를 삽입하면 자동화 업무 처리 속도에 큰 영향을 미치게 된다.

Wait Time의 대기 시간 설정은 ms(1,000분의 1초) 단위로 설정할 수 있다.

1.2 프로세스 분기 처리하기

지메일(Gmail)로 이메일을 확인하는 동작을 자동화로 구현한다고 생각해 보자. 우선 지메일에 로그인하고 받은 편지함 페이지로 이동하여 새로 받은 이메일이 있는지 확인한다. 새로 받은 이메일이 있으면 클릭하여 본문 내용을 확인한 후 이메일을 삭제하고 페이지를 닫으며 없으면 그냥 페이지를 닫는다. 그리고 이 과정의 전체 흐름, 즉 업무를 세분화하여 로그인 프로세스, 이메일 본문 확인 프로세스, 이메일 삭제 프로세스, 페이지 닫기 프로세스로 분리한다.

그런데 전체 업무의 흐름을 살펴보면 받은 편지함으로 이동하기 전까지는 새로 받은 이메일이 있는지 없는지 알 수 없기 때문에 이메일 본문 보기를 클릭해야 할지 그냥 페이지를 닫아야 할지의 선택은 새로 받은 이메일이 있는지에 따라 결정될 수밖에 없다.

이렇게 현재 수행 중인 동작의 상황이나 조건에 따라 흐름을 분리해서 서로 다른 동작이 수행되도록 해야 할 때 이를 '조건에 따른 프로세스 분기'라 하는데, 자동화 구현 중 프로세스 분기를 처리하고자 한다면 IF나 IF-ELSE 이벤트를 이용한다.

IF나 IF-ELSE 이벤트를 이용하여 프로세스를 분기하려면 현재 상태를 판단할 수 있는 정보가 필요하고 그 정보에 따라 바로 다음에 어떤 이벤트가 수행될지를 정해야 한다.

앞의 예에서 프로세스 분기는 앞서 설명했듯이 새로 받은 이메일이 있는지에 따라 정해져야 할 텐데 구체적인 구현 방법은 여기에선 논외로 하고 간단히 '새 메일 체크'라고 이름을 지정한 Object GetValue 이벤트를 통해 새로 받은 이메일의 개수를 intNewMail이라는 int 타입 변수에 저장하도록 설정되어 있다고 가정한다.

그리고 바로 아래에 IF 이벤트를 추가하여 IF 이벤트에서 intNewMail의 값이 0보다 큰 경우 이메일 목록의 첫 번째 이메일을 클릭하는 Object Click 이벤트('본문 클릭'이라는 이름을 지정한)와 현재 이메일을 삭제하기 위한 Object Click 이벤트('메일 삭제'라는 이름을 지정한)를 추가한다.

또한, intNewMail의 값이 0보다 크지 않은 경우는 '본문 클릭' 이벤트를 건너뛰고 '페이지 닫기 클릭'이라는 이름을 지정한 Object Click 이벤트가 수행되도록 한다.

다음 그림은 앞에서 설명한 내용을 Event List에서 실제로 구현한 간단한 예이다.

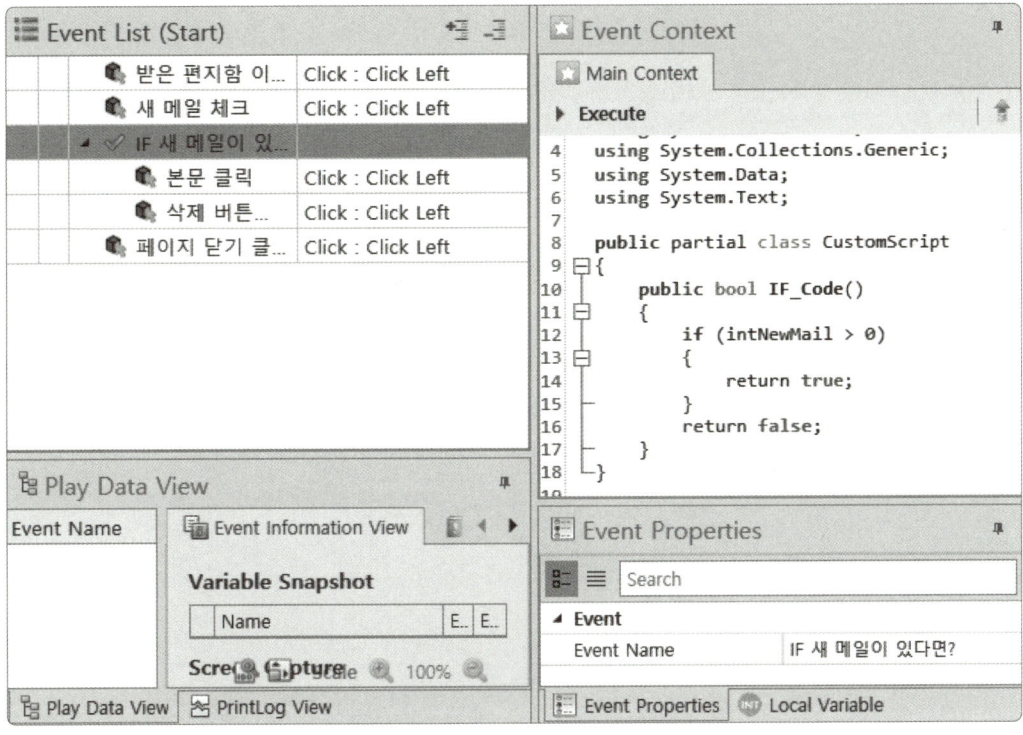

IF 이벤트 사용 예제

이 그림에서 IF 이벤트를 제외한 다른 이벤트에는 모두 Object Click 이벤트를 이용했으며 이해를 돕고자 각각의 이벤트 이름(Event Name)을 적절히 변경했다.

'새 메일 체크' 이벤트에서 현재 새로 받은 이메일의 개수를 구하고 이어서 IF 이벤트에서 개수에 따라 본문을 클릭할지 아니면 페이지를 닫을지 판단해야 하는데, 이를 위해 IF 이벤트의 Main Context에 간단한 조건식을 입력해 준다. 코드는 intNewMail의 값이 0보다 큰 경우 True를 반환하고 그 외 경우, 즉 0이라면 False를 반환한다.

IF 이벤트는 그 자신의 Main Context 처리 결과가 True로 끝나는 경우 자신의 하위에 속해 있는 이벤트가 수행되도록 한다. 앞의 그림에서 IF 이벤트에 속한 하위 이벤트는 바로 '본문 클릭' 이라는 이름의 이벤트와 '삭제 버튼'이라는 이름의 이벤트다. 하위에 배치된 이벤트가 모두 수행되면 그다음 이벤트인 '페이지 닫기 클릭'이 실행된다. 만일 처리 결과가 False로 끝나는 경우는 자기 자신의 하위 이벤트를 건너뛴 이벤트, 즉 '페이지 닫기 클릭' 이벤트로 분기한다.

IF 이벤트의 하위에 임의의 이벤트를 속하게 하려면 원하는 이벤트를 IF 이벤트 위에 드래그 앤드롭하면 하위로 이동한다. 마찬가지로 IF 이벤트 하위에 이미 속해 있는 이벤트를 바깥으로 꺼내고 싶을 때는 해당 이벤트를 마우스로 드래그앤드롭하여 바깥으로 이동한다.

IF 이벤트의 하위에 들어갈 수 있는 이벤트의 유형이나 개수는 따로 제한되어 있지 않기 때문에 1개 이상 여러 개의 이벤트도 이동 가능하며 IF 이벤트를 중복으로 배치할 수도 있다.

조건에 따른 이벤트 수행 Event List

다음 표는 조건문에 의해 분기되는 이벤트 프로세스의 수행 순서를 보여주는데, 두 개의 IF 이벤트 조건식 결과에 따라 임의의 이벤트 수행을 건너뛰도록 제어할 수 있다.

조건 A	조건 B	이벤트 수행 순서
True	True	1 → 2 → 3 → 4 → 5 → 6 → 7 → 8 → 9
True	False	1 → 2 → 3 → 6 → 7 → 8 → 9
False	True	1 → 2 → 8 → 9
False	False	1 → 2 → 8 → 9

조건별 이벤트 수행 순서

당연한 것이지만, 조건 A가 False라면 이벤트 4번과 5번은 조건 B의 결과와 상관없이 수행되지 않는다. 앞서 예를 든 지메일 확인 과정을 다시 한번 살펴보자.

우선 지메일에 로그인하고 받은 편지함 페이지로 이동하여 새로 받은 이메일이 있는지 확인한다. 새로 받은 이메일이 있으면 본문 내용을 확인한 다음 페이지를 닫고 없으면 그냥 페이지를 닫는다. 즉, 새로 받은 이메일이 있으면 내용을 확인하는 프로세스만 추가로 진행하고 그 이후엔 페이지를 닫는 프로세스는 공통으로 수행한다. 앞의 그림 Event List에도 IF 이벤트가 True일 때(새로 받은 이메일이 한 개 이상일 때)만 하위에 배치된 '본문 클릭' 이벤트를 수행하고 그 이후 IF 이벤트의 하위 영역이 끝나면 '페이지 닫기 클릭' 이벤트는 공통으로 수행된다.

만일 새로 받은 이메일이 하나도 없을 때는 내가 이메일을 발송하는 것으로 업무가 변경되어야 한다면? 즉, 새로 받은 이메일이 있으면 내용을 확인하고 새로 받은 이메일이 없으면 이메일을 작성하여 발송하며 이후 페이지를 닫는 프로세스는 동일하게 수행하게 하려면 이벤트의 구성을 어떻게 해야 할까?

조건에 따라 흐름을 완전히 분리하여 서로 다른 별개의 프로세스가 실행되어야 하는 경우에는 IF-ELSE 이벤트를 사용할 수 있다. IF 이벤트의 용도가 비교 조건이 True인 경우 특정 프로세스를 추가로 수행할 수 있도록 해준다면 IF-ELSE 이벤트는 조건의 결과가 True인지 False인지에 따라 서로 다른 프로세스를 수행할 수 있도록 해준다.

IF-ELSE 이벤트 사용 예제

IF-ELSE 이벤트에 포함된 IF Then과 Else의 하위에 원하는 이벤트를 선택하여 이동하면 IF Then의 Main Context 결과가 True인 경우에는 IF Then의 하위 영역에 속한 이벤트만, False 인 경우에는 IF Then 하위 영역을 건너뛰고 Else 하위 영역에 속한 이벤트만 수행된다. 물론, 각 하위 영역에 속해 있는 이벤트가 수행된 이후 영역을 벗어나면 그 이후에 등록된 이벤트 가 차례대로 수행된다.

1.3 프로세스 반복 처리하기

앞서 예를 든 지메일 확인 업무에서는 새로 받은 편지가 있을 때 첫 번째 이메일을 클릭하고 본문 확인 후 삭제하는 과정까지만 고려하였다. 그런데 새로 받은 편지가 1개가 아닌 10개이 고 이들의 본문을 일일이 확인하고 삭제하는 과정이 필요하다면 특정 프로세스 혹은 프로세 스의 특정 구간을 반복할 수 있게 해주는 이벤트인 Loop 이벤트를 사용하면 된다. Loop 이벤 트는 자신의 하위에 속해 있는 이벤트를 지정된 횟수(새 이메일 개수 10만큼)만큼 반복하여 수행하도록 한다.

Event List (Start)	
받은 편지함 이동	Click : Click Left
새 메일의 개수 체크	Click : Click Left
▲ Loop - 메일개수만큼 반복	Loop Count : 10
본문 클릭	Click : Click Left
삭제 버튼 클릭	Click : Click Left
페이지 닫기 클릭	Click : Click Left

Loop 이벤트 사용 예제

반복할 횟수는 Context 메뉴의 Pre Run Script에서 직접 코딩하여 지정할 수도 있고 Properties 의 Loop count 항목에서 지정할 수도 있다.

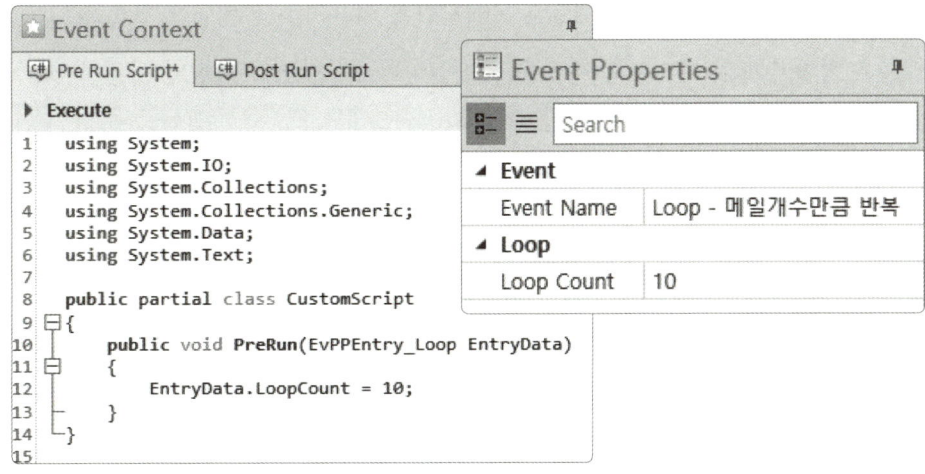

Loop 이벤트의 Context, Properties

상황을 조금 변형해보자. 예를 들어 새로 받은 이메일 10개를 하나씩 일일이 확인 후 삭제하는 동작을 반복하다가 중요한 이메일로 확인된 경우에는 해당 이메일은 삭제하지 않아야 하고 또한 이메일 본문에 미리 지정한 특정 내용이 있다면 더 이상의 이메일 확인을 멈추고 이메일 본문에 있는 내용과 관련된 작업을 처리해야 하는 경우이다. 즉, Loop 이벤트를 이용하여 반복하여 이메일을 확인하는 프로세스 과정 내부에 2가지 조건이 추가되었다.

다음은 해당 시나리오를 순서도로 간략히 표현한 것이다.

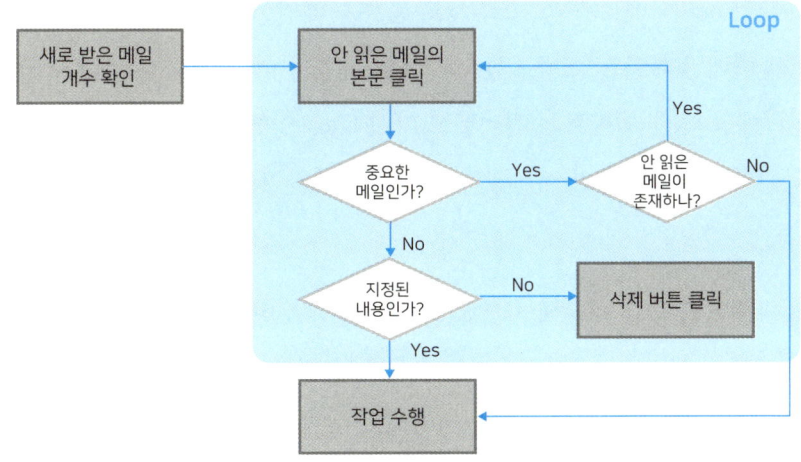

시나리오 흐름도

이럴 때는 단순히 10개의 이메일을 Loop 이벤트만을 이용하여 이메일을 반복 확인하는 방법으로는 구현할 수 없으며 1 조건(중요한 이메일인가?)과 2 조건(지정된 내용이 있는 이메일인가?)에 따라 Loop 이벤트 내의 일부분을 건너뛰고 Loop의 첫 부분부터 다시 수행하도록 하는 방법과 Loop 이벤트의 범위 바깥으로 이동하는 방법이 필요하다. 이를 위해 Loop 이벤트와 함께 Loop Continue 이벤트와 Loop Break 이벤트가 제공된다.

Loop 이벤트 내부에서 Loop Continue 이벤트를 만나면 Loop 이벤트 하위에 등록된 있는 이벤트 중 Continue 이벤트 이후의 이벤트는 건너뛰고 새로운 Loop를 시작한다.

Event List (Start)	
받은 편지함 이동	Click : Click Left
새 메일의 개수 체크	Click : Click Left
Loop - 메일개수만큼 반복	Loop Count : 10
본문 클릭	Click : Click Left
IF 중요한 메일이면	
Loop Continue	
IF 지정된 내용의 메일이면	
Loop Break	
삭제 버튼 클릭	Click : Click Left
메일 내용의 작업 수행	Click : Click Left

Loop Continue, Loop Break 사용 예제 1

즉, 이 그림에서 Loop 이벤트가 총 10회(새로 받은 이메일이 10개라고 가정) 반복으로 설정됐는데, 7번째 이메일 확인 도중 중요한 이메일로 판명되어 Continue 이벤트를 만나게 된다면 그 이후의 '메일 삭제' 이벤트는 건너뛰고 다시 Loop 이벤트의 처음으로 돌아가서 8번째 이메일을 확인하는 프로세스가 시작된다(중요한 이메일인지 판단하는 조건식은 여기에선 논외로 한다).

또한, 8번째 이메일의 본문 내용에 지정한 특정 내용이 포함된 것으로 확인되어 Break 이벤트를 만나게 되면 그 즉시 Loop 이벤트의 하위 범위를 탈출하여 그다음 이벤트인 '메일 내용의 작업 수행' 이벤트가 수행되며 9번째, 10번째 이메일의 확인은 취소된다(메일 본문에 지정한 특정 내용이 있는 판단하는 조건식은 여기에선 논외로 한다).

사실, IF나 IF-ELSE는 물론 Loop, Continue, Break 등은 프로그래밍 경험이 있는 사용자라면 매우 익숙할 것이며, 이러한 기본 제어문을 이용하여 프로세스의 동작 흐름을 다양한 조건에 따라 복합적으로 분기하거나 반복할 수 있을 것이다.

Loop 이벤트를 사용할 때에 한 가지 주의할 점은 Loop 이벤트를 사용할 때에 Loop가 종료될 조건, 즉 반복 횟수나 Break 이벤트를 통해 Loop를 탈출할 수 있는 조건이 명확해야 한다는 것이다. 종료 조건이 명확하지 않으면 Loop 이벤트가 끝없이 반복되어 스크립트의 수행이 끝나지 않는 상황이 발생할 수 있다.

다음 그림은 반복문과 조건문을 조합하여 수행되는 이벤트 프로세스의 수행 순서를 나타내는데, 조건 A와 조건 B에 따라 Loop 내부의 이벤트를 건너뛰거나 Loop를 탈출하는 상태를 보여준다.

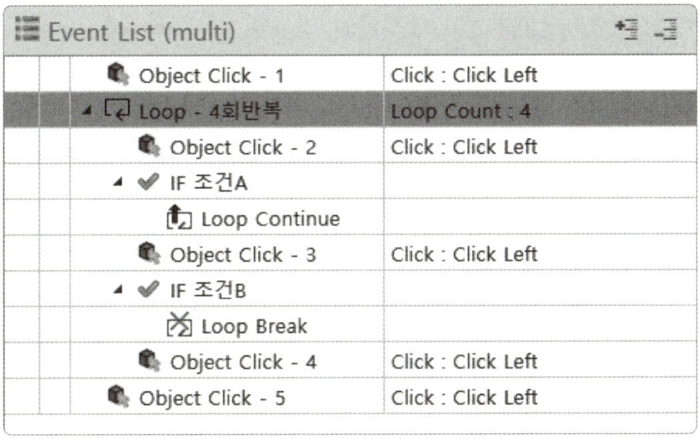

Event List (multi)	
Object Click - 1	Click : Click Left
Loop - 4회반복	Loop Count : 4
Object Click - 2	Click : Click Left
IF 조건A	
Loop Continue	
Object Click - 3	Click : Click Left
IF 조건B	
Loop Break	
Object Click - 4	Click : Click Left
Object Click - 5	Click : Click Left

Loop Continue, Loop Break 사용 예제 2

Loop 이벤트가 4회 반복되도록 설정되어 있으면 시스템 변수인 _LOOP_COUNT는 Loop가 반복될 때마다 0부터 3까지 1씩 증가하여 4가 되는 순간에 Loop를 끝낸다. 즉, _LOOP_COUNT가 0부터 3일 때까지는 Loop 내부의 이벤트가 순서대로 수행되고 마지막 이벤트인 Object Click-4가 수행되고 나면 _LOOP_COUNT가 4가 되어 Loop를 벗어나는 방식이다.

이 Loop 안에 2개의 조건 A와 B를 추가하여 조건 A를 _LOOP_COUNT 가 1일 때 True가 되도록 코딩하고 조건 B를 _LOOP_COUNT가 2일 때 True가 되도록 코딩하면 앞 예제의 전체 수행 순서는 다음과 같아진다.

프로세스 단계	이벤트 수행 순서
Loop 진입 전	1
Loop 진입	2 → 3 → 4 → 2 → 2 → 3
Loop 종료 후	5

Loop 이벤트 수행 순서

Loop가 첫 번째(_LOOP_COUNT 가 0) 반복일 때는 두 개의 조건 A와 B가 모두 False이므로 Object Click 이벤트 2, 3, 4가 정상적으로 모두 수행된다.

그다음 두 번째(_LOOP_COUNT가 1) 반복이 시작되면서 조건 A는 True가 되고 조건 B는 False가 된다. 그러면 Object Click 2번 이벤트가 수행되고 조건 A에 의해 Loop Continue 이벤트가 이어서 수행되어 이후 이벤트는 모두 건너뛰고 다시 새로운 Loop가 시작된다.

새로 시작된 Loop, 즉 세 번째(_LOOP_COUNT가 2) 반복이 시작되면 조건 A는 False가 되고 조건 B가 True로 설정되며 그에 따라 Object Click 2번과 3번 이벤트가 수행된 후 조건 B에 의해 Loop Break 이벤트가 수행되어 그 즉시 Loop를 탈출하게 된다.

세 번째 반복 과정 중에 Loop를 탈출하게 되면서 4번째 반복은 수행되지 않고 바로 Object Click-5 이벤트로 수행 순서가 넘어간다.

1.4 모듈 재사용하기

반복해서 사용하거나 공통으로 사용하는 일련의 이벤트 프로세스를 모듈화하면 한 번 구현해놓은 프로세스를 다시 사용할 수 있기 때문에 개발 업무 생산성에 도움이 될 수 있다.

이러한 재사용성을 위한 이벤트로는 Custom Module 이벤트가 제공되며 이 이벤트를 이용하여 Custom Module을 호출한다. Custom Module은 Task Builder의 Transaction 메뉴에서 Custom Module 카테고리를 선택 후 <New Transaction> 버튼을 클릭하면 생성할 수 있으며 생성한 Custom Module에 모듈화하려는 1개 이상의 이벤트를 이동해놓으면 필요할 때 원하는 모듈을 간단히 호출하여 실행할 수 있다.

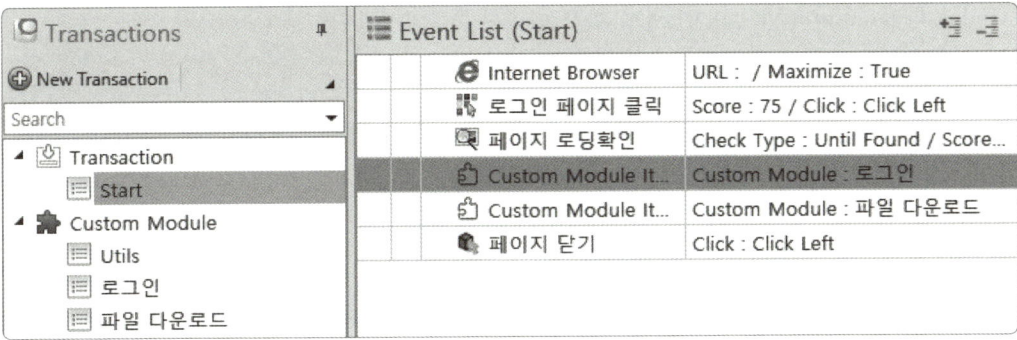

Custom Module Item 이벤트 사용 예제

이 그림에는 3개의 Custom Module이 있으며 메인 Transaction인 Start에서 Custom Module 이벤트를 이용하여 Custom Module인 '로그인'과 '파일 다운로드'를 호출하여 실행하도록 구성된다.

메인 Transaction인 'Start'가 시작되면 브라우저가 실행되고 로그인 페이지로 이동한 다음 '로그인'이라는 이름으로 생성한 Custom Module에 속한 이벤트가 실행되어 로그인 과정이 수행될 것이고 이어서 '파일 다운로드' Custom Module의 이벤트가 수행되며 마지막으로 '페이지 닫기' 이벤트가 수행되어 전체의 스크립트가 종료된다.

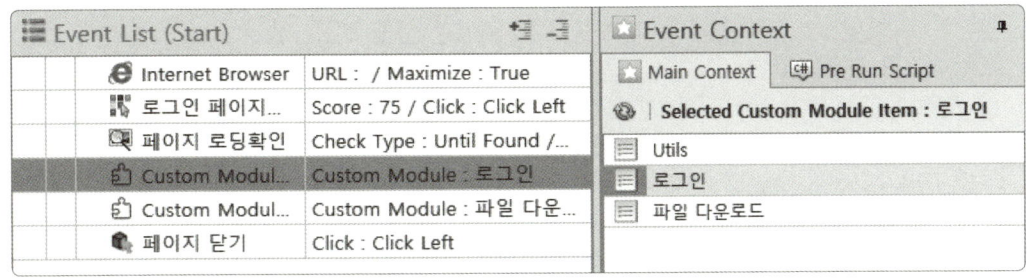

Custom Module Item 이벤트와 Context

Custom Module 이벤트의 Context 메뉴에는 현재 지정 가능한 Custom Module의 목록이 나타나며 그중 원하는 Custom Module을 선택해준다. Properties 메뉴에 특별히 설정해야 할 항목은 없다.

Custom Module 내부에서도 다른 Custom Module을 호출할 수 있는데, 이때는 A Custom Module과 B Custom Module이 서로 호출하여 무한 호출이 되지 않도록 주의한다.

1.5 대화상자/메시지 박스

업무 자동화 시 대화상자를 화면에 표시하여 사용자로부터 임의의 정보를 입력받아야 하거나 업무의 처리 결과를 사용자에게 표시해야 할 때가 있다. 이를 위해 CheckMATE는 사용자로부터 정보를 입력받을 수 있는 Input Box 이벤트와 반대로 사용자에게 정보를 표시해주기 위한 Message Box 이벤트를 제공한다.

Input Box 이벤트를 이용하여 표시되는 대화상자는 크게 대화상자의 제목, 본문, 그리고 사용자로부터 정보를 입력받은 정보를 저장할 변수로 구성되며 해당 3가지 정보는 다른 이벤트와 마찬가지로 Context 메뉴의 Pre Run Script에서 코딩하거나 Properties 메뉴의 UI 항목을 통해서 설정할 수 있으므로 상황에 따라 둘 중 하나의 방법을 이용하면 된다.

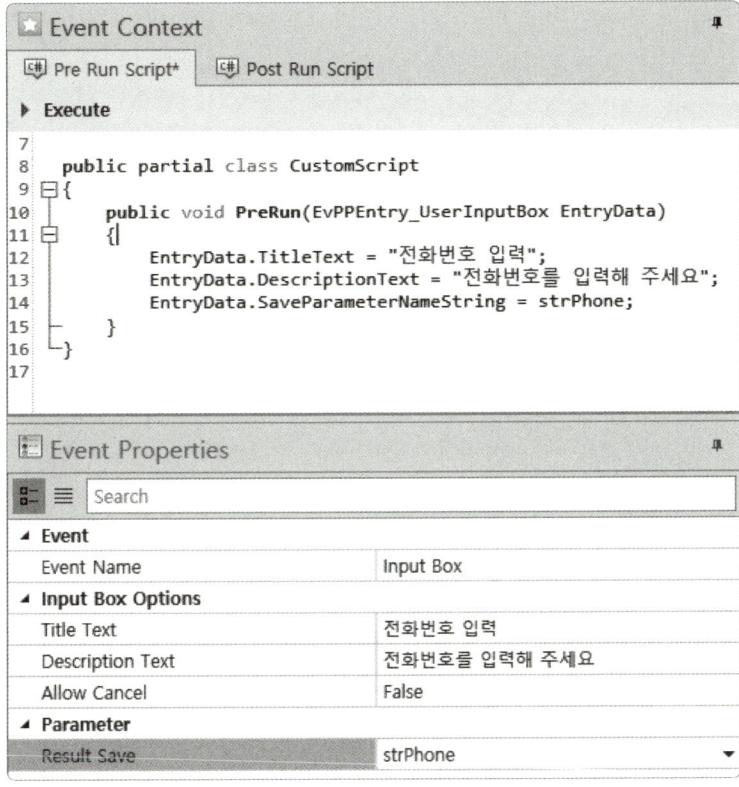

Input Box 이벤트 설정

이렇게 구성된 Input Box 이벤트를 실행해보면 다음과 같이 제목과 본문 그리고 사용자로부터 입력받을 수 있는 Edit Box가 나타난다.

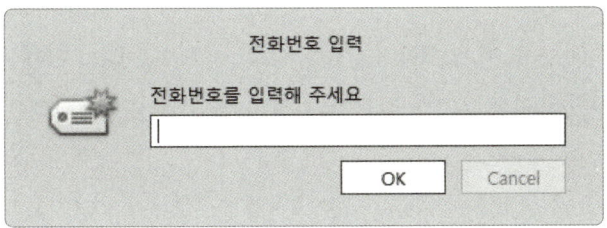

Input Box 이벤트 실행 결과

대화상자의 Edit Box에 정보를 입력 후 <OK> 버튼을 클릭하면 대화상자는 사라지며 사용자가 입력한 정보는 Properties에서 지정해 놓은 변수 strPhone에 저장되어 있을 것이다. 대화상자 하단의 버튼 중 <Cancel> 버튼의 사용 여부는 Properties의 Allow Cancel 항목에 따라 결정된다.

Message Box 이벤트도 Input Box 이벤트와 비슷한 방법으로 사용할 수 있는데, Message Box 이벤트는 대화상자의 제목, 본문 외에 추가로 사용자가 선택할 수 있는 버튼의 종류가 다양하다.

앞에서 Input Box 이벤트를 이용하여 입력받은 전화번호를 Message Box 이벤트에서 다시 출력하고자 Message Box 이벤트를 추가하고 Properties를 다음과 같이 구성했다.

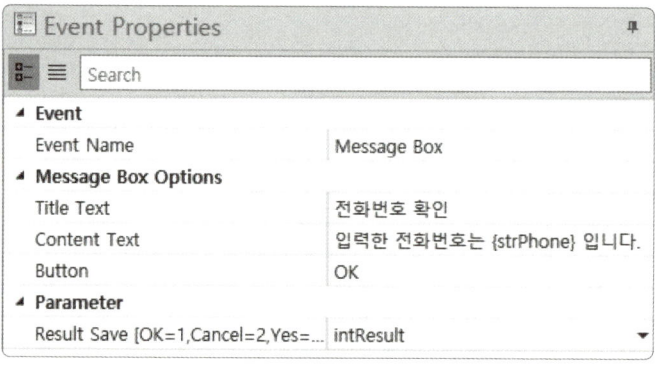

Message Box 이벤트의 Properties

Input Box 이벤트로부터 입력받은 정보는 strPhone 변수에 저장된다. 이 변수에 저장된 전화번호 정보를 Message Box 이벤트에서 출력하려면 Properties의 Content Text 항목에 중괄호(Brace)를 이용하여 그림과 같이 설정해 준다.

Message Box 이벤트에는 <OK>, <Yes>, <No>, <Cancel> 버튼을 조합하여 사용할 수 있으며 사용자가 어떤 버튼을 클릭했는지의 결과는 지정한 변수에 저장된다.

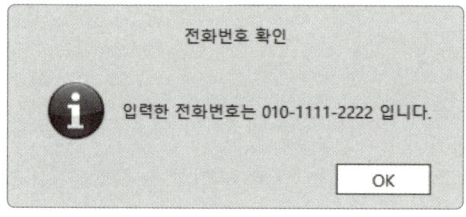

Message Box 이벤트 실행 결과

다양한 버튼의 사용 설명을 위해 다음에 예로 든 새로운 Message Box 이벤트는 Properties의 Button 항목에서 <Yes>, <No>, <Cancel>의 3개의 버튼을 사용하도록 선택했으며, 사용자가 클릭한 버튼 정보는 intResult 변수에 저장되도록 구성했다.

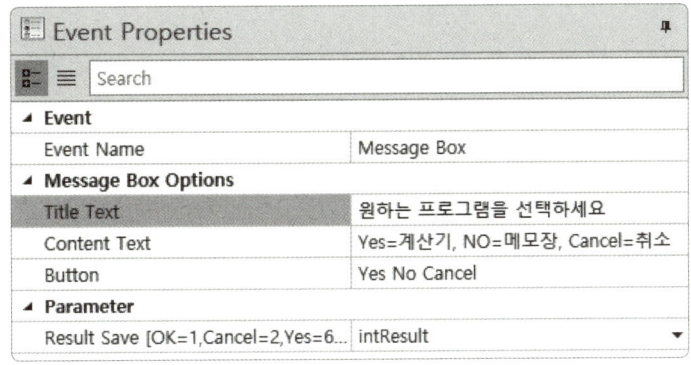

Message Box 이벤트 Button 설정

이제 이벤트 수행 후 사용자가 <Yes> 버튼을 클릭했다면 intResult에는 6이 저장되어 있을 것이고 <Cancel> 버튼을 클릭했다면 2가 저장되어 있을 것이다.

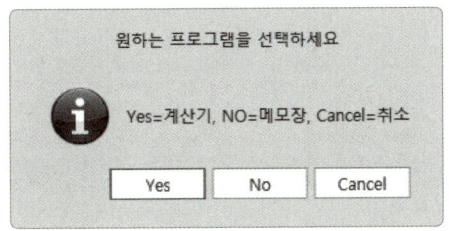

Message Box 이벤트 Button 설정 결과

이 기능을 이용하여 Message Box 이벤트로부터 사용자가 클릭한 버튼에 따라 이후에 IF나 IF-ELSE 이벤트를 이용하여 다양한 프로세스가 수행되도록 분기 처리를 할 수도 있을 것이다.

1.6 코드 프로그래밍하기

Script Code 이벤트는 그 차제로 특정한 기능을 수행하는 이벤트는 아니며 사용자가 C# 언어를 이용하여 코드를 삽입하거나 프로그래밍하고 실행할 수 있는 공간을 제공해주는 것이다. 이는 CheckMATE가 기본적으로 제공하는 기능 외의 사용자가 원하는 기능을 추가하거나 여러 가지 복합적인 데이터를 가공할 수 있도록 해 주는 강력한 기능 중 하나이다.

간단히 예를 들어 화면에 2개의 메모장이 실행되어 있고 각각의 메모장에서 읽어 들인 내용을 합친 후 새로운 메모장에 내용을 써주는데, 합친 내용 중에 영문자 소문자가 존재하는 경우 모두 대문자로 바꿔주어야 하는 업무를 자동화로 구현한다고 가정해보자.

자동화로 구현하는 과정은 다음과 같다. 우선 Object GetValue 이벤트를 2개 사용하여 각 메모장에서 내용을 읽고 변수 strMemo1, strMemo2에 저장한다. 그리고 strMemo1과 strMemo2의 내용을 합쳐서 strMemo3에 저장한 후 소문자를 대문자로 바꿔주는 작업을 수행한다. 이후 새로운 메모장을 열어서 Object SetValue 이벤트를 이용하여 strMemo3의 내용을 써주면 된다.

시나리오 Event List

앞의 Event List에서 3번째 메모장에 내용을 쓰기 전 Script Code 이벤트를 추가하여 소문자를 체크하여 대문자로 바꿔주는 코드를 삽입했으며 그 수행 결과를 Variable Snapshot 메뉴에서 확인해보면 strMemo1과 strMemo2의 내용이 strMemo3으로 합쳐진 후 모두 대문자로 변경된 것을 확인할 수 있다.

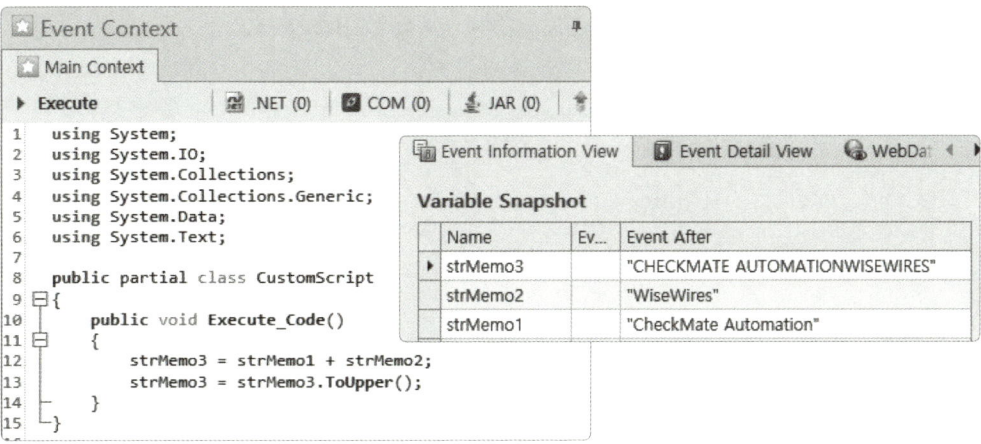

Script Code로 변수 설정과 그 결과

또 다른 예로 현재 수행 중인 PC의 IP 주소를 알고 싶은 경우는 어떨까? IP 주소를 확인하는 기능은 현재 CheckMATE에서 제공되지 않는다. 이런 경우는 Script Code 이벤트에서 IP 주소를 확인하는 기능을 직접 구현하면 된다.

```
using System;
using System.IO;
using System.Collections;
using System.Collections.Generic;
using System.Data;
using System.Text;
using System.Net;
using System.Net.Sockets;

public partial class CustomScript
{
    public void Execute_Code()
    {
        IPHostEntry host = Dns.GetHostEntry(Dns.GetHostName());
        foreach (IPAddress ip in host.AddressList)
        {
            if (ip.AddressFamily == AddressFamily.InterNetwork)
            {
                strLocalIP = ip.ToString();
                break;
            }
        }
    }
}
```

IP 추출 C# Script Code

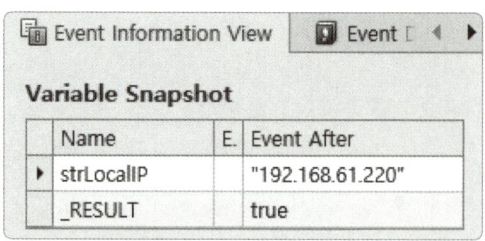

IP 추출 C# Script Code 결과

Script Code 이벤트는 이렇게 각각의 이벤트를 통해 입수한 정보를 가공하거나 추가 기능을 구현하고자 할 때 강력한 확장성을 제공하는데, CheckMATE가 제공하는 기본 C# 라이브러리는 물론 외부의 C# 라이브러리를 불러와(Import) 사용할 수도 있으며 IKVM을 이용하면 Java 라이브러리도 사용할 수 있다(IKVM에 관한 설명은 여기에선 생략한다).

1.7 [따라 하기] 계산기 만들기

간단한 계산기를 구현해보자. 이 계산기는 두 개의 숫자와 하나의 사칙연산 기호를 입력받아 계산을 수행하게 된다. 단, 이때 여러 가지 예외 처리를 하게 되면 시나리오가 지나치게 복잡해질 수 있어 3번의 입력에서는 숫자와 사칙연산 기호만 입력한다고 가정하겠다.

1. Event Components에서 다음 Event List와 동일하게 각각의 이벤트를 드래그앤드롭한다(Input Box 이벤트, Script Code 이벤트, Loop 이벤트, IF 이벤트, Loop Break 이벤트, Message Box 이벤트).

시나리오 Event List

2. Loop 이벤트

① 계산을 반복 수행하고자 Loop Count에 100을 입력한다.

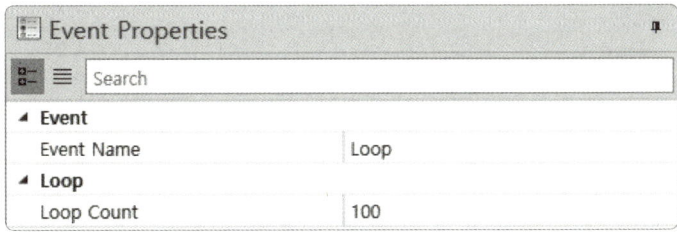

Loop 이벤트의 Properties

② 마지막 Message Box 이벤트를 제외하고 반복수행하고자 나머지 이벤트는 Loop 이벤트 아래에 배치한다.

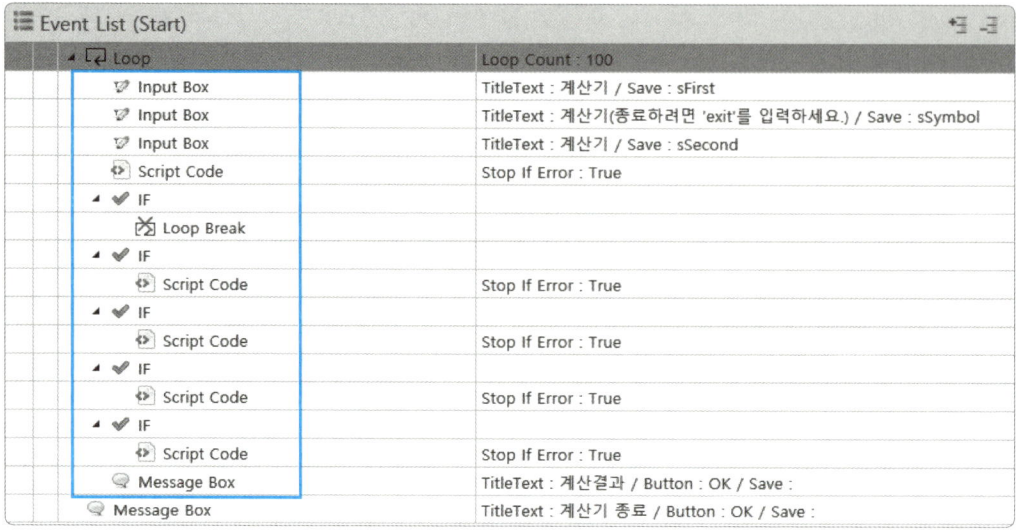

Loop 이벤트에 반복할 이벤트 구성

3. **첫 번째 Input Box 이벤트:** 첫 번째 숫자를 입력받고자 다음과 같이 설정한다.

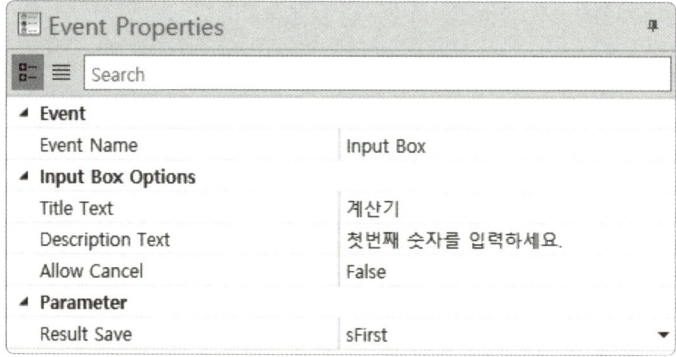

Input Box 이벤트의 Properties

4. **두 번째 Input Box 이벤트:** 사칙연산 기호를 입력받고자 다음과 같이 설정한다.

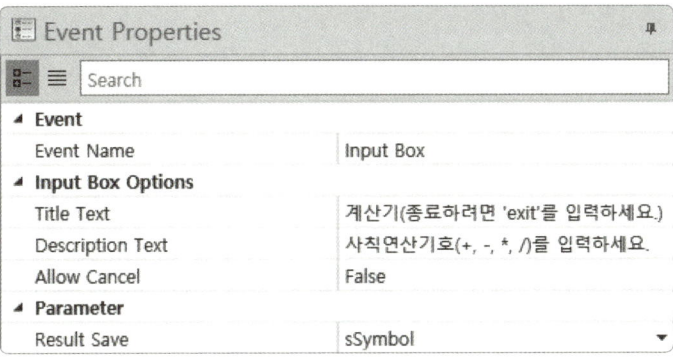

Input Box 이벤트의 Properties

5. **세 번째 Input Box 이벤트:** 두 번째 숫자를 입력받고자 다음과 같이 설정한다.

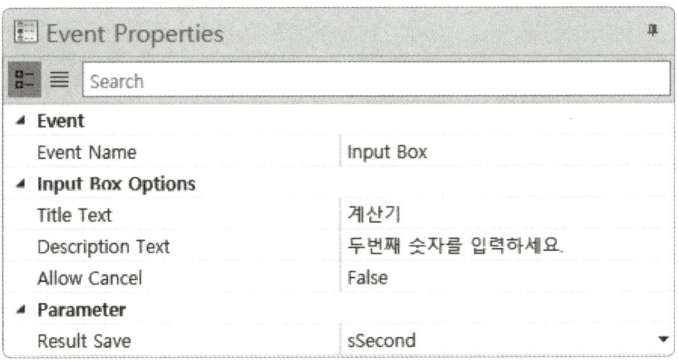

Input Box 이벤트의 Properties

6. **첫 번째 Script Code 이벤트**

① 입력받은 두 숫자를 String 타입 변수에서 Int 타입 변수로 변환하여 저장할 int 타입 변수를 각각 추가하고(iFirst, iSecond), 사칙연산을 수행한 결과를 저장할 int 타입 변수(iSum)를 추가한다.

변수명	형식	기본값	설명
sFirst	string		
sSymbol	string		
sSecond	string		
iFirst	int		
iSecond	int		
iSum	int		

변수 선언

② 다음과 같이 String 타입 변수를 변환하여 int 타입 변수에 저장한다.

```csharp
using System;
using System.IO;
using System.Collections;
using System.Collections.Generic;
using System.Data;
using System.Text;

public partial class CustomScript
{
    public void Execute_Code()
    {
        iFirst = Int32.Parse(sFirst);
        iSecond = Int32.Parse(sSecond);
    }
}
```

변수 변환 C# Script Code

7. **첫 번째 IF 이벤트:** 두 번째 Input Box 이벤트에서 변수 sSymbol에 'exit'를 입력하면 하위 이벤트가 실행되도록 다음과 같이 설정한다.

```
1   using System;
2   using System.IO;
3   using System.Collections;
4   using System.Collections.Generic;
5   using System.Data;
6   using System.Text;
7
8   public partial class CustomScript
9   {
10      public bool IF_Code()
11      {
12          if (sSymbol == "exit")
13          {
14              return true;
15          }
16          return false;
17      }
18  }
19
```

IF 이벤트의 Context

8. **Loop Break 이벤트:** 첫 번째 IF 이벤트에서 'exit'가 입력되면 Loop 이벤트를 중지하는 역할을 수행하도록 첫 번째 IF 이벤트 하위에 배치한다.

9. **두 번째 IF 이벤트:** 사칙연산 기호 중 '+'가 입력되었다면 하위 이벤트가 실행되도록 다음과 같이 설정한다.

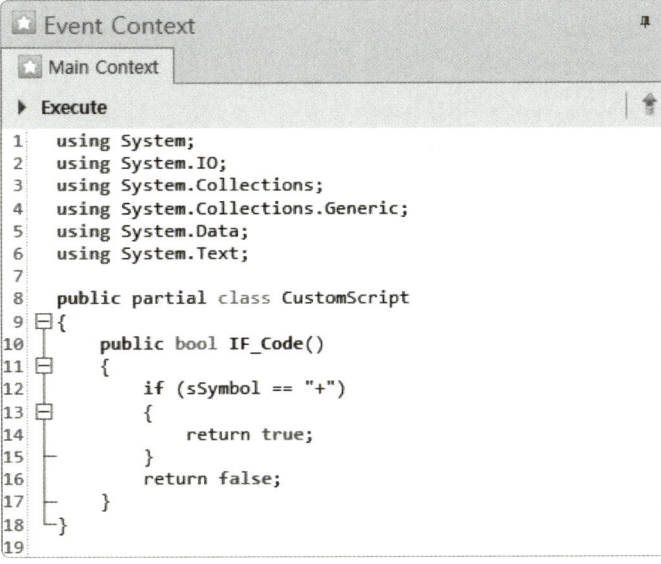

IF 이벤트의 Context

10. **두 번째 Script Code 이벤트:** 사칙연산 기호 중 '+'가 입력되었다면 두 숫자를 더할 수 있도록 다음과 같이 설정한다.

```csharp
using System;
using System.IO;
using System.Collections;
using System.Collections.Generic;
using System.Data;
using System.Text;

public partial class CustomScript
{
    public void Execute_Code()
    {
        iSum = iFirst + iSecond;
    }
}
```

더하기 C# Script Code

11. **세 번째 IF 이벤트:** 사칙연산 기호 중 '-'가 입력되었다면 하위 이벤트가 실행되도록 다음과 같이 설정한다.

```csharp
using System;
using System.IO;
using System.Collections;
using System.Collections.Generic;
using System.Data;
using System.Text;

public partial class CustomScript
{
    public bool IF_Code()
    {
        if (sSymbol == "-")
        {
            return true;
        }
        return false;
    }
}
```

IF 이벤트의 Context

12. **세 번째 Script Code 이벤트:** 사칙연산 기호 중 '-'가 입력되었다면 두 숫자의 뺄셈을 수행하도록 다음과 같이 설정한다.

```csharp
using System;
using System.IO;
using System.Collections;
using System.Collections.Generic;
using System.Data;
using System.Text;

public partial class CustomScript
{
    public void Execute_Code()
    {
        iSum = iFirst - iSecond;
    }
}
```

빼기 C# Script Code

13. **네 번째 IF 이벤트:** 사칙연산 기호 중 '*'가 입력되었다면 하위 이벤트가 실행되도록 다음과 같이 설정한다.

```csharp
using System;
using System.IO;
using System.Collections;
using System.Collections.Generic;
using System.Data;
using System.Text;

public partial class CustomScript
{
    public bool IF_Code()
    {
        if (sSymbol == "*")
        {
            return true;
        }
        return false;
    }
}
```

IF 이벤트의 Context

14. **네 번째 Script Code 이벤트:** 사칙연산 기호 중 '*'가 입력되었다면 두 숫자를 곱할 수 있도록 다음과 같이 설정한다.

```csharp
using System;
using System.IO;
using System.Collections;
using System.Collections.Generic;
using System.Data;
using System.Text;

public partial class CustomScript
{
    public void Execute_Code()
    {
        iSum = iFirst * iSecond;
    }
}
```

곱하기 C# Script Code

15. **다섯 번째 IF 이벤트:** 사칙연산기호 중 '/'가 입력되었다면 하위 이벤트가 실행되도록 다음과 같이 설정한다.

```csharp
using System;
using System.IO;
using System.Collections;
using System.Collections.Generic;
using System.Data;
using System.Text;

public partial class CustomScript
{
    public bool IF_Code()
    {
        if (sSymbol == "/")
        {
            return true;
        }
        return false;
    }
}
```

IF 이벤트의 Context

16. **다섯 번째 Script Code 이벤트:** 사칙연산 기호 중 '/'가 입력되었다면 두 숫자의 나눗셈을 수행하도록 다음과 같이 설정한다.

```
using System;
using System.IO;
using System.Collections;
using System.Collections.Generic;
using System.Data;
using System.Text;

public partial class CustomScript
{
    public void Execute_Code()
    {
        iSum = iFirst / iSecond;
    }
}
```

나누기 C# Script Code

17. **첫 번째 Message Box 이벤트:** 사칙연산을 수행한 결괏값이 출력될 수 있도록 다음과 같이 설정한다.

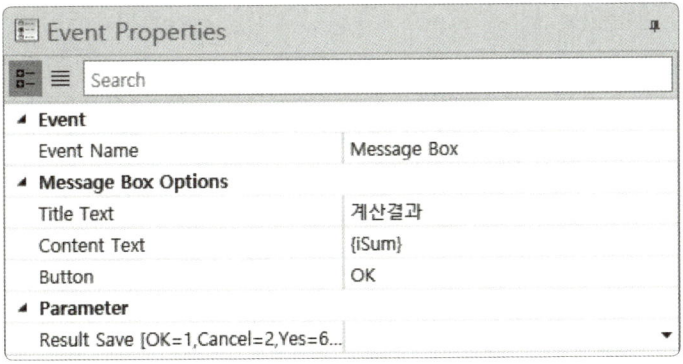

Message Box 이벤트의 Properties

18. **두 번째 Message Box 이벤트:** 계산기 종료를 확인하는 알림 창으로 역할 할 수 있도록 다음과 같이 설정한다.

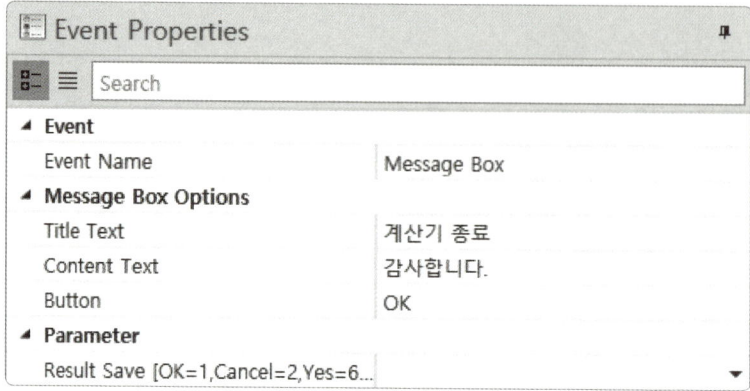

Message Box 이벤트의 Properties

19. **수행 결과:** 다음과 같이 사칙연산이 수행되는 것을 확인할 수 있다.

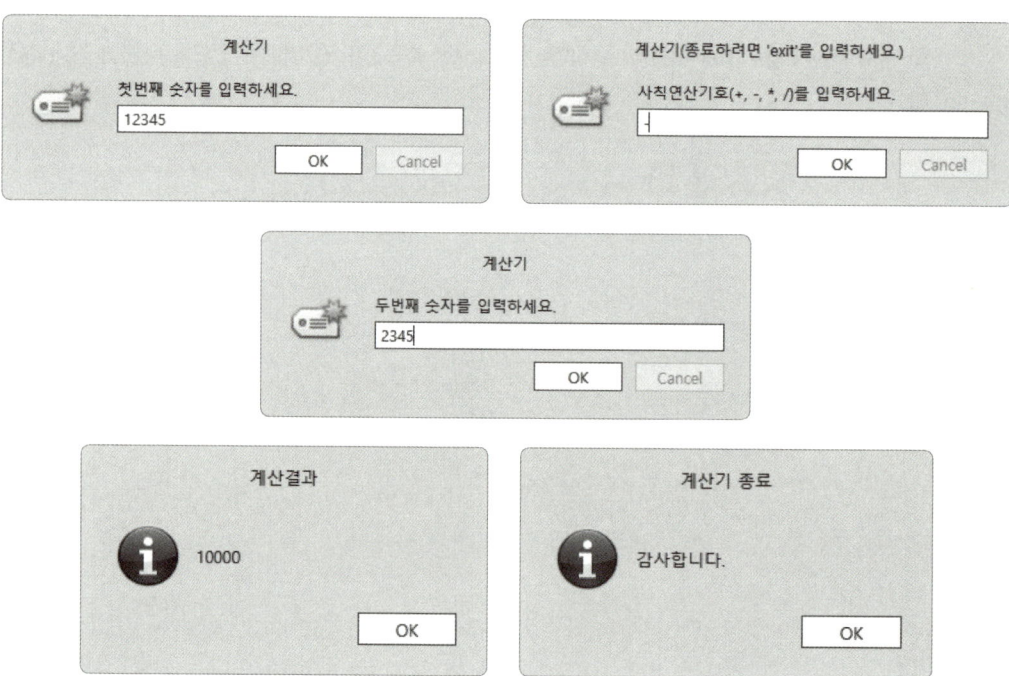

시나리오 실행 결과

❷ 프로세스 다루기

업무 수행 중 흔히 사용하는 기능으로, 키보드의 문자 입력이나 바탕화면에서 원하는 창을 선택하여 최상단 창으로 전환하는 이벤트, 임의의 프로그램을 실행시키거나 종료하는 이벤트 등을 제공한다.

2.1 키 입력하기

사람이 키보드를 이용하여 문자를 입력하는 동작을 자동화하기 위한 이벤트다. 각종 키보드 버튼이나 단축키, 조합키를 지원한다.

또한, 암호나 개인정보와 같은 보안이 요구되는 문자열을 Key Typing 이벤트를 이용하여 입력하고자 할 때 입력하려는 문자열을 암호화하여 지장할 수 있는 암호화 옵션(Encrypt)을 제공하며 CheckMATE 전용의 물리 키보드 모듈(동글)을 이용하면 키 입력 처리를 소프트웨어 방식이 아닌 하드웨어 방식으로 처리할 수도 있다.

입력하고자 하는 문자열은 Context 메뉴의 Typing Data에 직접 입력하면 되는데(물론 Pre Run Script에서 C# 코드 입력도 가능), 이때 <, >, +를 이용하여 각종 기능 키 입력이나 멀티 키 조합을 구성할 수도 있다.

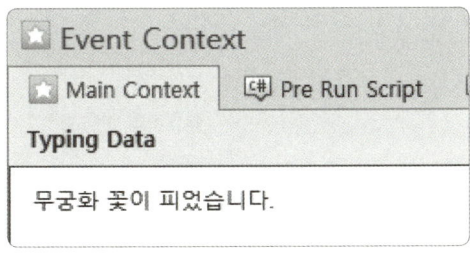

Key Typing 이벤트의 Context

다음은 지원되는 기능 키의 목록이다.

키	정의	키	정의
Enter	<ENTER>	Page Up	<PAGEUP>
Ctrl	<CTRL>	Page Down	<PAGEDOWN>
Alt	<ALT>	HOME	<HOME>
Shift	<SHIFT>	END	<END>
Space	<SPACE>	한/영	<HAN>
Tab	<TAB>	Backspace	<BS>
Left Arrow	<LEFT>	F1에서 F12	<F1> ~ <F12>
Right Arrow	<RIGHT>	PrintScreen	<PRINTSCREEN>
Up Arrow	<UP>	Control Down	<CTRL_DOWN>
Down Arrow	<DOWN>	Control Up	<CTRL_UP>
Windows	<WIN>	Alt Down	<ALT_DOWN>
Application	<APP>	Alt Up	<ALT_UP>
+ (플러스)	<ADD>	Shift Down	<SHIFT_DOWN>
- (마이너스)	<SUBTRACT>	Shift Up	<SHIFT_UP>
ESC	<ESC>	Windows Key Down	<WIN_DOWN>
DELETE 또는 DEL	<DEL>	Windows Key Up	<WIN_UP>
Insert	<INS>		

Key Typing 키 목록

또한 꺾쇠(<, >) 기호를 이용하여 다음과 같은 키 조합을 구성할 수도 있다.

키 조합	사용 정의
<CTRL + C>	클립보드 복사
<CTRL + V>	클립보드 붙여넣기
<CTRL + ADD>	엑셀 칼럼 추가
<CTRL + SHIFT + END>	엑셀 데이터 영역 전체 선택

Key Typing 조합 키 목록

Key Typing 이벤트의 Properties에서 설정할 수 있는 항목은 다음과 같다.

Typing Mode

Direct Typing으로 설정하면 사람이 키보드 버튼을 하나씩 누르는 것과 같이 문자가 하나씩 차례대로 입력되며 Use Clipboard로 설정하면 Typing Data에 입력된 문자열이 한꺼번에 입력된다.

Direct Typing Delay

Typing Mode를 Direct Typing으로 설정했을 때 각 문자가 입력되는 시간 간격을 의미한다. Direct Typing Delay가 '1000'으로 설정되어 있다면 Typing Data 문자열이 1초에 한 문자씩 입력되고 '0'으로 설정하면 문자와 문자의 입력 간격이 최소화되어 입력된다.

H/W Typing

별도로 제공되는 물리 키보드 모듈(USB Type, 별도 구매 필요)을 사용하는 경우 True로 설정한다. Key Typing 이벤트는 CheckMATE 시스템 내부에서 소프트웨어적으로 키 입력이 발생하는데, 보안 관련 프로그램을 대상으로 자동화하는 경우 해당 보안 프로그램이 소프트웨어적인 키 입력을 차단할 때가 있다. 반면 물리 키보드 모듈은 일반적인 키보드와 동일하게 인식되기 때문에 대상 프로그램에 의한 키 입력 차단 문제를 해결할 수 있다.

2.2 창 활성화하기

멀티태스킹을 지원하는 윈도우 OS와 같은 운영체제는 동시에 여러 개의 프로그램을 실행할 수 있기 때문에 사용자는 윈도우상에서 여러 개의 프로그램을 동시에 실행시켜 놓은 상태에서 원하는 프로그램을 선택하여 화면의 최상단으로 올려놓고 원하는 작업을 처리한다.

현재 실행 중인 다수의 프로그램 중 사용자가 하나의 프로그램을 선택하면 다른 프로그램들은 자동으로 뒤로 숨겨지거나 밑으로 내려가게 되는데, 이렇게 사용자가 선택(Focus)하여 활성화 창(Active Window) 상태로 전환한 상태를 Foreground라고 하며 그 외 프로그램들, 즉 활성화 창 프로그램 뒤에 있거나 최소화되어 숨겨진 상태를 Background라고 한다.

이러한 구조에서는 사용자가 특정 프로그램에서 마우스를 이용하여 클릭하거나 키보드로 정보를 입력하고자 하면 우선 그 대상 프로그램을 Foreground 상태로 만들어야 한다. 예를 들어 엑셀에서 복사한 정보를 메모장에 붙여넣기 하고자 하는 경우엔 우선 엑셀을 Foreground 상태로 만들어 원하는 셀을 복사(Copy)한 후 다시 메모장을 Foreground 상태로 만든 다음 키보드로 붙여넣기 하는 방식이다.

이렇게 현재 실행 중인 여러 개의 프로그램 중 원하는 프로그램을 Foreground 상태로 만들기 위한 이벤트가 바로 Active Window 이벤트며 이를 이용하여 현재 실행 중인 각종 프로그램 사이를 이동하며 다양한 작업을 수행할 수 있다.

Active Window 이벤트에서 Foreground 상태로 만들고자 하는 프로그램을 지정해 주면 이벤트가 실행되는 순간에 지정된 프로그램이 실행 중인지 확인 후 해당 프로그램을 Foreground 상태로 변경한다. 그러면 지정된 프로그램이 화면 최상단으로 오게 되고 Foreground 상태로 변경된 즉시 마우스나 키보드의 입력을 직접 수행하게 된다.

다음 그림을 보면 Active Window 이벤트의 Context 메뉴에는 현재 실행 중인 프로그램 목록이 나타나며 이 중에서 계산기 프로그램을 선택하여 이를 Target Window로 설정한 상태이다.

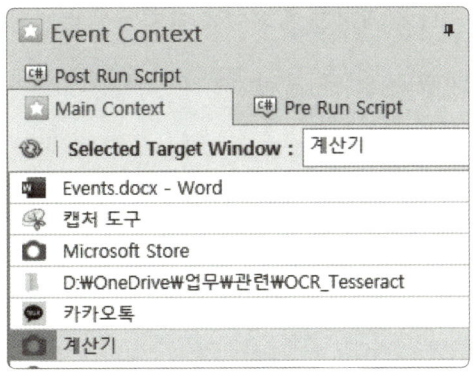

Active Window 이벤트의 Context

이후 계산기 프로그램이 최소화되어 화면에서 보이지 않더라도 이 이벤트가 수행되면 계산기 프로그램이 Foreground 상태로 변경되어 화면에 나타나고 키보드 입력을 받을 준비가 되어 있을 것이다.

Windows Check Type

Until Found로 설정했다면 현재 위도우에서 실행 중인 프로그램 목록에 지정된 프로그램이 있는지 확인 후 있다면 이를 Foreground로 전환하고 다음 이벤트로 넘어간다. 만약 지정된 프로그램이 실행 목록에 없다면 나타날 때까지 Maximum Run Time만큼 대기한 후 Foreground로 전환한다. 최대 대기 시간까지도 실행 목록에 나타나지 않는다면, 즉 대상 프로그램이 실행되지 않는다면 Active Windows 이벤트의 수행 결과는 False로 처리된다.

Until Not Found는 지정된 프로그램이 실행 목록에서 없어질 때까지 기다린다. 처음부터 실행 목록에 없다면 바로 다음 이벤트로 넘어가지만, 최대 대기 시간까지도 실행 목록에서 없어지지 않는다면 수행 결과로 False 처리된 후 다음 이벤트로 넘어간다. 이 원리를 이용하여 로딩에 시간이 걸리는 웹사이트를 확인하는 동작이나 무거운 프로그램을 종료할 시 완전히 종료되었는지 대기하는 동작 등을 구성할 수 있다.

반드시 그런 것은 아니지만, 일반적으로 웹 브라우저는 화면이 로딩되고 나서 브라우저 프로그램의 타이틀에 제목이 설정된다. 다음 그림에서는 이 점을 이용하여 이전 단계의 이벤트에서 실행한 크롬 브라우저에서 시메이션 홈페이지 로딩이 완료되었는지 체크하고 있다. 홈페이지 로딩이 완료되면 'Symation'이라는 타이틀을 가진 크롬 프로그램이 목록에 표시될 것이다.

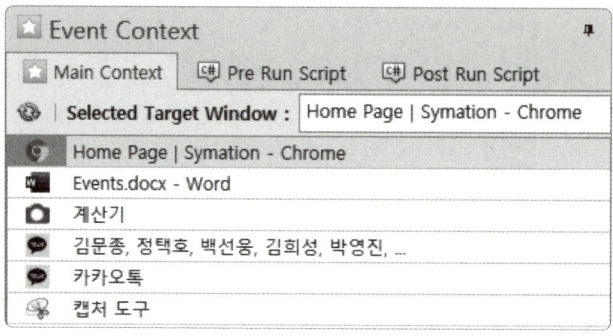

Active Window 이벤트의 Context

2.3 프로그램 실행하기

아이콘을 더블클릭하여 프로그램을 실행하는 방식이 아닌 커맨드를 이용하여 프로그램을 직접 실행하는 방법도 있다. 예를 들어 메모장 프로그램은 'C:\Windows\System32'에 위치한 notepad.exe라는 프로그램 파일로 구성되며 엑셀 프로그램은 'C:\Program Files\Microsoft Office\root\Office16'에 위치한 excel.exe라는 프로그램 파일로 구성된다(엑셀 프로그램의 설치 위치는 환경에 따라 다를 수 있다).

따라서 사람이 커맨드 방식을 이용하여 엑셀 프로그램을 실행시키고자 할 때는 다음과 같이 윈도우의 [시작] → [실행]에 경로를 포함한 실행 프로그램명을 직접 입력하여 실행시킬 수 있는데 Execute File 이벤트는 이와 동일한 역할을 수행한다.

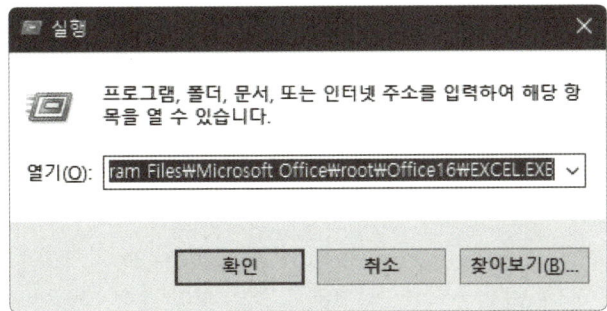

엑셀 실행 경로

Execute File 이벤트의 Properties에서 설정할 수 있는 항목은 다음과 같다.

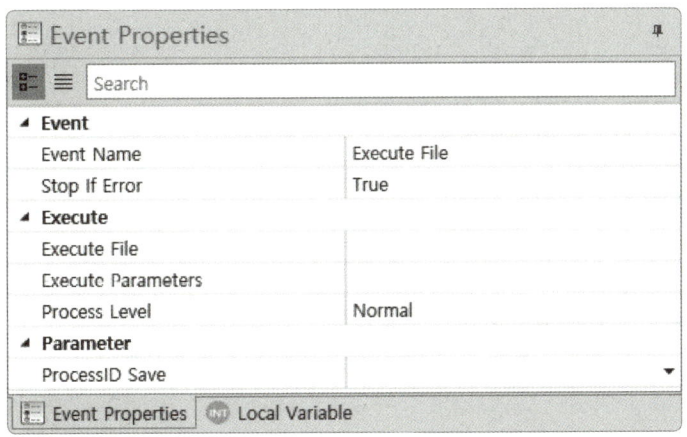

Execute File 이벤트의 Properties

Execute File

실행하고자 하는 프로그램의 경로를 포함한 파일명을 입력한다.

Execute Parameters

프로그램을 실행시키면서 전달할 매개 변수가 있을 때 입력해준다. 예를 들어 메모장 프로그램을 실행하면서 매개 변수로 'C:\list.txt'를 입력하면 메모장이 실행된 후 바로 해당 경로의 list.txt 파일을 읽어온다.

Process Level

프로그램을 실행할 권한을 설정한다. 일반 권한(Normal)과 관리자 권한(High)이 있으며 대상 프로그램의 특성에 따라 권리자 권한으로 실행해야 할 때는 High로 설정해주면 된다.

ProcessID Save

ProcessID Save 항목에 int 타입 변수를 지정해 놓으면 프로그램 실행 후 실행된 프로그램의 프로세스 아이디를 가져와 변수에 저장한다. 프로그램은 일반적으로 하나의 프로세스로 실행되는데, 모든 프로세스는 서로 구별할 수 있는 아이디 값으로 관리된다. 해당 아이디 정보를 인식하여 저장해두면 이후 Process Kill 이벤트 등에서 필요에 따라 사용할 수 있다.

2.4 프로세스 강제 종료하기

Process Kill 이벤트를 이용하여 원하는 프로그램을 강제로 종료할 수 있다. 한가지 유의할 점은 프로그램에서 종료 버튼을 클릭하여 정상 종료하는 것이 아닌 강제 종료 방식이기 때문에 대상 프로그램에 저장되지 않은 정보가 있다면 종료와 함께 사라질 수 있다는 것이다.

Process Kill 이벤트를 이용한 프로그램 강제 종료에는 다양한 방법이 있는데, 다음 Properties 항목 중 하나만 선택해 설정해도 된다.

Kill by File Path

강제 종료를 수행할 프로그램의 경로를 포함한 파일명을 지정해 주면 해당 파일명으로 실행 중인 프로세스를 찾아 종료한다.

Kill by Process Name

강제 종료를 수행할 프로세스의 이름을 지정해 주면 해당 프로세스를 찾아 종료한다(프로그램 파일명과 프로세스명은 다를 수 있다).

Kill by ProcessID Parameter

Execute File 이벤트에서 ProcessID 값을 얻어와 저장했다면 해당 ProcessID 값을 이용하여 프로그램을 종료할 수 있다.

TaskKill by Task Title

Task Title을 이용하여 대상 프로그램을 찾아 강제 종료한다.

Close by Window Title

Window Title을 이용하여 대상 프로그램을 찾아 강제 종료한다.

참고로 강제 종료하려는 대상 프로세스에 대해 외부에서 종료 권한이 없다면 Process Kill 이벤트가 정상적으로 수행되지 않을 수 있으며 처음부터 실행되어 있지 않았거나 이미 종료되어 실행 프로세스 목록에 존재하지 않은 프로세스를 강제 종료하려 하면 이벤트가 실패로 처리된다. 이럴 때는 Stop If Error 항목을 False로 설정하면 다음 단계의 이벤트로 넘어간다.

2.5 [따라 하기] 인터넷 검색하기

Process Control의 이벤트를 활용하여 인터넷에서 특정 검색을 수행하는 시나리오를 구현해보자. 먼저 Event Components에서 각각의 이벤트를 드래그앤드롭하는 것으로 시작해보자.

1. Event Components에서 다음 Event List와 동일하게 각각의 이벤트를 드래그앤드롭한다(Execute File 이벤트, Active Window 이벤트, Absolute Point 이벤트, Key Typing 이벤트, Wait Time 이벤트, Process Kill 이벤트).

Event List (Start)	
Execute File	File : iexplore.exe / Save : iexplore
Active Window	Window : NAVER - Internet Explorer / Check Type : Until Found
Absolute Point	Mode : Absolute / Click : Click Left
Key Typing	Typing Mode : Use Clipboard / Delay : 100
Wait Time	Wait : 500
Absolute Point	Mode : Absolute / Click : Click Left
Wait Time	Wait : 10000
Process Kill	Param : iexplore

시나리오 구현 Event List

2. **Execute File 이벤트:** Internet Explorer를 실행하기 위하여 해당 프로그램의 파일 경로를 다음과 같이 설정한다.

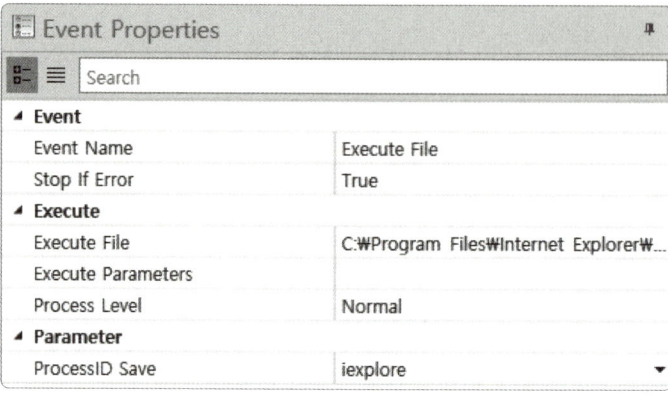

Execute File 이벤트의 Properties

3. **Active Window 이벤트:** Execute File 이벤트로 실행한 인터넷 익스플로러를 활성화하고자 이를 실행한 후 Active Window 이벤트에서 선택한다.

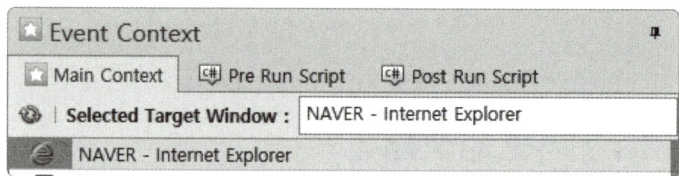

Active Window 이벤트의 Context

4. **Absolute Point 이벤트:** Key Typing 이벤트를 위해 검색창을 선택하도록 위치를 캡처한다.

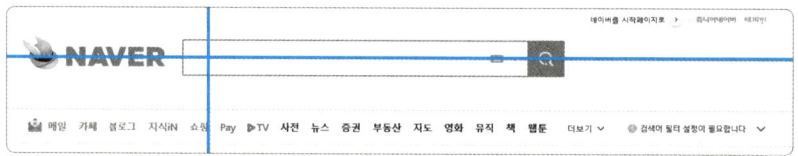

Absolute Point 이벤트 캡처 화면

5. **Key Typing 이벤트:** 검색창에서 검색할 문구를 설정한다.

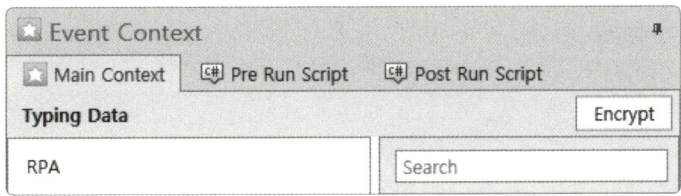

Key Typing 이벤트의 Context

6. **Wait Time 이벤트:** 인터넷 브라우저의 경우 브라우저 실행 시간, 서버 응답 시간 등 변수가 많아서 Key Typing 이벤트가 의도한 대로 동작하지 않을 가능성이 있으므로 안정성을 고려하여 다음과 같이 0.5초 정도 설정해 준다.

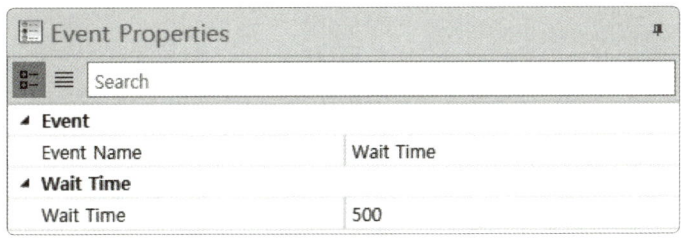

Wait Time 이벤트의 Properties

7. **Absolute Point 이벤트:** 브라우저에서 검색을 수행할 수 있게 검색 버튼을 캡처한다.

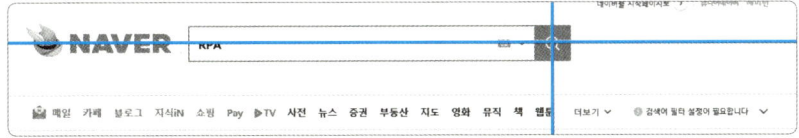

Absolute Point 이벤트 캡처 화면

8. **Wait Time 이벤트:** 검색한 후 결과를 볼 수 있게 10초 정도로 설정해준다.

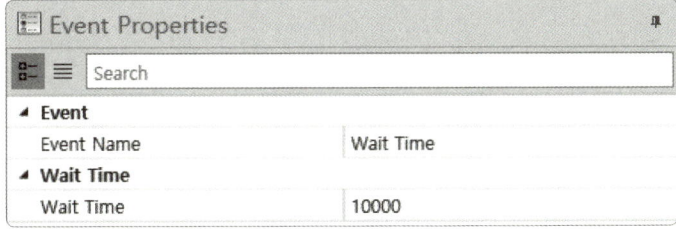

Wait Time 이벤트의 Properties

9. **Process Kill 이벤트:** 인터넷 익스플로러 프로그램을 종료하도록 설정해준다. 이때 2번에서 ProcessID를 저장할 변수를 선언했다면 해당 변수를 다음과 같이 입력하여 2번에서 실행한 인터넷 익스플로러를 종료할 수 있다.

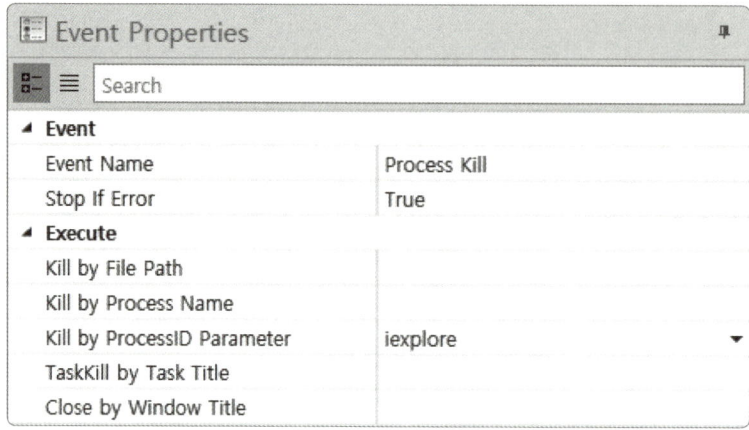

Process Kill 이벤트의 Properties

10. **수행 결과:** 다음과 같이 검색 결과 창이 10초간 보였다가 인터넷 익스플로러 창이 종료된다.

시나리오 실행 결과

❶ 엑셀 다루기

마이크로소프트 오피스의 엑셀은 기업에서 가장 흔하게 사용하는 응용 프로그램의 하나로, CheckMATE는 엑셀 응용 프로그램을 제어하고 엑셀 문서에서 데이터를 읽고 쓸 수 있는 전용의 이벤트를 제공한다.

Excel Control 이벤트를 이용하면 엑셀 문서를 생성하거나 열 수 있고 데이터를 읽고 쓰는 데 필요한 기본적인 기능을 UI에서 간편하게 수행할 수 있으며 이와 함께 사용자 정의(Custom Script)를 활용하면 C# 기반의 코딩으로 하나의 이벤트에서 필요한 작업을 모두 구현할 수도 있다.

1.1 엑셀 열기/닫기/저장하기

1.1.1 Excel Open 이벤트

Excel Open 이벤트는 기존 엑셀 문서를 불러와 열거나 새로운 엑셀 문서를 생성한다. 사람이 엑셀 문서에서 정보를 읽으려면 먼저 엑셀 문서를 열어야 하는 것처럼 CheckMATE에서도 엑셀 문서에 접근하려면 Excel Open 이벤트를 이용하여 문서를 열어야 한다.

'D:₩TEST' 폴더에 저장된 '회사목록.xlsx'라는 엑셀 문서를 열고 정보를 읽어보자. 우선 문서를 열고자 Excel Open 이벤트의 Properties 항목을 다음과 같이 구성한다.

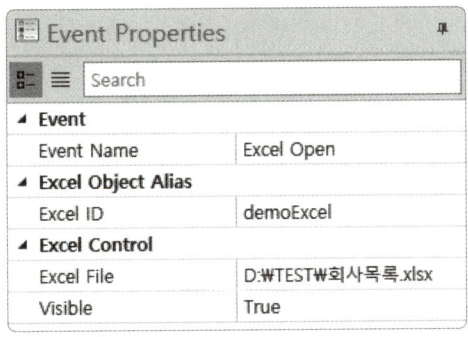

Excel Open 이벤트의 Properties

Excel ID

Excel Open 이벤트를 이용하여 문서를 열고 난 후 이후 이벤트에서 문서에 접근할 수 있는 Alias ID를 지정한다. Alias ID는 문서별로 고유해야 한다.

Excel File

열려는 문서의 경로를 포함한 정확한 파일명을 지정한다. 이때 Excel File 항목에 파일명을 입력하지 않고 비워 두면 파일명이 지정되지 않은 빈 문서가 생성된다.

Visible

CheckMATE를 이용하여 문서를 열었을 때 문서가 화면에 나타나게 할지의 여부를 지정한다. True로 설정하면 이벤트가 수행되는 동안 실행한 문서가 화면에 표시되어 계속 유지되며 False로 지정하면 화면에 보이지 않고 Background로 실행된다. 엑셀 문서가 화면 위의 다른 프로그램을 가려 작업에 방해가 된다면 False로 설정한다.

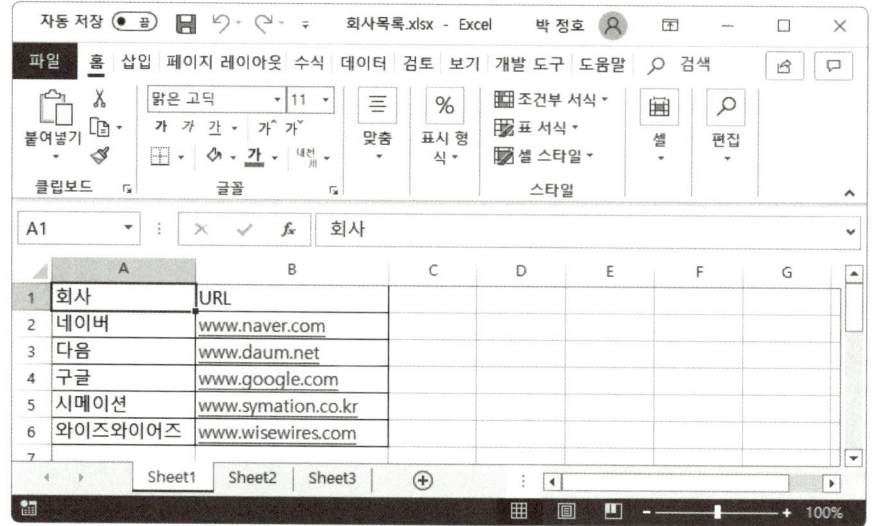

Excel Open 이벤트 실행 결과

1.1.2 Excel Close 이벤트

Excel Close 이벤트는 Alias ID로 지정한 대상 엑셀 문서를 닫는다. 실행한 엑셀 문서에서 필요한 작업을 수행한 후 더는 필요 없으면 Excel Close 이벤트를 이용하여 닫는다.

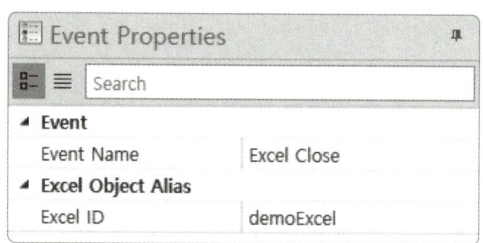

Excel Close 이벤트의 Properties

Excel ID

엑셀 문서를 닫을 때는 Excel Close 이벤트에서 Alias ID만 지정하면 된다. 한 가지 주의할 것은 특정 엑셀 문서에 대하여 Excel Close 이벤트가 수행되고 난 후에는 해당 문서가 완전히 닫혀 버리기 때문에 데이터를 읽고 쓰거나 복사하는 등의 모든 작업이 불가능해지므로 Excel

Close 이벤트는 해당 문서의 엑셀 작업을 모두 완료한 후 수행해야 한다는 점이다.

1.1.3 Excel Save 이벤트

Excel Save 이벤트는 Alias ID로 지정한 대상 엑셀 문서를 기존 이름 혹은 새 이름으로 저장한다. 즉, Excel Open 이벤트를 이용하여 읽어온 문서를 저장하거나 새 이름으로 저장한다. 이미 존재하는 문서를 연 경우 원래의 파일명이 아닌 새로운 파일명을 지정하면 '새 이름으로 저장'과 같이 기존 문서가 아닌 새로운 이름으로 문서를 저장한다.

이후에 설명되는 모든 Excel Control 이벤트를 포함하여 Excel Save 이벤트 또한 앞서 설명했듯이 Excel Close 이벤트보다 먼저 실행되어야 한다.

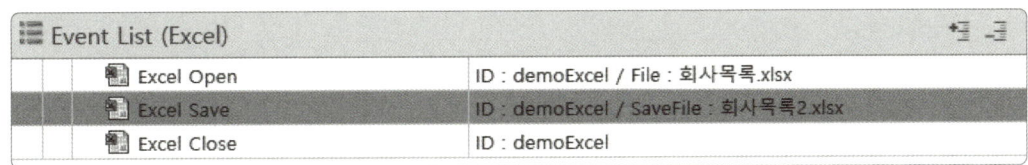

Excel Control 사용 예시

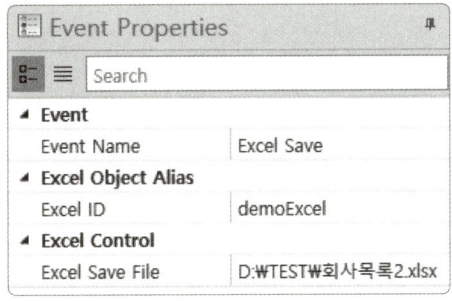

Excel Save 이벤트의 Properties

Excel ID

이미 열린 엑셀 문서의 Alias ID를 지정한다.

Excel Save File

저장하려는 파일명을 경로를 포함해 지정한다. 'D:TEST₩회사목록.xlsx'를 연 후 Excel Save 이벤트에서 '회사목록2.xlsx'라고 파일명을 지정하면 다음과 같이 새로운 엑셀 문서가 생성된다.

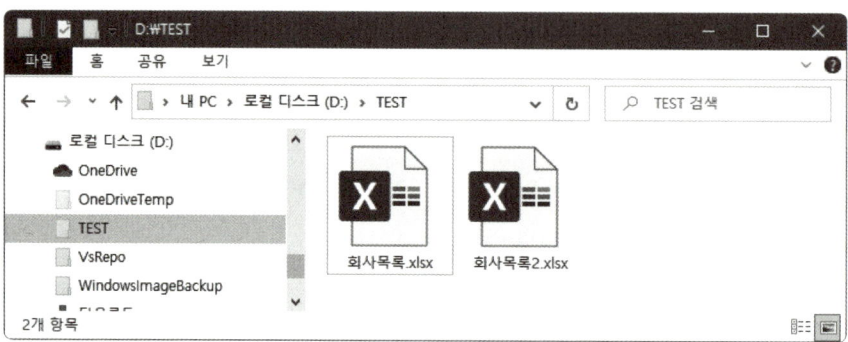

Excel Save 이벤트 실행 결과

1.2 시트 목록 가져오기

엑셀 문서는 데이터를 시트(Sheet)로 구분해 저장하기 때문에 먼저 실행한 엑셀 문서에 어떤 시트가 있는지 확인한 다음, 읽으려는 정보가 어떤 시트에 있는지를 지정해야 한다.

1.2.1 Excel Sheet List 이벤트

Excel Sheet List 이벤트는 Alias ID로 지정한 대상 엑셀 문서에서 시트 목록을 가져온다.

CheckMATE가 엑셀 문서에서 작업을 수행하기 전에 작업할 대상 시트가 무엇인지를 알려면 우선 Excel Sheet List 이벤트를 이용하여 엑셀 문서에 생성된 전체 시트 목록을 조회해야 한다. 조회 결과는 List<string> 타입 변수에 저장된다.

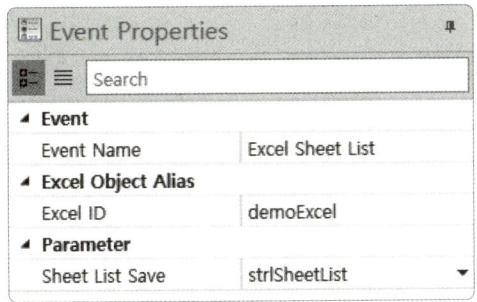

Excel Sheet List 이벤트의 Properties

Excel ID

엑셀 문서의 Alias ID를 지정한다.

Sheet List Save

엑셀 문서에서 조회한 시트 목록을 저장할 List<string> 타입 변수를 지정한다.

Excel Open 이벤트에서 열었던 '회사목록.xlsx' 문서에는 다음과 같이 'Sheet1', 'Sheet2', 'Sheet3' 3개의 시트가 있다.

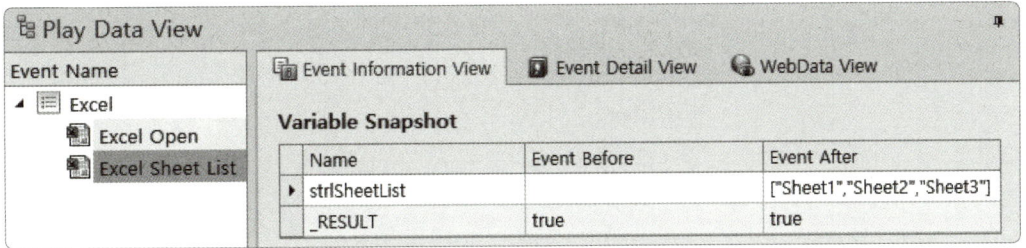

Excel Sheet 이벤트 실행 결과

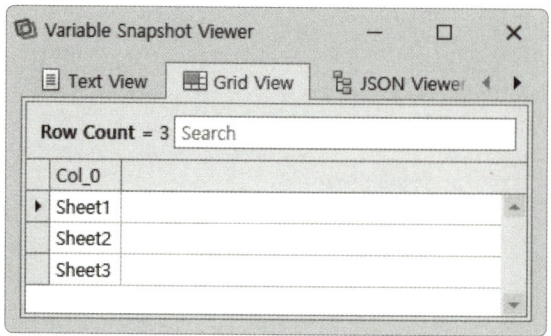

Excel Sheet 이벤트 실행 결과 Grid View

1.2.2 Excel Sheet Active 이벤트

Excel Sheet Active 이벤트는 Alias ID로 지정한 대상 엑셀 문서에서 임의의 시트를 활성 시트로 선택한다. Event Sheet List 이벤트를 이용하여 시트 목록을 확인했으면 이제 실제로 작업할 대상 시트를 선택하여 활성화(Active)해야 하는데, 이를 위한 Excel Sheet Active 이벤트의 Properties 구성은 다음과 같다. 여기서는 첫 번째 시트를 작업 시트로 선택한다.

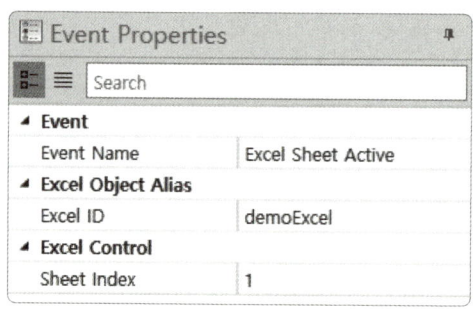

Excel Sheet Active 이벤트의 Properties

Excel ID

엑셀 문서의 Alias ID를 지정한다.

Sheet Index

활성화(Active)하려는 시트의 인덱스(Index)를 입력한다. 인덱스는 1부터 시작하므로 첫 번째 시트의 인덱스는 1이 된다.

이제 해당 이벤트를 수행하고 나면 데이터 읽기나 쓰기는 모두 첫 번째 시트에서 수행될 것이다.

사람이 엑셀 문서를 열어볼 때에도 문서를 연 후 보고자 하는 시트를 선택하듯이 데이터를 읽거나 쓰려고 할 때도 Excel Open 이벤트 수행 후 항상 Excel Sheet Active 이벤트로 작업하려는 시트를 선택해야 한다.

1.3 엑셀 내용 검색하기

Excel Find 이벤트는 활성화된 엑셀 시트에서 지정한 데이터를 찾아 해당 데이터가 있는 셀(Cell)의 주소를 반환한다.

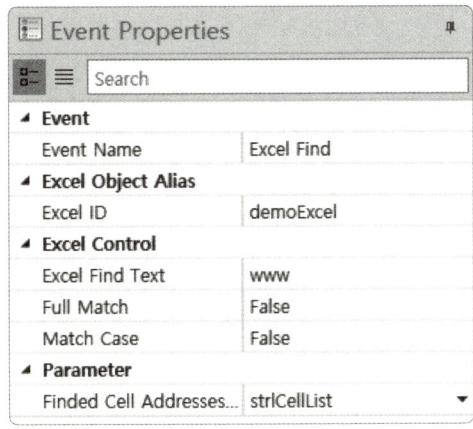

Excel Find 이벤트의 Properties

Excel ID

엑셀 문서의 Alias ID를 지정한다.

Excel Find Text

검색하고자 하는 문자열을 입력한다.

Full Match

입력한 검색 문자가 찾고자 하는 문장 일부분인지 전체 문장인지를 선택해 준다. 앞의 Properties 항목에서 찾고자 하는 문자열인 'www'의 경우 Full Match가 True라면 셀 안의 문장 전체가 'www'여야 찾은 것으로 간주하고 False라면 문장 중에 'www'라는 문자열이 포함되어 있으면 찾은 것으로 간주한다.

Match Case

영문자 대소문자를 구분하여 검색할지를 지정한다. False인 경우 대소문자를 가리지 않는다.

Finded Cell Addresses

찾은 검색 결과를 저장할 변수를 지정한다. 검색 결과는 여러 개일 수 있기 때문에 List<string> 타입 변수여야 하며 이곳에는 검색된 각 셀의 주소가 저장된다.

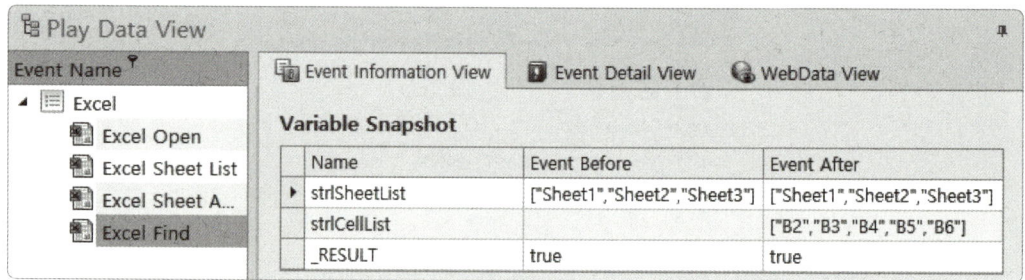

Excel Find 이벤트 실행 결과

다음은 원본 엑셀 문서와 해당 문서에서 'www' 문자열이 포함된 셀을 검색한 결과다. 'www'라는 문자열이 포함된 셀은 회사별 URL 칼럼에 공통으로 포함되어 있으며 그에 따라 각 셀의 주소가 지정한 변수에 저장된다.

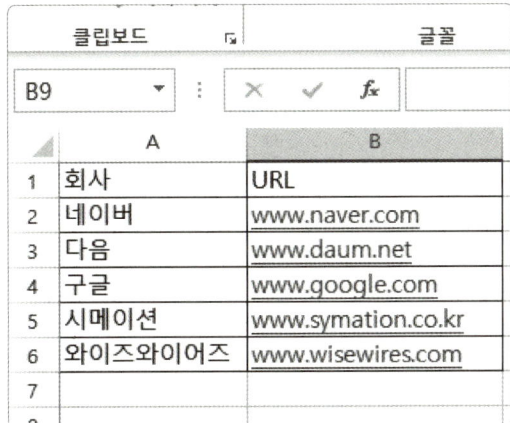 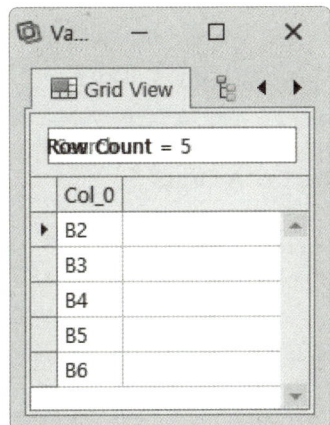

Excel Find 이벤트 실행 결과 비교

1.4 지정 셀 데이터 가져오기/설정하기

Excel Get OneCell Data 이벤트와 Excel Set OneCell Data 이벤트를 이용하여 활성화된 시트의 원하는 셀의 데이터를 읽거나 쓸 수 있다.

앞서 사용한 예제 시트에서 '와이즈와이어즈'의 URL을 읽어 낸 후 해당 셀의 데이터를 다른 URL(portal.wisewires.com)로 수정하는 작업을 구현해보자. 우선 Excel Get OneCell Data 이벤트의 Properties 항목 구성이다.

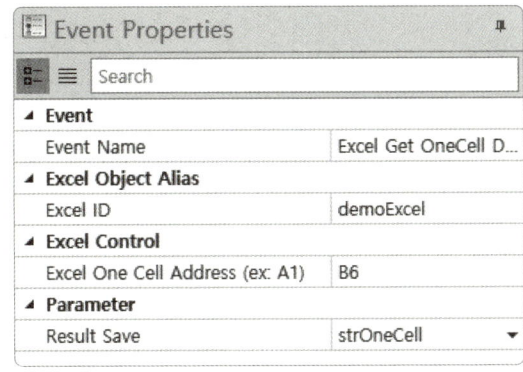

Excel Get OneCell Data 이벤트의 Properties

Excel ID

엑셀 문서의 Alias ID를 지정한다.

Excel One Cell Address

읽고자 하는 셀의 주소를 입력한다.

현재 '와이즈와이어즈'의 URL 셀 위치는 'B6'으로, 가로 칼럼 순서는 A부터 시작하고 세로 열 순서는 1부터 시작하여 각 셀의 주소를 지정한다. 따라서 'B6'은 가로로 2번째, 세로로 6번째의 셀을 의미한다.

Result Save

읽어온 데이터를 저장할 string 타입 변수를 지정한다.

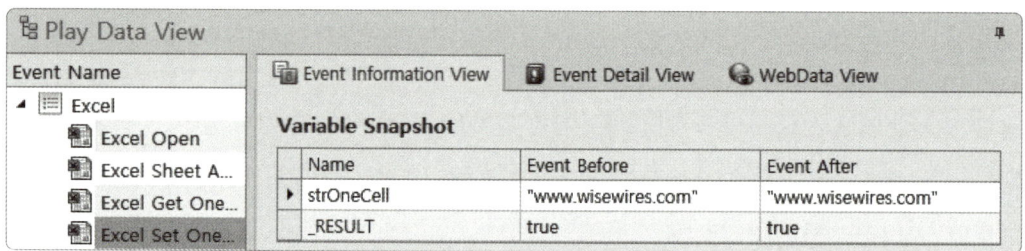

Excel Get OneCell Data 이벤트 실행 결과

strOneCell 변수에 'B6' 셀에 해당하는 데이터 'www.wisewires.com'이 저장된 것을 확인할 수 있다.

다음으로, Excel Set OneCell Data 이벤트를 이용하여 해당 셀의 데이터를 '와이즈와이어즈'의 또 다른 URL인 'portal.wisewires.com'로 수정해본다.

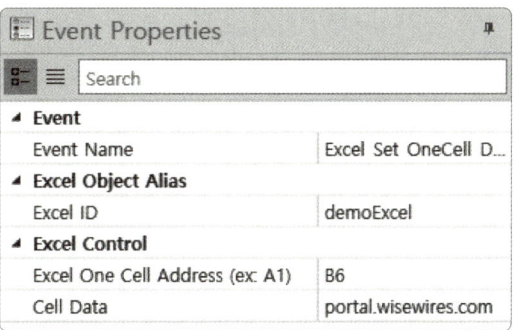

Excel Set OneCell Data 이벤트의 Properties

Excel ID

Excel 문서의 Alias ID를 지정한다.

Excel One Cell Address

쓰고자 하는 셀의 주소를 지정한다.

Cell Data

셀에 쓰려는 데이터를 지정한다.

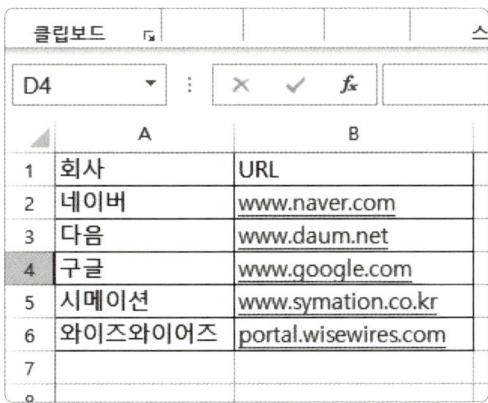

Excel Set OneCell Data 이벤트 실행 결과

이렇게 하여 '와이즈와이어즈'의 URL이 변경되었다. 이때 주의할 것은 Excel Set OneCell Data로 쓴 정보는 현재 저장된 상태가 아니므로 그대로 Excel Close 이벤트로 문서를 닫아버리면 수정 사항은 무시되어 버린다는 점이다. 따라서 수정 사항을 저장하려면 문서를 닫기 전 Excel Save 이벤트를 이용하여 저장해야 한다.

1.5 지정 범위 데이터 가져오기/설정하기

엑셀 시트는 셀 단위로 데이터를 읽고 쓰는 것 외에도 시트의 범위를 지정하여 여러 개의 셀 데이터를 읽거나 쓰기도 하는데, 이러한 동작을 위해서는 Excel Get Range Data 이벤트와 Excel Set Range Data 이벤트를 이용한다.

엑셀 예제

Rage Data 이벤트를 이용하여 예제 엑셀 문서 첫 번째 시트의 내용을 한꺼번에 읽어 온 후 두 번째 시트에 그대로 붙여넣기 해보자.

첫 번째 시트 내용은 가로는 A 칼럼부터 B 칼럼까지고 세로는 1번 행부터 6번 행까지 해당하는데, 이를 셀 주소로는 'A1:B6'으로 표현할 수 있으며 해당 범위에 해당하는 총 12개의 셀 데이터를 한꺼번에 읽으려면 DataTable 타입 변수를 사용하여야 한다.

우선 Excel Get Range Data 이벤트를 이용하여 첫 번째 시트 내용을 읽어 온다.

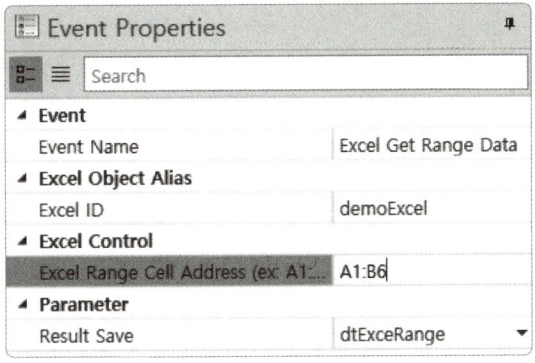

Excel Get Range Data 이벤트의 Properties

Excel ID

엑셀 문서의 Alias ID를 지정한다.

Excel Range Cell Address

읽고자 하는 셀 범위의 시작 셀과 끝 셀의 주소를 콜론(:)을 이용하여 지정한다.

Result Save

읽어낸 데이터 목록을 저장하고자 DataTable 타입 변수를 지정한다.

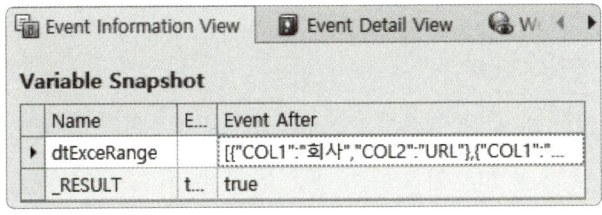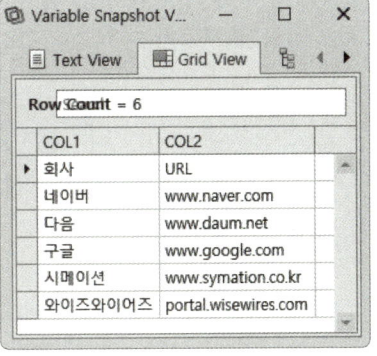

Excel Get Range Data 이벤트 실행 결과

dtExcelRange 변수에 2열 6행의 데이터가 저장된 것을 확인할 수 있다.

다음으로, 두 번째 시트에 데이터를 쓰기 전 Excel Sheet Active 이벤트를 이용하여 활성화 (Active) 시트를 첫 번째 시트에서 두 번째 시트로 옮겨야 한다.

작업 시트를 2번으로 옮긴 후 Excel Set Range Data 이벤트의 Properties는 다음과 같이 구성한다.

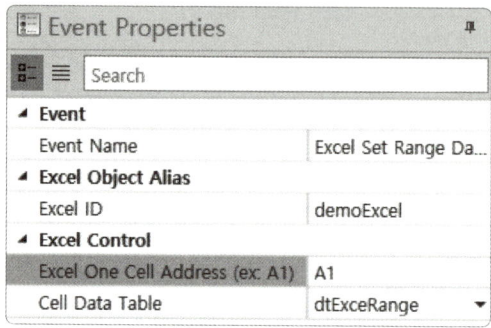

Excel Set Range Data 이벤트의 Properties

Excel ID
엑셀 문서의 Alias ID를 지정한다.

Excel One Cell Address
쓰고자 하는 영역의 왼쪽 위 셀 주소를 입력한다.

범위 데이터를 쓰려고 할 때는 범위의 왼쪽 위 시작 주소와 오른쪽 아래 끝 주소를 일일이 지정할 필요 없이 왼쪽 위 주소만 지정하면 DataTable에 저장된 행과 열의 크기만큼 자동으로 입력된다.

Cell Data Table
쓰려는 데이터가 저장된 DataTable 타입 변수를 지정한다.

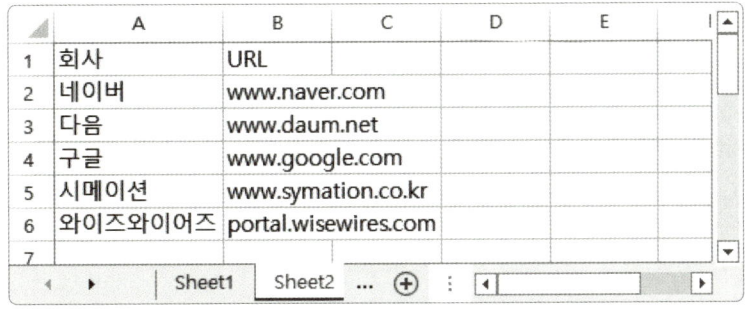

Excel Set Range Data 이벤트 실행 결과

현재 문서의 두 번째 시트에 첫 번째 시트 내용이 그대로 복사된 것을 확인할 수 있다.

이 과정을 구현하기 위한 전체 Event List는 다음과 같다.

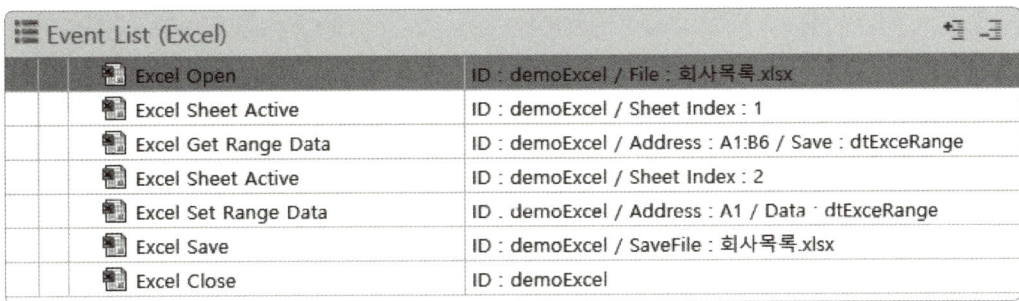

시나리오 Event List

1. 엑셀 문서를 연다.

2. 첫 번째 시트를 선택하고 왼쪽 위가 A1, 오른쪽 아래가 B6인 범위의 데이터를 읽어 dtExcelRange 변수에 저장한다.

3. 두 번째 시트를 선택하고 A1 좌표부터 dtExcelRange 변수의 내용을 붙여넣기 한다.

4. 마지막으로 변경된 내용을 저장한 다음 문서를 닫는다.

1.6 엑셀 데이터를 클립보드에 복사하기

사람이 엑셀 시트에서 하나 혹은 다수의 셀 데이터를 <Ctrl>+<C>로 복사하고 <Ctrl>+<V>로 붙여넣기 할 때 복사한 데이터는 변수가 아닌 클립보드에 저장된다. 이와 마찬가지로 CheckMATE에서도 변수가 아닌 클립보드를 통해 엑셀 데이터를 복사하고 붙여넣기 할 수 있는 이벤트를 제공한다.

Excel Range Data 이벤트에서 설명과 함께 진행한 전체 과정을 Excel Clipboard 이벤트를 이용하여 동일하게 진행해보자. 전체적인 Event List 구성은 다음과 같은데, 이 구성은 Excel Range 이벤트와 매우 비슷하다.

Event List (Excel)	
Excel Open	ID : demoExcel / File : 회사목록.xlsx
Excel Sheet Active	ID : demoExcel / Sheet Index : 1
Excel Clipboard Write	ID : demoExcel / Address : A1:B6 / Cut : False
Excel Sheet Active	ID : demoExcel / Sheet Index : 2
Excel Clipboard Paste	ID : demoExcel / Address : A1 / OnlyValue : False
Excel Save	ID : demoExcel / SaveFile : 회사목록.xlsx
Excel Close	ID : demoExcel

시나리오 Event List

1. 엑셀 문서를 연다.
2. 첫 번째 시트를 선택하고 왼쪽 위가 A1, 오른쪽 아래가 B6인 범위의 데이터를 읽어 클립보드에 복사한다.
3. 두 번째 시트를 선택하고 A1 좌표부터 클립보드에 저장된 내용을 붙여넣기 한다.
4. 마지막으로 변경된 내용을 저장한 다음 문서를 닫는다.

단지 차이가 나는 것은 데이터를 복사할 때와 붙여넣기 할 때 Excel Clipboard 이벤트를 사용했다는 점과 복사와 붙여넣는 과정에 변수를 사용하지 않는다는 점이다.

Excel Clipboard Write 이벤트와 Excel Clipboard Paste 이벤트는 어떻게 설정하는지 소개한다. 먼저 Excel Clipboard Write 이벤트는 지정한 범위의 셀 데이터를 클립보드로 복사한다.

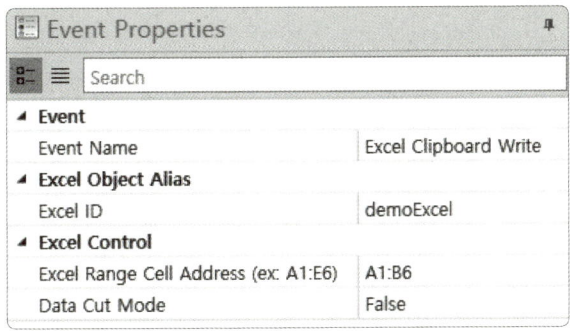

Excel Clipboard Write 이벤트의 Properties

Excel ID

엑셀 문서의 Alias ID를 지정한다.

Excel Range Cell Address

읽고자 하는 셀 범위의 시작 셀과 끝 셀의 주소를 콜론(:)을 이용하여 지정한다.

Data Cut Mode

이는 Excel Get Range Data 이벤트에는 없는 항복으로, 데이터를 읽을 때 단순히 복사만 할 것인지 잘라낼 것인지를 지정한다. True로 설정하면 1번 시트의 내용을 클립보드로 복사 후 1번 시트의 내용은 삭제한다.

다음으로, Excel Clipboard Paste로 클립보드의 내용을 엑셀 시트에 붙여넣기 한다.

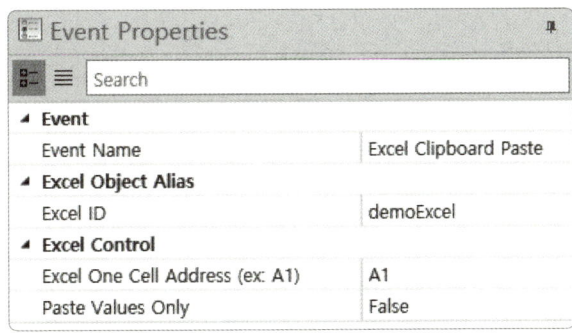

Excel Clipboard Paste 이벤트의 Properties

Excel ID

엑셀 문서의 Alias ID를 지정한다.

Excel One Cell Address

쓰고자 하는 영역의 왼쪽 위 셀 주소를 입력한다.

Paste Values Only

클립보드는 데이터를 복사해올 때 데이터 값만이 아니라 글자의 색, 글자의 굵기, 테이블 테두리 등의 데이터 서식까지도 함께 복사한다. 따라서 붙여넣기 할 때 값만 붙여넣기 할 것인지 서식까지 그대로 적용하여 붙여넣기 할 것인지를 선택할 수 있다. False라면 서식까지 그대로 적용되어 붙여넣기 되고 True라면 값만 복사한다.

1.7 엑셀 스크립트

위에서 나열한 이벤트 기반 방법 외에도 CheckMATE는 코드 기반의 스크립트를 통해 엑셀을 다루는 방법도 제공한다.

Excel Script 이벤트를 사용하여 엑셀 문서를 다루는 경우 앞의 Excel Open, Save, Close, OneCell Data, Rage Data 등 UI 형태의 이벤트를 전혀 사용할 필요 없이 스크립트 코드만으로 엑셀 문서를 열고 데이터를 읽고 쓰며, 저장하는 등의 모든 작업이 가능하다.

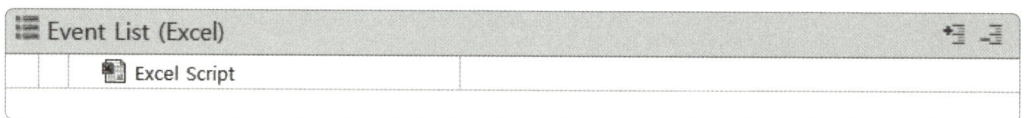

Event List의 Excel Script 이벤트

Excel Script 이벤트에서 필요한 모든 작업은 Context 메뉴의 Script Editor에서 코딩으로 구현하면 된다.

다음은 앞의 엑셀 문서 예제에서 '네이버'의 URL을 복사한 후 새로운 엑셀 문서를 생성하여 이곳에 복사한 URL을 붙여넣는 과정을 스크립트만을 이용하여 구현한 예제이다.

```csharp
using System;
using System.IO;
using System.Collections;
using System.Collections.Generic;
using System.Data;
using System.Text;
using SymationModules.ExcelControl;

public partial class CustomScript
{
    public void Excel_Script(ExcelControlClass xl)
    {
        // Excel ID 지정(Alias ID)
        xl.SetExcelID = "sourceExcel";
        // Excel 객체 실행, false일 경우 invisible
        xl.ExcelAppExecute(xl.SetExcelID, true);
        // Excel 문서 Open
        xl.SetWorkbookID = xl.ExcelFileOpen(xl.SetExcelID,@"D:\TEST\회사목록.xlsx");
        // 1번째 Sheet 활성화
        xl.ActiveSheet(1);
        // 지정한 Cell(가로 2번째, 세로 2번째)에 있는 데이터를 name이라는 string 변수에 저장
        string name = xl.GetOneCellValue(2, 2);
        // Alias ID(sourceExcel)로 지정된 문서 Close
        xl.ExcelWorkbookClose(xl.SetExcelID, xl.SetWorkbookID);
        // Excel Close
        xl.ExcelAppTerminate(xl.SetExcelID);


        // 새로 생성할 Excel문서의 Alias ID지정
        xl.SetExcelID = "targetExcel";
        xl.ExcelAppExecute(xl.SetExcelID, true);
        // 파일명이 지정되지 않은 빈 Excel문서 생성
        xl.SetWorkbookID = xl.ExcelFileOpen(xl.SetExcelID,"");
        // 첫번째 Sheet 활성화
        xl.ActiveSheet(1);
        // 우 상단의 첫번째 Cell을 선택
        xl.SelectCell(1, 1);
        // 지정한 Cell에 name 변수에 있는 데이터를 입력
        xl.SetOneCellValue(name);
        // Excel 파일을 저장
        xl.ExcelFileSave(xl.SetExcelID,1,@"D:\TEST\새문서.xlsx");
        xl.ExcelWorkbookClose(xl.SetExcelID, xl.SetWorkbookID);
        xl.ExcelAppTerminate(xl.SetExcelID);

    }
}
```

Excel Script 이벤트 작성 예제

이 스크립트를 실행하면 'D:₩TEST₩회사목록.xlsx'의 문서를 읽어 첫 번째 시트의 가로 2번째, 세로 2번째의 값(www.naver.com)을 읽은 다음, 빈 엑셀 문서를 생성하여 첫 번째 셀에 붙여넣기 하여 '새 문서.xlsx'라는 이름으로 저장하는 과정을 수행한다.

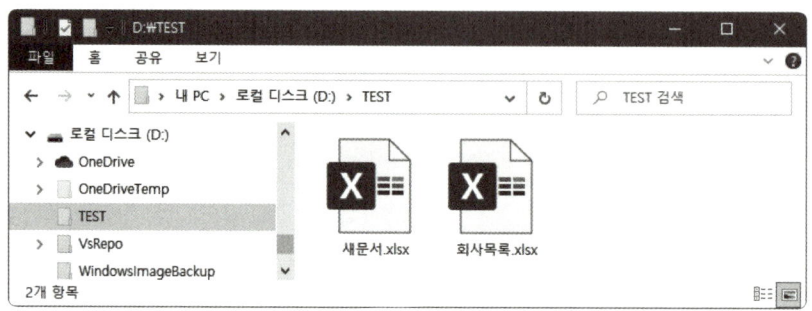

예제 Excel Script 이벤트 실행 결과

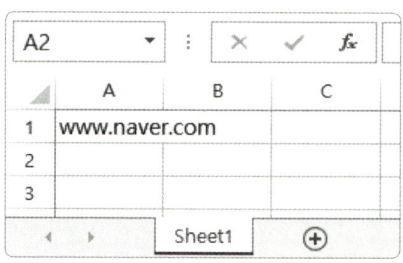

'새문서.xlsx'의 내용

1.8 [따라 하기] 엑셀끼리 원하는 셀 내용 복사하기

2개의 엑셀 파일이 있을 때 하나의 파일에서 다른 파일로 미리 설정한 문구가 포함된 셀을 복사하는 시나리오를 구현해보자.

선결 조건

데이터가 저장된 엑셀 파일(Sample1.xlsx)과 데이터를 옮길
엑셀 파일(Sample2.xlsx)을 미리 준비한다.

1. Event Components에서 다음 Event List와 동일하게 각각의 이벤트를 드래그앤드롭한다(Excel Open 이벤트, Excel Find 이벤트, Loop 이벤트, Excel Get OneCell Data 이벤트, Excel Set OneCell Data 이벤트, Excel Save 이벤트, Excel Close 이벤트).

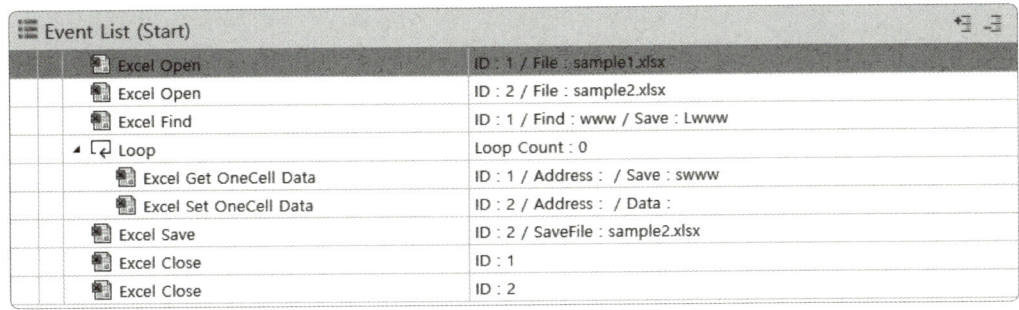

시나리오 Event List

2. **첫 번째 Excel Open 이벤트:** 기존에 준비한 데이터가 들어 있는 엑셀 파일을 열고자 다음과 같이 설정한다.

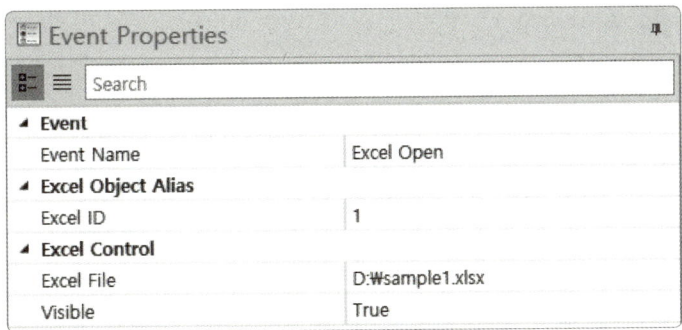

Excel Open 이벤트의 Properties

3. **두 번째 Excel Open 이벤트:** 기존에 준비한 데이터를 복사할 엑셀 파일을 열고자 다음과 같이 설정한다.

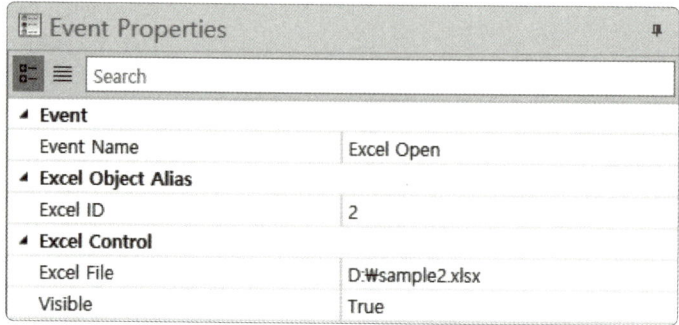

Excel Open 이벤트의 Properties

4. **Excel Find 이벤트:** 원하는 데이터를 엑셀에서 찾기 위해 다음과 같이 설정한다.

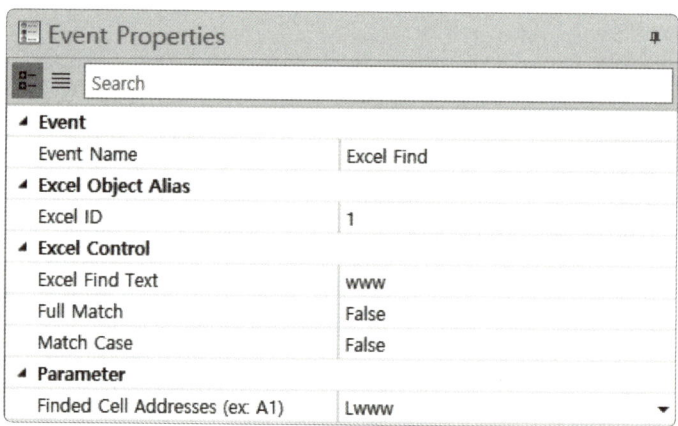

Excel Find 이벤트의 Properties

5. **Loop 이벤트:** 동일한 셀이 여러 개일 경우 반복 수행하고자 다음과 같이 반복 횟수(LoopCount)를 설정한다.

```csharp
using System;
using System.IO;
using System.Collections;
using System.Collections.Generic;
using System.Data;
using System.Text;

public partial class CustomScript
{
    public void PreRun(EvPPEntry_Loop EntryData)
    {
        EntryData.LoopCount = Lwww.Count;
    }
}
```

Loop 이벤트의 Count 설정

6. **Excel Get OneCell Data 이벤트:** Excel Find 이벤트에서 찾은 위치에 있는 데이터를 변수에 저장하고자 다음과 같이 설정한다.

```csharp
using System;
using System.IO;
using System.Collections;
using System.Collections.Generic;
using System.Data;
using System.Text;

public partial class CustomScript
{
    public void PreRun(EvPPEntry_ExcelGetOneCell
            EntryData)
    {
        string sLwww = Lwww [_LOOP_COUNT];
        EntryData.OneCellAddress = sLwww;
    }
}
```

Excel Get OneCell Data 이벤트의 Context

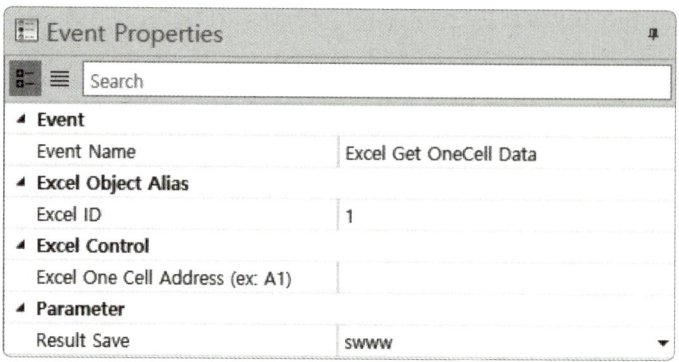

Excel Get OneCell Data 이벤트의 Properties

7. **Excel Set OneCell Data 이벤트:** Excel Get OneCell Data 이벤트에서 저장한 데이터를 Sample2.xlsx에 입력하고자 다음과 같이 설정한다.

```csharp
using System;
using System.IO;
using System.Collections;
using System.Collections.Generic;
using System.Data;
using System.Text;

public partial class CustomScript
{
    public void PreRun(EvPPEntry_ExcelSetOneCell
            EntryData)
    {
        int iexcelrow = 1 + _LOOP_COUNT;
        string sExcelID2row = "A" + iexcelrow;

        EntryData.OneCellAddress = sExcelID2row;
        EntryData.CellData = swww;
    }
}
```

Excel Set OneCell Data 이벤트의 Context

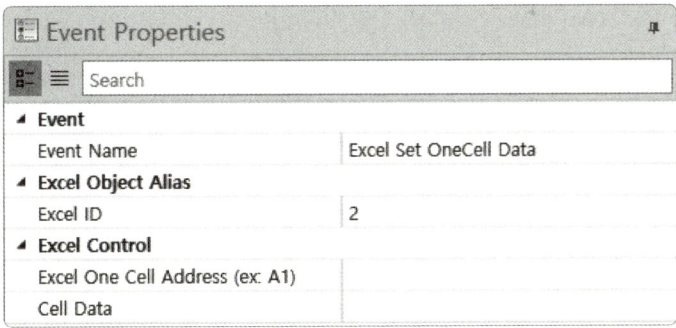

Excel Set OneCell Data 이벤트의 Properties

8. **Excel Save 이벤트:** Excel Set OneCell Data 이벤트에서 입력한 값을 저장하고자 다음과 같이 설정한다.

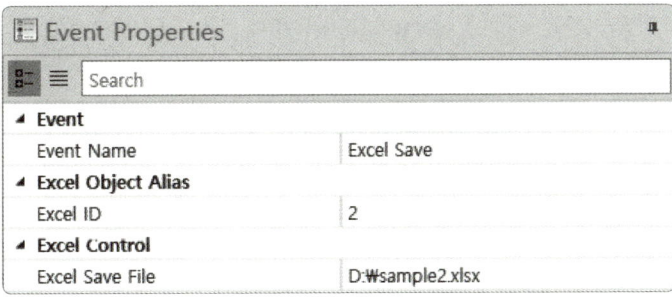

Excel Save 이벤트의 Properties

9. **첫 번째 Excel Close 이벤트:** Sample1.xlsx 파일을 닫고자 다음과 같이 설정한다.

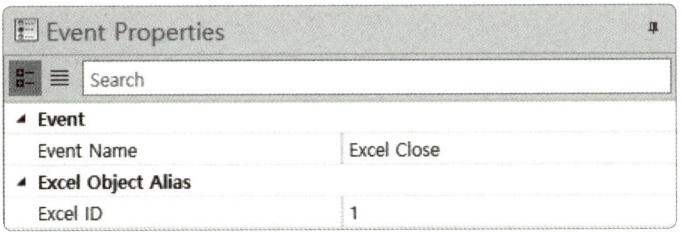

Excel Close 이벤트의 Properties

10. **두 번째 Excel Close 이벤트:** Sample2.xlsx 파일을 닫고자 다음과 같이 설정한다.

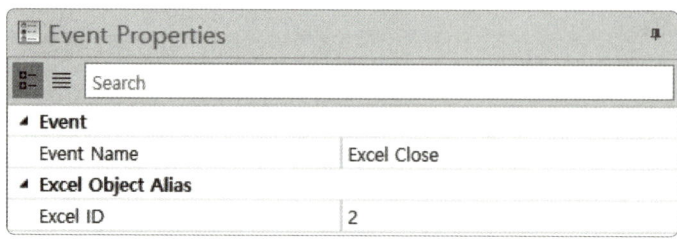

Excel Close 이벤트의 Properties

11. **수행 결과:** 다음과 같이 Sample2.xlsx 파일에 미리 설정한 데이터가 입력된 것을 확인할 수 있다.

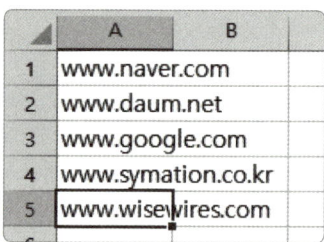

시나리오 실행 결과

2 데이터와 이메일 다루기

CheckMATE는 다양한 형태의 정보에 접근하고 이를 관리하기 위한 이벤트를 제공한다. 이를 통해 데이터베이스와 윈도우의 클립보드를 제어할 수 있으며 CheckMATE 내부의 테이블(Table)에 데이터를 저장하여 여러 개의 스크립트에서 실행 중 공유할 수 있다. 또한, 이메일 내용을 확인하거나 파일의 첨부가 가능하며 파일의 압축과 해제를 지원한다. 이번 절에서는 이러한 기능을 수행할 수 있는 이벤트에 대해 알아본다.

2.1 데이터베이스 접속하기

Database Execute 이벤트는 데이터베이스 서버에 접속하여 SQL을 수행하고 그 결과를 조회한다. MS-SQL, 오라클이나 ODBC와 호환 가능하며, Insert, Update, Select 등 접속한 데이터베이스에서 사용할 수 있는 SQL을 지원한다.

여기서는 MS-SQL 데이터베이스 서버에 접속하여 Select 질의와 Insert 질의를 수행해 보자. Database Execute 이벤트를 등록하면 다음과 같은 Context 메뉴를 볼 수 있다.

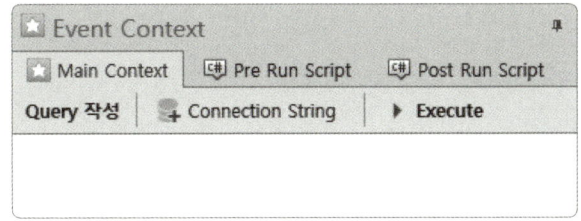

Database Execute 이벤트의 Context

Context 메뉴에 있는 <Connection String> 버튼을 클릭하여 연결 정보를 생성한다.

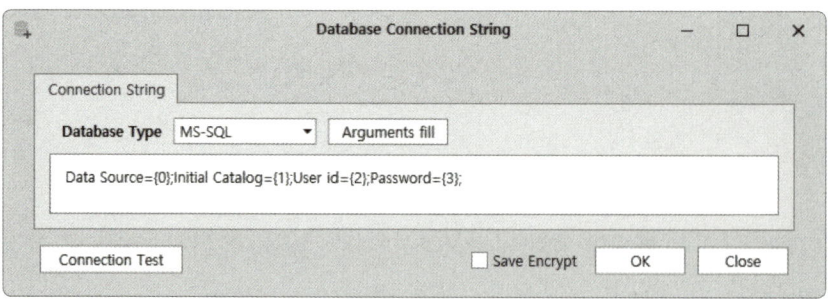

Database Execute 이벤트의 연결 설정

연결 정보 생성 대화상자에 연결할 데이터베이스의 타입을 선택하고 그에 따른 연결 정보를 입력해야 하는데, 이는 그림에서 보듯이 연결 정보 문자열 사이에 있는 {0}, {1}, {2}, {3}에 실제 연결할 데이터베이스 정보를 삽입하는 것을 의미한다. 연결 정보에는 문자열을 직접 타이핑할 수도 있고 <Arguments fill> 버튼을 이용하여 대화식으로 정보를 채울 수도 있다.

{0}에는 접속할 서버의 IP와 Port 정보를 입력한다.

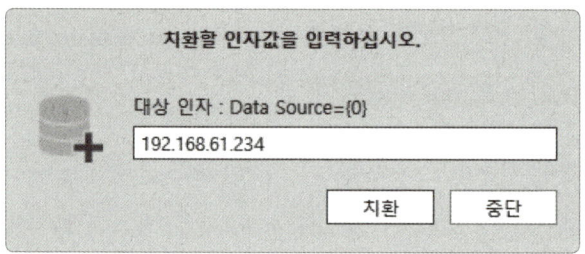

Database Execute 이벤트의 IP 설정

{1}에는 연결할 데이터베이스 이름을 지정한다.

Database Execute 이벤트의 DB Name 설정

{2}에는 데이터베이스의 계정 아이디를 입력한다.

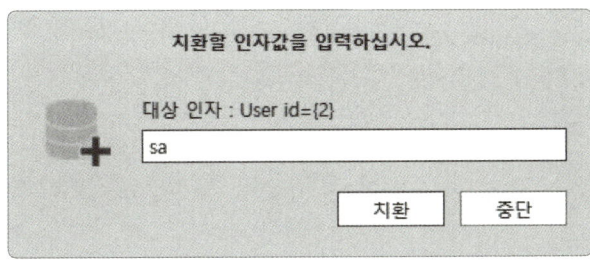

Database Execute 이벤트의 ID 설정

{3}에는 데이터베이스의 계정 비밀번호를 입력한다.

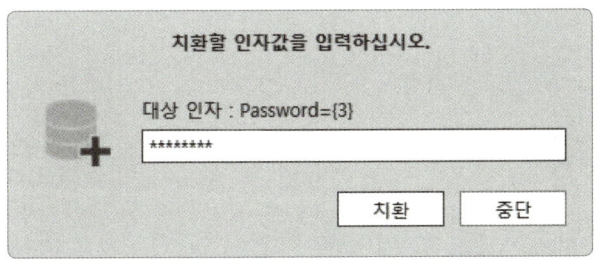

Database Execute 이벤트의 비밀번호 설정

이렇게 입력이 완료되면 다음과 같이 연결 정보가 완성된다.

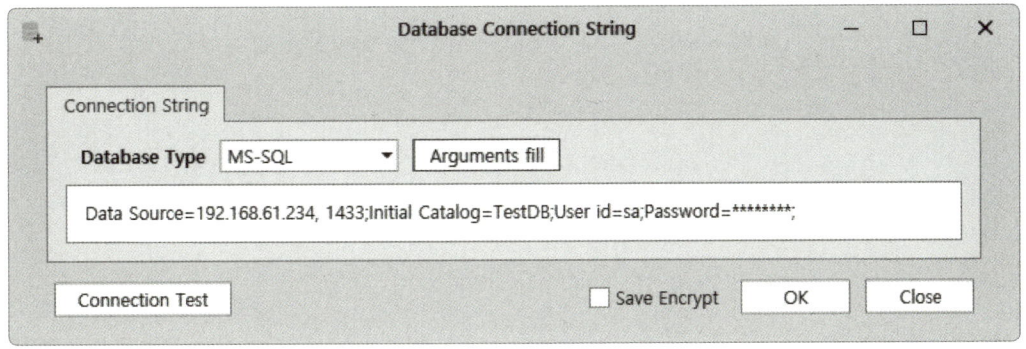

Database Execute 이벤트 설정 완료

연결 정보가 정상적으로 생성되었는지 확인해보고자 <Connection Test> 버튼을 클릭해본다.

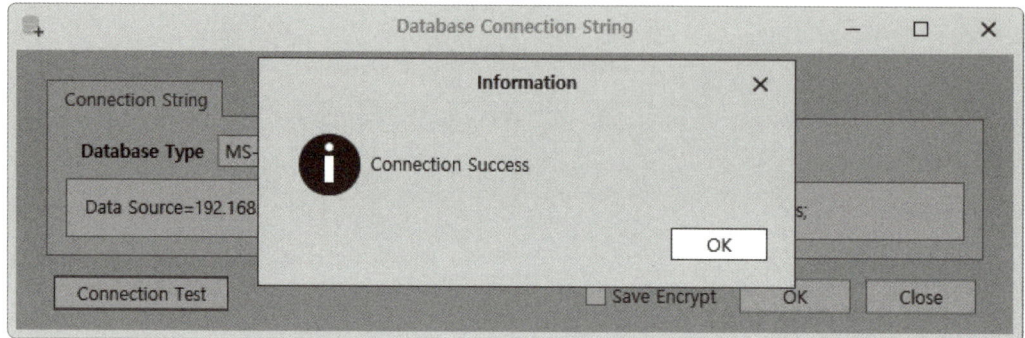

Database Execute 이벤트 연결 확인

다음은 각 데이터베이스 종류별로 앞의 과정과 같은 연결 정보 인수(Arguments) 구성 시 입력해야 하는 내용인데, MS-SQL 외 다른 데이터베이스 설정 시 참고하면 된다.

MS-SQL	
Connect String	Data Source={0};Initial Catalog={1};User id={2};Password={3};
Arguments	{0} : DB IP, Port {1} : DB명 {2} : 아이디 {3} : 비밀번호
Oracle	
Connect String	Data Source=(DESCRIPTION=(ADDRESS=(PROTOCOL=TCP)(HOST={0})(PORT=1521))(CONNECT_DATA=(SERVICE_NAME={1})));User Id={2};Password={3};
Arguments	{0} : DB IP {1} : 서비스명 {2} : 아이디 {3} : 비밀번호
ODBC	
Connect String	DSN={0};UID={1};PWD={2};
Arguments	{0} : DSN 명 {1} : 아이디 {2} : 비밀번호

데이터베이스별 설정 정보

연결 정보 구성이 완료되면 이제 Context 메뉴에서 원하는 질의문을 작성한다. 이번 예제에서는 TestDB라는 이름의 데이터베이스에 member라는 테이블이 있고 해당 테이블에 임시 데이터가 저장되어 있다고 가정한다.

데이터베이스 질의문의 각종 문법은 다루지 않겠다. 여기서는 Select 문을 이용하여 member 테이블에서 모든 데이터를 조회하여 가져오는 것으로 한다.

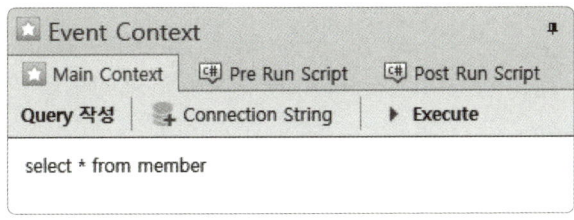

Query 작성 예시

여기서 한 가지 추가로 고려해야 하는 부분은 질의문의 종류에 따라 Insert나 Update, Delete 와 같은 질의는 그 수행 결과로 가져올 정보가 필요하지 않지만, Select 문은 데이터를 조회하여 정보를 가져오는 구문이기 때문에 가져온 정보를 저장할 변수가 필요하다는 점이다. 따라서 Select 문을 사용할 때는 Properties 메뉴에서 조회한 데이터를 저장할 변수를 지정해야 한다.

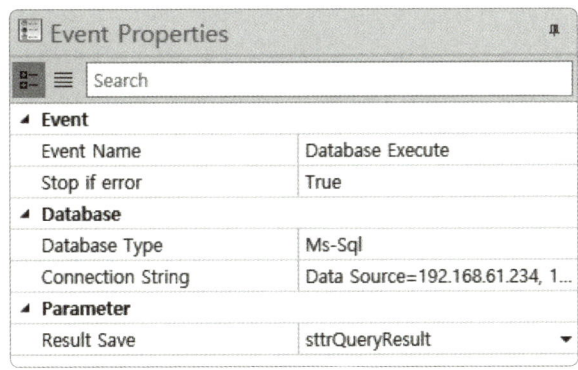

Database Execute 이벤트의 Properties

Database Type

연결하려는 데이터베이스 서버의 타입이다. Context 메뉴에서 연결 정보를 완료했으면 이미 정보가 설정되어 있을 것이다.

Connection String

데이터베이스의 연결 정보 항목이다. Context 메뉴에서 연결 정보를 완료했으면 이미 정보가 설정되어 있을 것이다.

Result Save

Select 문을 사용할 때 가져온 정보를 저장할 DataTable 타입 변수를 지정한다.

모든 설정을 끝낸 다음 해당 이벤트를 수행하면 다음과 같은 결과를 확인할 수 있다.

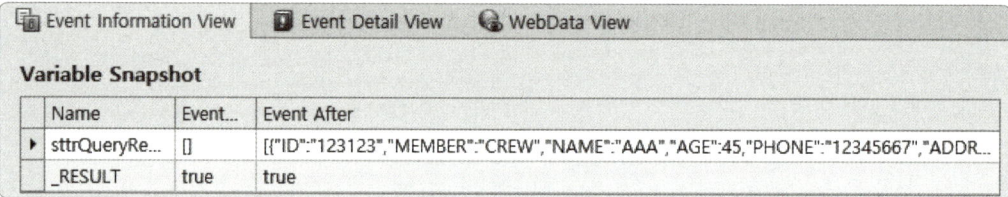

Database Execute 이벤트 결과

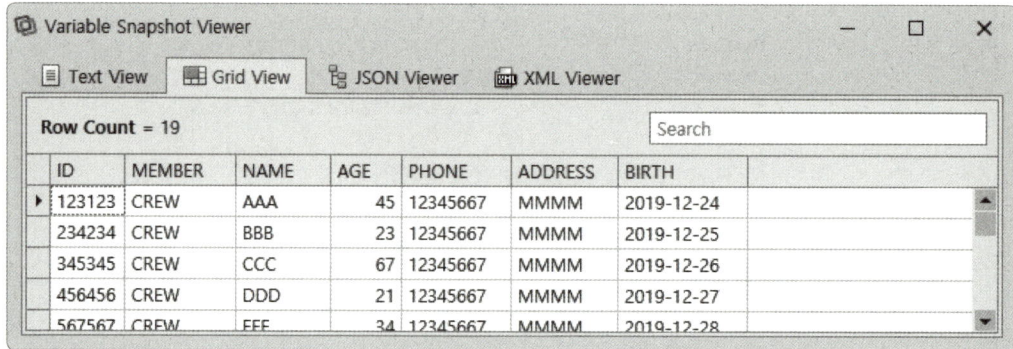

Database Execute 이벤트 결과 Grid View

Select 문이 성공적으로 수행되었으면 다음으로 Insert 문을 실행하여 해당 데이터 테이블에 새로운 항목을 추가해보자.

새로운 Database Execute 이벤트를 추가하여 Context 메뉴에서 기존과 동일한 연결 정보를 생성하고 이번엔 Insert 문을 작성한다(Insert 문 문법에 대한 설명은 생략한다). Insert 문은 수행 결과로 반환 정보가 필요치 않기 때문에 Properties 메뉴에서 반환 정보를 정할 변수를 지정할 필요가 없다.

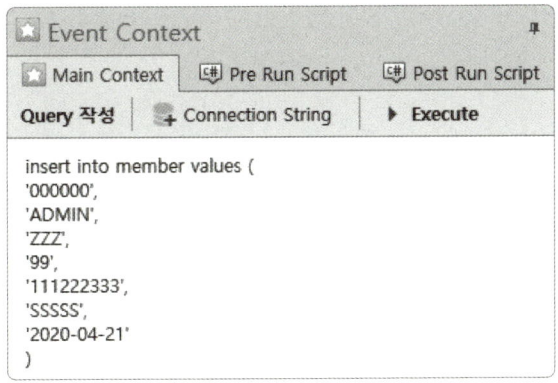

Insert 질의 예제

이제 Insert 문이 설정된 이벤트를 수행하면 데이터베이스 테이블에 정보가 추가되어 있을 것이다. 확인을 위해 다시 Select 문을 수행해 보면 다음과 같이 추가된 내용을 확인할 수 있다.

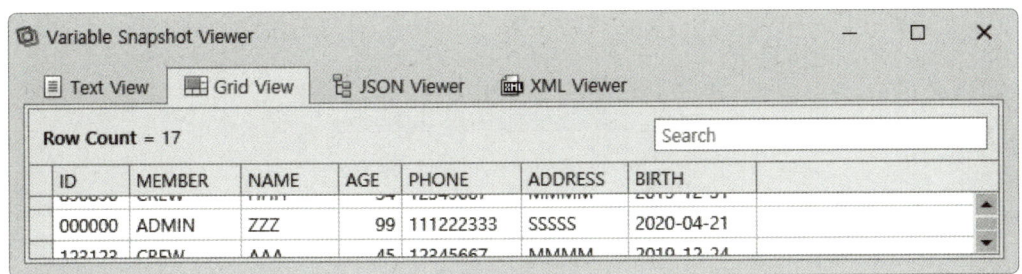

Insert 문 수행 결과

2.2 데이터를 클립보드에 복사하기

Clipboard 이벤트를 이용하면 CheckMATE에서 스크립트 수행 시 처리하는 문자열 데이터를 윈도우의 클립보드를 통해 복사하기나 붙여넣기 할 수 있다. 이는 사람이 마우스를 통해 선택한 문자 영역을 <Ctrl> + <C>로 복사하고 <Ctrl> + <V>로 붙여넣기 하는 것과 동일하게 동작한다.

먼저 Clipboard Write 이벤트를 이용하여 문자열 데이터를 클립보드로 복사한다. Clipboard Write 이벤트의 Properties 메뉴에는 설정 항목이 없으며 Context 메뉴에 필요한 문자열을 지정한다.

문자열은 다음과 같이 직접 지정할 수도 있지만 '{strText}'와 같이 중괄호(Brace)를 이용하여 string 타입 변수로 지정할 수도 있다. 물론 Pre Run Script에서 코드를 이용해 지정할 수도 있다.

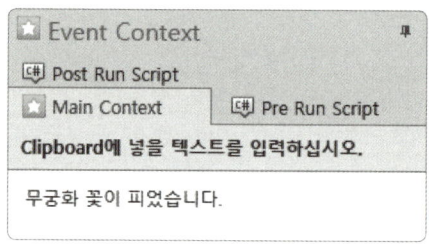

Clipboard Write 이벤트의 Context

이번에는 Clipboard Read 이벤트로 클립보드에 복사된 문자열 데이터를 CheckMATE의 변수로 저장한다.

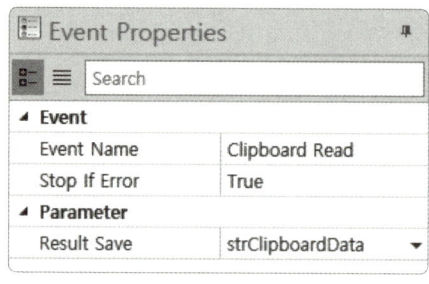

Clipboard Write 이벤트의 Properties

Result Save

클립보드에 복사된 문자열 데이터가 저장될 string 타입 변수를 지정한다.

2.3 이메일 처리하기(SMTP Send / IMAP Read)

별도의 이메일 클라이언트가 없어도 CheckMATE의 이벤트를 통하여 이메일을 확인하거나 쓸 수 있는 방법에 대하여 알아본다.

SMTP는 이메일을 보낼 때 이용하는 프로토콜이며 이와는 달리 IMAP은 서버로부터 이메일을 가져오고 확인하기 위한 프로토콜이다. 이러한 프로토콜은 네이버, 다음, 지메일 등 다수의 이메일 서비스 제공 업체는 물론 기업에서도 POP3와 함께 대부분 지원하는 서비스 프로토콜이다.

여기서는 설명을 위해 네이버 이메일 서비스를 이용하여 CheckMATE에서 이메일을 수신하고 발신하는 과정을 진행할 것이며 네이버 외에 다른 업체의 서비스도 마찬가지 설정 과정을 거치면 사용할 수 있을 것이다.

우선 네이버의 이메일 메뉴로 이동하여 환경 설정 페이지에 접속하면 IMAP/SMTP 설정 항목을 확인할 수 있는데, 이메일의 환경 설정 항목의 경로는 서비스 업체에 따라 다를 수 있으며 경우에 따라 IMAP 항목이 '사용 안 함'으로 설정되었다면 '사용함'으로 활성화한다.

스마트폰 메일 애플리케이션 계정 설정
스마트폰의 메일 계정 설정에 아래와 같이 등록해 주세요.

| IMAP 서버명 : imap.naver.com | SMTP 서버명 : smtp.naver.com | IMAP 포트 : 993, 보안연결(SSL) 필요 |
| SMTP 포트 : 587, 보안 연결(TLS) 필요 (TLS가 없는 경우 SSL로 연결) | 아이디 : | 비밀번호 : 네이버 로그인 비밀번호 |

네이버 IMAP/SMTP 설정 정보

해당 정보를 통해 다음과 같은 네이버의 IMAP과 SMTP의 설정 정보를 확인할 수 있다.

네이버 이메일 설정 항목	정보
IMAP 서버	imap.naver.com
IMAP 포트	993
IMAP 보안 연결	SSL 설정 필요
SMTP 서버	smtp.naver.com
SMTP 포트	587
SMTP 보안 설정	TLS 설정 필요

NAVER IMAP/SMTP 설정 정보

이제 해당 정보를 이용하여 이메일을 확인하고 발신하기 위한 이벤트 구성을 진행하면 된다.

2.3.1 IMAP Mail List 이벤트

IMAP Mail List 이벤트는 IMAP 프로토콜을 지원하는 서버에 수신된 이메일 목록을 가져온다. 네이버에서 수신된 이메일 목록을 가져오려면 IMAP Mail List 이벤트의 Properties 항목을 다음과 같이 구성한다. Properties 항목에는 앞에서 확인한 네이버의 IMAP 설정 정보를 입력한다.

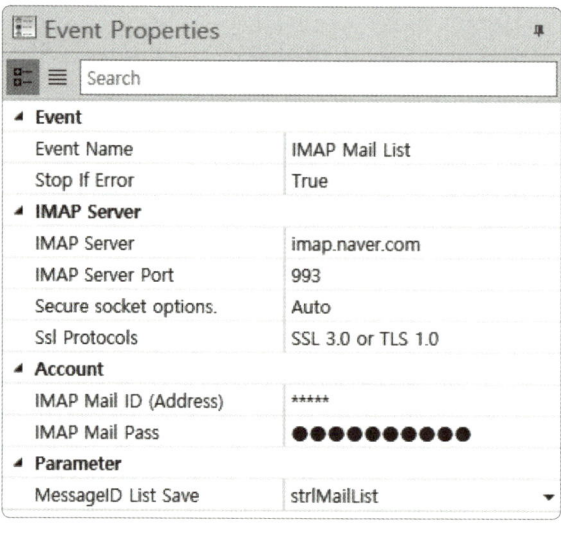

IMAP Mail List 이벤트의 Properties

IMAP Server

IMAP 서버의 주소를 입력한다.

IMAP Server Port

IMAP 서버의 포트를 입력한다.

Secure socket options

보안 소켓 옵션으로, 기본 설정을 그대로 사용한다.

Ssl Protocols

SSL 연결 정보를 지정한다.

IMAP Mail ID (Address)

사용자 계정 아이디를 입력한다.

IMAP Mail Pass

사용자 계정 비밀번호를 입력한다.

MessageID List Save

메일 목록을 저장할 변수를 지정한다. IMAP Mail List 이벤트는 각 이메일마다 고유 번호를 부여하고 이를 연결하여 문자열 형태로 목록을 구성하므로 List<string> 타입 변수를 사용한다.

다음으로, Context 메뉴에서 이메일 목록에 대한 필터 옵션을 지정해야 한다.

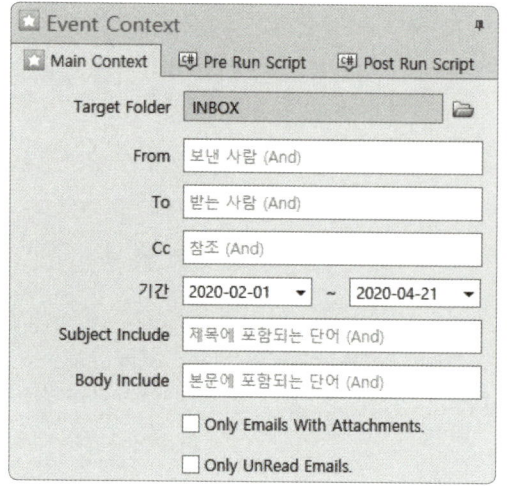 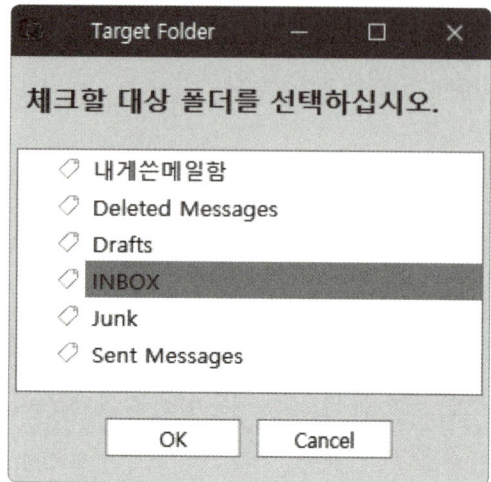

IMAP Mail List 이벤트의 Context와 대상 폴더

Target Folder

필수 옵션이며 전체의 이메일 사서함 중 목록을 가져올 사서함을 지정한다. 오른쪽의 폴더 아이콘을 클릭하면 현재 연결된 IMAP 서버에서 선택할 수 있는 이메일 사서함 목록이 나타나며 그중 목록을 가져올 사서함을 선택해 준다. 일반적으로 INBOX가 수신된 이메일의 사서함이다.

From

선택 옵션이며 입력한 주소가 발신자인 이메일만을 선택하여 목록을 가져온다.

To

선택 옵션이며 입력한 주소가 수신자인 이메일만을 선택하여 목록을 가져온다.

Cc

선택 옵션이며 입력한 주소가 참조 수신자인 이메일만을 선택하여 목록을 가져온다.

기간

필수 옵션이며 지정한 기간 사이에 수신된 이메일만을 선택하여 목록을 가져온다.

Subject Include

선택 옵션이며 지정한 문자열이 제목에 포함된 이메일만을 선택하여 목록을 가져온다.

Body Include

선택 옵션이며 지정한 문자열이 본문에 포함된 이메일만을 선택하여 목록을 가져온다.

Only Emails With Attachments

선택 옵션이며 체크하면 첨부 파일이 있는 이메일만을 선택하여 목록을 가져온다.

Only UnRead Emails

선택 옵션이며 체크하면 읽지 않은 이메일만을 선택하여 목록을 가져온다.

각 선택 옵션은 And 조건으로 중복하여 설정할 수 있다. 앞에서 설정한 필터 구성을 정리해 보면 네이버의 이메일 목록 중 받은 편지함에서 2020년 2월 1일부터 4월 21일 사이에 수신된 모든 목록을 가져오라는 의미이다.

다음은 네이버의 이메일 메뉴에서 받은 편지함에 현재 쌓여 있는 이메일 목록이다.

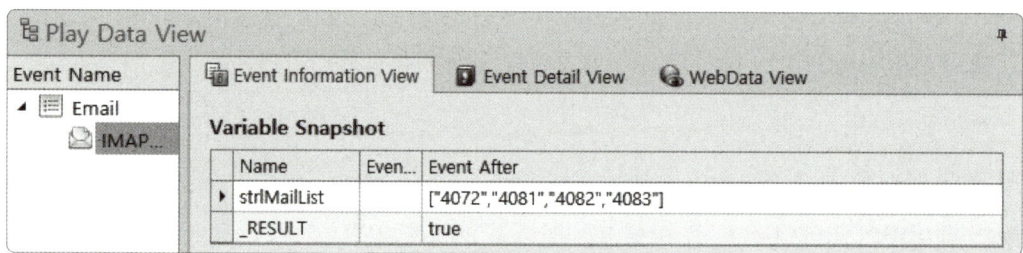

네이버 이메일 받은 편지함

이 상태에서 위에서 구성한 IMAP Mail List 이벤트를 수행해 보면 다음과 같은 결과가 나타난다.

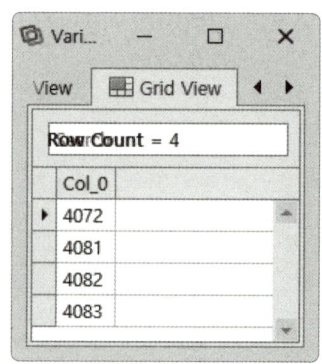

IMAP Mail List 이벤트 실행 결과

2020년 2월 1일부터 4월 21일 사이에 받은 편지함에서 수신된 이메일은 총 4개이며 각 이메일에 대한 고유 번호가 IMAP Mail List 이벤트 결과로 변수에 저장된다.

이메일 고유 번호는 숫자가 클수록 나중에 수신된 것이다.

IMAP Mail List 이벤트 실행 결과 Grid View

2.3.2 IMAP Mail Message 이벤트

IMAP Mail Message 이벤트는 IMAP Mail List 이벤트를 통해 조회한 이메일 목록 중 지정한 이메일의 내용을 가져온다.

이제 IMAP Mail List 이벤트로 가져온 목록 중 원하는 이메일 내용을 IMAP Mail Message 이벤트를 사용하여 확인해보자. 여기서는 가장 마지막에 수신된 이메일의 본문 내용을 확인해볼 것이다. IMAP Mail List 이벤트의 수행 결과를 확인해보면 가장 마지막에 수신된 이메일의 고유 번호가 4072임을 알 수 있다.

IMAP Mail List 이벤트의 Properties

IMAP Server

IMAP 서버의 주소를 입력한다.

IMAP Server Port

IMAP 서버의 포트를 입력한다.

Secure socket options

보안 소켓 옵션으로, 기본 설정을 그대로 사용한다.

Ssl Protocols

SSL연결 정보를 지정한다.

IMAP Mail ID (Address)

사용자 계정 아이디를 입력한다.

IMAP Mail Pass

사용자 계정 비밀번호를 입력한다.

Target Message ID

IMAP Mail List를 통해 생성된 이메일 목록에서 가져오고자 하는 이메일의 고유 번호를 입력한다. 고유 번호를 숫자 그대로 4072로 입력해도 되고 고유 번호가 저장된 변수를 중괄호(Brace) 안에 대입해도 된다.

Attachment Write Folder

메일에 첨부 파일이 있는 경우 해당 첨부 파일을 가져와 저장할 로컬 PC의 경로를 지정한다.

Mark as Read

True로 설정하면 이메일 내용을 확인함과 동시에 '읽음'으로 이메일 상태를 변경한다.

Delete Message

True로 설정하면 이메일 내용을 확인함과 동시에 이메일 사서함에서 해당 이메일을 삭제한다.

이렇게 설정한 이벤트를 수행한 결과는 Context 메뉴의 Main에서 함수의 매개 변수를 통해 전달된다.

```
using System;
using System.IO;
using System.Collections;
using System.Collections.Generic;
using System.Data;
using System.Text;

public partial class CustomScript
{
    public void EMailMessage_Code(string MailFrom, List<string> MailTo, List<string>
            MailCC, List<string> MailBCC, string MailSubject, bool MailHtmlBody, string
            MailBodyPlain, string MailBodyHtml, List<string> MailAttachments)
    {
    }
}
```

IMAP Mail Message 이벤트의 Context

매개 변수	정보
MailFrom	발신자의 이메일 주소: string
MailTo	수신자의 이메일 주소: List<string>
MailCC	참조 수신자의 이메일 주소: List<string>
MailBCC	숨은 참조 수신자의 이메일 주소: List<string>
MailSubject	메일의 제목: string
MailHtmlBody	HTML형식의 이메일인지의 여부: bool
MailBodyPlain	평문(Text) 형식의 본문 내용: string
MailBodyHtml	HTML 형식의 본문 내용: string
MailAttachments	첨부파일 목록: List<string>

IMAP Mail Message 이벤트 매개 변수 정보

해당 매개 변수를 통해 필요한 정보를 변수에 저장하여 사용하면 된다.

2.3.3 SMTP Mail Send 이벤트

SMTP Mail Send 이벤트는 SMTP 프로토콜을 이용하여 이메일을 전송한다.

SMTP Mail Send 이벤트를 통해 이메일을 발송해보자. 네이버에서 지메일로 이메일을 보내는 과정을 예로 설명을 진행하며 Properties에 입력하는 SMTP 서버 정보는 앞서 네이버의 이메일 환경 설정 메뉴에서 확인했던 정보를 사용하면 된다.

SMTP Mail Send 이벤트의 Properties

SMTP Server

SMTP 서버의 주소를 입력한다.

SMTP Server Port

SMTP 서버의 포트를 입력한다.

Secure socket options

보안 소켓 옵션으로, 기본 설정을 그대로 사용한다.

Ssl Protocols

SSL 연결 정보를 지정한다.

SMTP Mail ID (Address)

발신자 이메일 서비스의 SMTP 인증 계정 아이디를 입력한다. 별도로 지정하지 않으면 일반적으로 발신자의 아이디가 적용된다.

SMTP Mail Pass

SMTP Mail ID에 해당하는 비밀번호를 입력한다.

From Mail Address

발신자의 이메일 주소를 입력한다.

From Mail Display

메일을 수신했을 때 표시할 발신자의 이름을 지정한다. 이는 발신자의 이메일 주소와는 별개다.

To Mail Address

수신자의 이메일 주소를 입력한다. 수신자가 여러 명이라면 세미콜론(;)으로 구분하여 입력한다(예: a1@bbb.com; a2@bbb.com; a3@bbb.com).

Cc Mail Address

참조 수신자의 이메일 주소를 입력한다. 마찬가지로 세미콜론을 이용하여 여러 개 입력할 수 있다.

Bcc Mail Address

숨은 참조 수신자의 이메일 주소를 입력한다. 역시 세미콜론을 이용하여 여러 개 입력할 수 있다.

Is Html Body

발신될 이메일의 본문이 Text 기반인지 HTML 기반인지를 설정한다. True이면 이메일 본문이 HTML로 작성되었음을 의미한다.

File Attachments

첨부하려는 파일을 경로를 포함하여 지정한다. 여러 개의 파일을 첨부하려면 세미콜론을 이용하여 작성한다(예: D:\TEST\attach1.zip; D:\TEST\attach2.zip).

Properties에 이메일 발송에 관한 설정을 완료했다면 발송할 이메일 내용을 Context 메뉴에 작성한다.

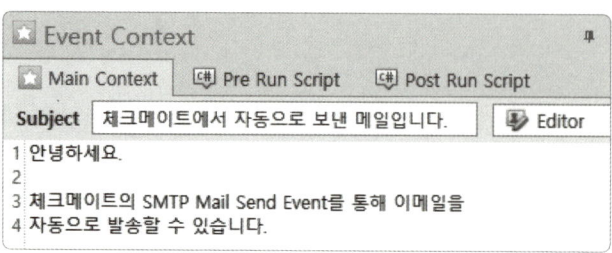

SMTP Mail Send 이벤트의 Context

HTML 기반의 이메일 본문을 작성하고자 할 때는 <Editor> 버튼을 클릭하여 내용을 작성한 다음 저장하면 자동으로 HTML 편집이 가능한 형태로 본문 내용이 변환된다.

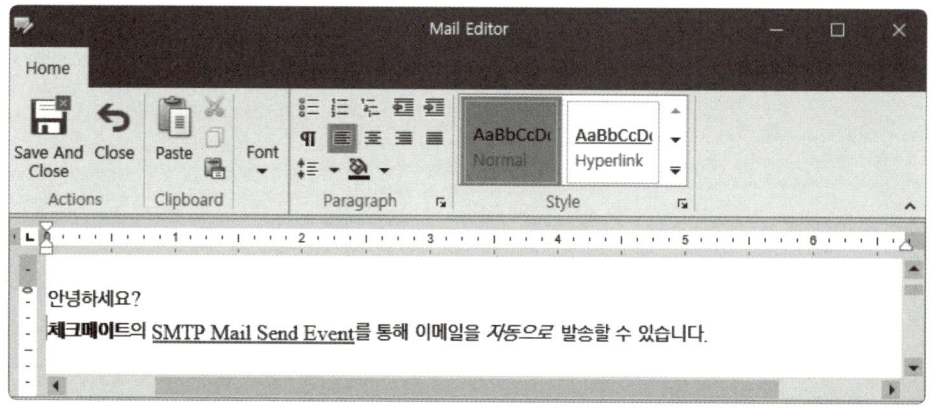

SMTP Mail Send 이벤트의 메일 편집기

메일 편집기(Mail Editor)로 작성한 내용을 저장하면 HTML 태그를 포함한 본문으로 변환된다. 이때 주의할 내용은 본문이 HTML인 이메일을 발신할 때는 Properties 메뉴에서 Is Html Body 항목을 True로 설정해야 한다는 점이다.

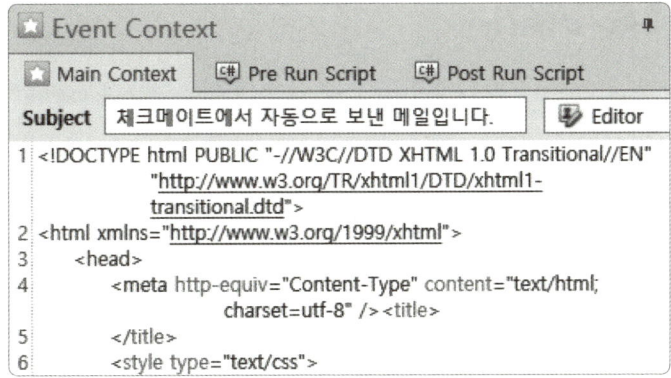

Mail Editor에서 HTML Tag로 자동 변환된 본문

이제 해당 이벤트를 수행해보면 이메일이 전송될 것이고 받는 사람의 이메일 함에는 다음과 같은 이메일이 수신될 것이다.

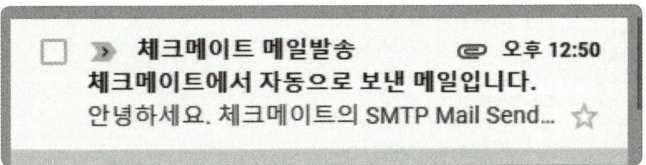

SMTP Mail Send 이벤트로 발송된 이메일 목록

SMTP Mail Send 이벤트로 발송한 이메일 본문

2.4 파일 압축하기/풀기

Compression 이벤트로 폴더나 파일을 압축할 수 있으며 이와 함께 Decompression 이벤트로 압축을 해제할 수 있다.

압축할 때는 단일 파일이나 폴더라면 string, 여러 개의 파일이나 폴더라면 List<string> 타입 변수를 이용하여 압축할 폴더나 파일을 지정해야 한다.

다음 그림은 D 드라이브에 있는 두 개의 폴더를 한꺼번에 압축하기 위해 List<string> 타입 변수 strlCompList에 대상 폴더를 추가하는 코드이다. 해당 코드는 Compression 이벤트가 수행되기 전 Pre Run Script나 별도의 Script Code 이벤트에서 구현해야 한다.

```csharp
using System;
using System.IO;
using System.Collections;
using System.Collections.Generic;
using System.Data;
using System.Text;

public partial class CustomScript
{
    public void PreRun(EvPPEntry_Compression EntryData)
    {
        strlCompList.Add(@"d:\test");
        strlCompList.Add(@"d:\download");
    }
}
```

Compression 이벤트의 Context

Compression 이벤트의 Properties는 다음과 같다.

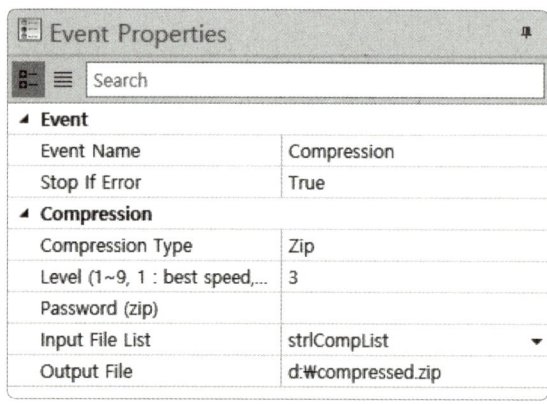

Compression 이벤트의 Properties

Compress Type

압축 포맷을 지정한다. 현재는 Zip만 지원한다.

Level (1~9, 1: best speed, 9: best Compression)

압축 효율을 설정한다. 1부터 9까지 선택할 수 있고 숫자가 낮을수록 압축 속도는 빠르지만, 압축 효율은 낮으며 숫자가 높을수록 압축 속도는 느리지만, 압축 효율은 높다.

Password (zip)

필요한 경우 압축 파일에 비밀번호를 설정할 수 있으며 비밀번호가 설정된 압축 파일은 압축 해제 시 정확한 비밀번호를 입력해야 한다.

Input File List

압축할 대상 파일 혹은 폴더의 변수를 지정한다. 지정할 수 있는 변수 타입은 string 혹은 List<string> 타입이다.

Output File

생성될 압축 파일의 이름을 경로와 함께 지정한다.

압축을 해제할 때는 Decompression 이벤트를 사용한다.

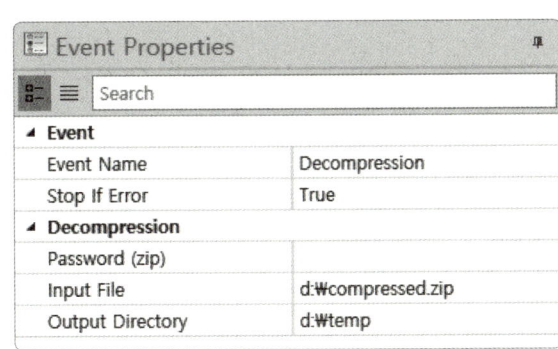

Decompression 이벤트의 Properties

Password (zip)

비밀번호가 설정된 압축 파일이라면 정확한 비밀번호를 입력한다.

Input File

압축 해제하려는 압축 파일의 이름을 경로를 포함하여 지정한다.

Output Directory

압축을 해제할 경로를 지정한다.

2.5 [따라 하기] 데이터를 엑셀로 가져와 이메일로 보내기

데이터베이스에 접속하여 필요 데이터를 가져온 뒤 엑셀 파일로 생성하고 생성된 파일을 압축하여 이메일로 발송하는 시나리오를 구현해보자.

1. Event Components에서 다음 Event List와 동일하게 각각의 이벤트를 드래그앤드롭한다(Database Execute 이벤트, Script Code 이벤트, Compression 이벤트, SMTP Mail Send 이벤트).

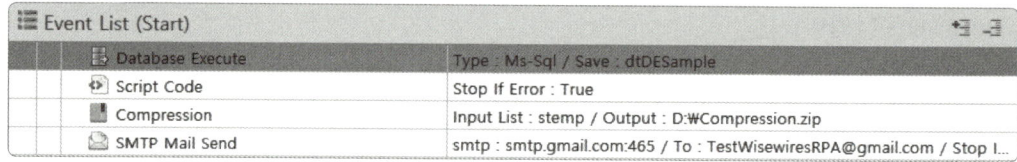

시나리오 Event List

2. **Database Execute 이벤트:** 데이터베이스에서 필요한 정보를 가져올 수 있도록 다음과 같이 설정한다(Data Source, Initial Catalog, User id, Password 입력 필요).

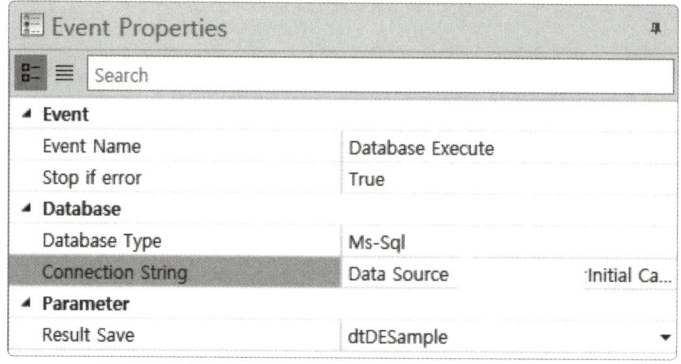

Database Execute 이벤트의 Properties

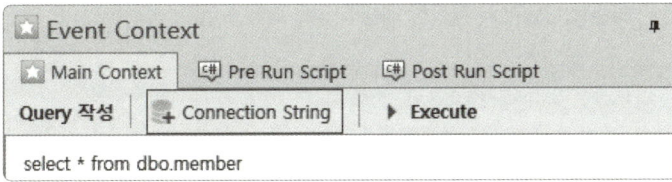

Database Execute 이벤트의 Context

3. **Script Code 이벤트:** 2번에서 저장한 DataTable 변수 dtDESample을 다음과 같이 엑셀 파일로 생성한다.

```csharp
using System;
using System.IO;
using System.Collections;
using System.Collections.Generic;
using System.Data;
using System.Text;

public partial class CustomScript
{
    public void Execute_Code()
    {
        try
        {
            DataTable dt = dtDESample;

            StreamWriter wr = new StreamWriter(@"D:\zzz.xls", true, System.Text.Encoding.GetEncoding("euc-kr"));

            // Write Columns to excel file
            for (int i = 0; i < dt.Columns.Count; i++)
            {
                wr.Write(dt.Columns[i].ToString().ToUpper() + "\t");
            }
            wr.WriteLine();

            //write rows to excel file
            for (int i = 0; i < (dt.Rows.Count); i++)
            {
                for (int j = 0; j < dt.Columns.Count; j++)
                {
                    if (dt.Rows[i][j] != null)
                    {
                        wr.Write(Convert.ToString(dt.Rows[i][j]) + "\t");
                    }
                    else
                    {
                        wr.Write("\t");
                    }
                }
                wr.WriteLine();
            }
            wr.Close();
        }
        catch (Exception ex)
        {
            throw ex;
        }
    }
}
```

데이터 테이블을 엑셀로 변환하여 저장하는 C# 코드

4. **Compression 이벤트:** 3번에서 저장한 엑셀 파일을 다음과 같이 압축한다.

```csharp
using System;
using System.IO;
using System.Collections;
using System.Collections.Generic;
using System.Data;
using System.Text;

public partial class CustomScript
{
    public void PreRun(EvPPEntry_Compression EntryData)
    {
        stemp = @"D:\zzz.xls";
    }
}
```

Compression 이벤트의 Context

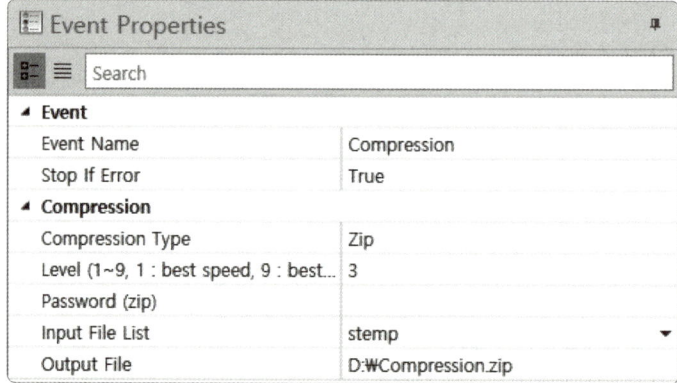

Event	
Event Name	Compression
Stop If Error	True
Compression	
Compression Type	Zip
Level (1~9, 1 : best speed, 9 : best...	3
Password (zip)	
Input File List	stemp
Output File	D:₩Compression.zip

Compression 이벤트의 Properties

5. **SMTP Mail Send 이벤트:** 4번에서 압축한 파일을 첨부하여 다음과 같이 이메일을 발송한다.

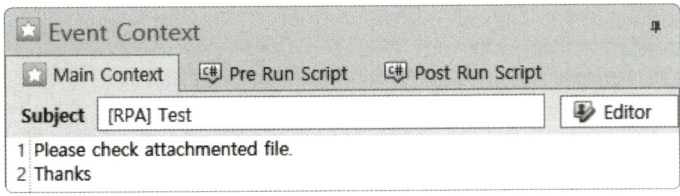

SMTP Mail Send 이벤트의 Context

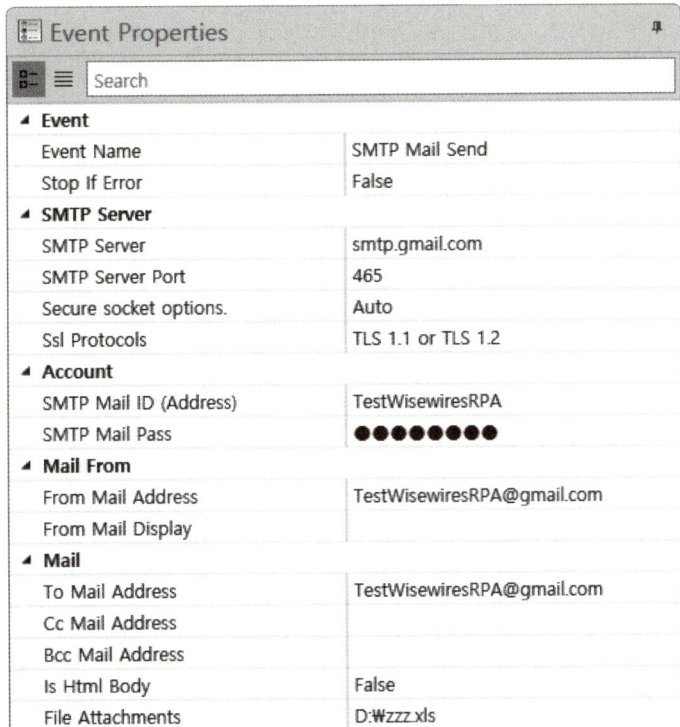

SMTP Mail Send 이벤트의 Properties

6. **수행 결과:** 다음과 같이 압축된 파일이 첨부된 이메일이 수신된 것을 확인할 수 있다(단, 지메일 등과 같이 자체 보안 기능이 있다면 CheckMATE가 접근할 수 있도록 보안 수준을 재설정해야 한다).

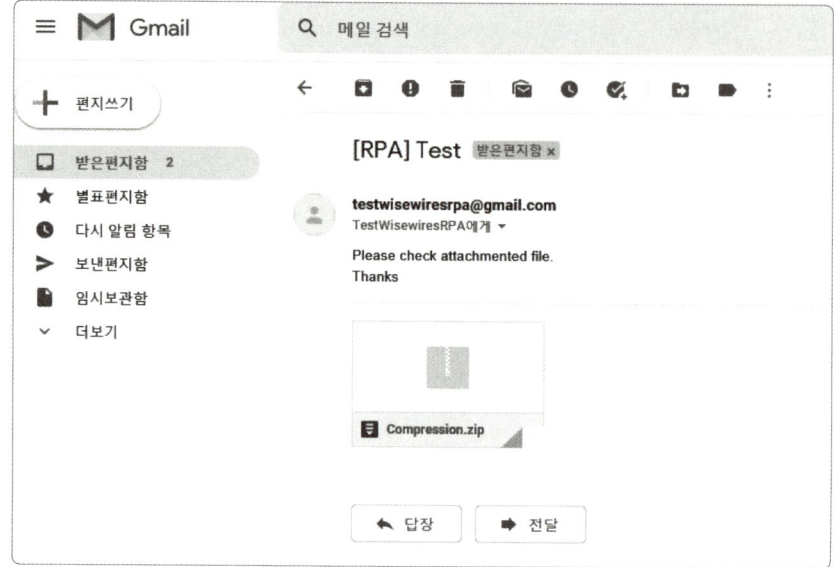

SMTP Mail Send 이벤트로 발송한 이메일

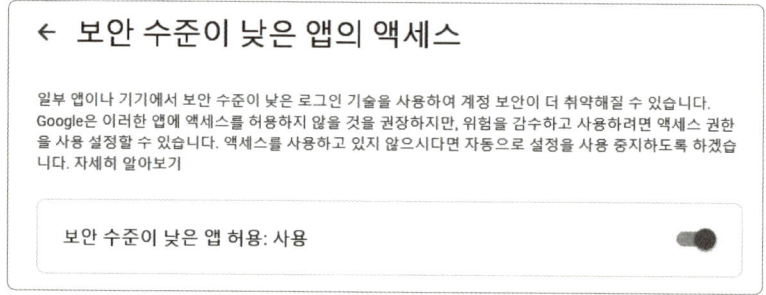

구글 지메일 보안 수준 설정

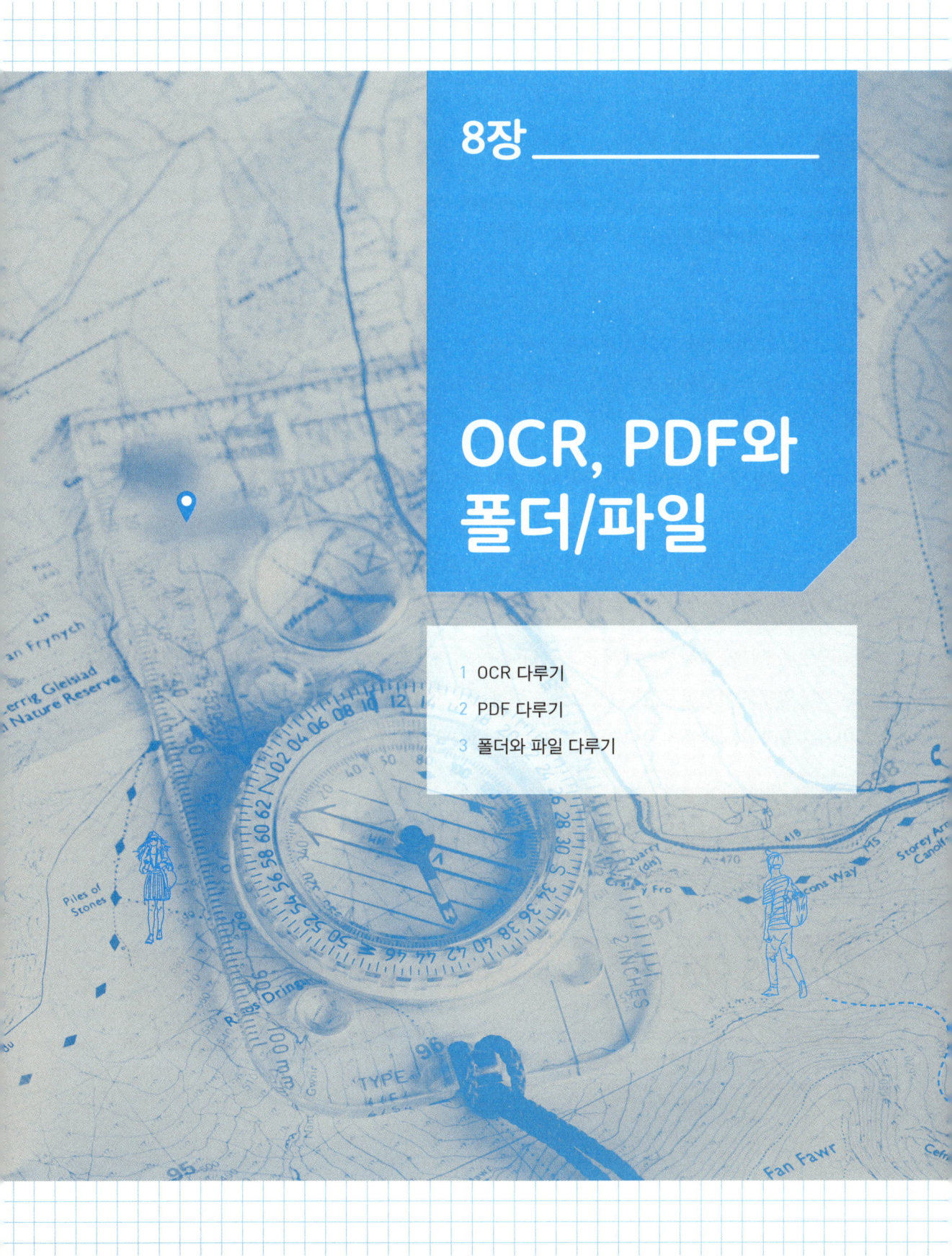

8장

OCR, PDF와 폴더/파일

1 OCR 다루기
2 PDF 다루기
3 폴더와 파일 다루기

❶ OCR 다루기

OCR(Optical Character Recognition)은 최근 빠르게 발전하는 광학식 문자 판독 기술로, 이미지에 포함된 일부 문자열 이미지를 인식하여 텍스트로 변환해준다. 사람이 출력하고자 하는 텍스트를 타이핑하여 프린터로 출력하는 것과 대조적으로 OCR은 종이나 이미지로 이미 출력된 내용을 인식한 후 텍스트로 변환하여 사람에게 보여주는 것이다.

PC가 보편화 되기 전 기업, 사무실에서는 모든 업무를 서류에 수기 입력해왔고 업무상의 정보 전달도 이메일보다는 우편을 이용하는 것이 일반적이었다. 이러한 업무 형태는 지금까지도 공공기관 일부에 남아 있는데, 다른 사람으로부터 받은 서류에서 일부 필요한 내용을 다른 서류로 취합하고자 수작업으로 일일이 옮겨 적곤 하는데 그 과정에는 오류도 빈번할 것이다.

최근은 대부분의 업무 영역에서 PC를 이용하여 키보드와 마우스만으로 디지털화된 정보를 필요한 형태로 가공할 수 있지만, 아직도 특정 업무 영역에서는 기존의 종이로 된 서류나 이미지로 출력된 내용을 사람이 직접 눈으로 읽어 PC로 타이핑하는 작업을 해야 한다.

신문이나 관공서의 각종 증명서, 부동산 계약서, 사업자 등록증, 거래 명세서, 신분증 확인이나 지로 용지 인식, 다양한 형태의 영수증 등이 대표적인 예인데, 이처럼 사람이 직접 눈으로 내용을 읽어 타이핑해야 하는 작업을 OCR 기술을 활용하여 대체할 수 있다.

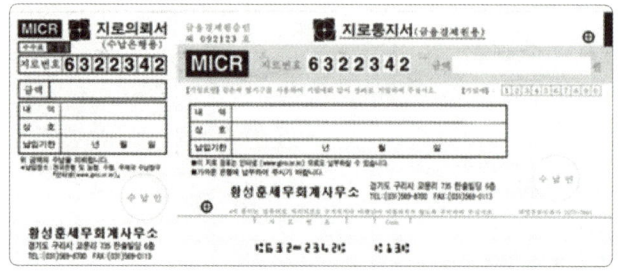 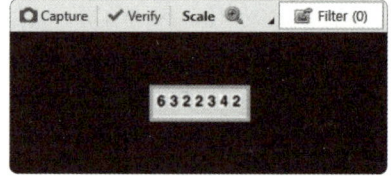

OCR Control의 캡처 화면

그러나 OCR 기술은 아직 그 능력에 한계가 있으며 인식한 문자 역시 100% 정확성을 보장하지 못하는데, 영문이나 한글 등 한가지 언어로만 이루어진 문장은 인식률이 그나마 괜찮지만, 영문과 한글이 혼용되어 있거나 기타 외국어, 특수 문자가 섞인 경우에는 인식률이 매우 낮아진다. 또한, 인식하려는 이미지가 수평이 아니라 기울어지거나 찌그러져 있는 경우 또는 이미지의 화질이 안 좋을 경우 역시 인식률은 낮아진다.

그럼에도 OCR은 여전히 연구와 발전이 계속되고 있으며 지금도 규격화된 환경이나 특정 조건에서 사람의 역할을 완전히 대체하기보다는 사람의 작업 시간과 비용을 절약할 수 있는 보조 수단으로 충분히 강력한 기능을 수행할 수 있다.

CheckMATE에서는 이러한 OCR을 활용하여 화면이나 이미지 파일로부터 글자를 추출한 후 문자열 데이터로 변환해주는 이벤트를 제공한다.

1.1 OCR 캡처하기

OCR Capture 이벤트는 이미지 파일이나 화면의 선택 영역에 포함된 텍스트 이미지를 문자열로 변환한다.

이미지 파일로 스캔한 각종 서류나 웹페이지에 이미지로 구성된 광고 문구와 같이 텍스트 문자열로 인식할 수 없는 정보는 문자열 복사가 불가능하다. 이럴 때는 OCR을 이용하여 사람이 글자를 인식하는 것과 마찬가지 원리로 글자를 읽도록 한다. 이렇게 읽어낸 문자열을 string 타입 변수에 저장하면 원하는 대로 가공할 수 있다.

다음 그림은 네이버 홈페이지의 메인 광고 배너 중 하나인데, 광고 내용은 순수하게 이미지로 제작되어 있다. 여기서는 이 중 'OUTLET MID SEASON SALE'라는 문구를 문자열로 인식하여 저장하는 과정을 OCR 이벤트를 이용하여 구성해보자.

네이버 홈페이지 배너 광고

OCR 이벤트를 Event List에 추가하고 Context 메뉴의 <Capture> 버튼을 이용하여 문자열을 인식할 영역을 지정한다.

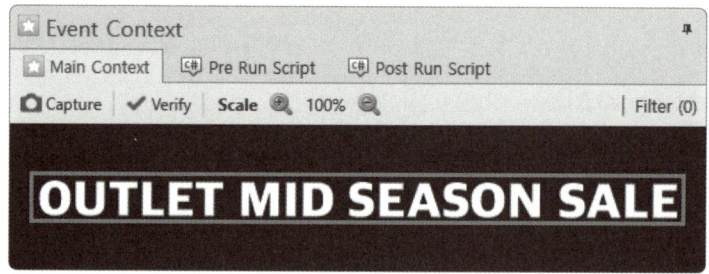

OCR Capture 이벤트의 Context

캡처한 영역은 <Verify> 버튼을 이용하여 재확인하거나 세밀하게 범위를 조정할 수도 있다. 또한, Context 메뉴의 Filter 기능을 이용하여 OCR의 인식률을 높일 수 있는 여러 가지 필터 조건을 설정할 수도 있다.

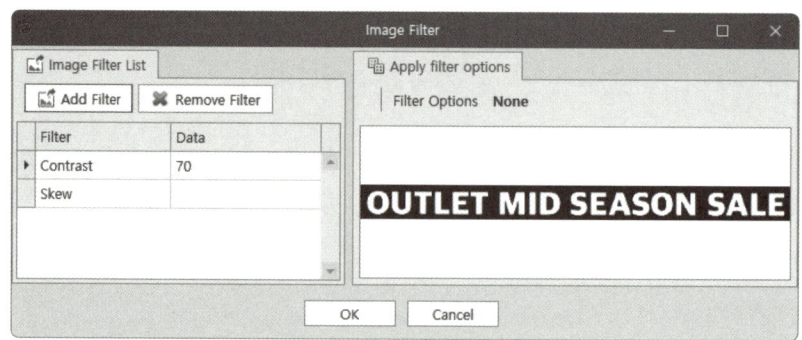

OCR Capture 이벤트의 Filter 설정

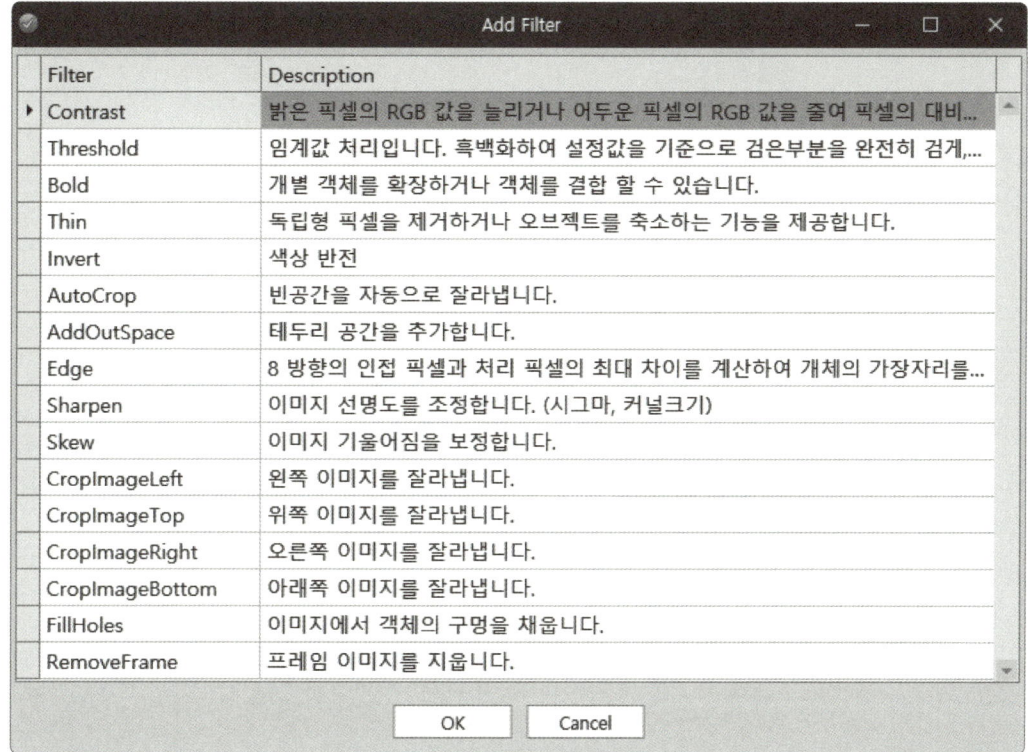

OCR Capture 이벤트의 Filter 종류

특히 종이로 된 서류를 스캔하여 생성한 이미지 파일의 경우 스캔할 때의 상황에 따라 글자가 흐리거나 진하기도 하고 기울어지거나 구겨지는 등의 예외 사항이 생길 수 있는데, 이는 OCR 판독률에 큰 영향을 미친다. 필터 적용은 OCR 판독 시 필수는 아니지만, 이와 같은 예외 사항에 필터를 이용하여 최대한의 보정을 거치면 판독률 향상에 도움이 된다.

이후 Properties에 읽어낸 문자열이 저장될 변수를 지정하고 세부 옵션을 설정한다.

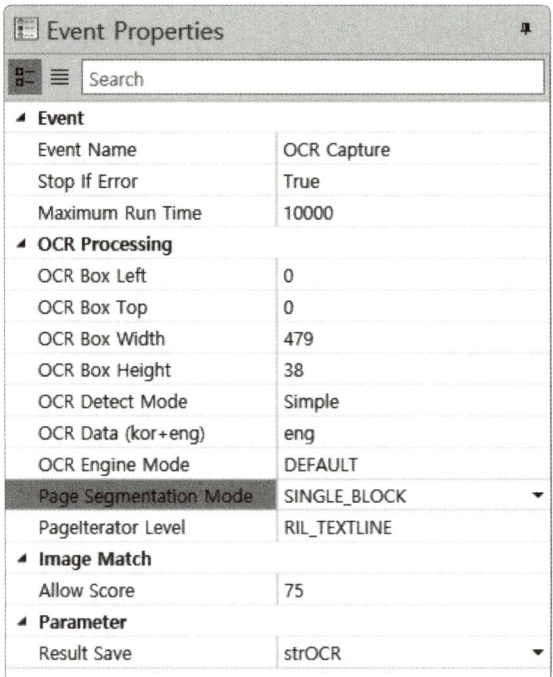

OCR Capture 이벤트의 Properties

Result Save

문자열이 저장될 변수를 지정한다. string 혹은 DataTable 타입을 지정할 수 있다.

Allow Score

해당 이벤트는 Context Menu에 미리 캡처해 둔 이미지와 동일한 이미지를 현재 화면에서 찾은 후 OCR을 통해 문자열로 변환하는 방식이다. 이때 캡처한 이미지와 동일한 이미지를 판정하기 위한 정확도 기준을 지정한다. Image Match Control의 원리와 같은 개념이다.

OCR Engine Mode / Page Segmentation Mode / PageIterator Level

OCR에 대하여 전문적인 지식이 있는 경우 해당 항목을 통하여 좀 더 세밀한 옵션을 설정할 수 있는데, 일반적으로는 기본 설정을 그대로 사용한다.

OCR Data

CheckMATE의 기본 OCR 엔진인 테서랙트(Tesseract)는 판독하려는 텍스트 이미지를 언어별로 독립적으로 해석한다. 따라서 현재 판독하려는 텍스트 이미지가 어떤 언어로 되어 있는지 미리 지정해주어야 높은 판독률을 기대할 수 있다. CheckMATE에서의 OCR 데이터는 현재 한국어(Korean)와 영어(English)를 기본적으로 선택할 수 있으며 한국어라면 'kor', 영어라면 'eng'로 설정한다.

물론 인터넷이나 테서랙트와 관련한 서적으로 참고하면 한국어와 영어 외에 기타 다양한 언어 데이터를 추가할 수도 있고 나만의 판독 데이터를 학습시킬 수도 있다.

> 참고 https://ko.wikipedia.org/wiki/테서랙트

OCR Detect Mode

판독하려는 문자열 이미지가 한 줄이라면 Simple, 여러 줄이라면 Document with Lines를 선택한다.

OCR Box Left / Top / Width / Height

필요한 경우 캡처해 놓은 대상 이미지의 가로, 세로, 높이, 너비 등의 크기를 세밀하게 조절할 수 있다.

설정이 완료된 OCR 이벤트를 실행해보면 다음과 같이 이미지로부터 글자를 인식하여 변수에 저장한 것을 확인할 수 있다.

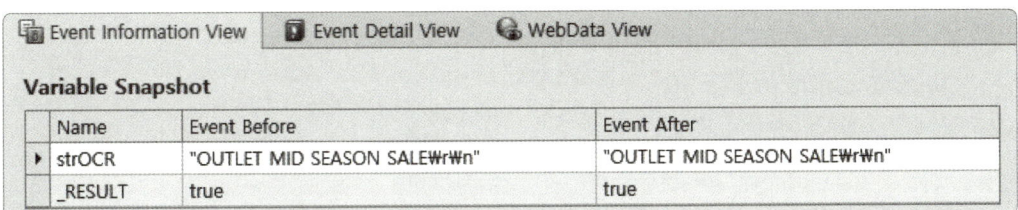

OCR Capture 이벤트 실행 결과

1.2 OCR로 문서 자동 분류하기

Intelligent Document OCR은 인공지능 OCR로, 문서 자동 분류 및 인지 OCR 인식을 지원한다.

이미지 파일을 자동으로 분류하여 영역을 지정하며 한 이벤트에 여러 영역을 지정할 수 있는 장점이 있다. Intelligent Document OCR은 4가지 기본 기능으로 Area OCR(영역 OCR), Area Capture(영역 이미지 저장), CheckBox Status(ML 기반 체크박스 및 라디오 버튼 인식), Grid Data(표 인식)를 제공하며 같은 형식일 경우 자동으로 분류를 수행하고 대상 이미지의 해상도 및 기울기, 크기 등을 자동으로 보정한다. 지금부터 4가지 기능에 대해 자세히 설명하겠다.

1.2.1 이미지를 텍스트로 변환하기

Area OCR은 선택된 영역의 이미지를 인식하여 텍스트로 반환하는 기능이다. OCR로 여러 장의 사업자등록증 이미지 파일을 인식해야 한다고 가정해보자. 이때 매번 각 이미지 파일을 이벤트에 등록해서 수행해야 한다면 매우 비효율적이다. 사업자등록증 이미지 파일은 내용은 다르지만, 형식은 같다. 그러므로 텍스트를 추출할 범위를 지정해 포맷을 만들어 놓으면 영역을 지정한 이벤트 하나로 각 사업자등록증 파일의 텍스트를 추출할 수 있다. 전체 영역을 지정해서 한 번에 텍스트로 반환하는 방법도 있지만, 노이즈와 같은 여러 환경에 의해 인식률이 떨어질 확률이 높다.

그러면 실제 사업자등록증 이미지 파일을 이용해보자. 먼저 Intelligent Document OCR 이벤트를 Event List로 드래그앤드롭하고 Event Context 필드에 있는 <Classify Document> 버튼을 클릭하여 추출할 텍스트가 있는 이미지 파일을 선택하고 포맷을 만들어보자.

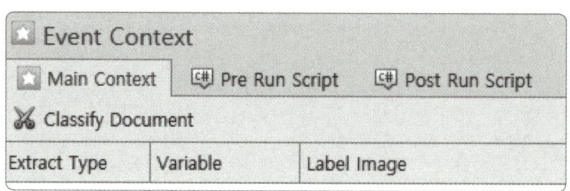

Intelligent Document OCR 이벤트의 Context

<Classify Document> 버튼을 클릭하면 Document Detect Manager가 표시되고 <Change Base Image> 버튼을 클릭하면 이미지 파일을 지정하는 창이 나타난다.

이미지를 지정하면 다음 그림과 같이 선택한 이미지가 출력되고 왼쪽에는 필터를 적용해 이미지를 보정할 수 있는 Image Filter List 창이 표시된다. 여기서는 필터는 설정하지 않고 <OK> 버튼을 클릭하자.

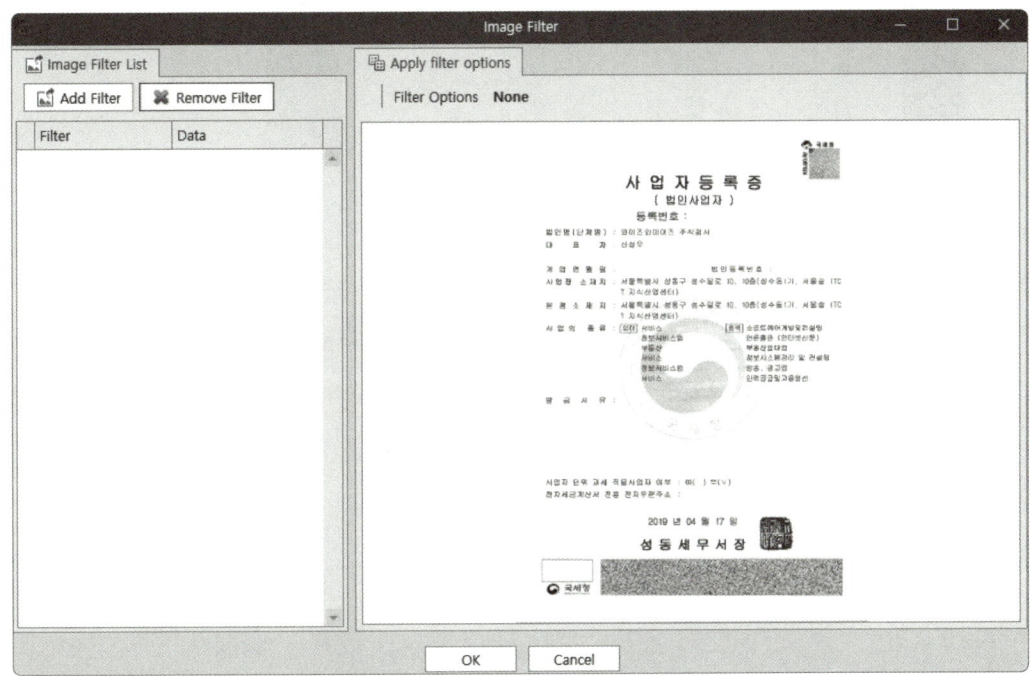

Intelligent Document OCR 이벤트의 Filter

다음 그림과 같이 문서 분류 제목(Title)이 자동으로 선택되며 자동 인식이 제대로 되지 않았다면 다시 지정하도록 한다. 여기서는 CheckMATE Vision 엔진을 통해 영역들이 자동으로 인식된다.

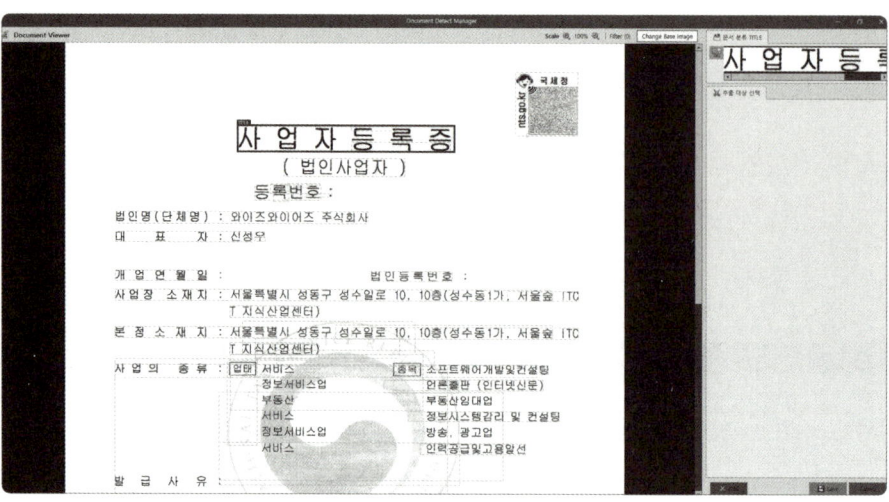

Intelligent Document OCR 이벤트 자동 인식 화면

이제 '법인명(단체명)', '대표자', '사업장 소재지'를 추출하는 포맷을 만들어보자. 먼저 '법인명(단체명)' 텍스트가 있는 부분이 자동 지정되는 것을 확인할 수 있는데, 지정된 영역을 클릭하면 빨간색 테두리가 생성되고 이 부분을 바로 클릭하거나 마우스 드래그로 영역을 직접 지정하고 지정한 영역을 마우스 오른쪽 버튼으로 클릭하여 추출할 대상을 추가하자. 그러면 다음 그림과 같이 추출할 형식을 선택하는 Extraction Type 창이 나타나는데 여기서는 [Area OCR]을 선택하자.

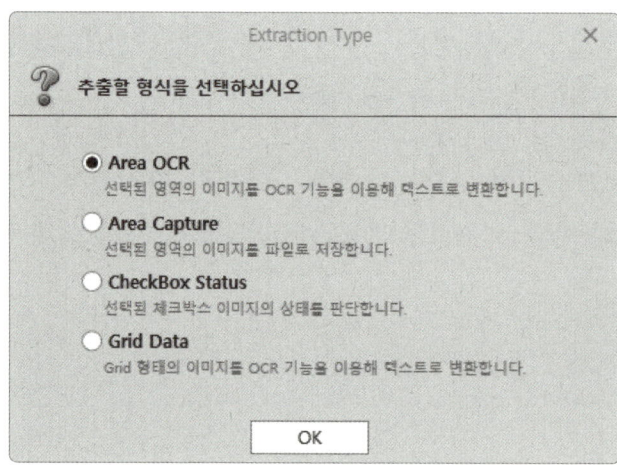

Intelligent Document OCR 이벤트 추출 형식

방금 지정한 '법인명(단체명)' 텍스트가 Label Area로 지정되므로 이제는 추출할 데이터가 있는 영역을 선택해야 한다. 드래그앤드롭으로 추출해야 하는 영역인 '와이즈와이어즈 주식회사' 영역을 선택해보자.

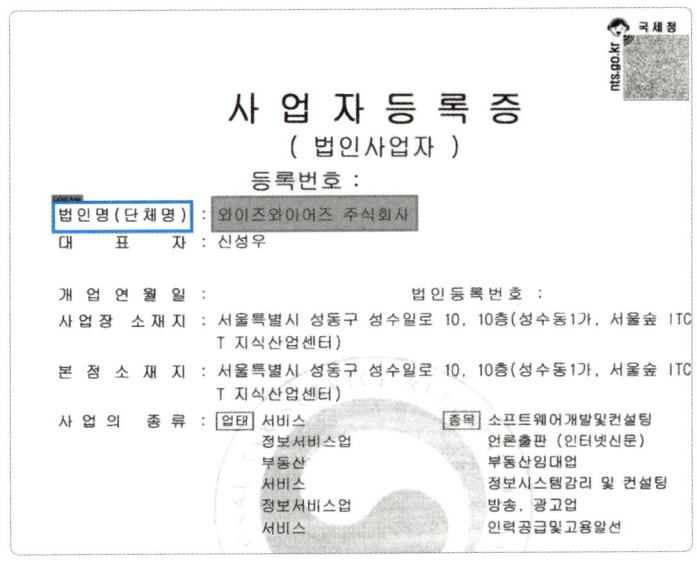

Area OCR 적용 예제

이는 '법인명(단체명)' 항목에 있는 '와이즈와이어즈 주식회사'라는 텍스트를 추출하겠다는 것을 의미한다. 설정이 완료되었으면 <선택 완료> 버튼을 클릭해보자. 그러면 다음 그림과 같이 추출한 이미지를 저장할 변수를 지정하는 창이 나오고 변수를 지정하면 그다음 그림과 같이 추출 대상이 추가된다.

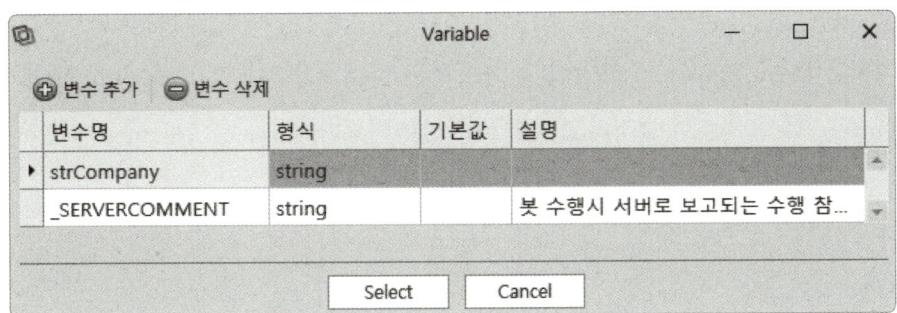

변수 설정

Area OCR 추출 대상

대표자와 사업장 소재지도 마찬가지 방법으로 추가해보자.

지금까지의 과정을 통해 법인명(단체명), 대표자, 사업장 소재지 3가지 영역을 추출하는 Area OCR이 생성되었을 것이다. 이제 <Save> 버튼을 클릭하여 설정한 결과를 저장해보자.

Intelligent Document OCR 이벤트의 Context

Event Context에서 Extract Type, Variable, Label Image로 지정한 값을 각각 확인할 수 있다. 이제 지정한 값을 추출하기 위한 설정을 진행하자.

다음 그림은 Event Properties 화면이다. 여기서는 설정들을 기본값(Default)으로 선택하고 Target Image File의 경로만 설정하고 이벤트를 실행해보자.

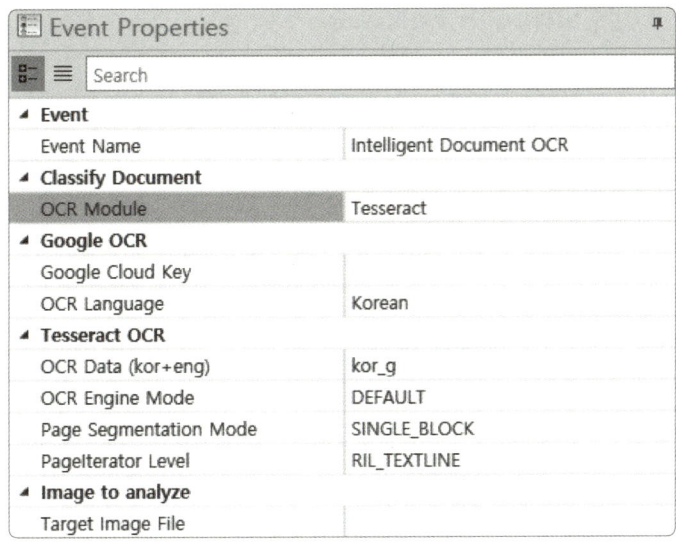

Intelligent Document OCR 이벤트의 Properties

[Event Information View] 탭에 있는 Variable Snapshot에서 실행 결괏값을 확인하면 선택한 3개의 영역의 값이 텍스트로 변환된 것을 확인할 수 있다.

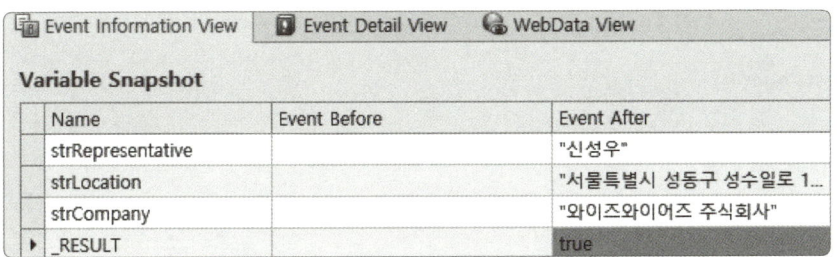

Intelligent Document OCR 이벤트 실행 결과

1.2.2 지정 영역을 파일로 저장하기

Area Capture는 지정한 영역의 이미지를 파일로 저장하는 기능이다. 문서의 인감 이미지를 추출하는 등 이미지 파일의 특정 영역을 파일로 저장할 때 사용한다. 사업자등록증에 있는 법인명과 대표자 이름을 따로 이미지 파일로 저장해보자.

사업자등록증 이미지 파일을 Base Image로 등록하고 <Add> 버튼을 클릭하여 Area Capture

를 추가한다. 그 후 '법인명(단체명)'을 Label Area로 지정하고 '와이즈와이어즈 주식회사' 영역을 지정하면 다음 그림과 같은 설정이 보일 것이다.

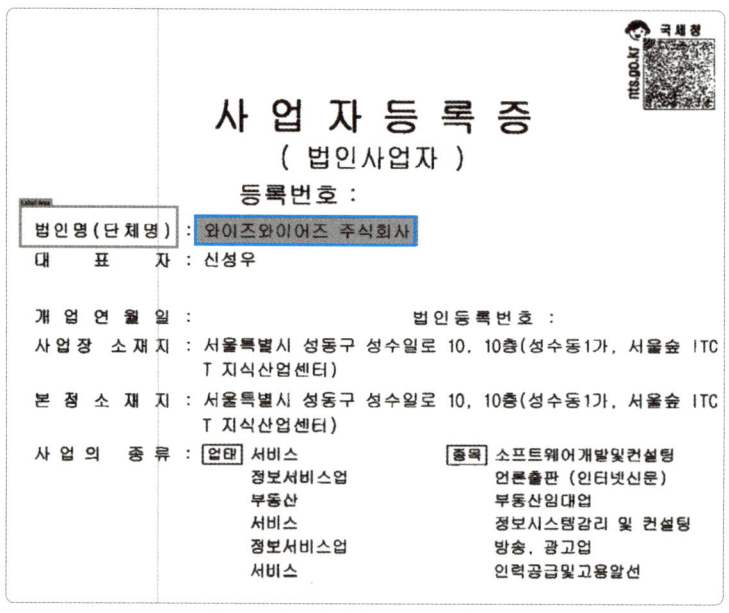

Area Capture 적용 예제

설정을 완료했으면 Target Image File 경로를 설정하고 이벤트를 실행해보자.

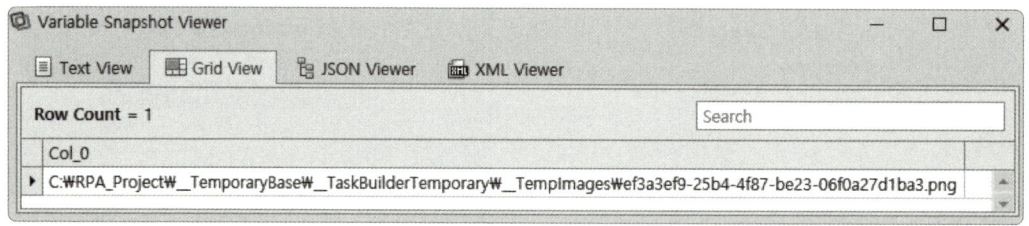

Area Capture 실행 결과

[Play Data View] 탭에 있는 Variable Snapshot에서 확인해보면 'C:₩RPA_Project₩_TemporaryBase₩_TaskBuilderTemporary₩_TempImages' 경로에 파일이 저장되는 것을 확인할 수 있다.

1.2.3 체크박스(CheckBox) 및 라디오 버튼 선택 여부 판단하기

CheckBox Status는 선택된 영역의 체크박스 및 라디오 버튼의 선택 여부를 판단하는 작업을 수행할 때 사용한다.

다음 그림과 같이 체크 여부를 확인해야 할 때 유용하게 사용할 수 있다. 체크가 되어 있다면 결괏값은 1로 출력되고 체크가 되어 있지 않다면 0이 출력된다.

사업자 단위 과세 적용사업자 여부 : 여( ) 부(∨)

CheckBox Status 예제

'여', '부'의 체크 영역을 각각 지정하여 결괏값이 어떻게 나오는지 확인해보자. <Add> 버튼을 클릭하여 CheckBox Status를 추가하고 '사업자 단위 과세 적용사업자 여부' 부분을 Label 영역으로 지정하고 '여'의 체크 영역을 지정하면 다음과 같이 설정된다.

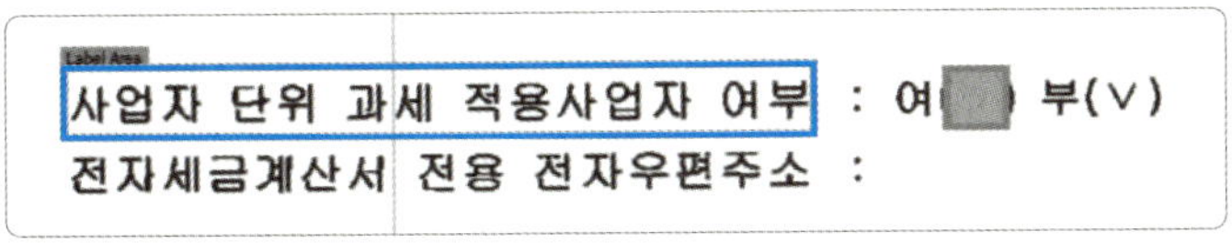

CheckBox Status 적용 예제

'부'의 체크 영역 또한 마찬가지로 설정하고 결괏값을 저장하는 변수를 구분하여 작성한 다음 저장해보자.

모든 과정을 끝낸 다음 이벤트를 수행하면 다음과 같은 결과가 출력되는 것을 확인할 수 있다.

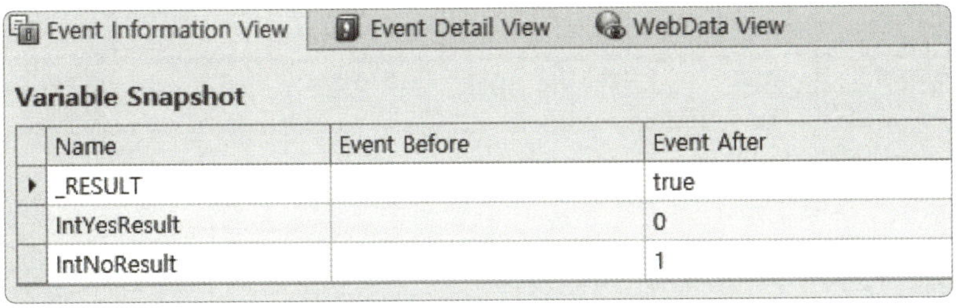

Name	Event Before	Event After
_RESULT		true
IntYesResult		0
IntNoResult		1

CheckBox Status 실행 결과

1.2.4 표 이미지를 텍스트로 변환하기

Grid Data는 표 형태의 이미지를 인식하여 표 내부의 이미지를 텍스트로 변환하는 기능이다. 인식할 표의 칼럼의 처음 부분과 끝 부분을 지정하면 자동으로 표를 인식하여 내부의 데이터를 변수에 저장한다. 이때 인식할 마지막 부분을 지정하면 지정 영역 전까지의 데이터만 인식한다. 지정하지 않으면 자동으로 영역을 지정하여 인식하지만, 비슷한 표가 이어졌을 경우 잘못 인식할 수 있기 때문에 마지막 영역을 지정하는 것이 바람직하다. 표 형태의 이미지를 텍스트로 변환해보자.

표 형태의 이미지를 Base Image로 등록하고 <Add> 버튼을 클릭하여 Grid Data를 추가하면 다음 그림과 같은 화면을 확인할 수 있다.

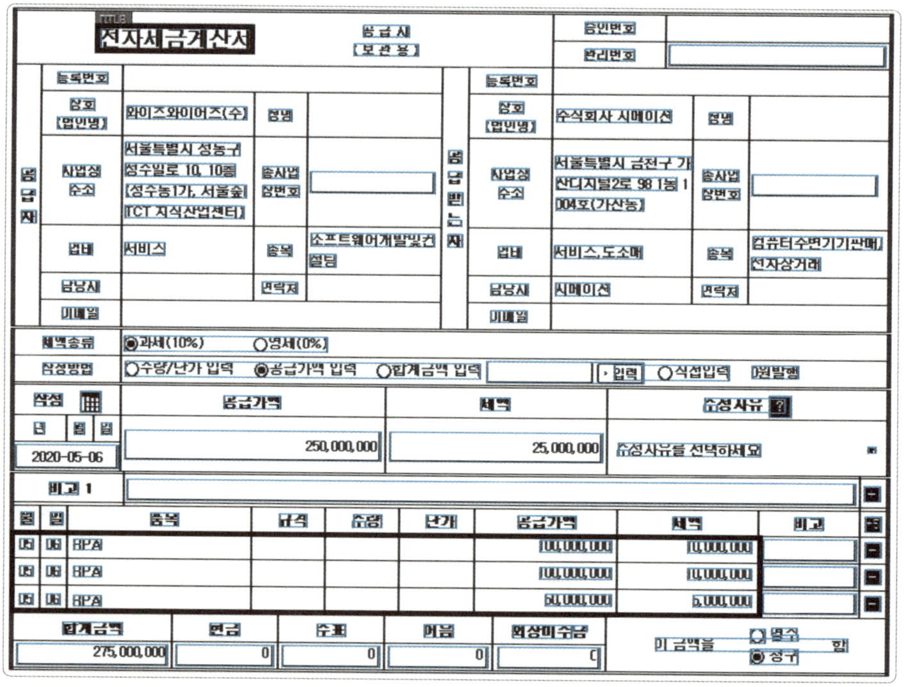

Grid Data 예제

이 전자세금계산서 이미지에서 박스로 표시되어 있는 '월', '일' 항목의 처음 값 05, 06부터 '세액' 항목의 마지막 값 5,000,000까지의 데이터가 필요하다고 가정하고 이벤트를 작성해보자.

추출해야 하는 데이터 칼럼의 제목 부분인 '월'부터 '세액'까지를 Header로 지정하고 추출해야 하는 데이터 중 마지막 데이터가 있는 행의 아래 제목인 '합계금액'을 Tail로 지정하면 다음 그림과 같이 설정될 것이다.

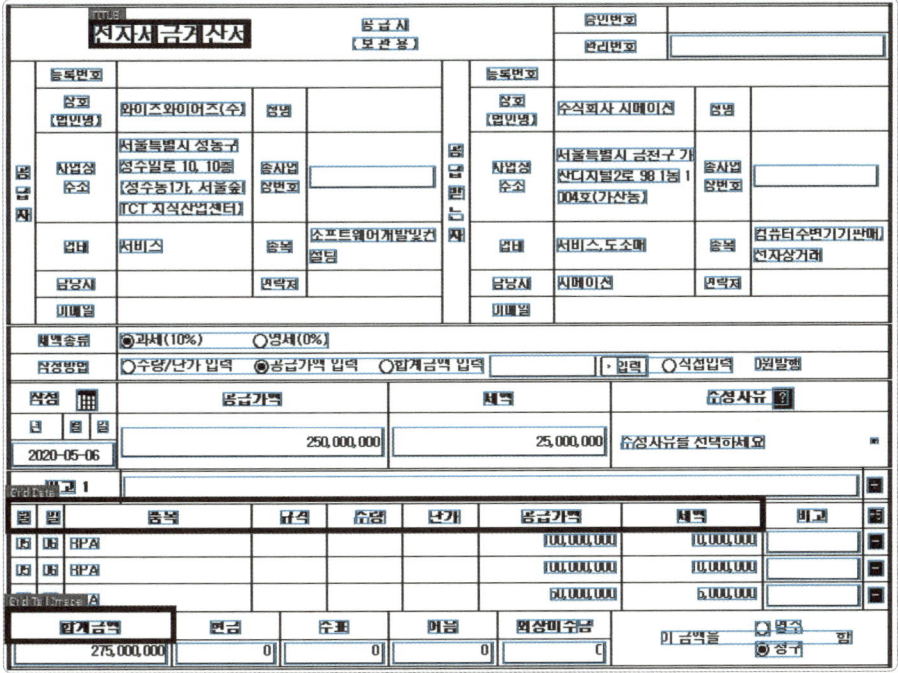

Grid Data 적용 예제

추출해야 할 텍스트가 있는 영역을 지정했다면 <Save> 버튼을 클릭하여 저장한 후 이벤트를 실행하여 결과가 제대로 출력되는지 확인해보자.

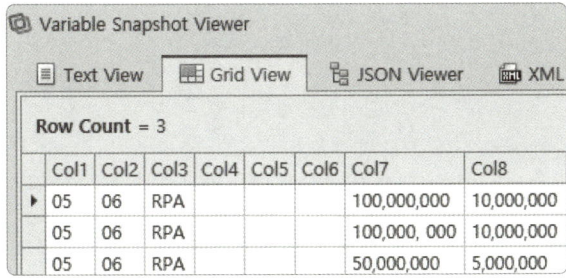

Grid Data 실행 결과

앞서 지정한 범위의 이미지가 텍스트로 반환된 것을 확인할 수 있다.

1.3 [따라 하기] 메일로 받은 이미지에서 텍스트 추출

이메일로 수신한 이미지 파일을 OCR을 통해 추출하는 시나리오를 구현해 보자.

선결 조건

- 이메일에 항상 동일한 파일명(예: Sample.jpg)으로 첨부되어 있어야 함

- 이메일 제목에 'OCR Sample'이라는 문구가 항상 포함되어 있어야 함

- 첨부된 이미지 파일은 항상 동일한 형식이어야 함(예: 사업자등록증 등)

- 예제에서 사용한 사업자등록증: 와이즈와이어즈 주식회사, 주식회사 시메이션

1. Event Components에서 다음 Event List와 동일하게 각각의 이벤트를 드래그앤드롭한다(Pop3 Mail List 이벤트, Loop 이벤트, Pop3 Mail Message 이벤트, Intelligent Document OCR 이벤트, Script Code 이벤트).

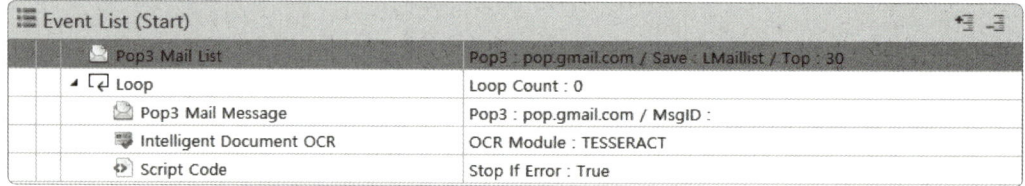

시나리오 Event List

2. **Pop3 Mail List 이벤트:** Email List를 확인할 수 있도록 다음과 같이 설정한다.

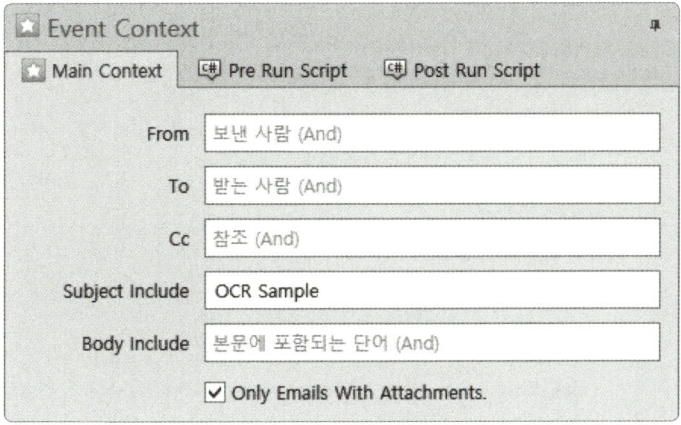

Pop3 Mail List 이벤트의 Context

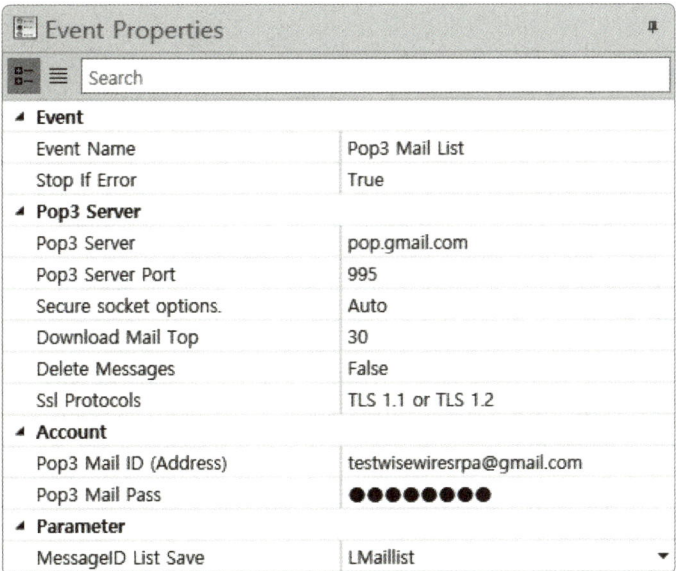

Pop3 Mail List 이벤트의 Properties

3. **Loop 이벤트:** 앞에서 설정한 Pop3 Mail List 이벤트에서 조건에 맞는 n개의 이메일이 있을 경우 반복 수행할 수 있도록 다음과 같이 설정한다.

```
using System;
using System.IO;
using System.Collections;
using System.Collections.Generic;
using System.Data;
using System.Text;

public partial class CustomScript
{
    public void PreRun(EvPPEntry_Loop EntryData)
    {
        EntryData.LoopCount = LMaillist.Count;
    }
}
```

Loop 이벤트 설정

4. **Pop3 Mail Message 이벤트:** 2번에서 설정한 Pop3 Mail List 이벤트에서 조건이 일치하는 이메일의 첨부 파일을 저장할 수 있도록 다음과 같이 설정한다.

```
using System;
using System.IO;
using System.Collections;
using System.Collections.Generic;
using System.Data;
using System.Text;

public partial class CustomScript
{
    public void PreRun(EvPPEntry_Pop3MailMessage
            EntryData)
    {
        EntryData.TargetMessageID = LMaillist
                [_LOOP_COUNT];
    }
}
```

Pop3 Mail Message 이벤트의 Context

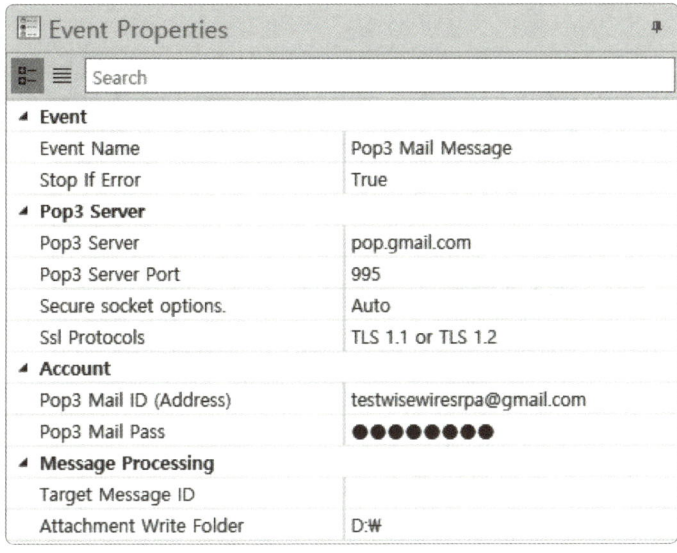

Pop3 Mail Message 이벤트의 Properties

5. **Intelligent Document OCR 이벤트:** 원하는 데이터를 추출할 수 있도록 다음과 같이 설정한다.

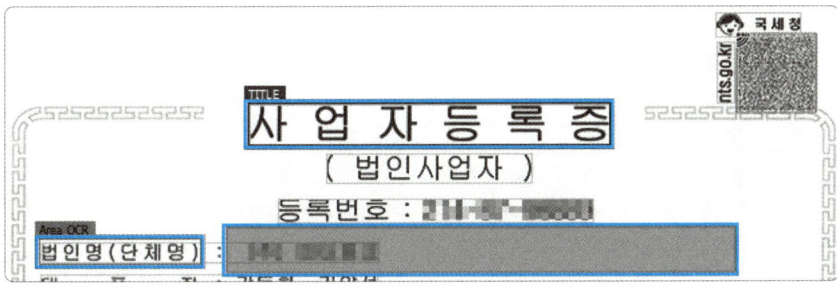

Intelligent Document OCR 이벤트 적용 예제

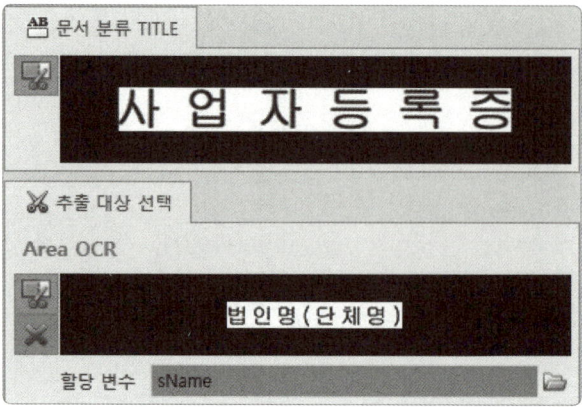

Intelligent Document OCR 이벤트 설정

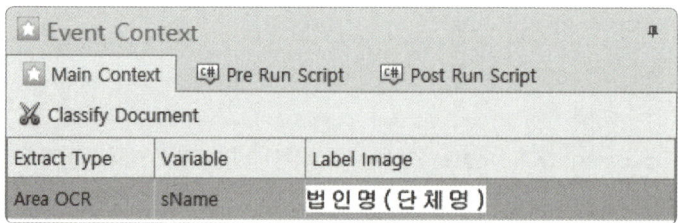

Intelligent Document OCR 이벤트의 Context

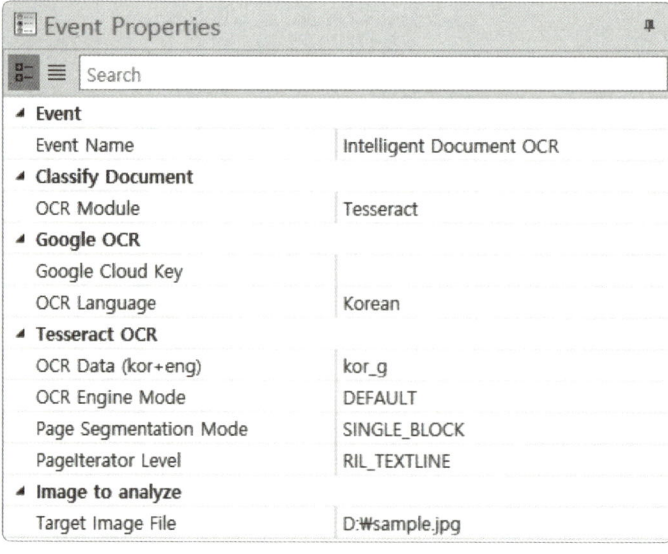

Intelligent Document OCR 이벤트의 Properties

6. **Script Code 이벤트:** 수신한 이메일이 여러 건일 때 추출한 데이터를 저장할 수 있도록 다음과 같이 설정한다.

```
using System;
using System.IO;
using System.Collections;
using System.Collections.Generic;
using System.Data;
using System.Text;

public partial class CustomScript
{
    public void Execute_Code()
    {
        LName.Add(sName);
    }
}
```

추출 데이터 저장 스크립트 코드

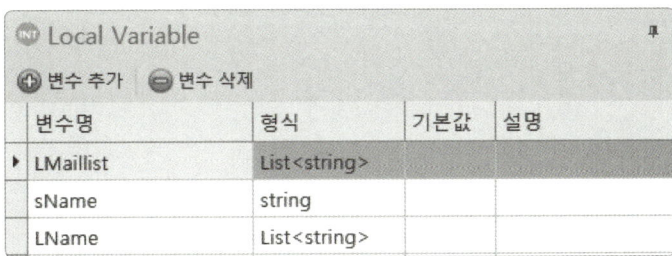

변수명	형식	기본값	설명
LMaillist	List<string>		
sName	string		
LName	List<string>		

변수 추가

7. **수행 결과**: '[RPA] OCR Sample'이라는 제목으로 발송된 2통의 이메일에 포함된 이미지에서 데이터를 추출한 결과 다음과 같이 원하는 데이터가 LName 변수에 저장된 것을 확인할 수 있다.

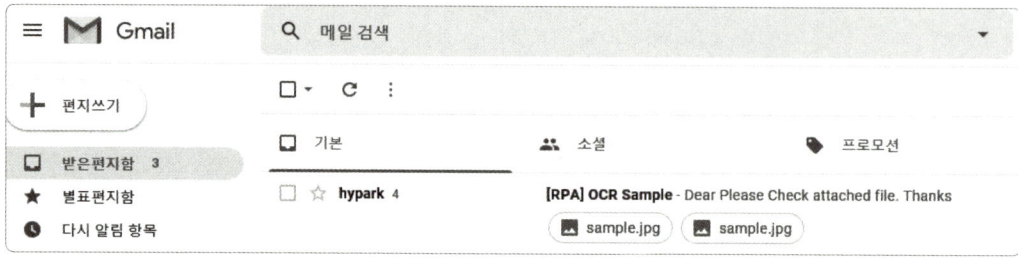

시나리오 실행 결과 1

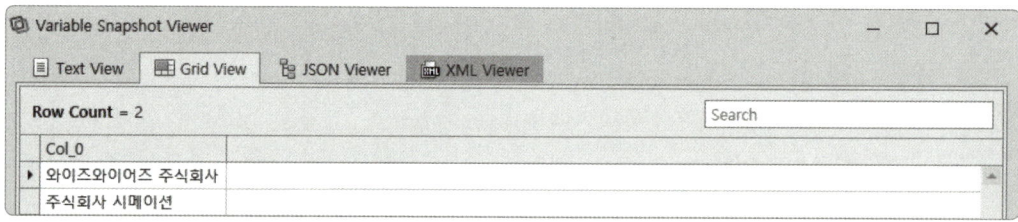

시나리오 실행 결과 2

② PDF 다루기

PDF(Portable Document Format)는 어도비(Adobe) 사가 1993년에 개발하여 지금은 국제 표준 문서 형식으로 자리 잡았으며, 디지털 인쇄물이라는 개념이므로 여타 다른 워드나 텍스트 문서와는 구별된다.

PC에서 작성한 문서를 프린터로 종이에 인쇄하듯 PDF 파일 포맷으로 인쇄하고 난 후에는 해당 문서의 내용 자체를 편집하는 것은 (문서 원본이 아닌 한) 일반적으로 불가능하다. 이와 함께 PDF는 강력한 암호 보호 기능을 이용하여 보기나 출력을 제한할 수 있는 옵션도 제공한다.

PDF는 프린터로 출력한 종이 서류와 마찬가지로 최종 결과물로서의 장점과 동시에 파일의 형태이므로 저장이나 관리가 쉽고 이메일로 간단하게 공유할 수도 있다는 장점도 함께 가지기 때문에 공문서나 기록물과 같이 배포는 하되 편집은 제한하고자 하는 경우 등에 유용하게 사용된다.

CheckMATE는 이러한 PDF 문서에서 문자열을 읽거나 이미지를 복사할 수 있는 이벤트를 제공한다.

2.1 PDF 페이지 수 가져오기

Pdf Get PageCount 이벤트는 대상 PDF 파일의 전체 페이지 수를 세어 int 타입 변수에 저장한다.

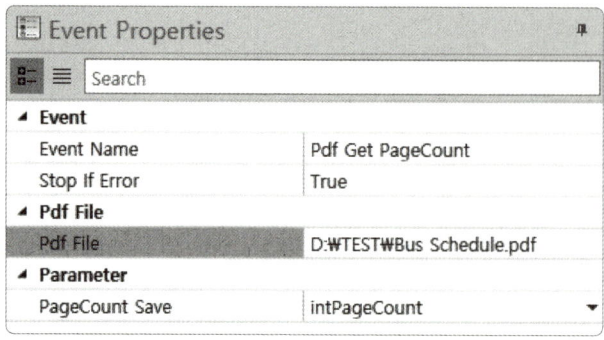

Pdf Get PageCount 이벤트의 Properties

Pdf File

경로를 포함한 대상 PDF 파일의 이름을 지정한다.

PageCount Save

조회한 페이지 수를 저장할 int 타입 변수를 지정한다.

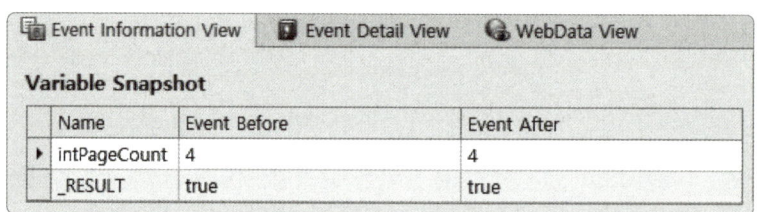

Pdf Get PageCount 이벤트 실행 결과

대상 PDF 파일인 Bus Schedule.pdf는 4페이지로 구성됨을 알 수 있다.

2.2 PDF에서 텍스트 내용 추출하기

Pdf Get Text 이벤트는 대상 PDF 파일에서 지정한 페이지의 텍스트 내용을 추출하여 변수에 저장한다.

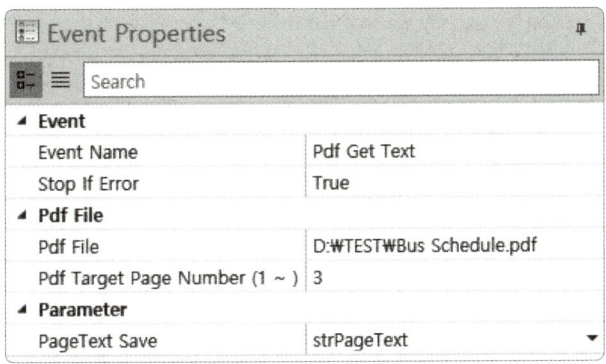

Pdf Get Text 이벤트의 Properties

PageText Save

추출한 내용을 저장할 string 타입 변수를 지정한다.

Pdf File

대상 PDF 파일의 이름을 지정한다.

Pdf Target Page Number

대상 PDF 파일에서 추출할 페이지 번호를 입력한다.

해당 문서의 3페이지에 다음과 같은 내용이 있다면 해당 이벤트를 수행한 결과는 그다음 그림과 같이 나타날 것이다.

UNIVERSITY OF TWIN HILL – PARKING & TRANSPORTATION SERVICES

Campus Express (Route 53)
Provides direct northbound bus service to campus.
(campus map)

How to Ride the Campus Express
Riding the for the first time or from a new location doesn't have to be confusing. Use our simple guides or our transit experts to plan your trip and ensure success.

How do I find my route & stop?
To get started, you can talk to a transit expert by calling (555) 408-TWIN

How do I pay?
To ride a Campus Express, you must have one of the following:
- Express Bus Pass (which can be purchased at PTS locations or at a Twin Hill University Help Desk)
- Exact change ($1.30 - $2.75)
- Senior citizen (65) with
    - State-issued driver's license/ID card
    - Passport or Passport card

How much room is available?
Each Campus Express has a capacity of 58 people. Parking & Transportation Services regularly

Pdf Get Text 이벤트 실행 예제

Name	Event Before	Event After
strPageText		"UNIVERSITY OF TWIN HILL –...
intPageCount	4	4
_RESULT	true	true

Pdf Get Text 이벤트 실행 결과 1

이 과정을 통해 strPageText 변수에 저장된 전체 텍스트 내용은 다음과 같다.

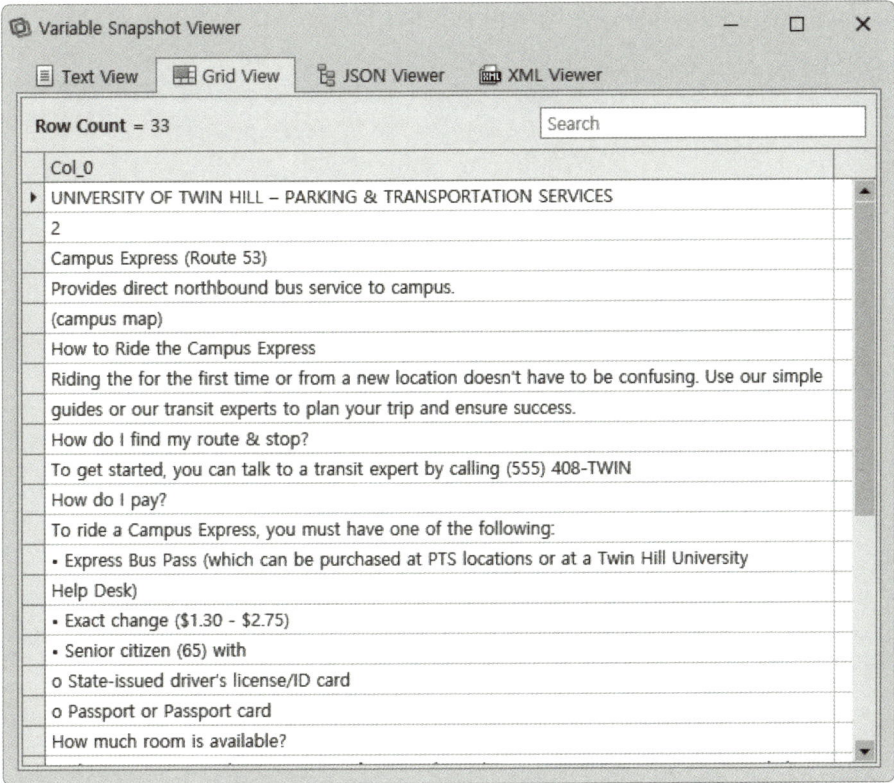

Pdf Get Text 이벤트 실행 결과 2

단, 페이지에 이미지가 있어도 이미지는 Pdf Get Text 이벤트의 추출 대상에는 포함되지 않는다.

2.3 PDF에서 이미지 추출하기

Pdf Extract Page Images 이벤트는 대상 PDF 파일에서 지정한 페이지의 이미지만을 추출하여 변수에 저장한다. 기본적인 동작은 Pdf Get Text 이벤트와 같지만, 추출한 내용이 텍스트가 아닌 이미지라는 점과 결과를 저장할 변수가 string 타입 변수가 아닌 List<string> 타입 변수라는 점이 다른데, 추출한 이미지를 CheckMATE의 임시 폴더에 저장하고 그 경로를 포함한 파일명을 List<string> 타입 변수에 저장한다.

Pdf Get Text 이벤트에서 사용했던 PDF 파일 2페이지에는 텍스트 문자열과 함께 페이지 아래에 다음과 같은 이미지도 포함되었다.

Pdf Extract Page Image 이벤트 실행 예제

해당 PDF 파일 2페이지에서 이미지를 추출하고자 다음과 같이 Properties 항목을 구성한다.

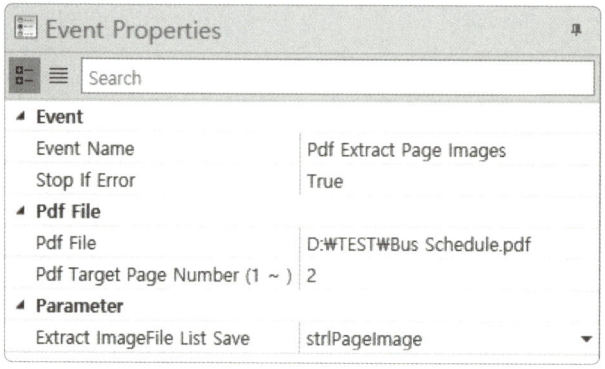

Pdf Extract Page Image 이벤트의 Properties

Properties 항목의 구성은 Pdf Get Text 이벤트와 같으며, 단지 Extract ImageFile List Save 항목에 List<string> 타입 변수를 지정한다는 점에서만 차이가 난다.

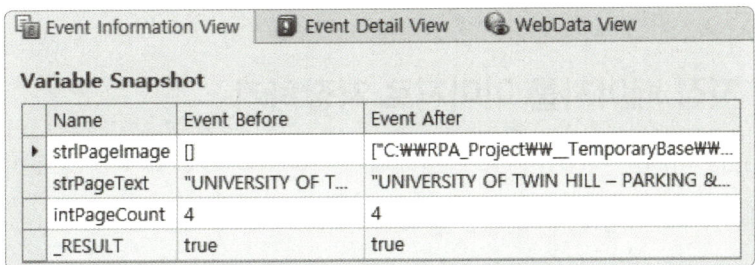

Pdf Extract Page Image 이벤트 실행 결과

strlPageImage 변수에는 다음과 같이 추출한 이미지가 저장된 경로가 저장된다.

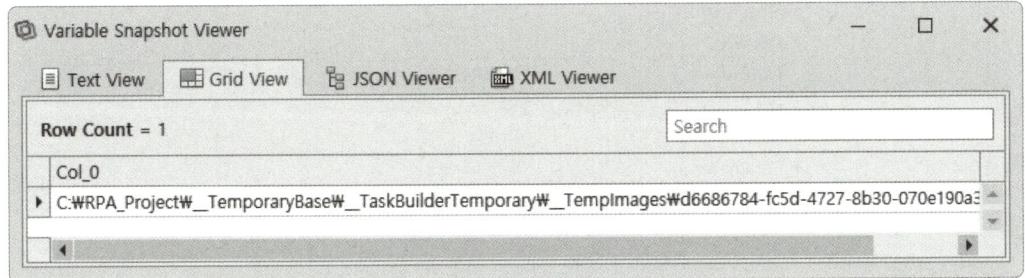

Pdf Extract Page Image 이벤트 실행 결과

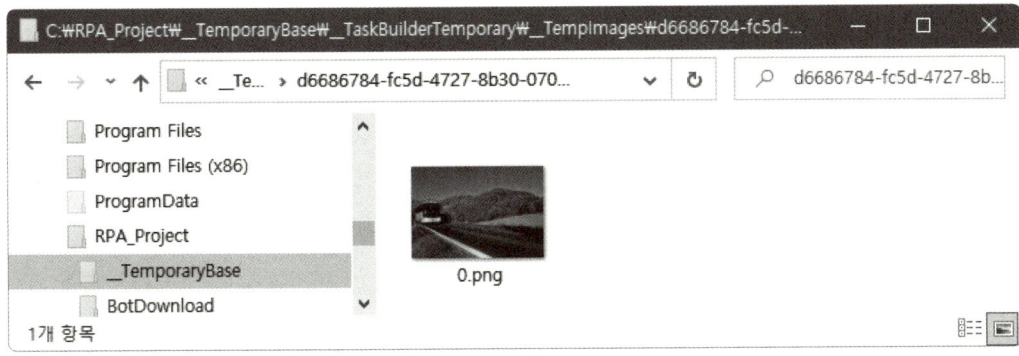

Pdf Extract Page Image 이벤트 실행 결과 저장된 이미지

물론 페이지 안에 여러 개의 이미지가 삽입되었다면 그 개수만큼 이미지를 추출하여 저장했을 것이다.

2.4 PDF 지정 페이지를 이미지로 저장하기

Pdf Page Capture 이벤트는 대상 PDF 파일에서 지정한 페이지 전체를 하나의 이미지로 저장하고 그 위치를 string 타입 변수에 저장한다.

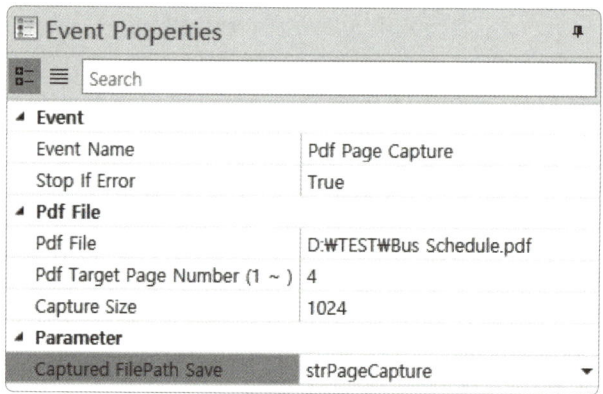

Pdf Page Capture 이벤트의 Properties

Pdf File

대상 PDF 파일의 이름을 지정한다.

Pdf Target Page Number

대상 PDF 파일에서 추출할 페이지 번호를 입력한다.

Capture Size

페이지를 이미지로 추출할 때의 이미지 해상도를 지정한다. 추출하려는 페이지 중 긴 변을 기준으로 Capture Size만큼의 길이가 정해지며 작은 변은 페이지 크기에 비례하여 자동으로 정해진다. 현재 설정에서는 세로가 긴 페이지이기 때문에 페이지의 세로 길이가 1,024픽셀이고 가로 길이는 페이지 크기에 비례하여 이미지가 생성될 것이다.

Captured FilePath Save

생성된 이미지의 경로가 저장될 변수를 지정한다.

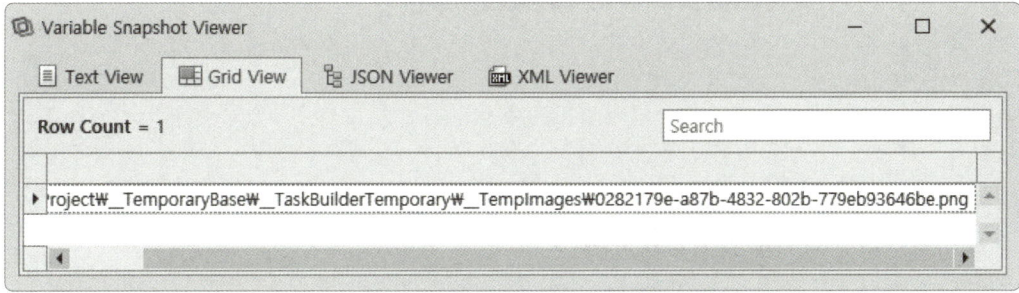

Pdf Page Capture 이벤트 실행 결과

Pdf Page Capture 이벤트 실행 결과 저장된 이미지

2.5 [따라 하기] PDF에서 텍스트 추출

다음과 같이 2페이지로 구성된 하나의 PDF 파일에서 텍스트를 추출하여 변수에 저장하는 시나리오를 구현해보자.

A Simple PDF File

This is a small demonstration .pdf file -

just for use in the Virtual Mechanics tutorials. More text. And more text. And more text. And more text. And more text.

And more text. And more text. And more text. And more text. And more text. And more text. Boring, zzzzz. And more text. And more text. And more text. And more text. And more text. And more text. And more text. And more text. And more text.

And more text. And more text. And more text. And more text. And more text. And more text. And more text. Even more. Continued on page 2 ...

시나리오 실행 Sample 1

Simple PDF File 2

...continued from page 1. Yet more text. And more text. And more text. And more text. And more text. And more text. And more text. Oh, how boring typing this stuff. But not as boring as watching paint dry. And more text. And more text. And more text. And more text. Boring. More, a little more text. The end, and just as well.

시나리오 실행 Sample 2

선결 조건

텍스트를 추출할 PDF 파일을 준비한다.

---

1. Event Components에서 다음 Event List와 동일하게 필요한 이벤트를 드래그앤드롭한다(Pdf Get PageCount 이벤트, Loop 이벤트, Pdf Get Text 이벤트, Script Code 이벤트).

Event List (Start)	
Pdf Get PageCount	PdfFile : sample.pdf / Save ID : iPDFpage
▸ Loop	Loop Count : 0
Pdf Get Text	PdfFile : / Save ID : sPDFpage
Script Code	Stop If Error : True

시나리오 Event List

2. **Pdf Get PageCount 이벤트:** 준비된 PDF의 페이지 수를 알고자 다음과 같이 설정한다.

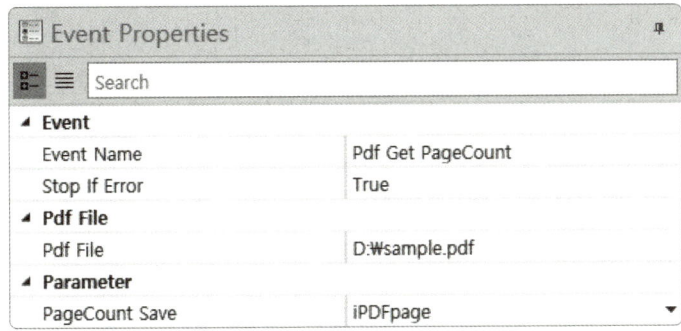

Pdf Get PageCount 이벤트의 Properties

3. **Loop 이벤트:** n개의 페이지로 구성된 PDF 파일의 모든 페이지에서 텍스트를 추출하고자 Loop 이벤트로 반복할 수 있도록 다음과 같이 설정한다.

```
using System;
using System.IO;
using System.Collections;
using System.Collections.Generic;
using System.Data;
using System.Text;

public partial class CustomScript
{
    public void PreRun(EvPPEntry_Loop EntryData)
    {
        EntryData.LoopCount = iPDFpage;
    }
}
```

Loop 이벤트 설정

4. **Pdf Get Text 이벤트:** 각 페이지에서 텍스트를 추출하도록 다음과 같이 설정한다.

```csharp
using System;
using System.IO;
using System.Collections;
using System.Collections.Generic;
using System.Data;
using System.Text;

public partial class CustomScript
{
    public void PreRun(EvPPEntry_PDF_GetPageText EntryData)
    {
        EntryData.PageNumber = _LOOP_COUNT + 1;
    }
}
```

Pdf Get Text 이벤트의 Context

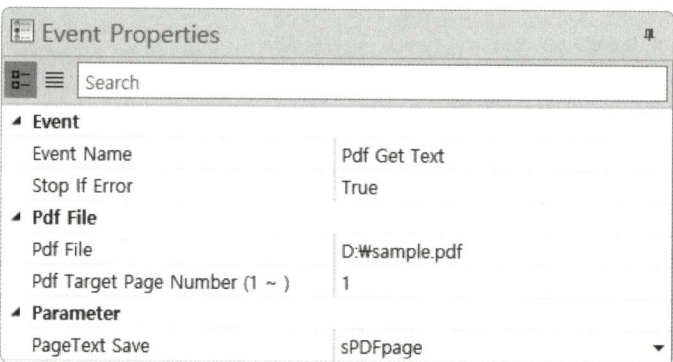

Pdf Get Text 이벤트의 Properties

5. **Script Code 이벤트:** Loop 이벤트로 반복하는 동안 텍스트를 변수에 저장할 수 있도록 List<string> 타입 변수(예: LPDFpage)를 선언한 후 다음과 같이 설정한다.

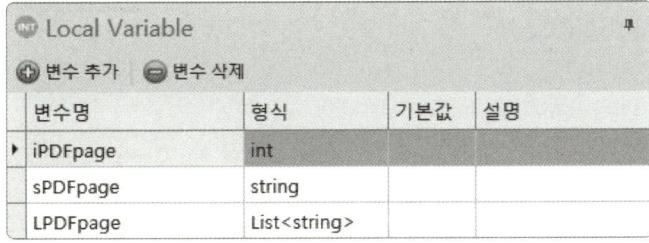

변수 추가

```
using System;
using System.IO;
using System.Collections;
using System.Collections.Generic;
using System.Data;
using System.Text;

public partial class CustomScript
{
    public void Execute_Code()
    {
        LPDFpage.Add(sPDFpage);
    }
}
```

Pdf Page 결과 저장 Script Code

6. **수행 결과:** 다음과 같이 LPDFpage 변수에 PDF에서 추출한 텍스트가 저장된 것을 확인할 수 있다.

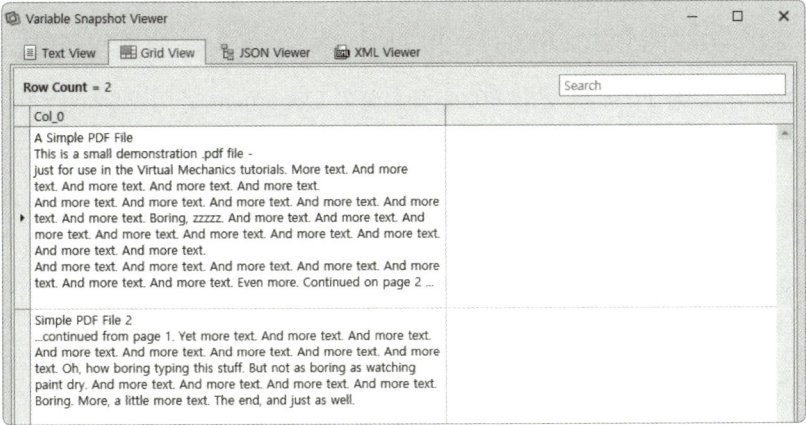

시나리오 실행 결과

③ 폴더와 파일 다루기

CheckMATE를 이용하여 윈도우의 파일과 폴더를 다루는 방법에 대하여 알아본다. 윈도우 파일은 크게 로컬 파일 시스템과 네트워크 파일 시스템으로 분류할 수 있는데, 로컬 파일 시스템은 현재 동작 중인 내 PC에 저장된 파일과 폴더 구조를 의미하고 네트워크 파일 시스템은 원격지의 다른 PC에 저장된 파일과 폴더 구조를 의미한다.

Directory & File Control 이벤트는 네트워크 파일 시스템이나 로컬 파일 시스템을 대상으로 파일이나 폴더를 생성, 복사, 변경, 삭제하는 기능을 제공한다.

3.1 네트워크 드라이브 연결/해제

네트워크의 원격지 PC에서 공유한 폴더를 네트워크 드라이브로 연결하면 마치 로컬 PC의 드라이브에 접근한 것과 마찬가지 방법으로 원격지 PC에 저장된 파일에 접근할 수 있다. Network Drive 이벤트를 사용하려면 당연히 주변에 네트워크로 연결된 PC가 있어야 하고 해당 PC에서 폴더를 공유해야 한다.

설명을 위해 IP 주소가 192.168.61.234인 PC에서 Document라는 이름의 폴더를 공유하고 있다고 가정한다. 로컬 PC에서 해당 PC에 접속하여 Document 폴더 안의 파일에 접근하는 작업을 CheckMATE를 이용하여 자동화하려면 우선 해당 공유 폴더를 네트워크 드라이브로 연결해야 한다.

이를 위해 Network Drive Connect 이벤트의 Properties 메뉴 항목을 다음과 같이 구성한다.

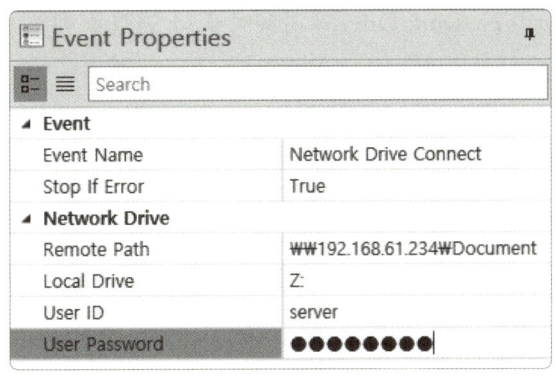

Network Drive Connect 이벤트의 Properties

Remote Path

공유 폴더의 네트워크 경로를 입력한다.

Local Drive

공유 폴더를 연결할 로컬 드라이브명을 지정한다. 이미 할당된 드라이브명을 제외하고 C부터 Z 사이에서 자유롭게 선택할 수 있다.

User ID

공유 폴더에 접근할 때 필요한 접근 권한이 있는 사용자 아이디를 입력한다.

User Password

공유 폴더에 접근할 때 필요한 접근 권한이 있는 사용자의 비밀번호를 입력한다.

참고로 네트워크 드라이브는 세션에 따라 독립적으로 관리되기 때문에 윈도우 탐색기에서 네트워크를 연결했다고 하더라도 CheckMATE에서 이벤트를 통해 접근하려면 CheckMATE에서 별도로 연결해야 한다. CheckMATE의 Network Drive Connect 이벤트를 이용하여 연결한 네트워크 드라이브는 탐색기와 같은 UI에는 나타나지 않으며 CheckMATE 내부에서만 연결을 유지, 관리한다.

CheckMATE에서 연결한 Network Drive의 사용이 끝나 연결을 해제할 때는 Network Drive Disconnect 이벤트를 사용한다.

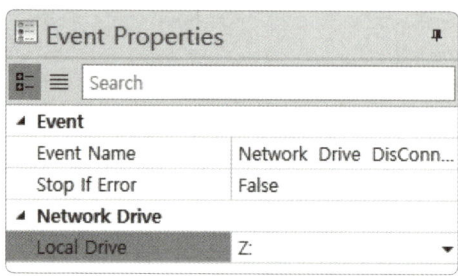

Network Drive Disconnect 이벤트의 Properties

Local Drive

Network Drive Disconnect 이벤트에는 Properties에 해제할 드라이브명만 지정하면 된다.

3.2 파일 조작하기

이벤트를 이용하여 로컬 PC의 파일 조작을 해보고자 다음과 같은 폴더와 파일이 준비되었다고 가정한다.

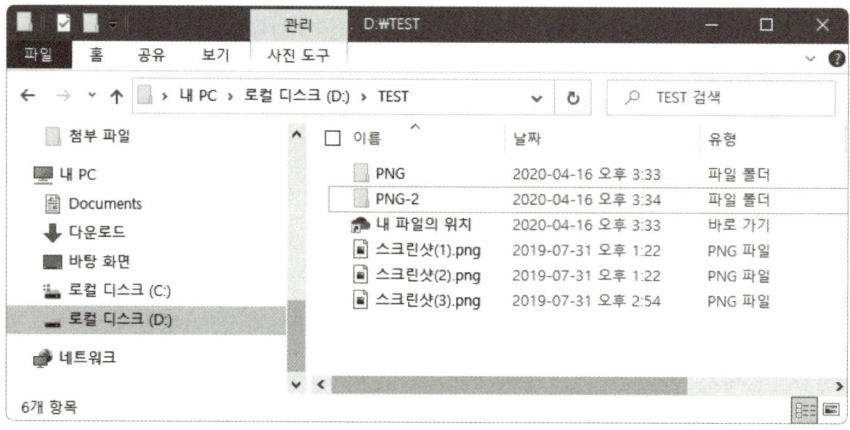

Directory & File Control 적용 예제

이제 대상 폴더 'D:\TEST'에 대하여 각 이벤트를 이용하여 기능을 확인해보자.

3.2.1 Directory File List 이벤트

Directory File List 이벤트는 대상 폴더의 파일 목록을 가져와 List<string> 타입 변수에 저장한다. Properties의 항목에는 다음과 같이 설정한다.

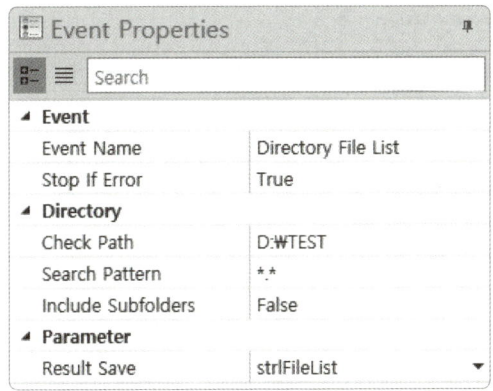

Directory File List 이벤트의 Properties

Result Save

읽어온 파일 목록을 저장한 List<string> 타입 변수를 지정한다.

Check Path

대상 폴더의 경로를 지정한다. 현재 대상 폴더인 'D:\TEST'를 지정한다.

Search Pattern

파일 목록 중 특정 파일 이름이나 확장자 유형만을 필터링할 때 지정한다. '*.*'는 파일 이름과 확장자에 상관없이 모든 파일을 포함한다는 의미다. 참고로 '*.exe'라면 확장자가 EXE인 파일만, '*TEST*.*'라면 파일 이름에 'TEST'라는 문구가 들어 있는 모든 파일을 의미한다.

Include subfolders

대상 폴더 하위에 속해 있는 폴더의 파일 목록까지 모두 확인할 것인지 지정한다. False라면 대상 폴더의 파일만 확인하고 True라면 하위 폴더에 속한 파일까지 모두 탐색한다.

이렇게 설정한 이벤트를 실행해보면 다음과 같은 결과가 나온다.

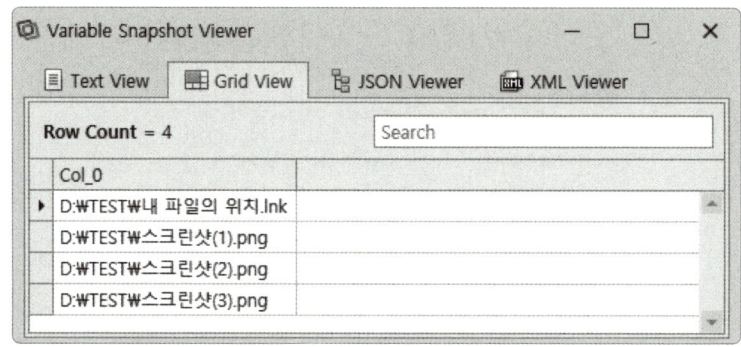

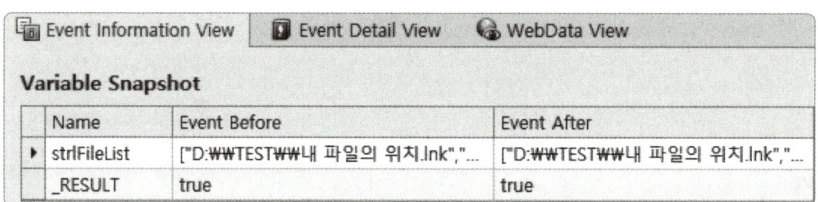

Directory File List 이벤트 실행 결과

3.2.2 Directory Create 이벤트

Directory Create 이벤트는 지정한 경로에 폴더를 생성한다.

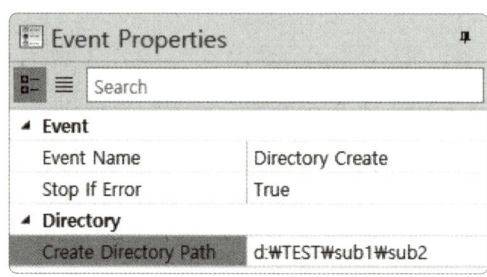

Directory Create 이벤트의 Properties

Create Directory Path

Directory Create 이벤트의 Properties에서 생성할 폴더의 경로를 그림과 같이 설정한다. 이벤트를 수행하면 D 드라이브의 TEST 폴더 하위에 sub1 폴더가 없으므로 우선 sub1 폴더를 생성하고 다시 sub1 폴더 하위에 sub2 폴더를 생성한다.

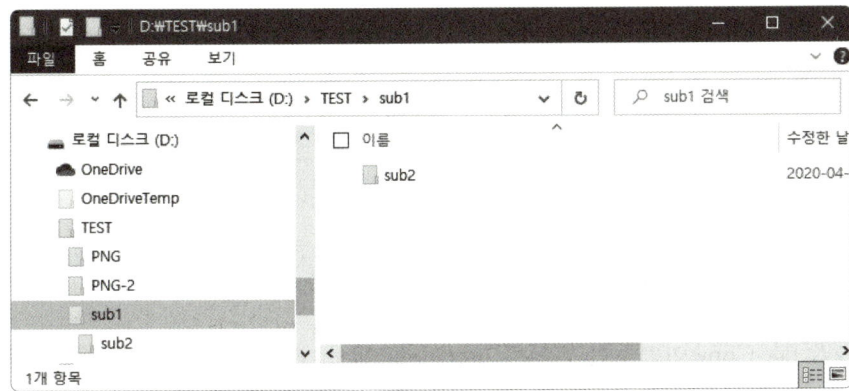

Directory Create 이벤트 실행 결과

3.2.3 Directory & File Exist 이벤트

Directory & File Exist 이벤트는 지정한 경로의 폴더나 파일이 있는지를 확인한다.

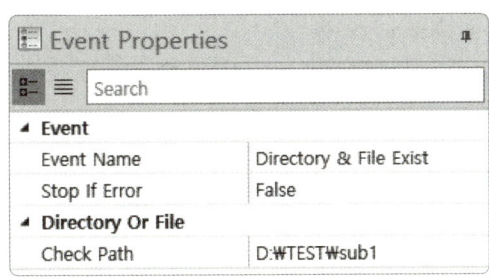

Directory & File Exist 이벤트의 Properties

Check Path

Properties의 Check Path 항목에 유무를 확인하고자 하는 폴더나 파일의 경로를 지정한다.

이전의 Directory Create 이벤트의 실행 과정에서 생성된 D:₩TEST₩sub1 폴더의 유무를 확인해보고자 그림과 같이 Properties 항목을 설정한 후 이벤트를 수행하면 _RESULT 결과가 True로 나타난다. 물론 없는 경로를 확인한다면 _RESULT는 False로 나타날 것이다.

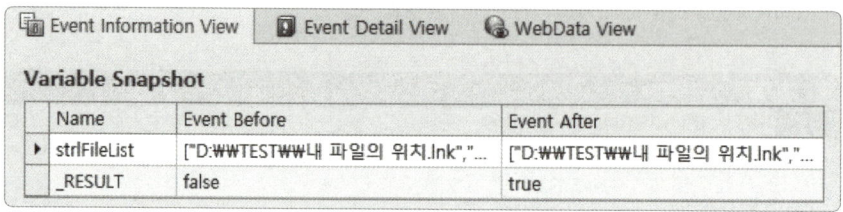

Directory & File Exist 이벤트 실행 결과

3.2.4 Directory & File Copy 이벤트

Directory & File Copy 이벤트는 원본(Source) 경로에서 대상(Destination) 경로로 폴더나 파일을 복사한다.

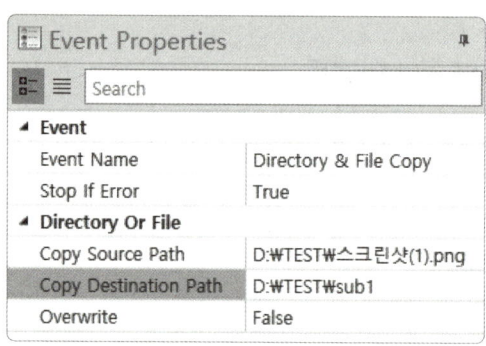

Directory & File Copy 이벤트의 Properties

Copy Source Path

복사하고자 하는 폴더나 파일 경로를 지정한다.

Copy Destination Path

붙여넣기 하려는 대상 경로를 지정한다.

Overwrite

붙여넣기 하려는 경로에 복사하고자 하는 같은 이름의 폴더나 파일이 있을 때 덮어쓸 것인지를 지정한다. 이미 있는 파일을 복사하려 할 때 Overwrite 항목이 True라면 덮어쓰기를 수행하고 정상적으로 다음 이벤트로 넘어가지만, False라면 덮어쓰기가 취소되고 이벤트 수행은 실패로 처리된다. 물론 이때도 Stop If Error 항목을 False로 지정하면 복사 이벤트가 실패하더라도 다음 이벤트로 정상적인 수행이 가능하다.

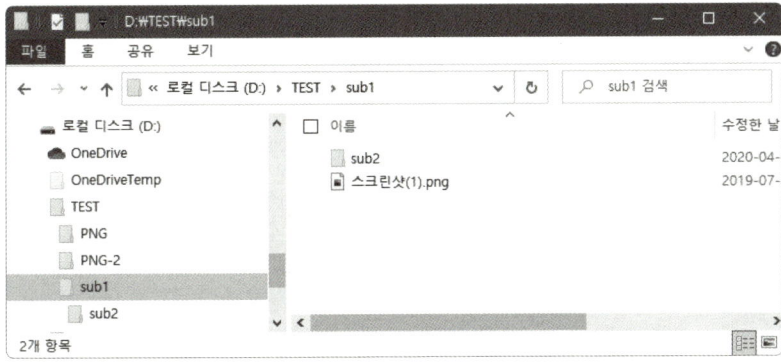

Directory & File Copy 이벤트 실행 결과

D:₩TEST에 저장된 '스크린샷(1).png'가 'D:₩TEST₩sub1' 폴더에 복사된 것을 확인할 수 있다.

3.2.5 Directory & File Delete 이벤트

Directory & File Delete 이벤트는 지정한 경로의 폴더나 파일을 삭제한다.

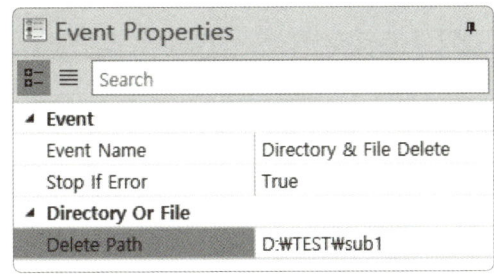

Directory & File Delete 이벤트의 Properties

Delete Path

삭제하고자 하는 폴더나 파일의 경로를 지정한다.

앞서 Create Directory에서 생성한 폴더를 지정하고 이벤트를 수행해보면 해당 폴더와 그 폴더 내부의 파일 또는 폴더가 한꺼번에 삭제된 것을 확인할 수 있다.

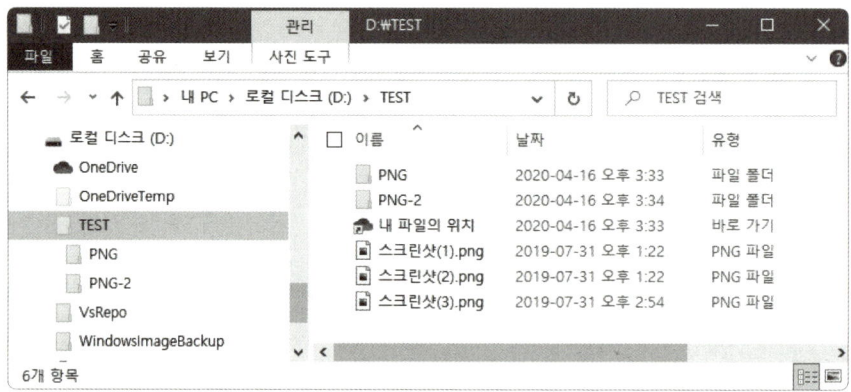

Directory & File Delete 이벤트 실행 결과

단, 삭제하려는 폴더 안에 있는 파일이 다른 프로그램 등에 의해 열렸을 때는 삭제되지 않고 이벤트가 실패로 처리되며 그 결과로 다음과 같은 오류 내용이 나타난다.

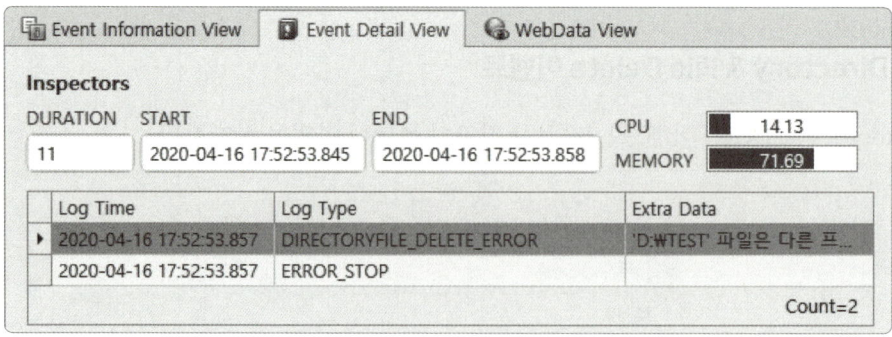

Directory & File Delete 이벤트 실행 실패

3.3 [따라 하기] 네트워크 드라이브의 폴더와 파일 다루기

네트워크 드라이브에 연결한 후 특정 폴더가 있는지 확인하고 폴더가 없으면 폴더를 생성하고 해당 폴더로 파일을 옮기는 시나리오를 구현해 보자.

옮길 파일을 미리 준비한다(예: Y:\application\RPATest\rpa.txt).

1. Event Components에서 다음 Event List와 동일하게 필요한 이벤트를 드래그앤드롭한다(Network Drive Connect 이벤트, Directory & File Exist 이벤트, IF 이벤트, Directory Create 이벤트, Directory & File Move 이벤트, Network Drive DisConnect 이벤트).

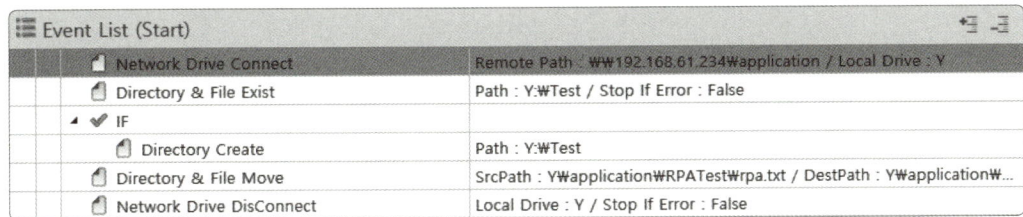

시나리오 Event List

2. **Network Drive Connect 이벤트:** 네트워크 드라이브에 연결하고자 준비된 IP 주소와 경로를 다음과 같이 입력한다.

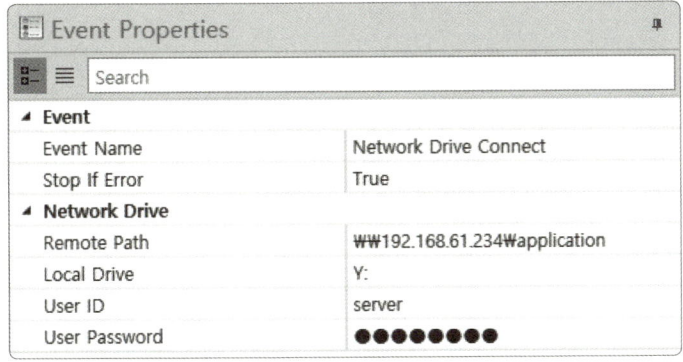

Network Drive Connect 이벤트의 Properties

3. **Directory & File Exist 이벤트:** 네트워크 드라이브로 연결된 경로에 특정 폴더가 있는지 확인해보고자 다음과 같이 설정한다.

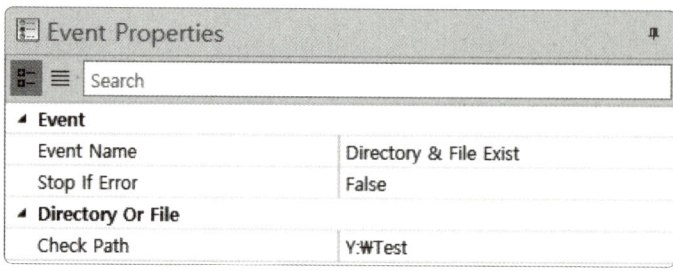

Directory & File Exist 이벤트의 Properties

4. **IF 이벤트:** 3번 Directory & File Exist 이벤트에서 특정 폴더가 있는지를 확인하고자 다음과 같이 설정한다.

```
using System;
using System.IO;
using System.Collections;
using System.Collections.Generic;
using System.Data;
using System.Text;

public partial class CustomScript
{
    public bool IF_Code()
    {
        if (_RESULT == false)
        {
            return true;
        }
        return false;
    }
}
```

IF 이벤트 설정

5. **Directory Create 이벤트:** 3번 Directory & File Exist 이벤트에서 특정 폴더가 없으면 폴더를 생성하고자 다음과 같이 설정한다.

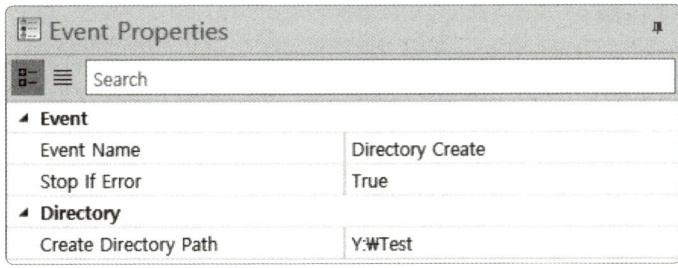

Directory Create 이벤트의 Properties

6. **Directory & File Move 이벤트:** 5번 Directory Create 이벤트에서 생성한 폴더로 미리 준비한 파일을 이동하고자 다음과 같이 설정한다.

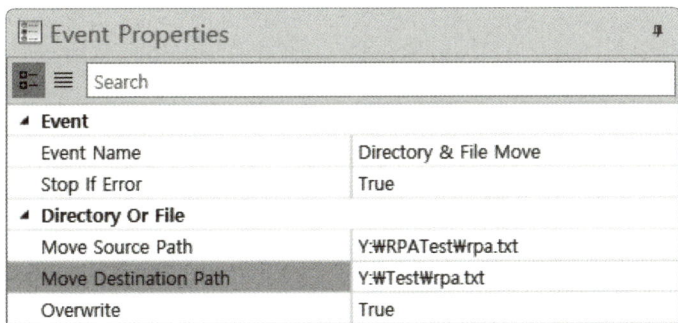

Directory & File Move 이벤트의 Properties

7. **Network Drive DisConnect 이벤트:** 모든 작업이 끝났다면 2번 Network Drive Connect 이벤트에서 연결한 네트워크 드라이브의 연결을 끊고자 다음과 같이 설정한다.

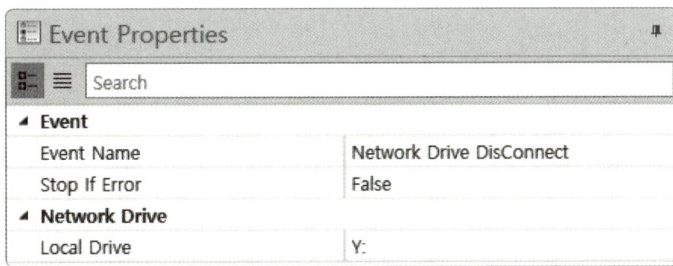

Network Drive Disconnect 이벤트의 Properties

8. **수행 결과:** 다음과 같이 폴더(Y:\Test)가 생성되고 이 폴더로 파일(Y:\Test\rpa.txt)이 이동한 것을 확인할 수 있다.

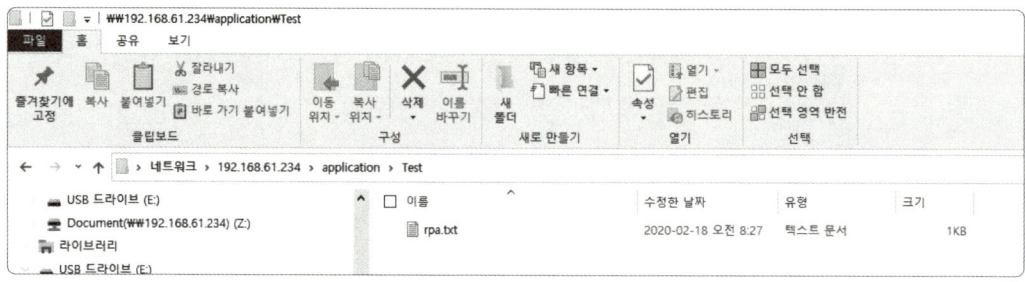

시나리오 실행 결과

9장

FTP, SSH, Telnet

1 FTP 다루기
2 SSH, Telnet 다루기

❶ FTP 다루기

FTP(File Transfer Protocol)는 네트워크로 연결된 서버와 클라이언트 사이에 파일을 공유하고자 고안된 통신 규약이다. 오래된 파일 전송 방법이긴 하지만, 안정성과 신뢰성이 보장되기 때문에 아직도 많은 기업과 조직에서 이용하고 있다.

로컬 시스템의 파일에 접근하기 위해 파일 탐색기가 필요하듯이 FTP 서버의 파일에 접근하려면 FTP 클라이언트가 필요한데, CheckMATE는 FTP 클라이언트 기능을 내장하므로 FTP 서버 접속이나 파일 조작에 필요한 다양한 기능을 이벤트를 통해 구현할 수 있다.

1.1 FTP 연결/해제

FTP Connect 이벤트를 통해 FTP 서버에 연결한다.

Event Properties	
Event	
Event Name	FTP Connect
Stop If Error	True
FTP Server	
FTP Server	192.168.61.234
FTP Server Port	21
Secure Mode	Plain
Encoding	utf-8
Account	
FTP ID	server
FTP Pass	●●●●●●●●
Connection Alias	
Connection Save ID	demoFTP

FTP Connect 이벤트의 Properties

FTP Server

접속하려는 FTP 서버의 주소를 입력한다.

FTP Server Port

FTP 프로토콜의 기본 포트는 21이다.

Secure Mode

보안 모드를 설정한다. 기본값은 Plain이며, Secure SSL Implicit, Secure TLS Explicit, Secure SFTP 등을 지원한다.

Encoding

기본값으로 UTF-8 인코딩을 지원한다.

FTP ID

서버에 접속 권한이 있는 계정의 아이디를 입력한다.

FTP Pass

서버에 접속 권한이 있는 계정의 비밀번호를 입력한다.

Connection Save ID

FTP 서버에 접속한 이후부터 종료할 때까지의 세션을 식별할 수 있는 Alias ID를 지정한다. 이때 지정하는 ID는 다른 ID와 중복되지 않는 고유한 값이어야 한다.

FTP Connect 이벤트를 통해 접속한 연결은 FTP Disconnect 이벤트를 이용하여 해제한다. 연결을 해제할 때는 Alias ID만 지정하면 된다. 그러면 CheckMATE가 접속을 해제한다.

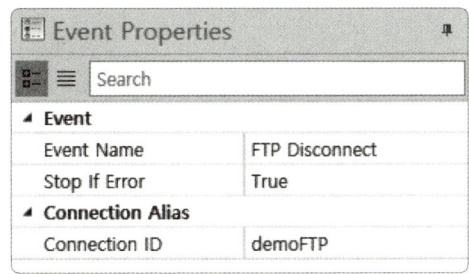

FTP Disconnect 이벤트의 Properties

Connection ID

Connect 이벤트에서 지정해 준 Alias ID를 입력한다.

1.2 FTP 서버 파일 조작하기

1.2.1 FTP GetList 이벤트

FTP GetList 이벤트는 FTP 서버의 지정한 경로에 있는 파일과 폴더의 목록을 조회한다.

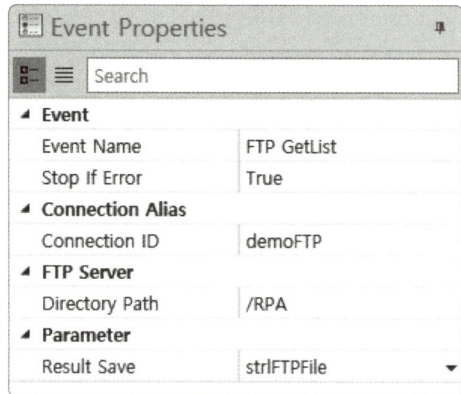

FTP GetList 이벤트의 Properties

Connection ID

Connect 이벤트에서 지정한 Alias ID를 입력한다.

Directory Path

조회하고자 하는 FTP 서버 내의 폴더 위치를 지정한다.

Result Save

FTP 서버의 파일과 폴더의 목록을 저장할 List<RemoteFileListItem> 타입 변수를 지정한다.

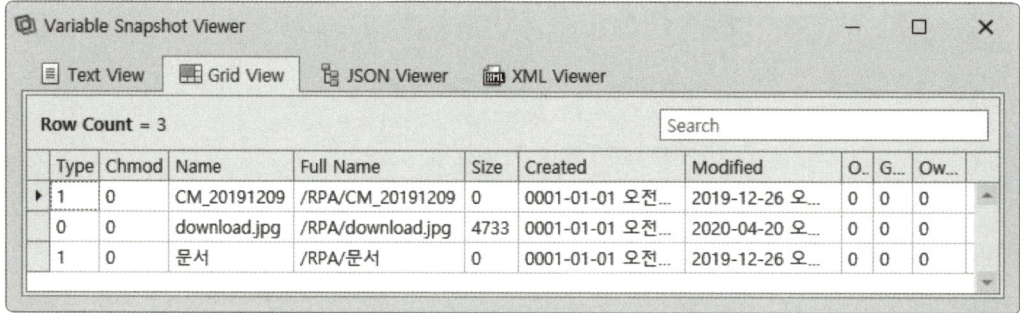

FTP GetList 이벤트 실행 결과

List<RemoteFileListItem> 타입 변수에는 해당 경로에 있는 각 항목에 대한 다양한 정보가 포함된다.

정보	내용
Type	1이면 폴더, 0이면 파일을 의미한다.
Chmod	파일의 권한 정보를 나타낸다. (4: 읽기/2: 쓰기/1: 실행/0: 권한 없음)
Name	파일 혹은 폴더의 이름
Full Name	파일 혹은 폴더의 경로를 포함한 전체 이름
Size	Byte 단위의 파일 크기
Created	파일 혹은 폴더가 생성된 날짜와 시간 정보
Modified	파일 혹은 폴더가 수정된 날짜와 시간 정보
Other Permissions	소유자나 소유 그룹이 아닌 그 외 사용자에 대한 접근 권한
Group Permissions	소유 그룹에 대한 접근 권한
Owner Permissions	소유자에 대한 접근 권한

List<RemoteFileListItem> 타입 변수 항목 정보

1.2.2 FTP Rename 이벤트

FTP Rename 이벤트는 FTP 서버의 지정한 경로에 있는 파일이나 폴더의 이름을 변경한다.

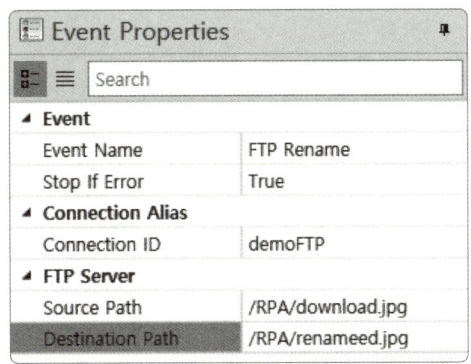

FTP Rename 이벤트의 Propertie

Connection ID

Connect 이벤트에서 지정한 Alias ID를 입력한다.

Source Path

변경하고자 하는 원본 파일의 이름을 경로를 포함하여 지정한다.

Destination Path

변경하고자 하는 새로운 이름을 경로를 포함하여 입력한다.

참고로, Destination Path 항목에 경로를 포함한 파일명을 입력할 때 Source Path와 다른 경로를 지정하면 File Move와 같은 효과가 발생하므로 새로 지정한 경로로 파일이나 폴더가 이동한다.

1.2.3 FTP Create Directory 이벤트

FTP Create Directory 이벤트는 FTP 서버의 지정한 경로에 폴더를 생성한다.

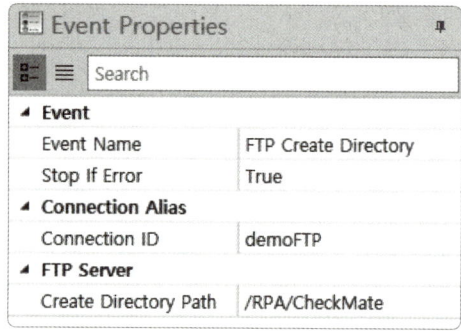

FTP Create Directory 이벤트의 Properties

Connection ID

Connect 이벤트에서 지정한 Alias ID를 입력한다.

Create Directory Path

생성하려고 하는 폴더의 전체 경로를 지정한다.

1.2.4 FTP Delete 이벤트

FTP Delete 이벤트는 FTP 서버의 지정한 경로에 있는 파일이나 폴더를 삭제한다.

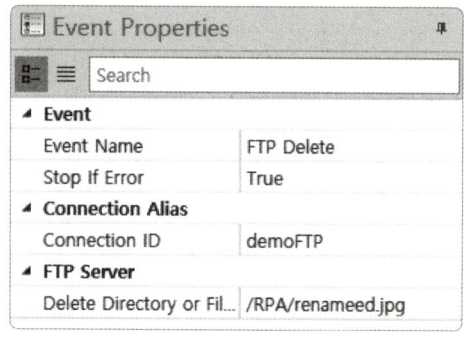

FTP Delete 이벤트의 Properties

Connection ID

Connect 이벤트에서 지정한 Alias ID를 입력한다.

Delete Directory or File Path

삭제하려고 파일 혹은 폴더의 전체 경로를 지정한다.

1.3 파일 다운로드/업로드

1.3.1 FTP Upload File 이벤트

FTP Upload File 이벤트는 로컬 PC에 있는 파일을 FTP 서버로 업로드한다.

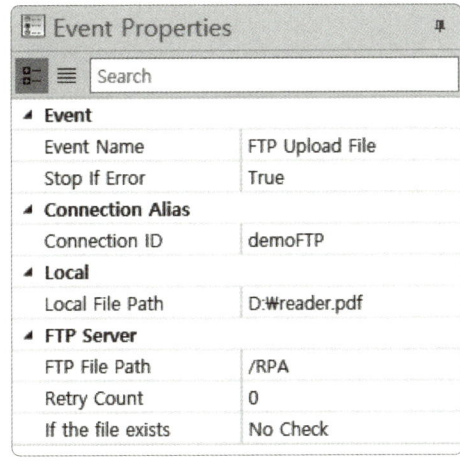

FTP Upload File 이벤트의 Properties

Connection ID

Connect 이벤트에서 지정한 Alias ID를 입력한다.

Local File Path

업로드할 로컬 PC 파일 이름을 경로를 포함하여 지정한다.

FTP File Path

업로드할 파일이 저장될 FTP 서버의 폴더를 지정한다.

Retry Count

업로드가 실패했을 때의 재시도 횟수를 지정한다.

If the file exists

FTP 서버의 대상 폴더에 같은 이름의 파일이 있을 때 어떻게 대응할 것인지를 지정한다. No Check / Skip / Overwrite / Append 등의 옵션을 선택할 수 있다.

1.3.2 FTP Download File 이벤트

FTP Download File 이벤트는 FTP 서버에 있는 파일을 다운로드한다.

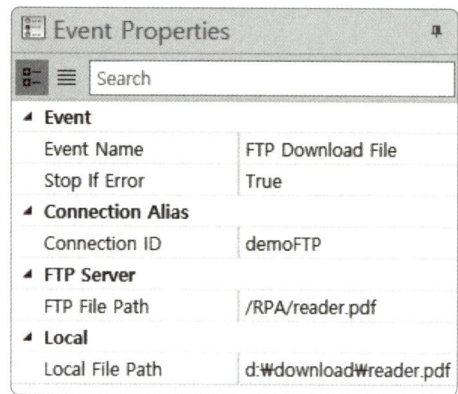

FTP Download File 이벤트의 Properties

Connection ID

Connect 이벤트에서 지정한 Alias ID를 입력한다.

FTP File Path

FTP 서버에서 다운로드할 파일 이름을 경로를 포함하여 지정한다.

Local File Path

다운로드한 파일을 로컬 PC에 저장할 때 필요한 경로와 파일 이름을 지정한다(다운로드할 폴더의 위치만이 아닌 저장할 파일의 이름도 함께 지정한다).

1.4 [따라 하기] FTP에서 파일 내려받아 수정 후 다시 올리기

FTP에 주기적으로 업로드되는 파일을 다운로드받은 다음, 특정 작업(메모장에 값 입력과 저장)을 수행한 후 다시 파일을 업로드하는 시나리오를 구현해 보자.

선결 조건

FTP의 특정 경로(예: ₩RPA)에 파일(예: Test.txt)이 업로드되어 있어야 함.

---

1. Event Components에서 다음 Event List와 동일하게 필요한 이벤트를 드래그앤드롭한다(FTP Connect 이벤트, FTP Download File 이벤트, Execute File 이벤트, Active Window 이벤트, Object SetValue 이벤트, Object Click 이벤트, Key Typing 이벤트, FTP Upload File 이벤트, FTP Disconnect 이벤트).

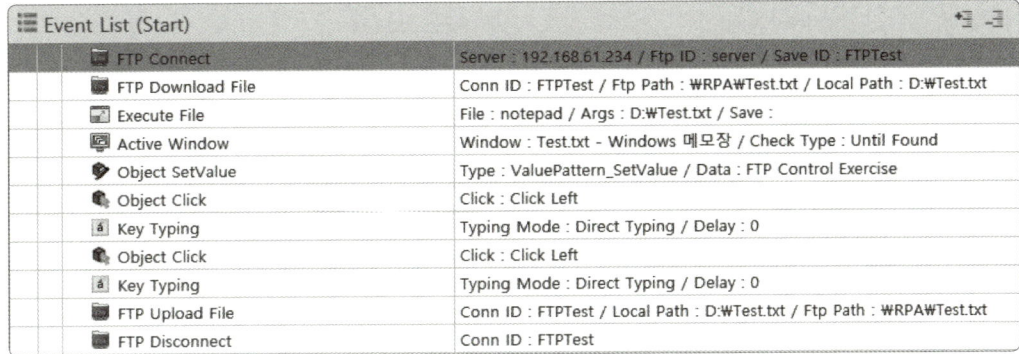

시나리오 Event List

2. **FTP Connect 이벤트:** FTP에 연결하고자 다음과 같이 설정한다.

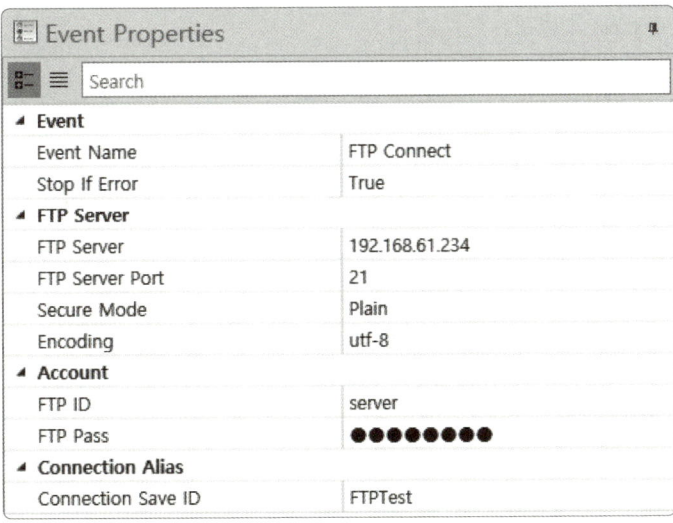

FTP Connect 이벤트의 Properties

3. **FTP Download File 이벤트:** 특정 경로의 파일을 다운로드받고자 다음과 같이 설정한다.

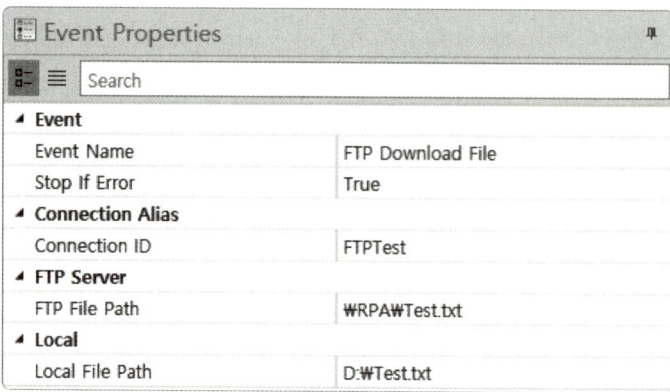

FTP Download File 이벤트의 Properties

4. **Execute File 이벤트:** 다운로드받은 메모장 파일(Test.txt)을 열고자 다음과 같이 설정한다.

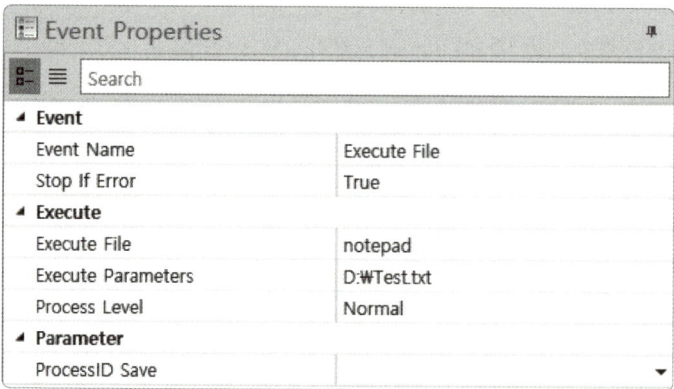

Execute File 이벤트의 Properties

5. **Active Window 이벤트:** 4번에서 실행한 메모장 파일을 활성화하고자 다음과 같이 설정한다.

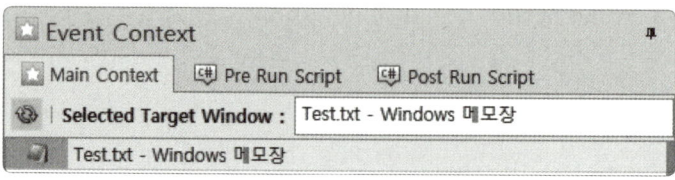

Active Window 이벤트의 Context

6. **Object SetValue 이벤트:** 메모장 파일에 값을 입력하고자 다음과 같이 설정한다.

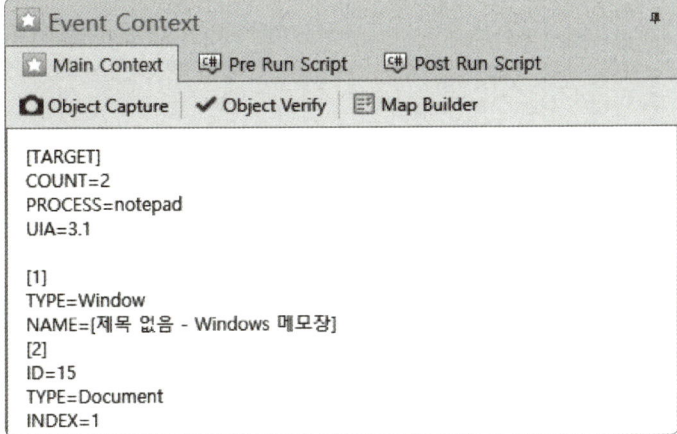

Object SetValue 이벤트의 Context

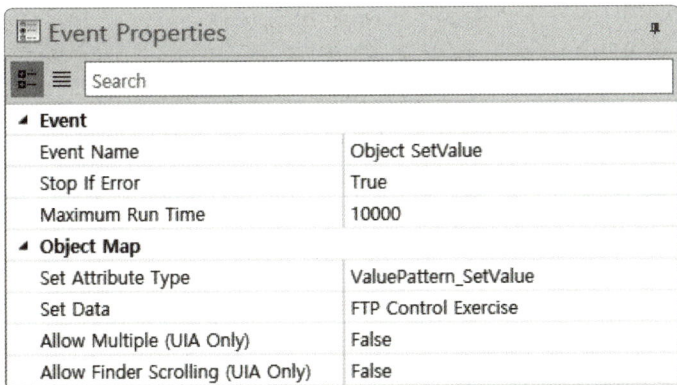

Object SetValue 이벤트의 Properties

7. **첫 번째 Object Click 이벤트:** 메모장 프로그램의 [파일(F)] 메뉴를 클릭하고자 다음과 같이 설정한다.

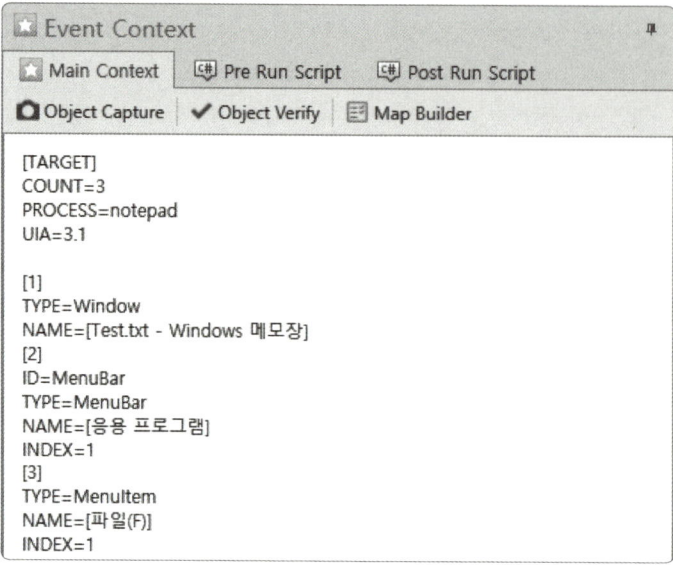

Object Click 이벤트의 Context

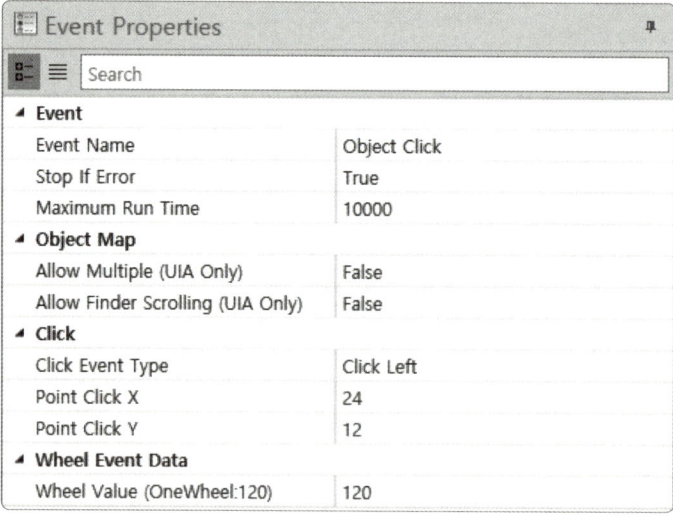

Object Click 이벤트의 Properties

8. **첫 번째 Key Typing 이벤트:** 값이 입력된 메모장 파일을 저장하고자 7번 첫 번째 Object Click 이벤트에서 클릭한 [파일(F)] 메뉴에서 아래로 4번 이동하여 [저장(S)] 메뉴를 클릭할 수 있도록 다음과 같이 설정한다.

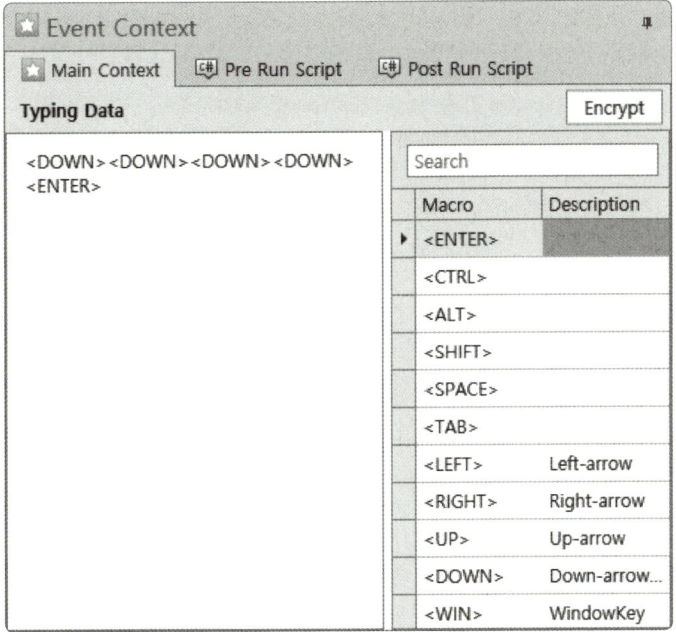

Key Typing 이벤트의 Context

9. **두 번째 Object Click 이벤트:** 7번 첫 번째 Object Click 이벤트에서와 마찬가지로 메모장에서 [파일(F)] 메뉴를 클릭하고자 다음과 같이 설정한다.

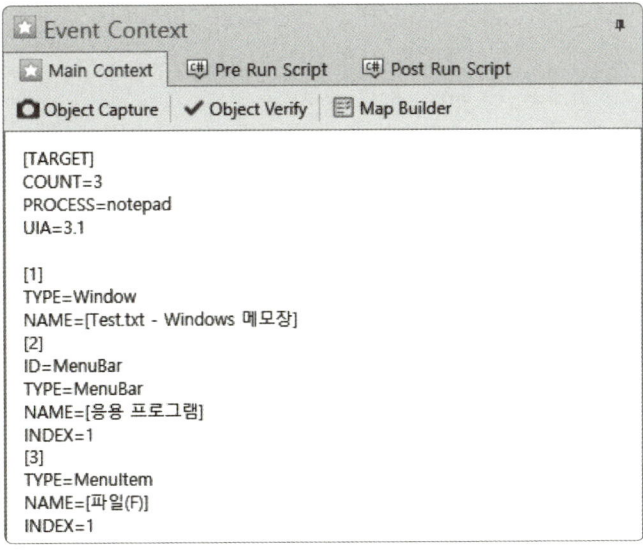

Object Click 이벤트의 Context

10. **두 번째 Key Typing 이벤트:** 메모장을 종료하고자 9번 두 번째 Object Click 이벤트에서 클릭한 메뉴에서 [끝내기(X)] 메뉴의 단축키인 <X>를 눌러 종료하고자 다음과 같이 설정한다.

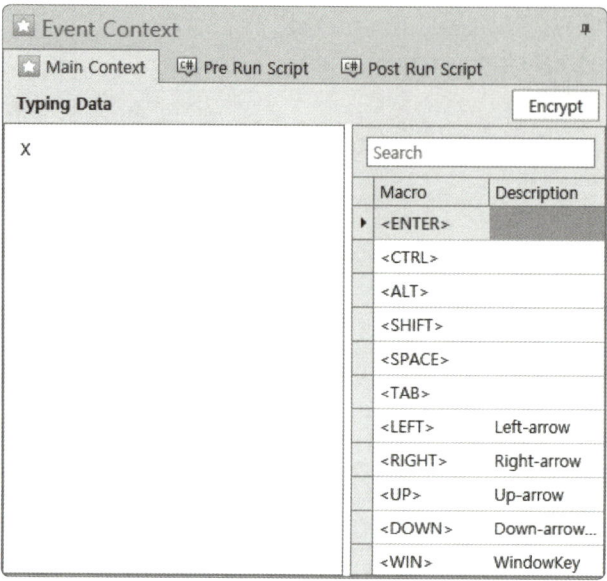

Key Typing 이벤트의 Context

11. **FTP Upload File 이벤트:** 작업을 끝낸 메모장 파일을 다시 FTP로 업로드하고자 다음과 같이 설정한다.

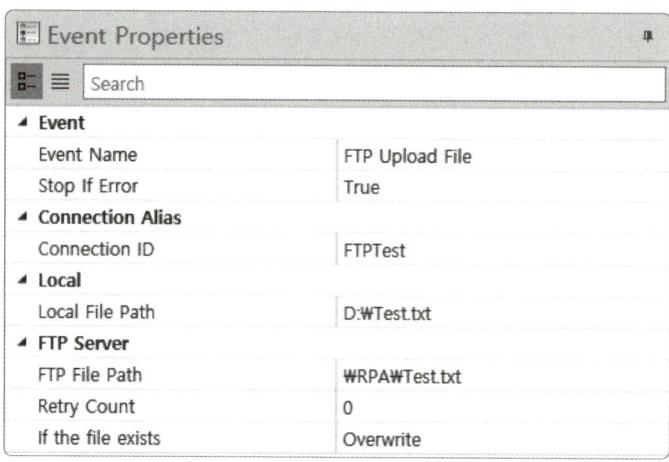

FTP Upload File 이벤트의 Properties

12. **FTP Disconnect 이벤트:** 업로드가 끝난 후 2번 FTP Connect 이벤트에서 연결한 FTP의 연결을 끊고자 다음과 같이 설정한다.

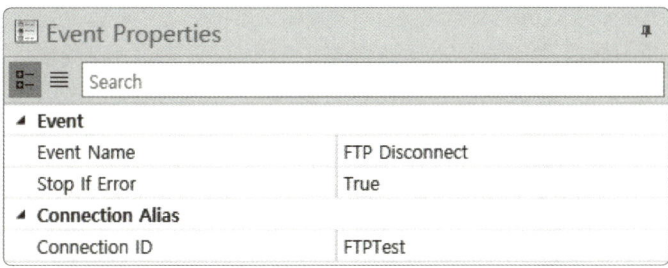

FTP Disconnect 이벤트의 Properties

13. **수행 결과:** 다음과 같이 수정한 메모장 파일이 FTP 서버로 업로드된 것을 확인할 수 있다.

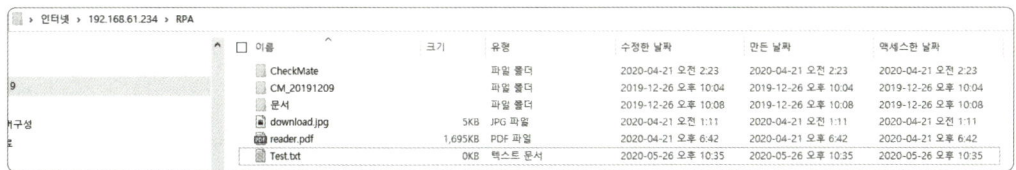

시나리오 실행 전

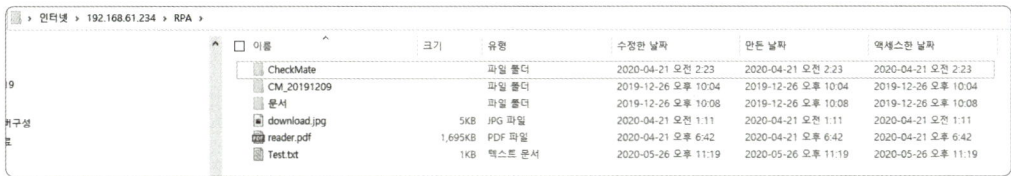

시나리오 실행 후

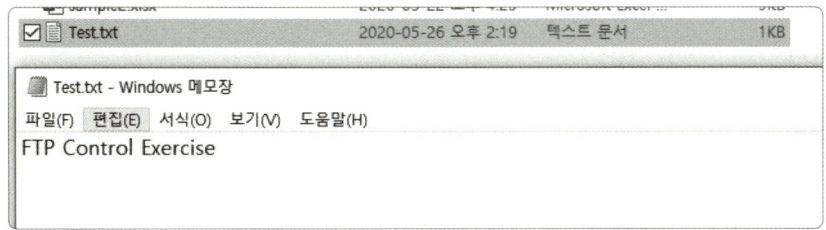

시나리오 실행 결과

2 SSH, Telnet 다루기

윈도우의 원격 데스크톱 연결(RDP)이 원격 컴퓨터의 그래픽 기반 데스크톱 UI 환경을 그대로 제공해주는 반면, SSH나 Telnet은 원격지 컴퓨터의 텍스트 기반 터미널에 연결한다는 점에서 차이가 있으며 연결된 터미널로 명령어 문자열을 전달하여 필요한 작업을 실행한다.

SSH(Secure Shell)와 Telnet(Telecommunications Network) 모두 UI 측면에서 볼 때 터미널 연결 방식의 사용 환경이라는 점에서 매우 비슷하다. 그러나 Telnet은 네트워크에서 전송되는 데이터의 보안이 취약하지만, SSH는 다양한 암호화 기법을 사용하여 데이터를 전달하므로 보안성이 강하다는 장점이 있다.

이어서 CheckMATE의 Telnet과 SSH Control 이벤트를 이용하여 원격 서버에 연결하고 명령어를 처리하는 방법에 대해 알아본다.

2.1 SSH, Telnet 서버 연결/해제

CheckMATE를 이용하여 SSH나 Telnet 서버에 접속하려면 SSH 연결은 SSH Connect 이벤트를 사용하고 Telnet 연결은 Telnet Connect 이벤트를 사용한다.

SSH Server / Telnet Server

접속하려는 SSH 혹은 Telnet 서버의 주소를 입력한다.

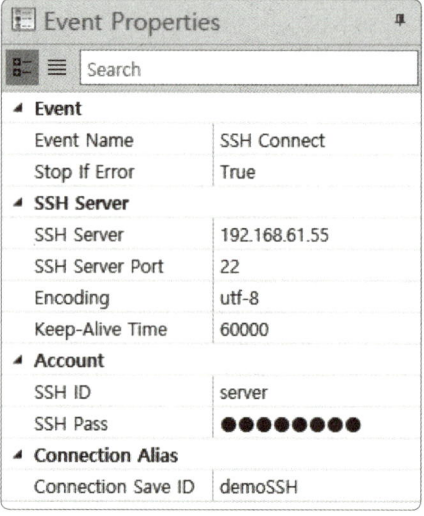

SSH Connect 이벤트의 Properties

SSH Server Port / Telnet Server Port

접속할 포트 번호를 지정한다. SSH는 22번, Telnet은 23번이 기본값이다.

SSH ID / Telnet ID

접속 권한이 있는 계정의 아이디를 입력한다.

SSH Pass / Telnet Pass

접속 권한이 있는 계정의 비밀번호를 입력한다.

Connection Save ID

Alias ID를 입력한다. Alias ID는 연결된 하나 혹은 다수의 세션이 시작부터 종료까지, 즉 연결부터 해제까지의 전체 과정 동안 해당 세션을 구분할 수 있는 인식표 역할을 하기 때문에 반드시 입력해야 하며 세션마다 고유한 값이어야 한다.

연결 결과가 UI에 나타나지는 않으며 지정한 시간 동안 CheckMATE가 연결된 세션을 유지 관리한다.

SSH 혹은 Telnet을 이용한 작업을 끝낸 다음 연결된 접속을 해제하려면 SSH Disconnect 이벤트 혹은 Telnet Disconnect 이벤트를 사용한다. 이때 연결을 해제하려면 Alias ID만 지정하면 된다. 그러면 CheckMATE가 접속을 해제한다.

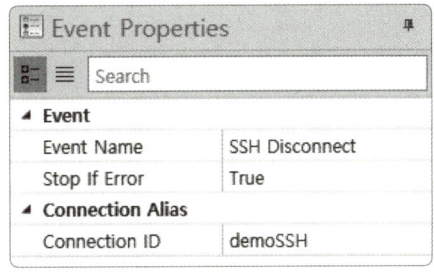

SSH Disconnect 이벤트의 Properties

Connection ID

Connect 이벤트에서 지정해 준 Alias ID를 입력한다.

2.2 SSH, Telnet 서버 명령어 실행하기

Command 이벤트를 이용하여 SSH나 Telnet 서버에서 원하는 명령을 실행할 수 있다. Command 이벤트를 사용하려면 사전에 Connect 이벤트로 SSH 혹은 Telnet 서버에 접속해야 하며, SSH 명령어 전달은 SSH Command 이벤트를 사용하고 Telnet 명령어 전달은 Telnet Command 이벤트를 사용한다. 여기서는 다음과 같이 'uname -a'라는 명령어를 사용한다.

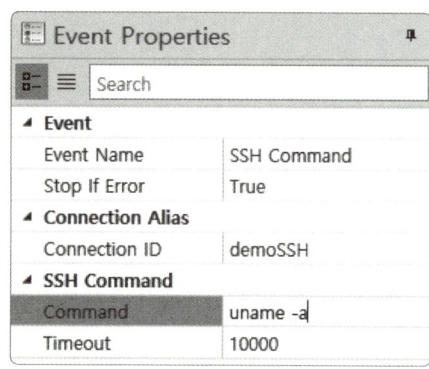

Connection ID

Connect 이벤트에서 지정한 Alias ID를 입력한다.

Command

SSH 혹은 Telnet을 통해 수행하고자 하는 명령어를 입력한다.

SSH Command 이벤트의 Properties

명령어의 실행 결과가 UI에 나타나지는 않지만, 다음 그림과 같이 Context 메뉴에서 C# 코드의 string 타입 변수를 이용하면 서버에서 반환된 실행 결과를 확인할 수는 있다.

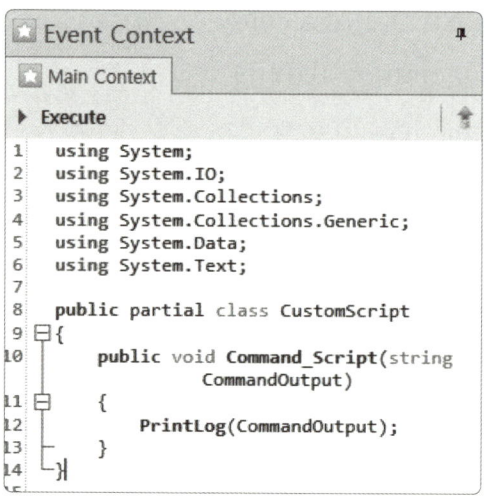

실행 결과 확인용 C# 코드

앞의 이벤트 Properties그림에서 'uname -a'라는 명령을 실행한 결과를 Context 메뉴의 스크립트로 로그로 확인해보면 다음과 같이 출력된다. 참고로 'uname -a' 라는 명령어는 대상 서버의 시스템 정보를 모두 출력하는 명령어이다.

SSH Command 이벤트 실행 결과

Command 이벤트에 사용할 수 있는 명령어는 이와 같은 단순한 정보 조회 명령어뿐 아니라 SSH나 Telnet에서 실행할 수 있는 것은 모두 가능하다.

2.3 [따라 하기] SSH로 정보 확인 후 이메일 발송

SSH로 서버에 접속한 후 해당 경로 내 폴더와 파일 정보를 확인하고 이메일로 발송하는 시나리오를 구현해 보자.

선결 조건

SSH로 접속할 수 있는 서버를 준비해둔다.

---

1. Event Components에서 다음 Event List와 동일하게 필요한 이벤트를 드래그앤드롭한다(SSH Connect 이벤트, SSH Command 이벤트, SSH Disconnect 이벤트, SMTP Mail Send 이벤트).

시나리오 Event List

2. **SSH Connect 이벤트:** 서버에 SSH로 접속하고자 다음과 같이 서버 정보를 입력한다.

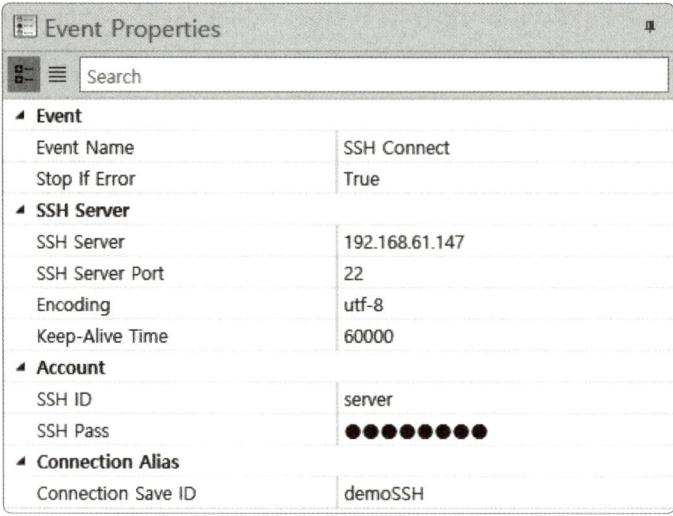

SSH Connect 이벤트의 Properties

3. **SSH Command 이벤트:** 접속된 서버에 명령어를 입력하고 그 결과를 변수에 저장하고자 변수(예: sSSHResult)를 선언 후 다음과 같이 설정한다. 여기서는 파일과 폴더 정보를 출력하는 'ls -al' 명령어를 사용했다.

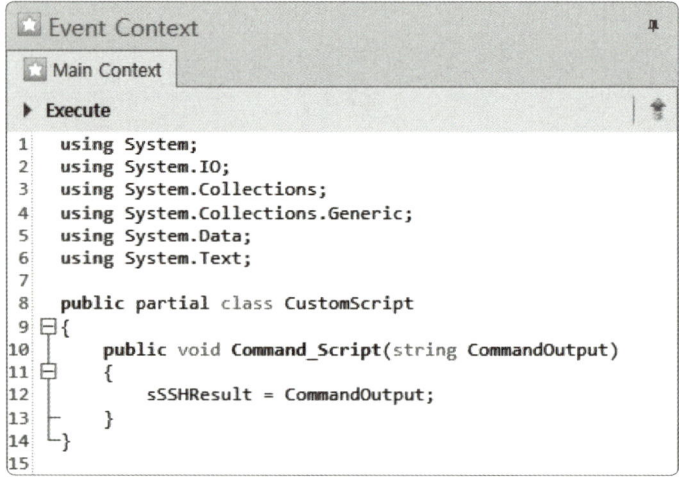

SSH Command 이벤트의 C# 코드

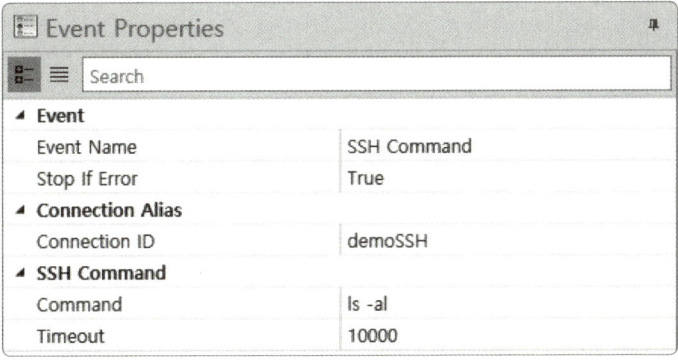

SSH Command 이벤트의 Properties

4. **SSH Disconnect 이벤트:** 작업을 완료한 후 접속을 끊으려면 다음과 같이 설정한다.

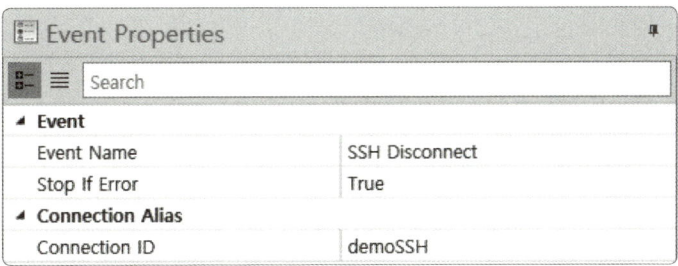

SSH Disconnect 이벤트의 Properties

5. **SMTP Mail Send 이벤트:** 3번 SSH Command 이벤트로 수행한 결과를 이메일로 발송하고자 다음과 같이 설정한다.

```csharp
using System;
using System.IO;
using System.Collections;
using System.Collections.Generic;
using System.Data;
using System.Text;

public partial class CustomScript
{
    public void PreRun(EvPPEntry_MailSend EntryData)
    {
        EntryData.MailSubject = "[RPA] SSH Command Result";
        EntryData.MailBody = sSSHResult;
    }
}
```

SMTP Mail Send 이벤트의 C# 코드

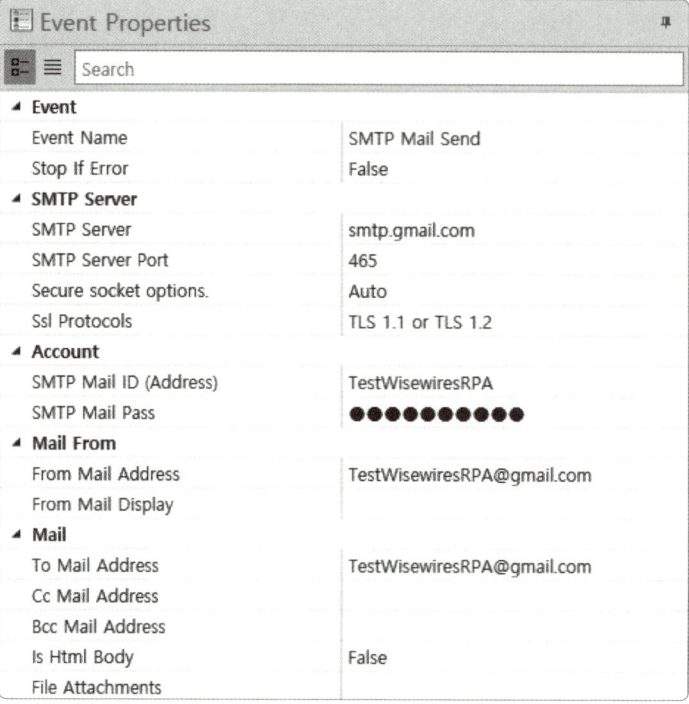

SMTP Mail Send 이벤트의 Properties

6. **수행 결과:** 5번 SMTP Mail Send 이벤트를 통해 발송한 이메일이 다음과 같이 수신된 것을 확인할 수 있다. 메일 내용은 'ls -al' 명령어의 실행 결과다.

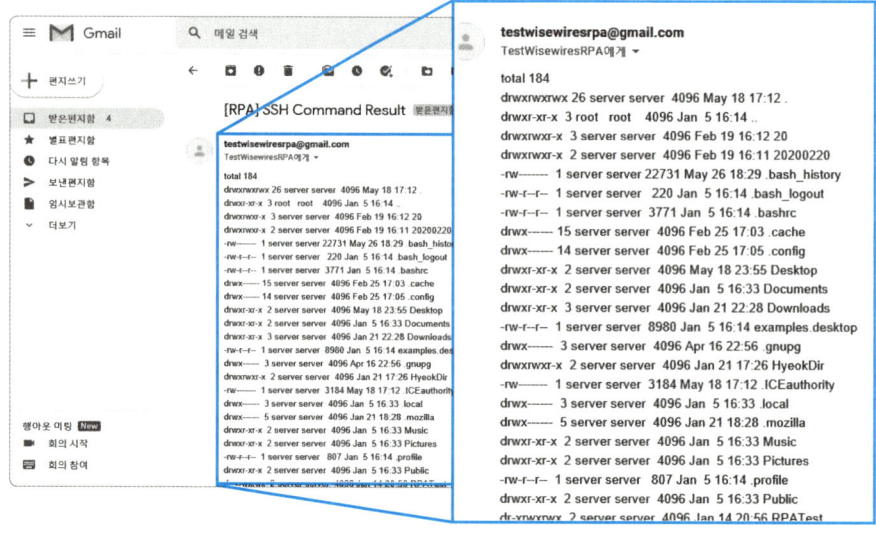

시나리오 실행 결과

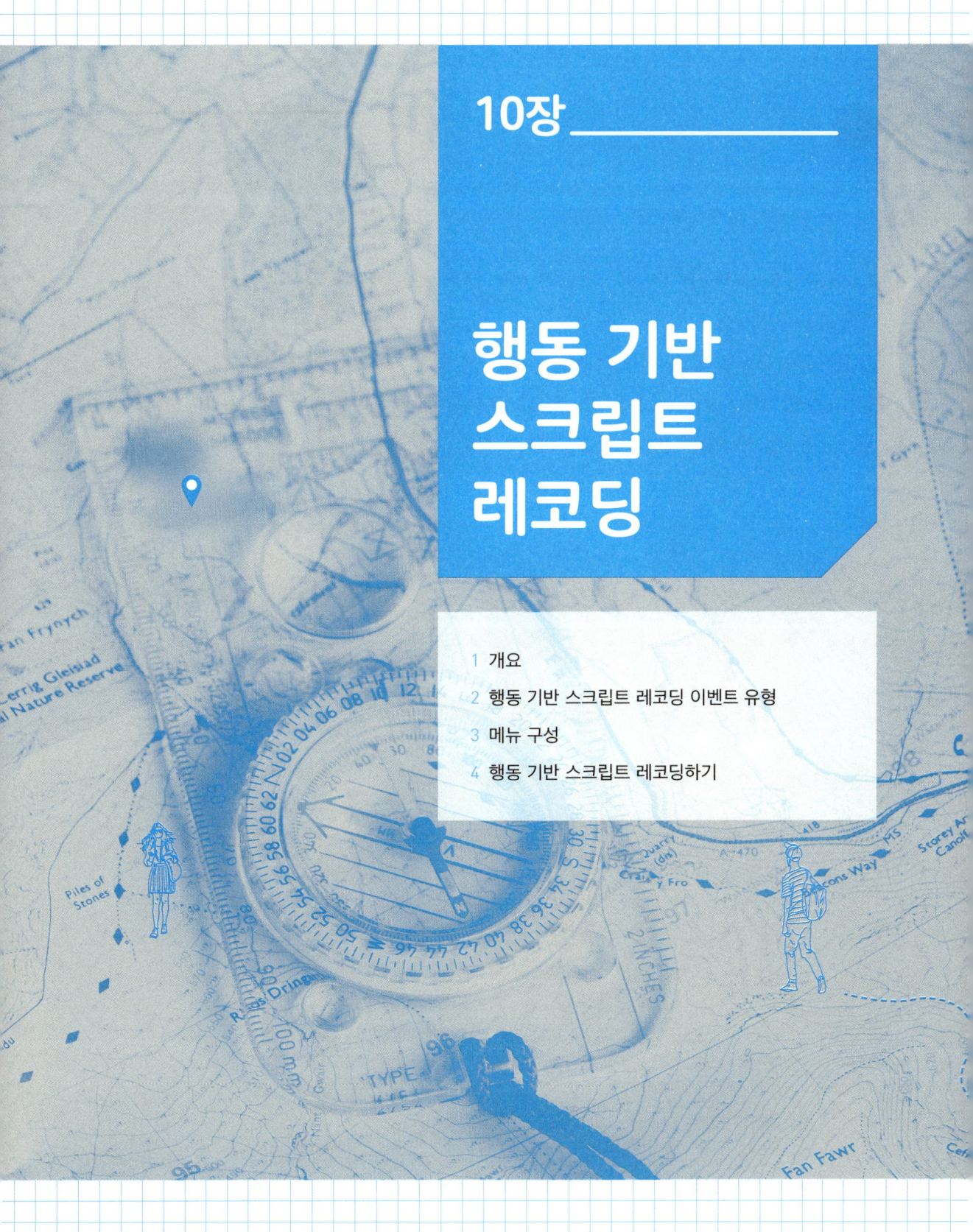

10장

행동 기반 스크립트 레코딩

1 개요
2 행동 기반 스크립트 레코딩 이벤트 유형
3 메뉴 구성
4 행동 기반 스크립트 레코딩하기

1 개요

Active Sync Recording은 간단한 조작으로 행동 기반 스크립트를 작성할 수 있는 기능으로, 이를 활용하면 더 쉽게 스크립트를 작성할 수 있다. 즉, 실제 업무 수행을 단계별로 재연하면 그 동작을 자동으로 레코딩하여 이벤트 단위로 변환한다. CheckMATE의 모든 이벤트를 지원하지는 않지만, 이미지나 오브젝트, 웹(HTML) 등 자주 사용하는 이벤트는 지원하므로 실제 스크립트를 작성할 때 간편하고 유용하게 활용할 수 있다.

② 행동 기반 스크립트 레코딩 이벤트 유형

1. 이미지 유형

- **Fixed Size Box(고정 이미지 클릭):** 고정된 크기만큼 이미지를 인식하여 동작하는 기능으로, <Ctrl> + <Shift> 키를 눌러 고정된 이미지 크기를 변경할 수 있음(Image Click 이벤트와 동일, Properties 설정 가능)
- **Auto Detection(자동 인식 이미지 클릭):** 선택되는 개체에 맞게 이미지 크기를 자동 조절하며 인식하여 동작하는 기능(Image Click 이벤트와 동일, Properties 설정 가능)
- **For Verification:** Image Check 이벤트와 같으며 <Ctrl> + <Shift> 키를 눌러 고정된 이미지 크기를 변경할 수 있음

2. 오브젝트 유형

- **Object Click:** Object Click 이벤트와 동일
- **Object GetValue:** Object GetValue 이벤트와 동일
- **Object SetValue:** Object SetValue 이벤트와 동일

5. HTML 유형

- **HTML GetValue:** HTML GetValue 이벤트와 동일
- **HTML SetValue:** HTML SetValue 이벤트와 동일

4. Key 유형

- **Key Typing:** Key Typing 이벤트와 동일

3 메뉴 구성

1. Recording Options

- **Start Recording:** Active Sync Recording 시작
- **Event Remove:** 레코딩한 이벤트 단일 선택 삭제
- **Event Clear:** 레코딩한 이벤트 전체 삭제
- **Event List Export:** 레코딩한 이벤트를 스크립트로 저장
- **Zoom In:** 레코딩한 결과 이미지를 확대
- **Zoom Out:** 레코딩한 결과 이미지를 축소
- **Process Execute:** 프로세스 실행(실행 경로와 파라미터 설정)
- **Internet Explorer:** 인터넷 익스플로러 실행(URL 주소와 최대화 설정)
- **Chrome:** 크롬 브라우저 실행(URL 주소와 최대화 설정)

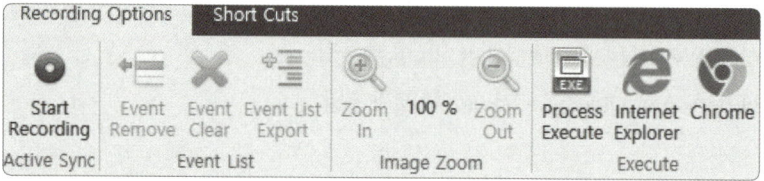

Active Sync Recording 메뉴 구성

2. Short Cuts

- Active Sync Recording에서 제공하는 이벤트를 스피드 팝업(Speed Popup)이나 개별 단축키로 선택 가능

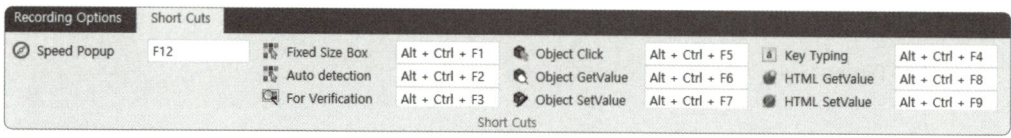

Active Sync Recording Short Cuts

④ 행동 기반 스크립트 레코딩하기

Task Builder 리본 메뉴에 있는 <Active Sync Recording> 버튼을 클릭하면 Active Sync Recording 창으로 진입하게 되며 다음 그림과 같은 리본 메뉴가 등장한다.

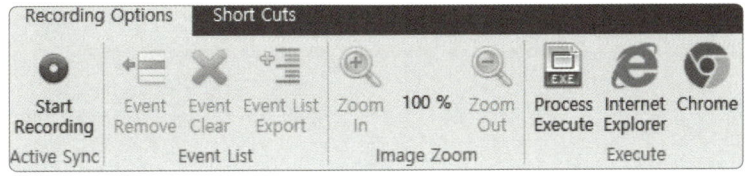

Active Sync Recording 메뉴

<Start Recording> 버튼을 클릭하면 레코딩이 시작되며 다음 그림과 같은 창에서는 수행한 동작만큼 Recording Count가 올라간다.

Active Sync Recording의 Recording Count

레코딩이 시작되면 <F12> 키를 눌러보자. 그러면 다음 그림과 같이 Active Sync Recording에서 사용할 수 있는 이벤트 리스트가 있는 팝업 창이 생성된다.

그러면 Active Sync Recording을 이용하여 네이버에서 특정 사이트에 접속하는 태스크를 만들어 보자.

Task Builder에서 <Active Sync Recording> 버튼을 눌러 Active Sync Auto Recording으로 진입한 후 [Recording Options] 탭의 [Execute] 메뉴에서 크

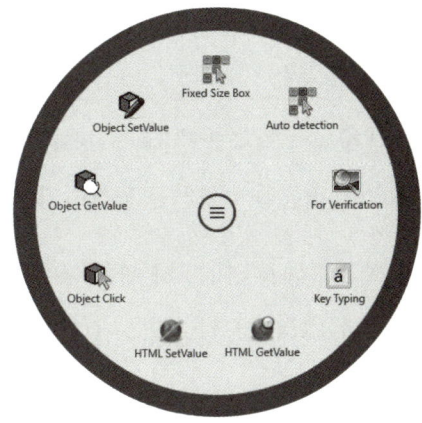

Active Sync Recording의 Speed Popup 메뉴

롬(Chrome)이나 인터넷 익스플로러(Internet Explorer)를 선택한다.

그런 다음 그림과 같이 URL과 최대화 옵션을 선택한 뒤 <Save> 버튼을 눌러 크롬을 실행한다.

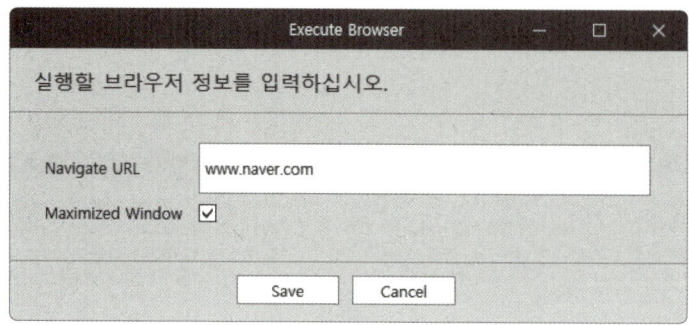

Active Sync Recording의 Execute Browser

이로써 네이버의 메인 페이지에 접속했다. <F12>를 눌러 스피드 팝업을 띄우거나 개별 단축키로 Fixed Size Box(이미지 클릭)를 선택한다. 이때 이미지를 선택하면 Recording Count가 1로 늘어난 것을 확인할 수 있다. 이는 한 가지 동작이 레코딩 되었음을 의미한다.

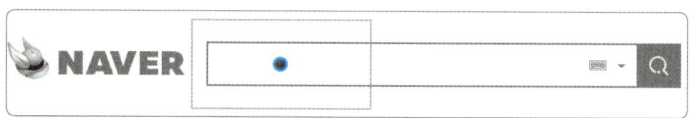

Fixed Size Box를 사용한 캡처

검색창을 클릭했으면 Key Typing 이벤트를 활용하여 검색창에 '와이즈와이어즈'를 입력하고 검색 버튼을 클릭하는 동작까지 수행해보자.

검색 결과에서 <F12>나 개별 단축키로 Auto Detection(이미지 클릭)을 선택한 다음, 와이즈와이어즈의 URL을 그림과 같이 선택한다.

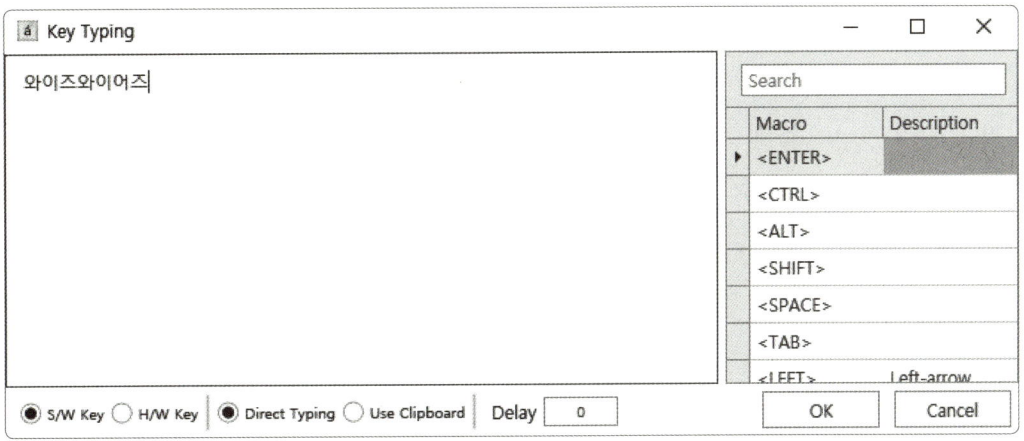

Active Sync Recording의 Key Typing

네이버 검색 결과

그리고 [회사소개] 탭의 [인사말]을 선택한다. 그러나 Fixed Size Box나 Auto Detection으로는 드롭다운 메뉴가 보이지 않으므로 선택할 수 없다. 이럴 때는 <F12>나 개별 단축키로 HTML SetValue를 선택 후 [회사소개] 탭에 마우스를 올려보면 드롭다운 메뉴가 다음 그림과 같이 펼쳐지는 것을 확인할 수 있다. 이후 [인사말]을 클릭하고 HTML SetValue 팝업 창에서 click()을 선택한 다음 인사말로 이동하여 동작을 끝낸다.

HTML SetValue를 사용한 드롭다운 메뉴 선택

레코딩 할 동작을 모두 수행한 후 Recording Count 창의 <Stop> 버튼을 클릭해보자. 그러면 다음 그림과 같이 Event List에 수행한 동작이 이벤트로 나타나 있는 것을 확인할 수 있다.

Active Sync Recording으로 자동 생성된 Event List

또한, 다음 그림과 같이 레코딩한 이벤트를 좀 더 세밀하게 조정하거나 속성을 설정할 수도 있다.

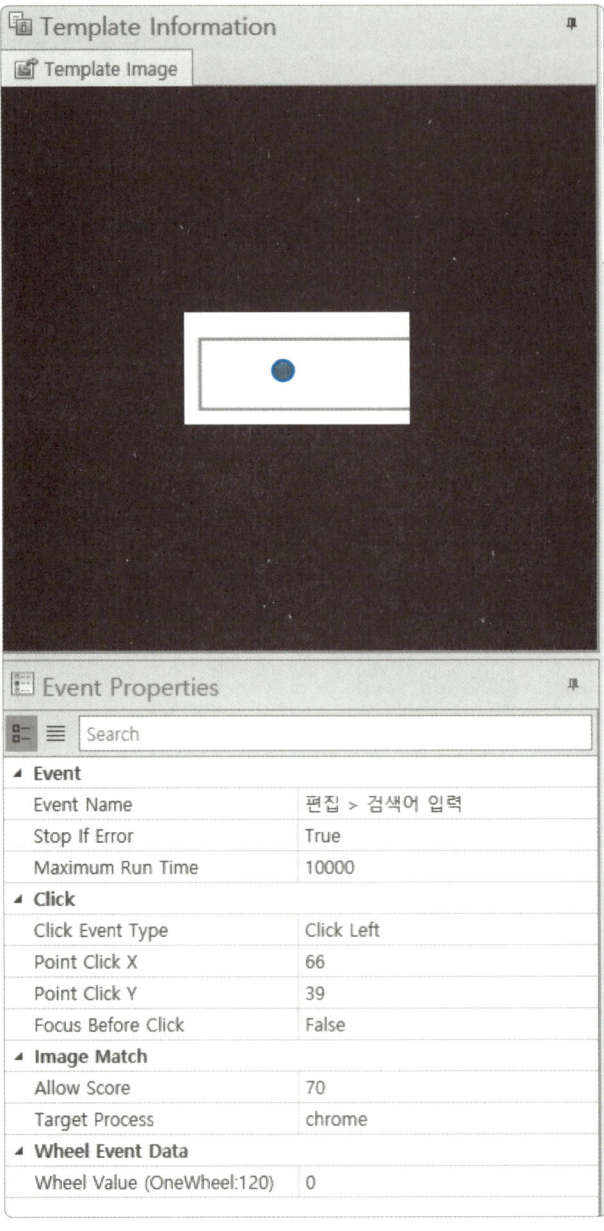

Fixed Size Box로 캡처한 결과

레코딩한 해당 이벤트를 태스크에 적용해보자. 리본 메뉴에서 <Event List Export> 버튼을 클릭하면 다음 그림과 같이 새로운 트랜잭션을 생성하거나 기존에 있는 트랜잭션을 선택하여 이벤트를 내보내기(Export) 할 수 있다. 여기서는 새로운 트랜잭션을 생성한 다음 내보내기 해보자. 다음 그림과 같이 레코딩한 이벤트가 트랜잭션에 추가된 것을 확인할 수 있다.

Active Sync Recording으로 자동 생성된 태스크

이후 <Play Script(F5)> 버튼으로 구현한 스크립트를 실행하면 최종적으로 다음과 같은 페이지가 나타나며 스크립트가 성공적으로 수행되었음을 확인할 수 있다.

Active Sync Recording으로 생성된 태스크 실행 결과

이처럼 Active Sync Recording은 사용자 행동 기반 레코딩이라고도 하며, 지원 가능한 범위에서 실제 사람의 업무 수행을 그대로 레코딩하는 것만으로도 간단히 자동화 스크립트를 구현할 수 있다. 특히 업무 자동화를 구현하고자 할 때 개발 언어를 모르더라도 쉽게 구현하는 방법을 제공한다는 점에서 그 의미가 크다 하겠다. 또한, 부수적으로 드롭다운 메뉴와 같이 선택 이후 다른 부분을 클릭하거나 할 경우 자동으로 닫히거나 안 보이게 될 때는 이미지나 오브젝트를 선택하기가 어려운데, Active Sync Recording을 활용하면 이런 문제를 간단하게 해결할 수 있다. 이러한 특징 덕분에 초보자뿐 아니라 경험이 많은 개발자도 이 기능을 자주 활용한다.

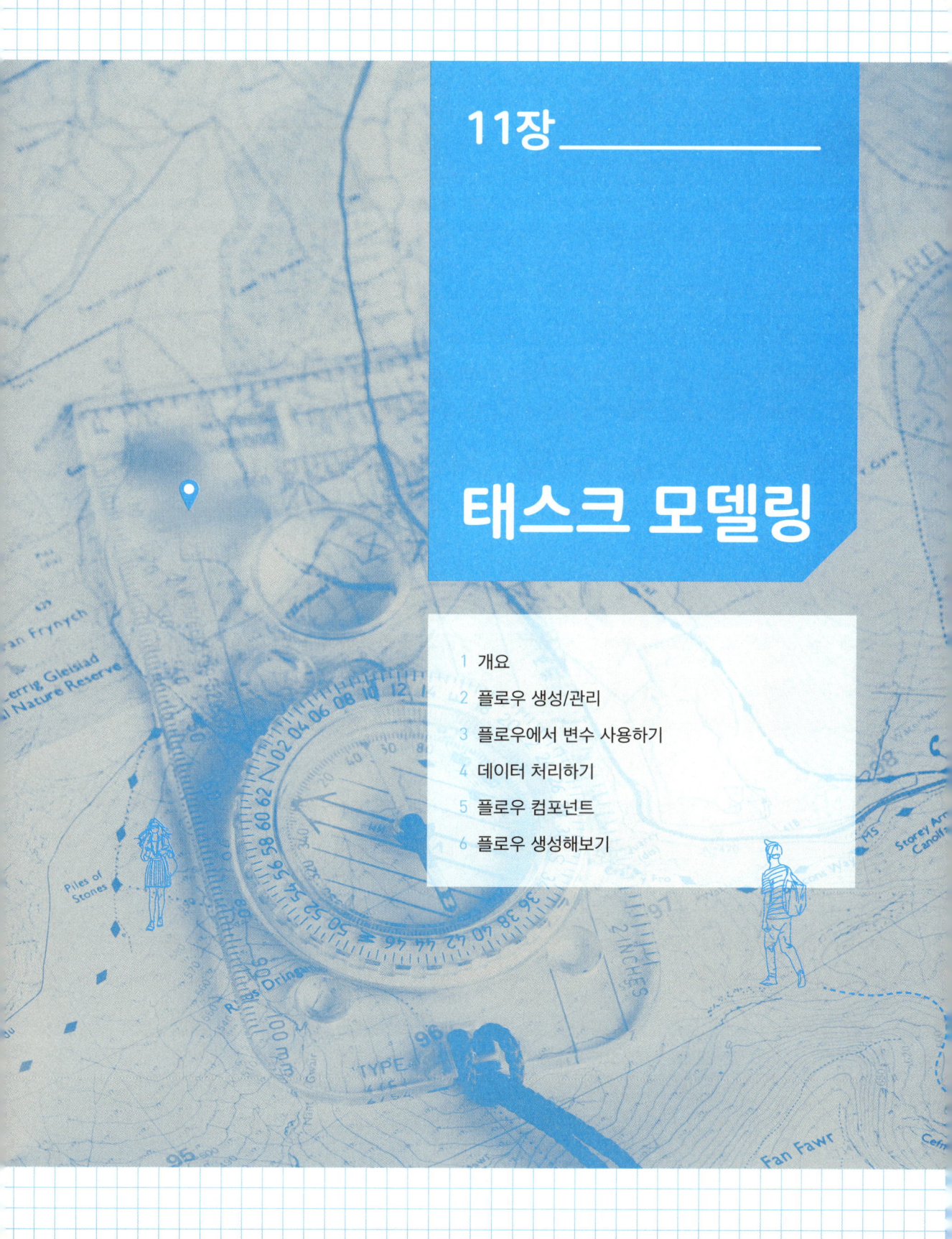

11장

태스크 모델링

1 개요
2 플로우 생성/관리
3 플로우에서 변수 사용하기
4 데이터 처리하기
5 플로우 컴포넌트
6 플로우 생성해보기

1 개요

Flow Builder는 플로우(Flow)를 생성하여 태스크 스크립트 배치와 구성을 좀 더 유연하게 활용할 수 있게 해주는 기능이다. 플로우는 시작 지점과 종료 지점 사이에 여러 개의 태스크(Task)를 배치하고 이를 화살표로 연결하여 연속으로 태스크를 수행하는 일련의 흐름도다. 또한, 다양한 분기 조건을 정의하여 조건에 따른 동적인 수행도 구성할 수 있다.

예를 들어, 업무가 하나의 태스크로 끝나지 않고 여러 태스크를 수행해야 하는 업무라면 다음에 볼 그림과 같이 플로우를 구성하여 차례대로 수행하도록 구성할 수 있을 뿐만 아니라 태스크에 오류가 발생하여 실패한 경우 이를 다시 재시도할 수 있도록 예외 처리도 가능하다.

태스크 내부에서 오류가 발생했을 때 이를 재시도하도록 구현할 수는 있지만, 이는 최소한 특정 프로세스 구간에서 예상할 수 있는 실패 조건에 대한 복구 방법이며 해당 프로세스만 복구하면 전체 업무 수행에 지장이 없을 때 활용 가능하다. 반면 대상 업무에서 사용하는 소프트웨어 자체가 불안정하여 예측할 수 없는 조건에서 오류가 발생하거나 오류가 발생하는 구간이나 조건을 예상하기 어려운 곳에서 수행이 실패한다면 태스크 내부에서의 재시도 방법만으로는 해결할 수 없다. 이럴 경우는 차라리 태스크를 처음부터 다시 시작하는 것이 적절할 수 있다.

Flow Builder는 UI가 매우 직관적이고 간단하므로 개발을 잘 모르는 업무 담당자도 간단하게 조작할 수 있을 뿐만 아니라 업무의 흐름이나 순서가 바뀌는 경우에도 쉽게 수정하여 적용할 수 있다.

태스크에서 변수는 태스크 스크립트 단위로 구별되지만 플로우에서는 1번 태스크 스크립트의 변숫값을 Flow 변수에 연동하여 이 변숫값을 2번 태스크 스크립트에 적용하는 것도 가능하다. 예를 들어 1번 스크립트의 변숫값에 따라 다음에 수행되어야 하는 스크립트가 달라진 다면 어떻게 해야 할까? 이럴 때는 스크립트 변수와 플로우 변수를 연동하여 활용하면 된다.

다음 그림의 플로우는 'RPA-021 Sales Data 등록'(이하 태스크 1) 과 'Result Report'(이하 태스크 2)라는 2개의 태스크로 구성되며 태스크 1의 수행 결과에 따라 진행이 분기된다.

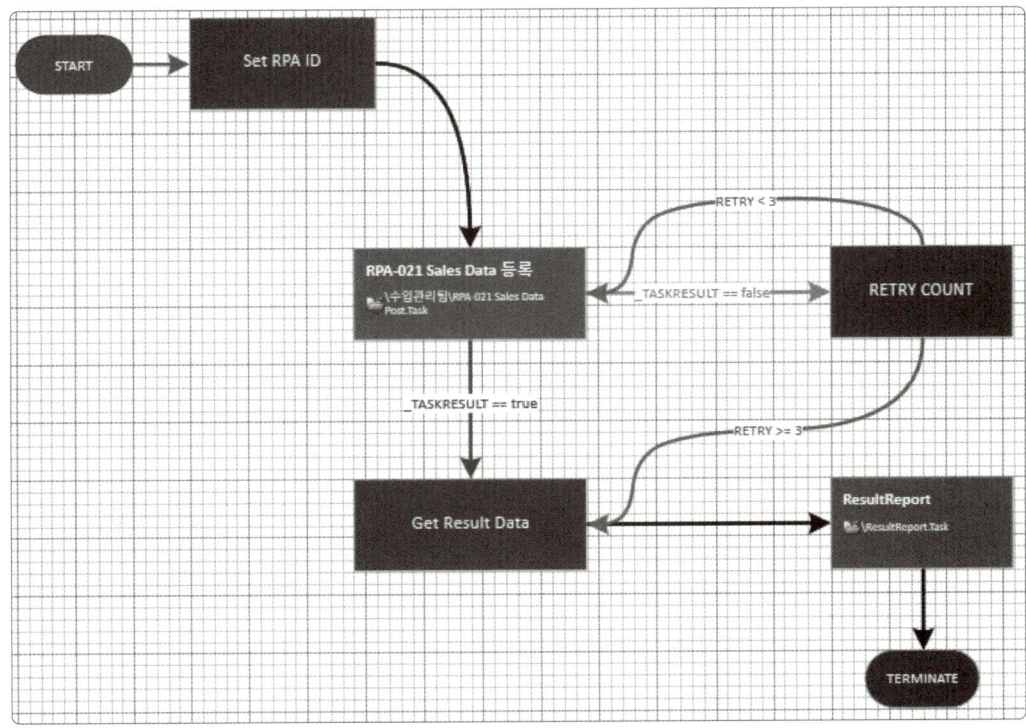

Flow Builder를 사용한 업무 자동화 구현

태스크 1의 수행이 정상적으로 완료되어 _TASKRESULT가 True라면 Get Result Data 스크립트에서 결과를 취합하여 태스크 2에서 결과를 리포트하고 해당 업무는 종료된다.

태스크 1의 수행이 (어떠한 이유든) 실패하여 반환된 _TASKRESULT가 False라면 RETRY COUNT 스크립트로 이동하고 RETRY라는 이름의 플로우 변숫값을 1 증가시킨다. 이후 다시 태스크 1을 재수행하는데, 태스크 1의 수행 결과가 반복하여 실패하는 경우 최대 3회까지 반복한다.

태스크 1이 3회 반복하는 동안 연속하여 수행이 실패했다면 Get Result Data로 이동하여 실패한 내용을 취합하고 태스크 2에서 업무가 실패했음을 담당자에게 알린다.

개발하고자 하는 업무 분석이 끝나고 나면 업무 구현을 위한 설계 단계에 들어가게 된다. 이때 가장 먼저 해야 하는 것이 흐름도(Flow Chart) 설계다. 이 설계 단계에서 예외 처리 부분과 재시도할 부분에 대해 사전 정의를 하지 못하고 개발 단계로 들어서게 되면 불필요한 개발을 하거나 추후 수정에서 많은 시간을 소모하게 된다.

❷ 플로우 생성/관리

Flow Explorer는 'C:₩RPA_Project₩FlowRoot'에 저장된 플로우 스크립트 리스트를 보여주며 여기에서 스크립트를 생성하고 관리할 수 있다.

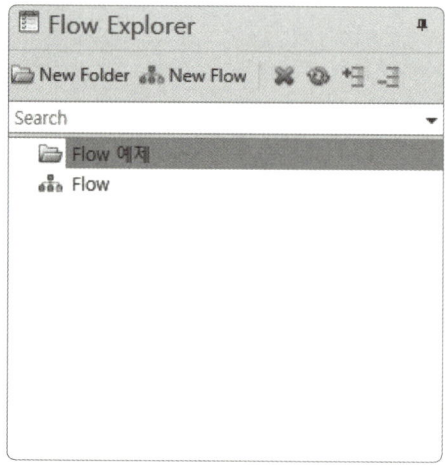

Flow Explorer

❸ 플로우에서 변수 사용하기

플로우(Flow)에서 변수를 사용하려면 Flow Variable에서 변수를 생성해야 한다. 앞서 언급한 바와 같이 플로우 변수는 흐름도에 있는 모든 태스크 스크립트뿐만 아니라 다음에 언급할 Include Data에 있는 데이터와 연동할 수도 있다. 플로우 변수와 태스크 변수의 동기화(Sync)는 같은 타입에만 연결할 수 있으며 동기화의 종류는 Send, Sync, Recv 3가지이다. _TASKRESULT와 같이 밑줄(_)로 시작하는 변수는 CheckMATE에서 기본으로 제공하는 시스템 변수이다.

변수명	형식	기본값	설명
_SERVERCOMMENT	string		봇 수행시 서버로 보고되는 수행 참고값입니다
_TASKRESULT	bool	false	Task 실행 결과
_TASKRESULT_TOTAL	System.Data....		Task 실행 결과 History

CheckMATE System 변수

<변수 추가> 버튼을 클릭하면 다음과 같이 변수명, 형식, 설명, 기본값을 입력하는 창이 나타나는데, 필요한 정보를 입력하고 <Save>를 클릭하면 해당 변수가 저장된다. 플로우 변수와 태스크 변수의 연동 방법은 플로우 생성 및 관리에서 다루도록 하겠다.

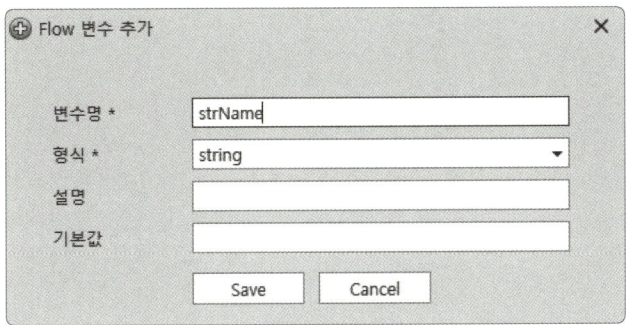

Flow Builder 변수 추가

❹ 데이터 처리하기

Include Data Setting에서는 데이터베이스의 데이터를 가져오거나 .xlsx, .xls, .csv 파일을 읽어와 변수화하여 사용할 수 있는 기능이다. <Include Data ADD> 버튼을 클릭하여 .xlsx 파일을 삽입 데이터(Include Data)로 추가해보자.

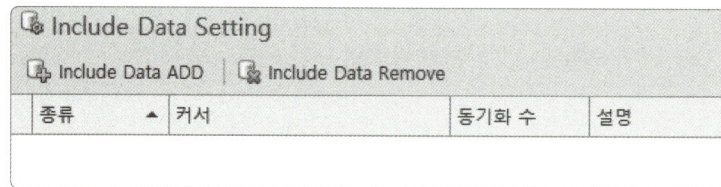

Include Data Setting

먼저 Include Data File을 선택하고 <Next>를 클릭한다.

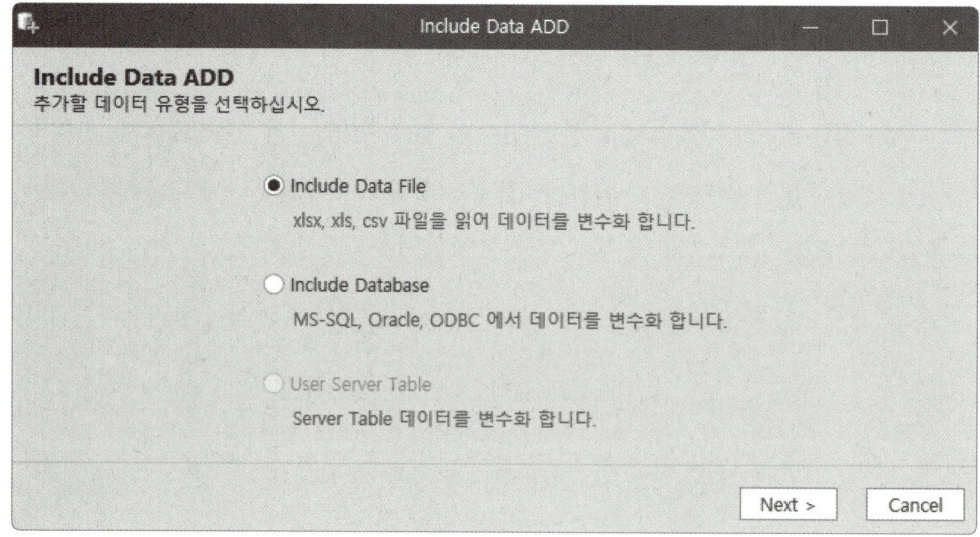

Include Data Setting의 데이터 유형

삽입할 데이터로 사용할 파일을 선택하면 선택된 파일은 'C:\RPA_Project\IncludeData' 경로로 복사되어 관리된다.

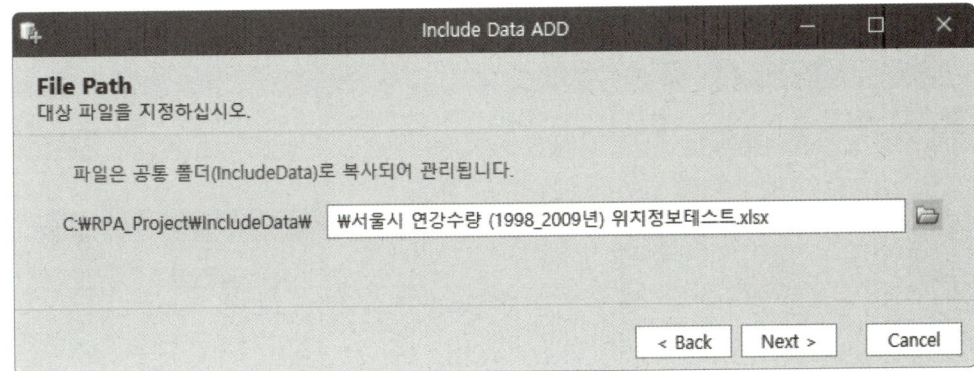

Include Data Setting의 File Path

파일을 선택하고 <Next>를 클릭하면 해당 파일에 있는 데이터 중 사용할 데이터의 시트 번호, 시작 행과 끝 행을 설정하면 지정된 범위의 데이터를 사용할 수 있다.

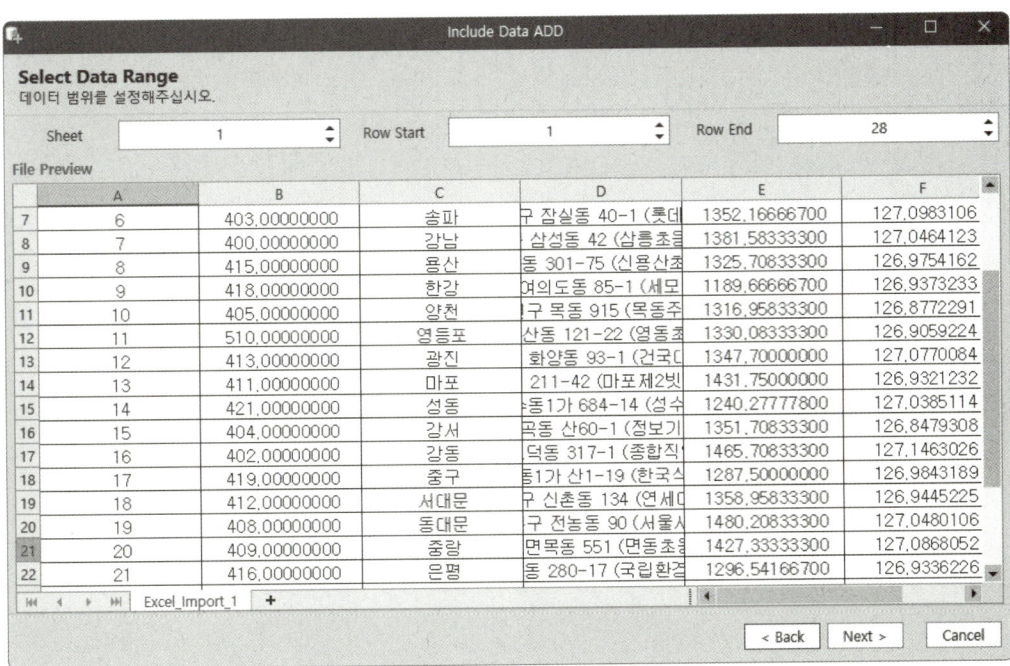

Include Data Setting 사용 데이터 설정

이렇게 선택한 데이터는 플로우 변수에 대입하여 사용하게 된다. 삽입 데이터 중 사용할 데이터를 플로우 변수로 드래그앤드롭하면 다음 그림과 같이 화살표가 생성되는데, 이는 삽입 데이터와 플로우 변수가 연결되었다는 것을 의미한다.

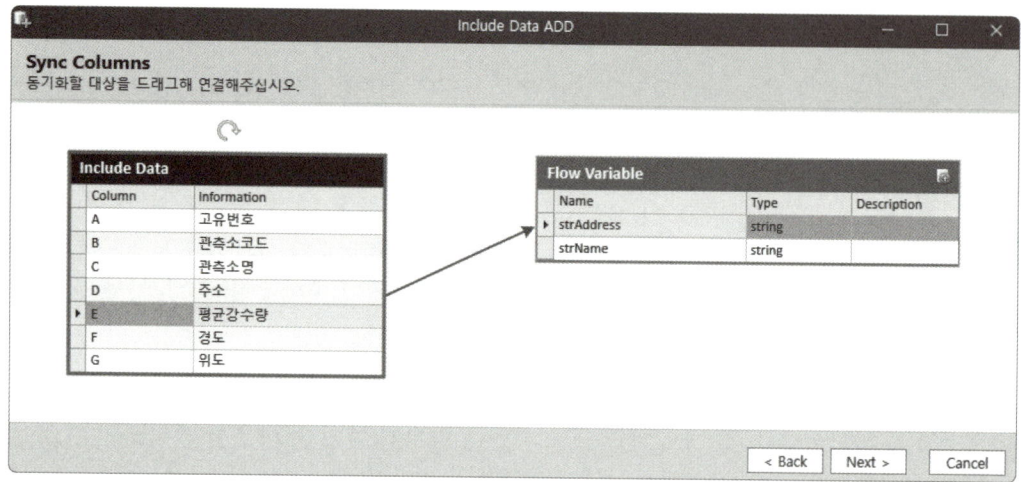

Include Data Setting 데이터 동기화

Include Cursor는 할당된 데이터를 어떻게 사용할 것인지에 대한 옵션이다. Include Cursor 유형은 Private Cursor와 Unique Cursor로 나뉜다.

Private Cursor

- **Sequential Cursor**: 모든 데이터를 차례대로 반복 사용
- **Random Cursor**: 모든 데이터를 랜덤으로 선택 사용

Unique Cursor

- **Use only one**: 할당된 데이터의 첫 줄만 반복 사용
- **Continue using**: 할당된 데이터를 차례대로 반복 사용
- **Use once**: 할당된 데이터를 한 번만 사용

여기서는 다음 그림과 같이 Sequential Cursor로 선택하여 생성해보자.

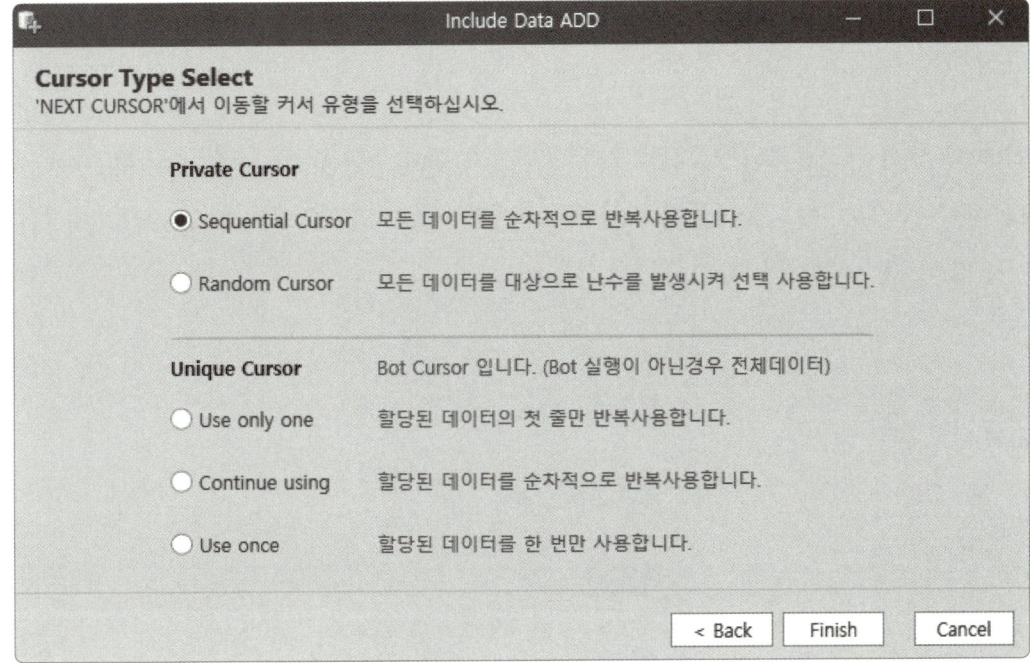

Include Data Setting Cursor Type 선택

모든 설정이 완료되면 다음 그림과 같이 삽입 데이터가 생성된 것을 확인할 수 있다.

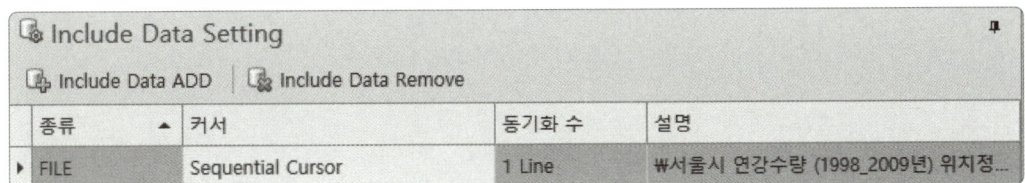

Include Data Setting 설정 완료

5 플로우 컴포넌트

Flow Components는 Flow에 사용되는 컴포넌트로, Task Process, Terminate, Script, Include Cursor Next, TextBox로 구성된다. 항목별로 자세한 내용을 살펴보겠다.

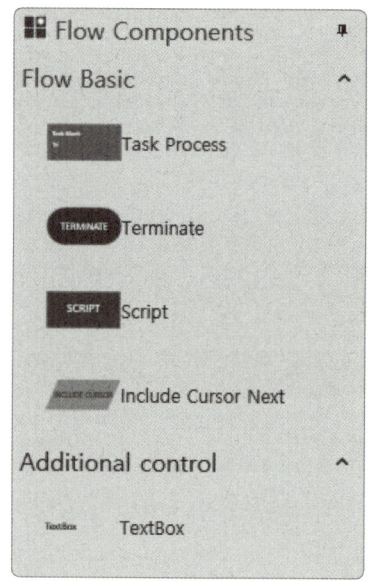

Flow Components

5.1 Task Process

Task Process는 Task Builder에서 작성한 태스크 스크립트를 링크하여 사용하거나 새로 레코딩하여 사용할 수 있는 컴포넌트다. Task Process를 흐름도에 드래그앤드롭하면 Task Process Setting 창이 나온다. 사용할 태스크를 선택하고 Variable Sync를 설정한다. 플로우에서 <Shift> 키를 누른 채로 출발 지점부터 도착 지점까지 드래그하면 흐름이 정해진다.

5.2 Terminate

Terminate는 업무 플로우의 종료를 나타내는 컴포넌트다. 플로우가 성공했는지 실패했는지에 대한 판단은 Terminate까지 플로우가 이동되었는지에 따라 결정된다. 그러므로 Terminate로 가는 연결(Connector) 조건에서 태스크 결과(Task Result)가 False여도 Terminate를 수행했다면 해당 플로우의 수행 결과는 성공으로 간주한다. 따라서 실패했을 때는 결과를 통보하는 프로세스를 추가하는 것이 플로우의 성공 여부를 판단하기 위해 반드시 필요하다.

5.3 Script

Script는 스크립트 코드 기반의 작업을 수행한다. C# 코드를 이용하여 플로우를 보다 유연하고 확장성 있게 사용하게 해준다. 예를 들어 흐름도 안의 스크립트가 어떤 원인에 의해 실패했을 때 이를 3번까지 반복하고 3번 안에 성공했다면 다음 플로우로 넘어가게 하고 3번 이상 실패하면 실패 처리가 되도록 설정하는 등의 작업이 가능하다.

5.4 Include Cursor Next

Include Cursor Next는 삽입 데이터의 행을 변경할 때 사용된다. 삽입 데이터에 사용된 데이터가 n개의 행으로 되어 있고 여러 개의 행을 사용해야 한다면 Include Cursor Next Component를 이용하여 행을 변경해 사용할 수 있다.

5.5 TextBox

TextBox는 FlowChart 내에 설명(Description)을 표시할 때 사용하는 컴포넌트(Component)다. 복잡한 플로우 프로세스이거나 다수가 사용하는 플로우라면 TextBox를 통해 관리하는 것이 효율적이다.

6 플로우 생성해보기

앞서 살펴본 내용을 이용하여 간단한 플로우를 생성해보자. 생성할 플로우는 2개의 태스크를 수행한 후 결과를 이메일로 보고하고 종료하는 것으로, 총 3개의 태스크로 구성된다. 2개의 태스크에는 각각 수행 결과를 로그로 남기는 로직을 넣고 플로우 변수와 연동시켜 2개의 로그를 취합해 이메일로 결과를 전송하는 흐름으로 만들어보자.

Flow Explorer에서 <New Flow> 버튼을 클릭하여 플로우를 생성하면 흐름도에는 START 컴포넌트 하나만 생긴다. 이제 태스크 컴포넌트를 흐름도로 드래그앤드롭하면 다음 그림과 같이 Task Process Setting 창에 태스크 목록이 나타난다.

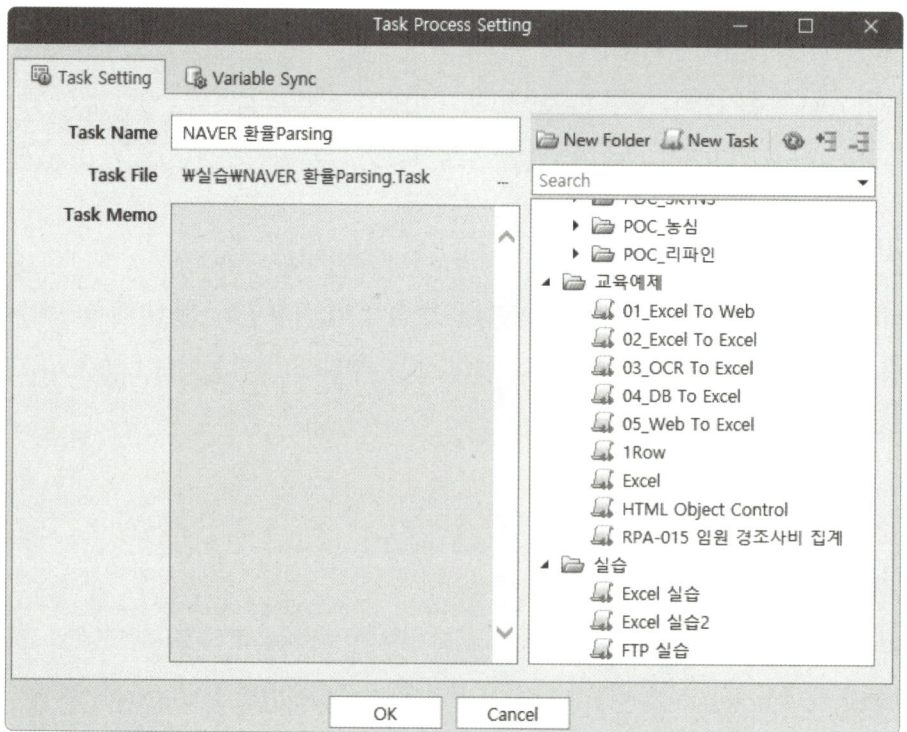

Flow Builder의 태스크 선택 화면

사용할 태스크를 선택하고 <OK> 버튼을 클릭하면 흐름도에 해당 태스크가 추가되어 START와 태스크 컴포넌트가 있게 된다. 위에서 언급한 바와 같이 플로우는 START에서 시작해서 Terminate 컴포넌트로 끝나는 흐름도이다. 그러므로 태스크를 실행하려면 <Shift> 키를 누른 채 START와 태스크, Terminate를 각각 연결해야 한다. 사용할 태스크를 모두 추가한 후 연결하면 다음 그림과 같이 될 것이다.

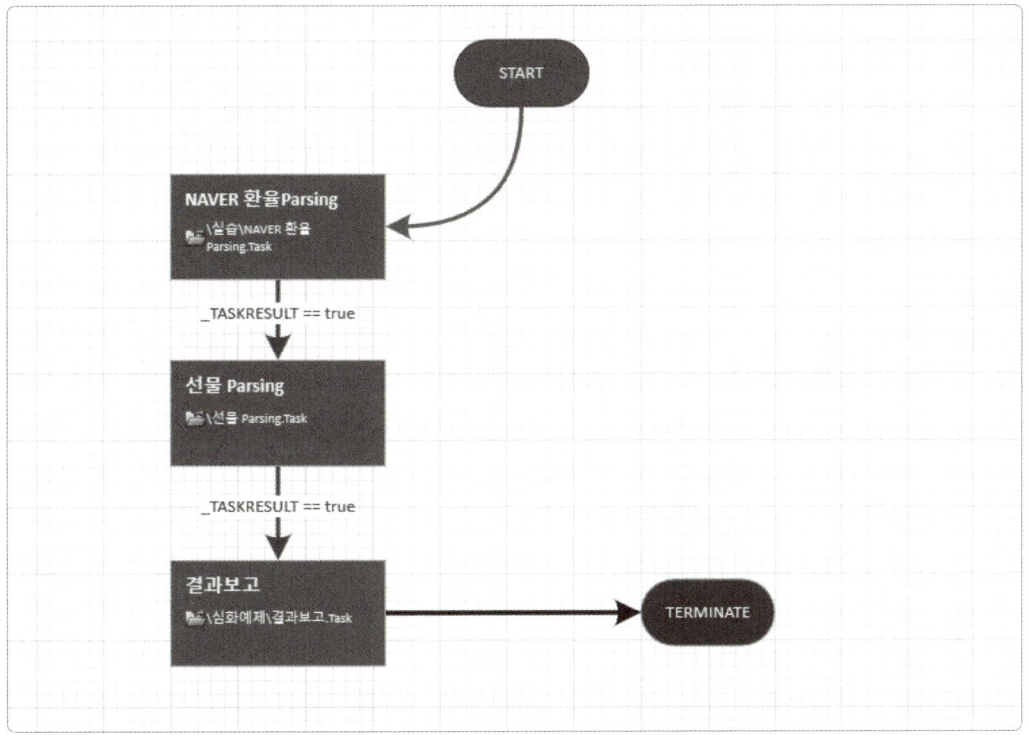

Flow Builder 컴포넌트 연결

이제 태스크 변수와 플로우 변수를 연동하여 사용해보자. 우선 플로우 변수(Flow Variable) 창에서 각 태스크의 로그를 취합할 string 타입 변수를 하나 생성하자. 그 후 태스크 컴포넌트를 더블클릭하고 Variable Sync 탭을 클릭하면 플로우 변수 리스트와 태스크 변수 리스트가 출력된다. 이후 플로우 변수를 연결할 태스크 변수로 드래그앤드롭하면 Variable Sync Type Select 창이 출력되는데, 여기서는 각 태스크의 로그를 취합해야 하므로 양방향 Sync를 선택해주자.

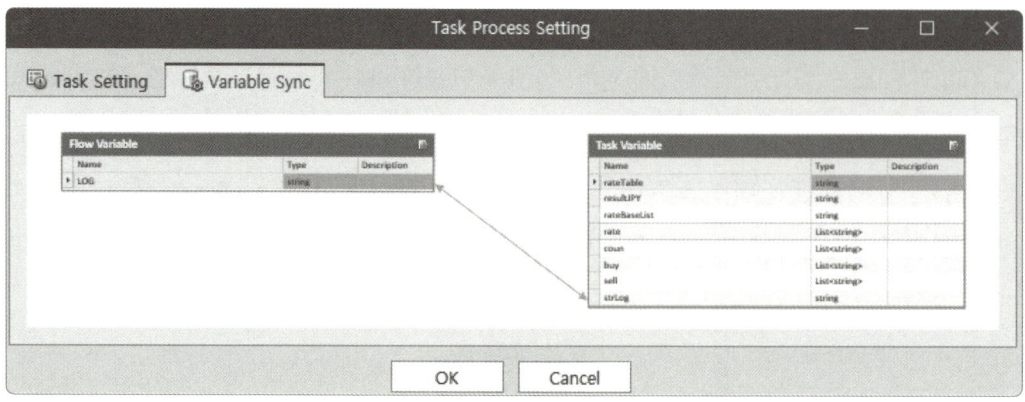

플로우와 태스크의 변수 양방향 Sync

그림과 같이 양방향 화살표로 출력되는 것은 플로우 변수와 태스크 변수가 양방향 Sync로 연결되어 있다는 것을 의미한다. 이제 첫 번째 태스크의 strLog 변수와 플로우의 LOG 변수가 동기화되어 첫 번째 태스크가 완료되고 난 후 strLog의 값이 LOG 변수로 들어가게 된다. 두 번째 태스크도 마찬가지로 양방향으로 설정하고 세 번째인 결과 보고 태스크의 Sync를 설정해보자. 첫 번째 태스크와 두 번째 태스크의 로그를 취합한 플로우 변수의 LOG 값을 결과 보고 태스크 변수에 입력해야 한다.

이번에는 다음 그림과 같이 단방향으로 Sync를 설정하여 취합한 LOG 변숫값이 결과 보고 이메일의 내용에 들어가게 해보자.

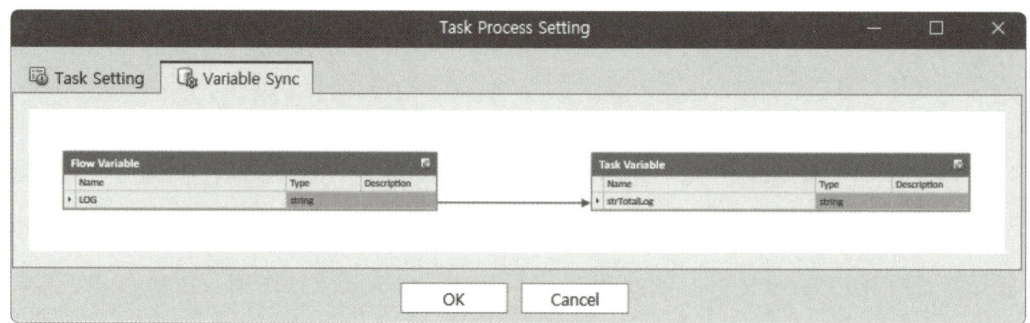

플로우와 태스크 변수 단방향 Sync

결과 보고 이메일 본문에 strTotalLog의 값이 들어가게 설정되었다면 LOG 값이 본문에 출력되어 이메일을 전송할 것이다.

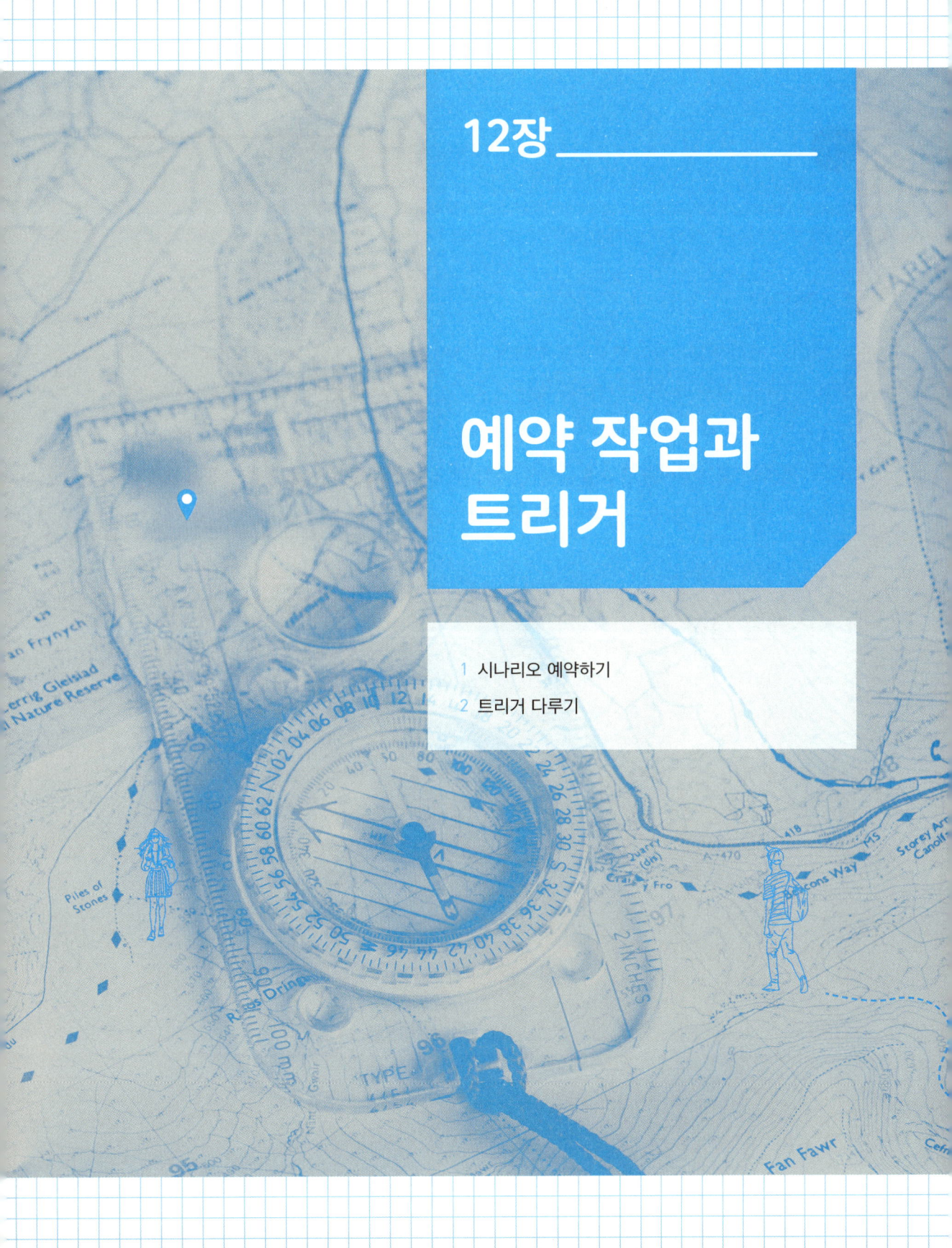

12장

예약 작업과 트리거

1. 시나리오 예약하기
2. 트리거 다루기

① 시나리오 예약하기

1.1 개요

Schedule은 작성한 태스크와 플로우를 정해진 시간에 수행하는 기능이다. 예를 들어 매일 아침 환율 정보를 엑셀 파일로 정리해야 하는 업무가 있다고 가정해보자. 이런 때는 매일 아침 직접 스크립트를 수행하기보다는 Schedule 기능을 통해 정해진 시간에 반복적으로 스크립트를 수행하는 것이 편리하고 효율적일 수 있다. 반복 스케줄링 기능을 통하여 통합관리가 가능하며, 세분화된 설정으로 복잡한 업무 스케줄링도 운영할 수 있다.

1.2 스케줄 설정

Schedule 인터페이스는 직관적으로 간단히 구성되어 있기 때문에 매우 간단한 조작만으로 자동화 스케줄링을 구현할 수 있다. 스크립트를 스케줄에 추가해 보자.

다음 그림 왼쪽에 있는 달력 날짜를 <Ctrl> 키를 누른 채로 선택하면 그림과 같이 선택한 날짜가 중앙에 보인다.

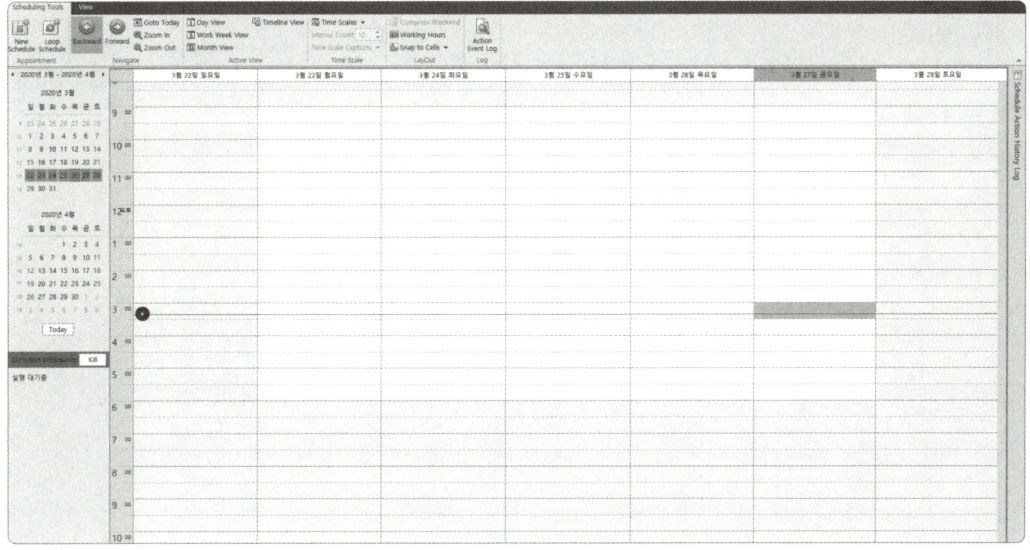

Schedule 화면

그 후 스케줄을 생성할 날짜와 시간이 있는 빈칸을 더블클릭하거나 리본 메뉴의 <New Schedule> 버튼을 클릭하면 다음과 같은 설정 창이 나타난다.

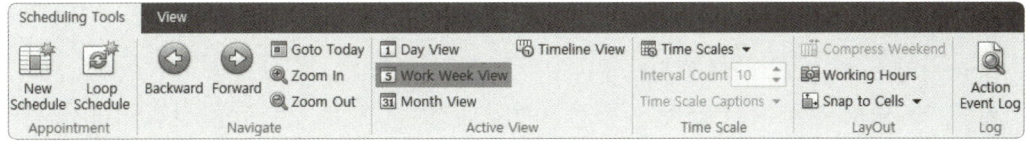

Schedule 메뉴

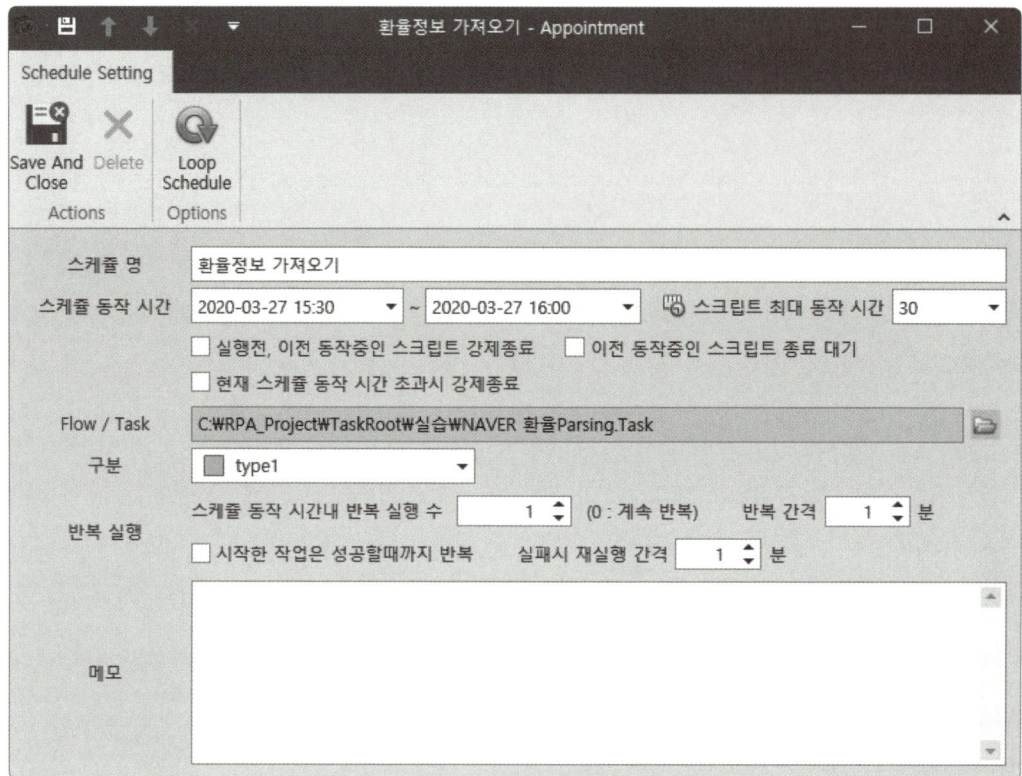

New Schedule 생성

사용할 스케쥴명, 동작 시간, 태스크/플로우 파일의 경로와 반복 횟수 등을 선택하고 저장하면 해당 스케쥴이 생성된다. 그전에 이 스케쥴을 매일 반복적으로 수행해야 한다고 가정하고 Loop Schedule 기능을 선택해보자.

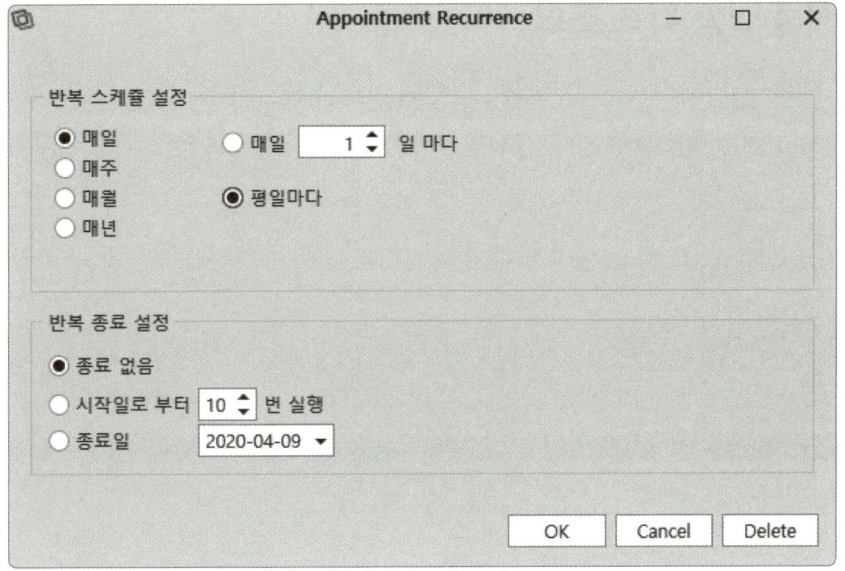

Loop Schedule 설정

그림과 같이 반복 스케줄 주기와 반복 종료를 설정할 수 있다. 여기서는 매일 평일에 수행되는 업무라 가정하고 '평일마다'를 선택해 보자. 그러면 다음 그림과 같이 평일에는 모두 자동으로 스케줄이 추가된 것을 확인할 수 있다. 이제 평일 오전 6시가 되면 환율 정보를 가져오는 태스크가 자동으로 실행될 것이다.

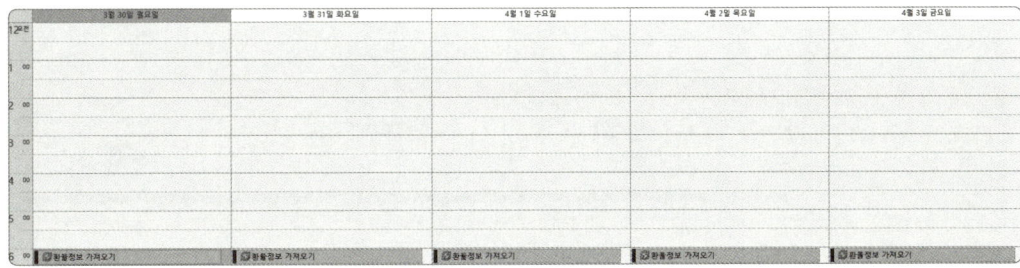

Loop Schedule 설정 결과

1.3 스케줄 실행 이력 조회

Schedule Action History Log는 스케줄이 실행된 이력을 확인하는 기능이다. 해당 스케줄이 언제 실행되고 언제 종료되었는지, 실행되었다면 성공인지를 확인할 수 있다. Action Event Log에서 <Log View>를 클릭하면 상세 로그를 확인할 수 있다. 스크립트 이벤트별 변숫값을 확인할 수 있고 Screen Capture를 통해 해당 이벤트의 동작 중 화면을 확인할 수도 있다.

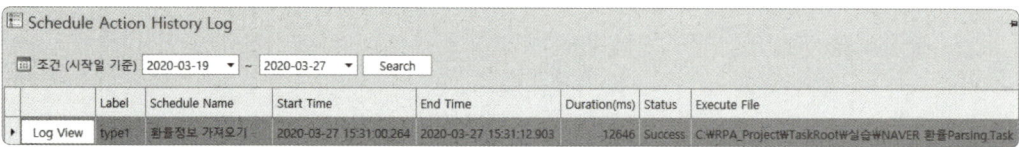

Schedule Action History Log

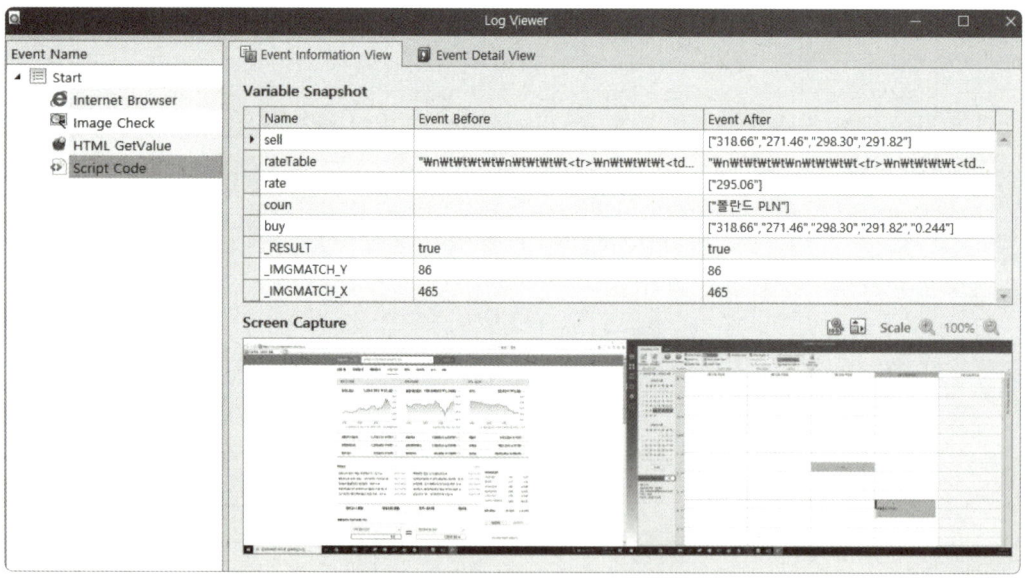

Schedule Action History Log의 Log Viewer

② 트리거 다루기

2.1 개요

만약 규칙적으로 수행해야 하는 업무가 아닌, 상황이나 조건에 따라 수행되어야 하는 업무가 있다면 이는 스케줄 기능을 사용하기에는 적합하지 않다.

이럴 때 트리거(Trigger)를 사용하면 특정한 상황이나 조건이 발생했을 때 원하는 업무가 수행되도록 설정할 수 있다. 정해진 시간에 업무를 수행하는 기능인 스케줄 기능과는 달리 트리거는 특정한 이벤트가 발생했을 때 지정한 업무를 수행하는 기능이다. 이메일을 모니터링하여 특정 이메일이 수신되었을 때 정해진 업무를 수행하거나 FTP 서버를 모니터링하여 파일이 수정될 때 트리거를 이용하여 자동으로 업무가 수행되도록 한다면 상황에 맞게 동적으로 해당 업무를 처리할 수 있을 것이다. 그렇다면 트리거 종류에는 어떤 것들이 있는지 알아보자.

2.2 트리거 종류

트리거에는 총 8가지가 있다. 각 트리거는 특정 속성값을 모니터링 하면서 설정된 속성값을 감지하면 정해진 업무를 수행한다. 각 트리거를 수행하기 위한 조건이 다양하기 때문에 상황과 필요에 맞는 트리거를 사용할 수 있다. 트리거의 종류는 다음과 같다.

- **Object Detect**: 특정 오브젝트의 속성값을 감지하면 정해진 업무를 수행
- **File System Monitoring**: 특정 폴더를 설정하여 해당 폴더 안의 파일이나 폴더의 변경 사항을 감지하면 정해진 업무를 수행.
- **Hot Key**: 임의로 단축키를 설정하고 설정된 단축키를 누르면 등록된 업무를 수행
- **Process Monitoring**: 화면(창) 내에서 실행되거나 종료되는 프로세스를 감지하면 정해진 업무를 수행

- **Window Title Monitoring:** 창 기반의 속성 정보가 감지되면 정해진 업무를 수행
- **Mail Monitoring:** 발신 이메일에서 제목과 내용을 감지하면 정해진 업무를 수행
- **FTP Monitoring:** FTP 서버에서 파일이나 폴더의 변경 사항을 감지하면 정해진 업무를 수행
- **SSH Monitoring:** SSH 서버에서 특정 명령어의 입력을 통해 결과를 감지하면 정해진 업무를 수행

이처럼 총 8가지의 트리거는 각각이 가진 특성을 기준으로 조건부 스크립트를 수행할 수 있다. 이제 각 트리거 생성에 대해서 자세히 살펴보자.

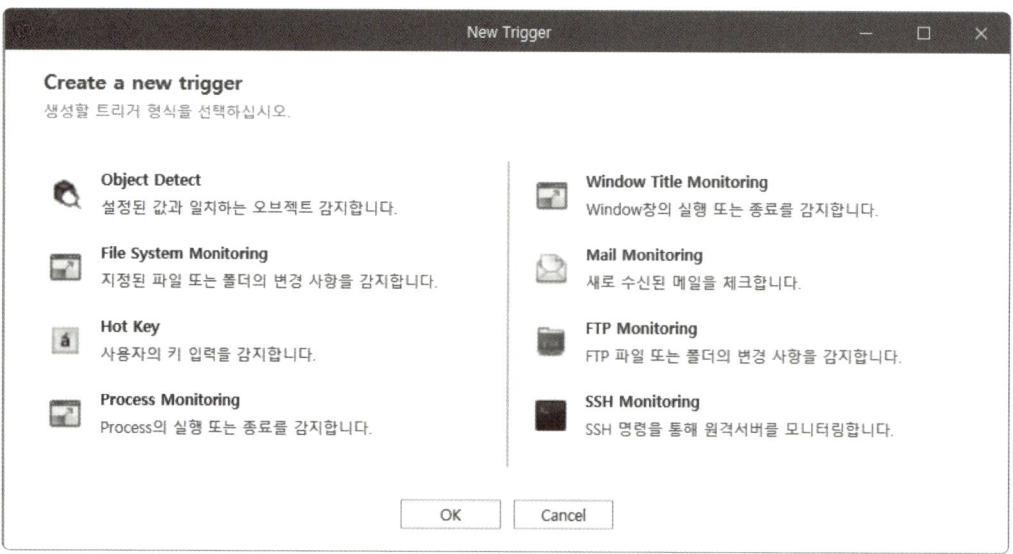

Trigger Type

2.2.1 오브젝트 감지

Object Detect는 특정 프로그램의 특정 오브젝트가 감지되었을 때 업무를 수행하는 트리거다. 만약 사내 메신저를 통해 특정 인물에게 메시지가 왔을 때 특정 업무를 수행해야 한다고 가정해보자. 해당 메신저로 메시지가 온다면 윈도우 오른쪽 아래 트레이 창에 메시지 박스가 나타난다. 이럴 때는 이 메시지 프로그램의 메시지 박스를 오브젝트로 설정하여 설정한 오브젝트의 속성값 중 특정인의 이름이 들어간 오브젝트를 감지하면 업무를 수행하게 할 수 있다. 이런 시나리오대로 Object Detect 트리거를 만들어 보자.

Object Detect 트리거를 선택하면 다음과 같이 트리거의 이름과 트리거 동작 시 수행할 스크립트를 지정하는 설정 창이 나타나며 이 창은 모든 트리거 등록 시 가장 먼저 설정해야 하는 것이다.

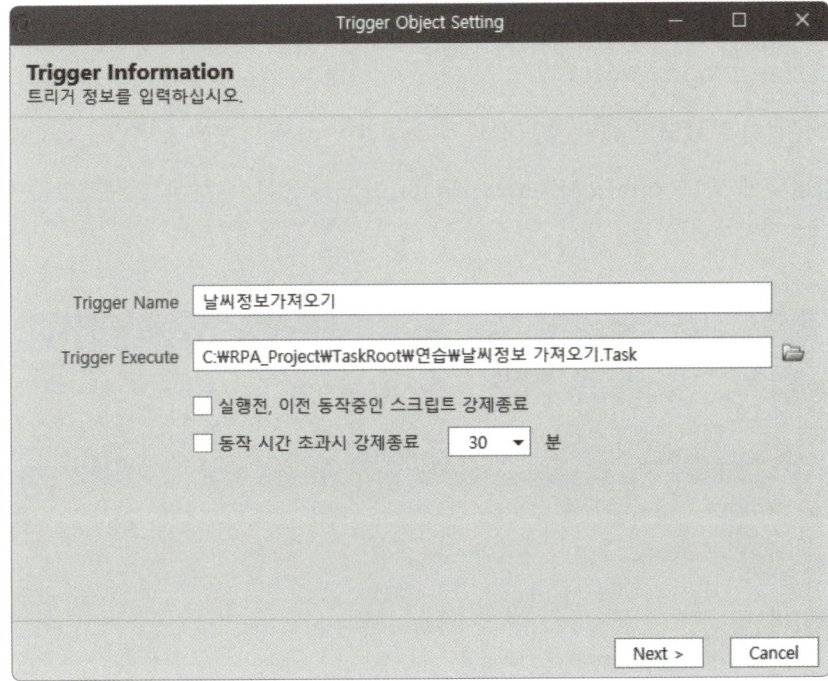

Object Detect 설정

- **Trigger Name:** 트리거 이름
- **Trigger Execute:** 트리거가 실행될 때 수행할 태스크 또는 플로우 파일

이후 <Object Element Capture> 버튼을 클릭하여 특정 오브젝트를 선택한다.

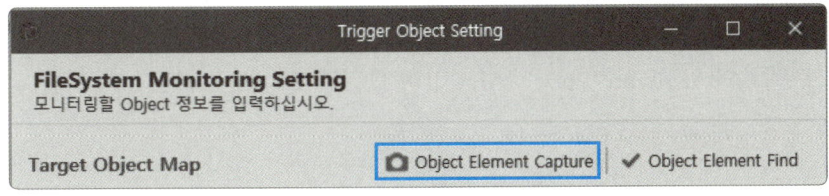

감지할 오브젝트 캡처 진행

감지할 오브젝트 캡처 적용 예

오브젝트 설정이 완료되면 해당 오브젝트의 속성값이 대상 오브젝트 맵(Target Object Map) 항목에 나타나게 되며 <Object Element Find> 버튼을 통해 설정된 오브젝트를 확인할 수 있다.

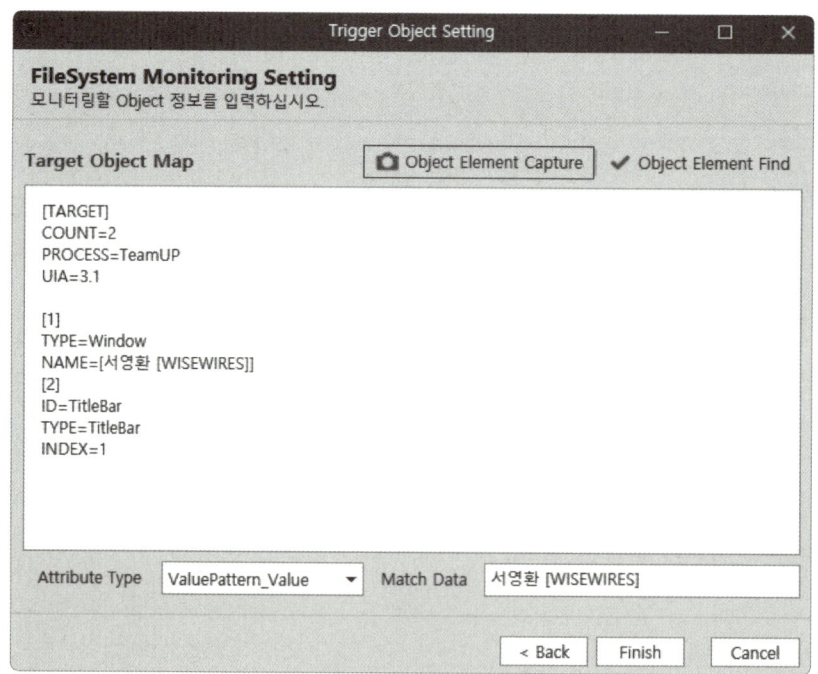

Object Detect 선택 완료 화면

캡처한 오브젝트의 Attribute Type 중 Value 값이 그림과 같은 오브젝트가 감지된다면 Trigger Execute에서 설정한 플로우나 태스크가 실행된다.

해당 트리거의 수행 이력은 Trigger Action History Log에서 확인할 수 있다.

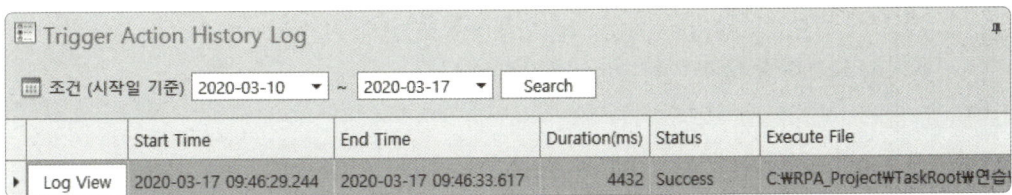

Object Detect 수행 이력

2.2.2 파일 시스템 모니터링

File System Monitoring은 파일 시스템을 감지하여 파일 또는 폴더가 생성/수정/변경/삭제되는 경우 업무를 수행하는 트리거다.

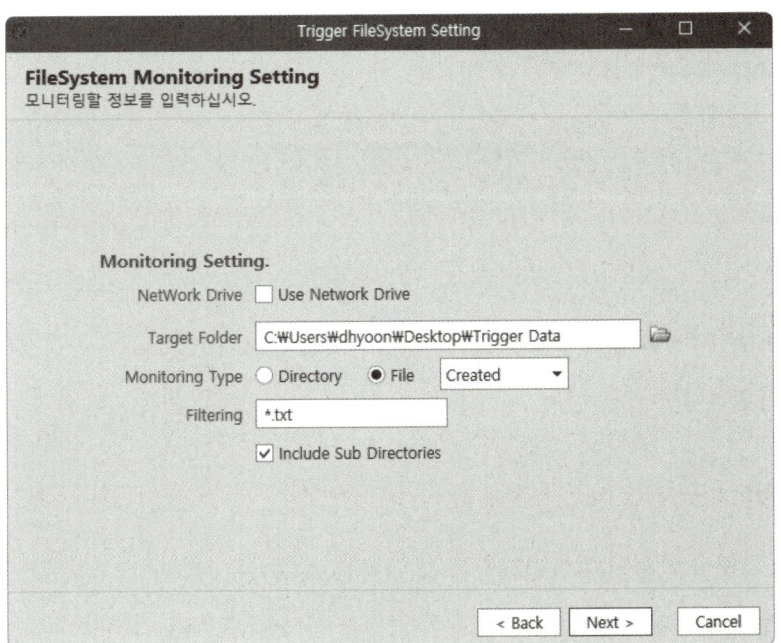

파일 시스템 모니터링 설정

- **Network Drive**: 공용 파일 서버 사용 여부 설정
- **Target Folder**: 감지할 폴더 위치 설정
- **Monitoring Type**: 감지할 대상이 파일 혹은 폴더인지와 조건 설정(생성/수정/변경/삭제)

- **Filtering:** 파일 형식 필터 설정('*' 입력 시 모든 파일 형식 가능)
- **Include Sub Directories:** 하위 폴더 감지 여부 설정

마지막으로, 트리거에서 스크립트로 데이터를 전달하는 경우에 필요한 동기화를 설정한다. 이번 예제에서는 기본 상태로 아무것도 설정하지 않고 <Finish> 버튼을 클릭하자.

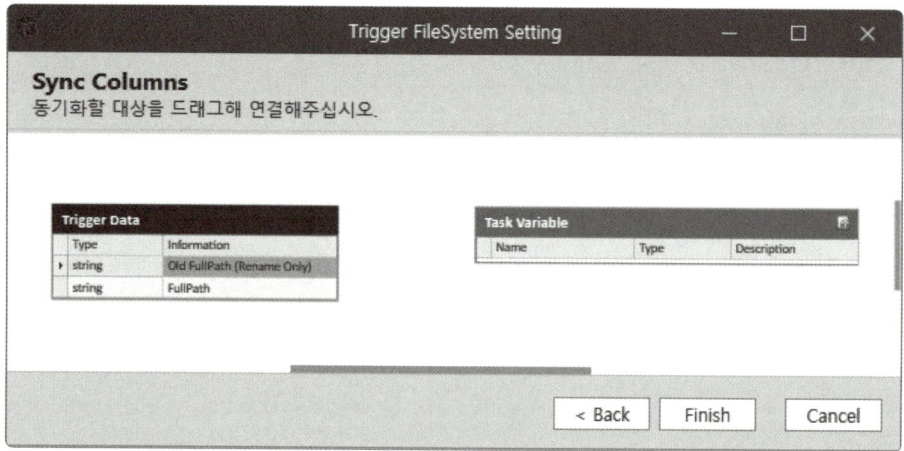

변수 동기화 설정

Target Folder로 지정된 폴더에 .txt 파일이 생성된다면 Trigger Execute에서 설정한 플로우나 태스크가 실행된다.

2.2.3 단축키

Hot Key는 지정한 단축키가 입력되었을 때 업무를 수행하는 트리거다. 다음 그림처럼 트리거 이름을 입력하고 트리거 동작 시 수행할 업무를 선택한 후 해당 업무가 수행될 수 있도록 Short Cut Key를 지정한다.

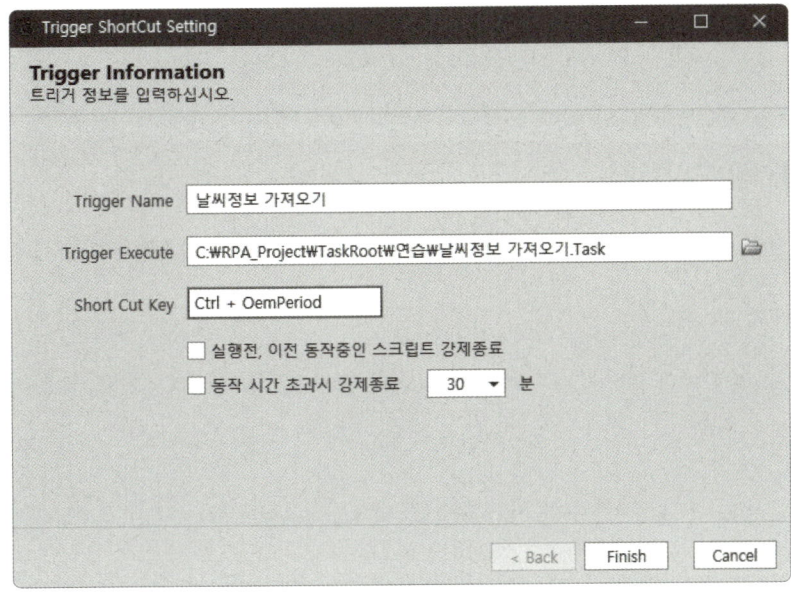

단축키 설정

설정한 키가 입력되면 Trigger Execute에서 설정한 플로우나 태스크가 실행된다.

2.2.4 프로세스 모니터링

Process Monitoring은 윈도우 내 프로세스를 감지하여 프로세스가 실행되거나 종료되었을 때 업무를 수행하는 트리거다. 다음 그림처럼 모니터링 대상인 실행 파일의 전체 파일 경로를 입력하고 프로세스 감지 시점이 실행 혹은 종료인지를 선택한다.

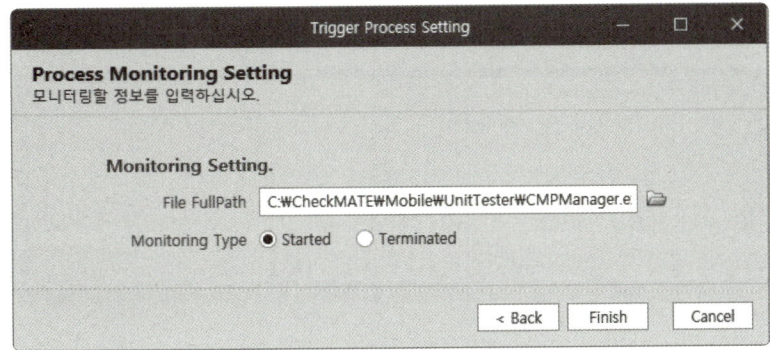

Process Monitoring 설정

지정된 경로의 프로세스가 실행되면 Trigger Execute에서 설정한 플로우나 태스크가 실행된다.

2.2.5 창 타이틀 모니터링

Windows Title Monitoring은 창 기반의 속성 정보가 감지되었을 때 업무를 수행하는 트리거다.

<Handle Capture> 버튼을 클릭하여 Window Program Title을 캡처하여 등록하거나 <List Select> 버튼을 클릭하여 이미 실행 중인 창 정보를 확인 후 목록에서 선택할 수 있다.

<Handle Capture> 버튼을 클릭한 다음 활성화된 Window Program Title을 캡처한다.

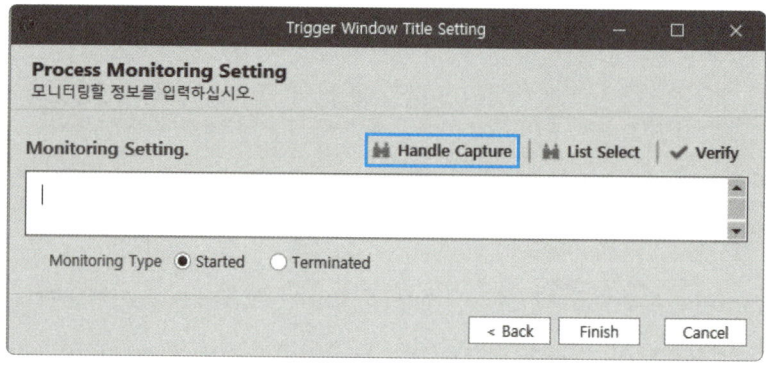

창 타이틀 모니터링 설정

해당 Window Program Title을 캡처하면 다음과 같이 박스 형태로 선택 영역이 지정된다.

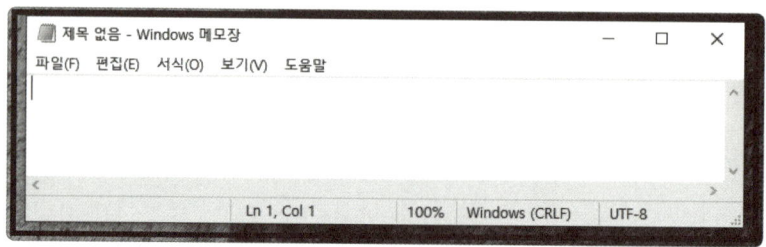

창 타이틀 모니터링 캡처 예

캡처가 완료되면 해당 윈도우 프로그램의 속성 정보와 Title 정보가 생성된다.

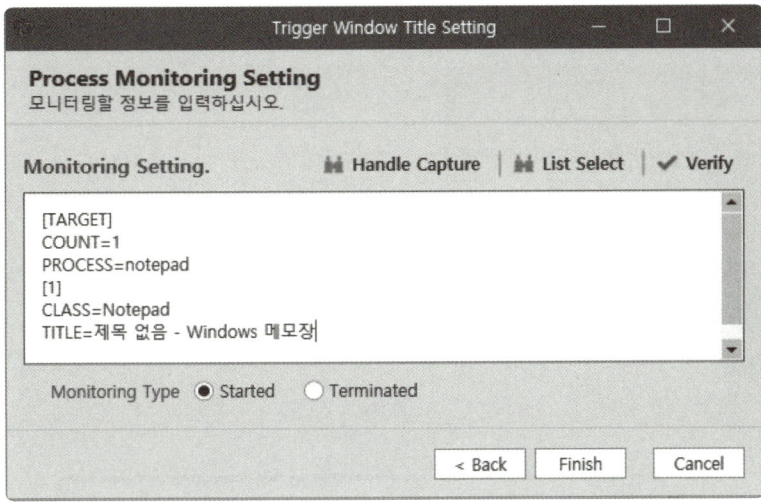

창 타이틀 모니터링 설정 시 윈도우 프로그램 속성 정보

또는 <List Select> 버튼을 클릭하여 활성화된 프로그램 목록에서 선택한다.

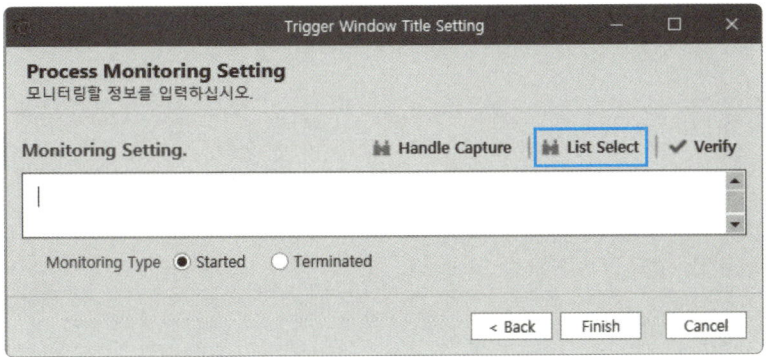

창 타이틀 모니터링 중 <List Select> 버튼

활성화된 프로그램 중 특정 프로그램을 선택하면 캡처와 마찬가지로 영역이 표시된다.

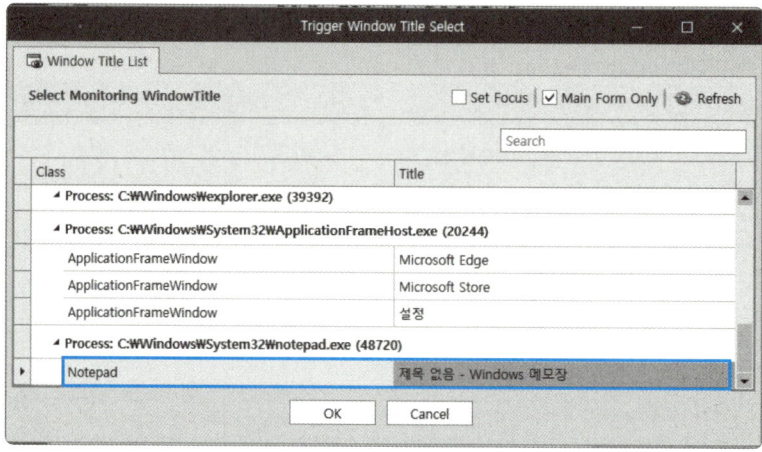

활성화된 프로그램 중 선택 화면

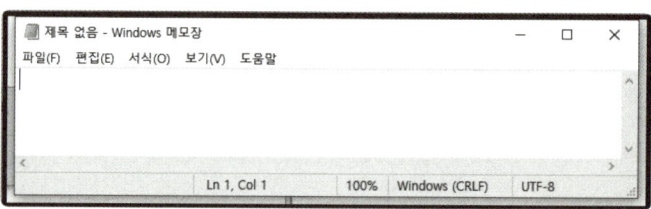

List Select에서 선택한 화면

캡처를 통해 생성된 해당 윈도우 프로그램의 속성 정보와 Title 정보가 동일하게 생성된다.

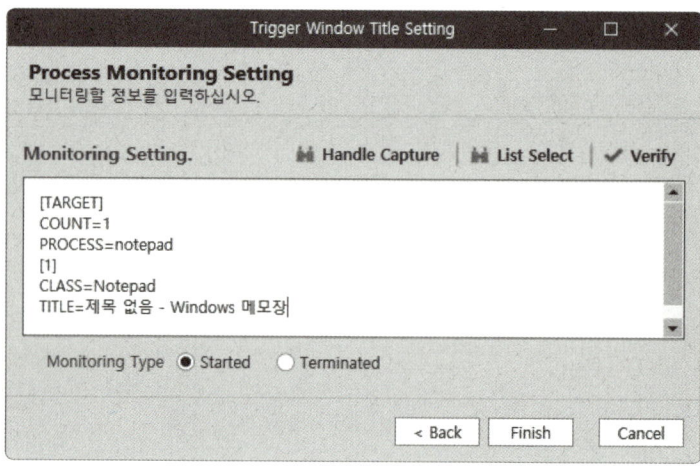

List Select로 선택한 윈도우 프로그램 속성 정보

해당 윈도우 프로그램의 속성 정보와 Title 정보를 확인 후 <Finish> 버튼을 클릭하면 트리거가 생성되며 등록된 프로그램이 실행될 때마다 Trigger Execute에 설정한 플로우나 태스크가 실행된다.

2.2.6 IMAP 이메일 모니터링

Mail Monitoring(IMAP)은 IMAP 서버를 모니터링하여 특정 이메일을 수신했을 때 해당 업무를 수행하는 트리거다.

이메일 로그인 정보와 로그인 후 이메일 사서함에서 감시할 편지함(Target Folder)을 선택해 주어야 한다. 일반적으로 Target Folder는 INBOX가 된다. 물론 트리거를 설정하기 이전에 해당 이메일 서버에서 IMAP을 사용할 수 있도록 설정하는 것이 필요하다.

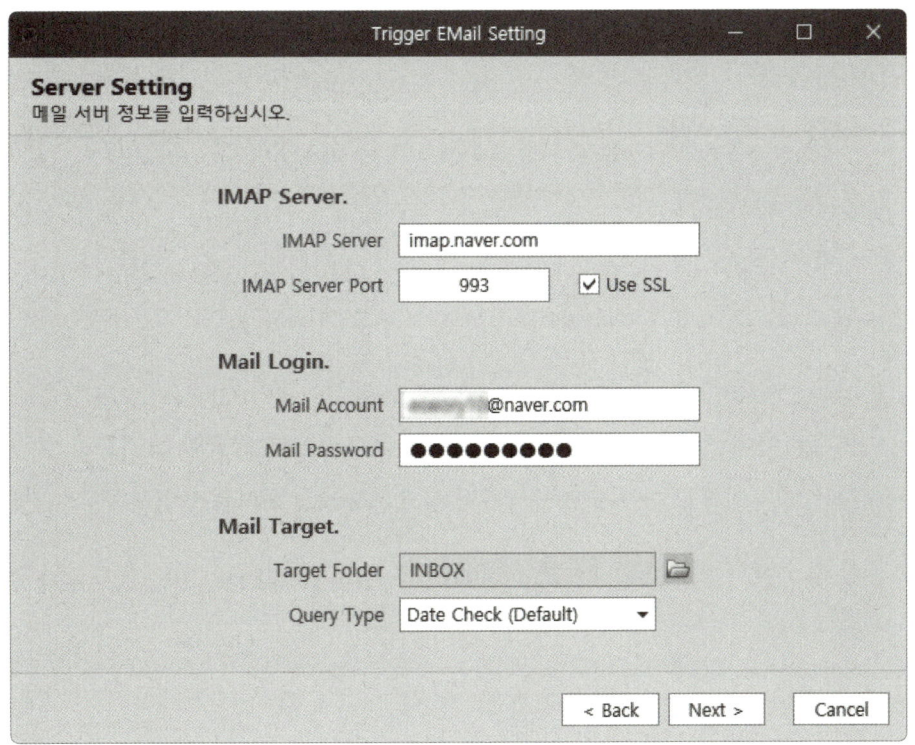

이메일 모니터링의 IMAP 설정

불특정 다수로부터 다양한 내용의 이메일이 올 수 있으므로 다음 단계에서 그중 트리거로 지정된 이메일이 무엇인지 알 수 있는 조건을 지정한다. 다음 그림에서는 Subject Include 에 '[EMAIL_TRIGGER]'라고 설정해 놓았는데, 이는 수신된 이메일 중 이메일 제목에 '[EMAIL_TRIGGER]' 라는 문구가 포함된 이메일만 감시한다는 의미다.

이로써 '[EMAIL_TRIGGER]'라는 문구가 제목에 포함된 이메일이 수신되었을 때 지정된 업무가 실행된다.

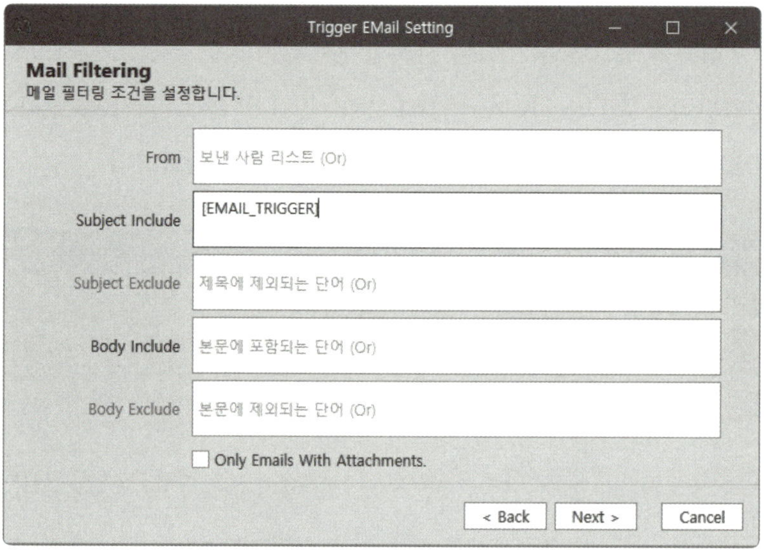

IMAP 이메일 모니터링의 필터링 설정

마지막으로 트리거에서 스크립트로 데이터를 전달하는 경우에 필요한 동기화를 설정한다. 이 예제에서는 기본 상태로 아무것도 설정하지 않고 <Finish> 버튼을 클릭한다.

이로써 해당 문자열이 포함된 이메일이 수신되면 Trigger Execute에 설정한 플로우나 태스크가 실행된다.

2.2.7 POP3 이메일 모니터링

Mail Monitoring(Pop3)은 POP3 서버를 모니터링하여 특정 이메일을 수신했을 때 정해진 업무를 수행하는 트리거다.

그림과 같이 이메일 로그인 정보와 로그인 후 다운로드할 이메일의 개수를 지정해준다. POP3 방식은 이메일 서버에서 로컬 PC로 다운로드하는 방식이기 때문에 최신 이메일 중 다운로드할 이메일의 개수를 설정해야 한다. 기본값은 10개로 설정이 되어 있기 때문에 그대로 진행하도록 한다.

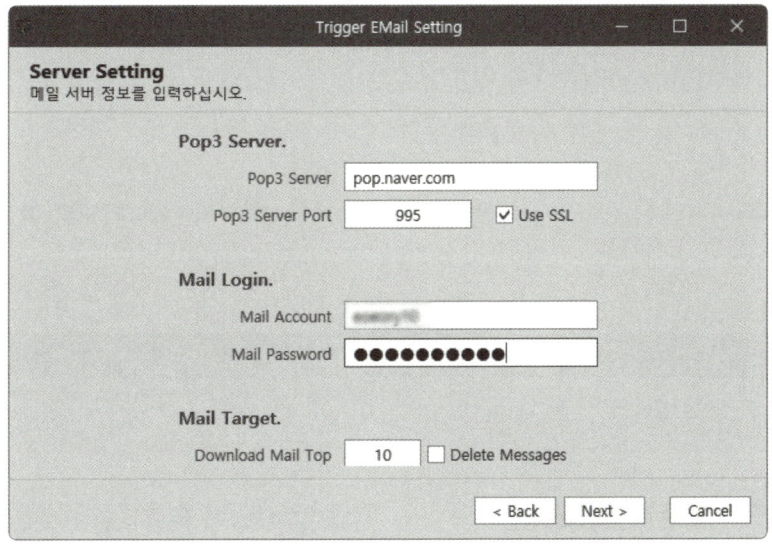

POP3 이메일 모니터링 설정

IMAP Mail Trigger와 마찬가지로 Subject Include에 포함해야 하는 문자열을 설정한다.

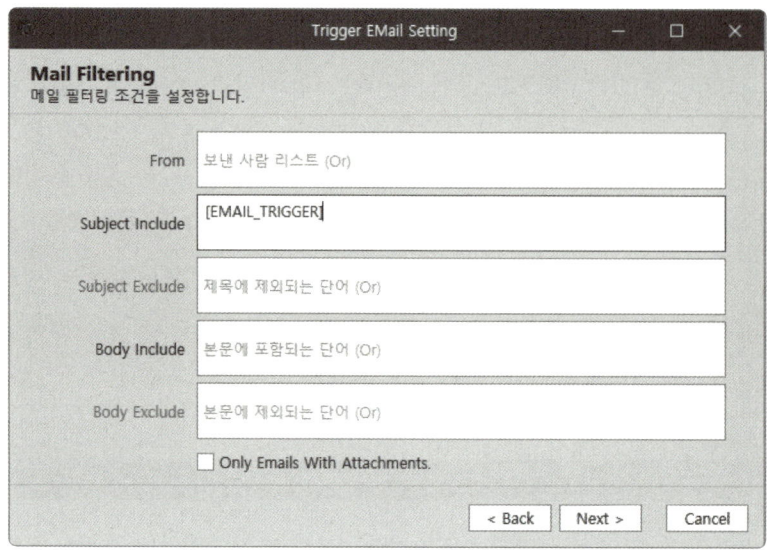

POP3 이메일 모니터링의 필터링 설정

마지막으로 트리거에서 스크립트로 데이터를 전달하는 경우에 필요한 동기화를 설정해준다. 기본값 상태로 그대로 두고 <Finish> 버튼을 클릭하도록 하자.

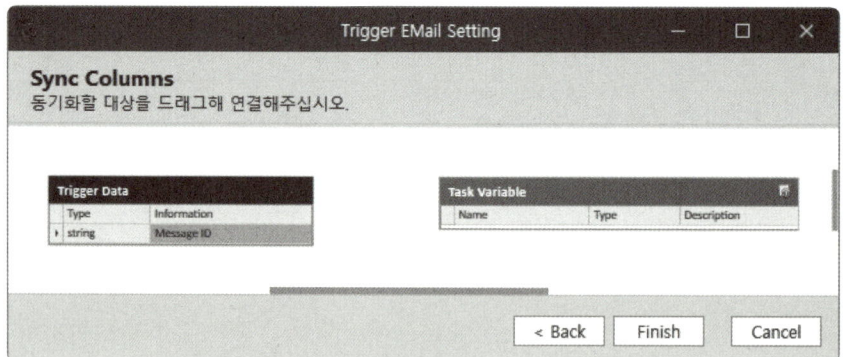

이메일 모니터링의 변수 동기화 설정

이로써 해당 문자열이 포함된 이메일이 수신되면 Trigger Execute에 설정한 플로우나 태스크를 실행한다.

2.2.8 FTP 모니터링

FTP Monitoring은 FTP 서버를 모니터링하여 파일 또는 폴더가 생성/수정/삭제될 때 지정한 업무를 수행하는 트리거다.

FTP 서버의 IP 정보를 입력하고 FTP 서버에 접속하는 데 필요한 로그인 정보(ID, Password)를 입력한다.

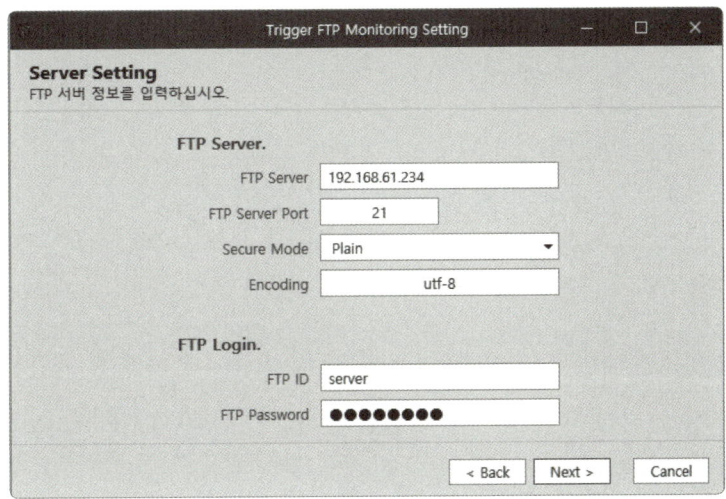

FTP 모니터링의 FTP 설정

이후 모니터링할 정보를 입력해준다. FTP 서버에 생성된 폴더를 설정하고자 Target Folder의 폴더 선택 버튼을 클릭한다.

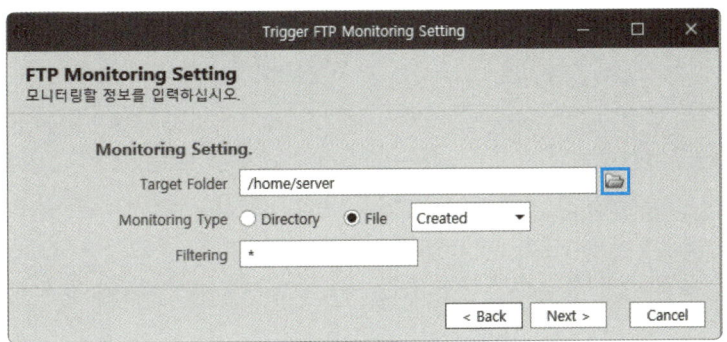

FTP Monitoring 대상 폴더 선택

이후 체크할 대상 폴더를 선택하기 위해 탐색 창을 클릭하면 이전 단계에서 입력한 FTP 서버의 폴더 목록을 보여주게 되는데, 여기서 원하는 폴더를 선택하자.

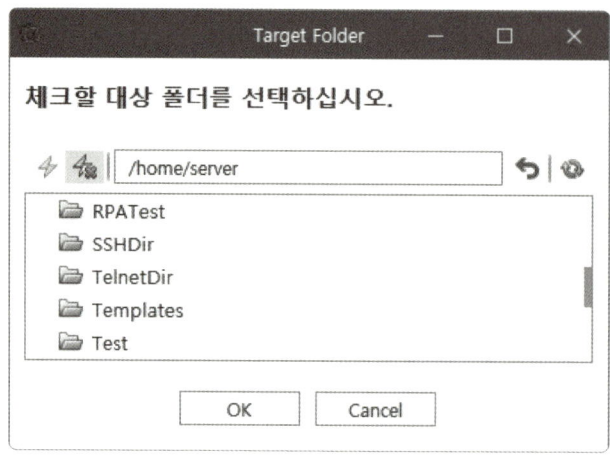

FTP 모니터링 대상 폴더 설정

대상 폴더가 설정되면 대상 폴더 안에서 모니터링 할 대상인 폴더 혹은 파일을 선택하고 파일이나 폴더의 생성, 변경, 삭제 중 어떤 사항을 감지할지 선택한다. Filtering 항목에는 모든 파일 형식을 포함하도록 '*'를 입력한다.

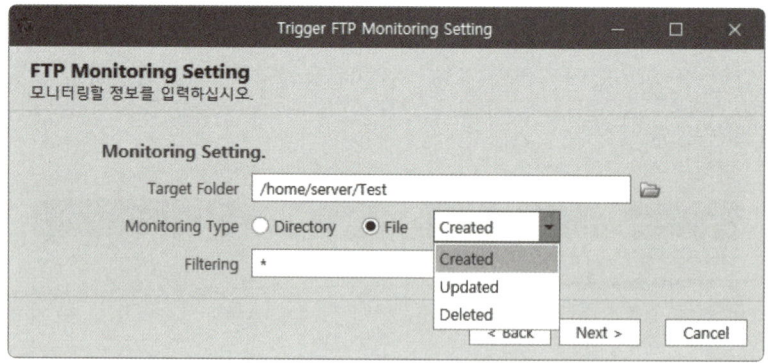

FTP 모니터링의 Monitoring Type 설정

대상 폴더에서 특정 파일이 생성된다면 Trigger Execute에 설정한 플로우나 태스크가 실행된다.

2.2.9 SSH 모니터링

SSH Monitoring은 SSH 서버에 명령어를 실행한 결과를 감지하여 해당 업무를 수행하는 트리거다.

그림과 같이 해당 SSH 서버의 IP 정보를 입력하고 SSH 서버에 접속하기 위한 로그인 정보(ID, Password)를 입력한다.

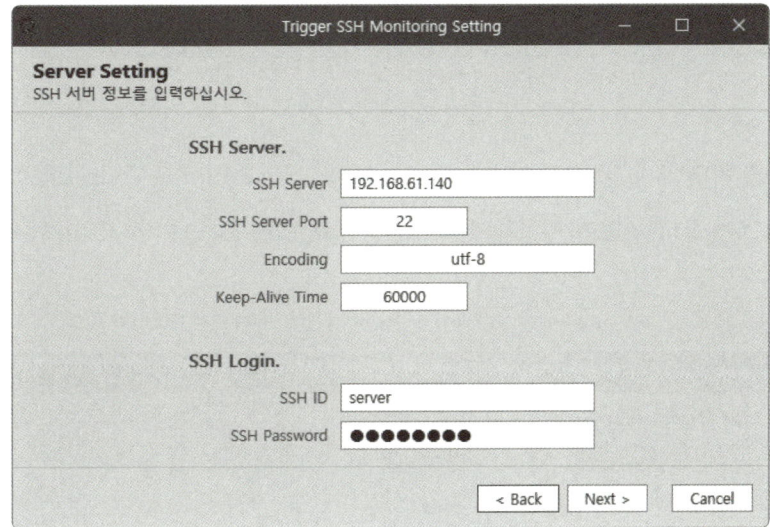

SSH 모니터링의 SSH 설정

SSH 접속 정보를 통해 SSH 서버에 접속한 후 SSH 명령어를 입력하고 <Execute(F5)> 버튼을 클릭하여 결과를 확인한다. 다음 화면은 현재 폴더에 있는 폴더와 파일을 출력하는 ls 명령어를 입력한 결과이다.

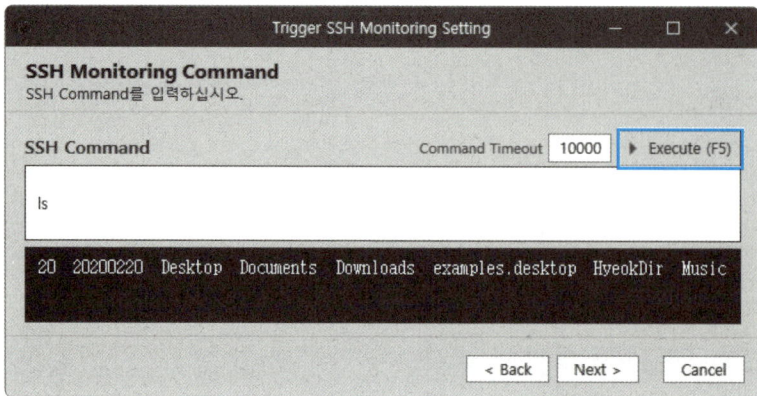

SSH 모니터링의 명령어 설정

입력한 결과를 확인 후 해당 결괏값을 필터링하고자 Output Parsing Code를 입력할 수 있다. 이번 예제에서는 필터링 없이 기본값 상태로, 사전 실행을 통해 결과가 True인 것을 확인할 수 있다.

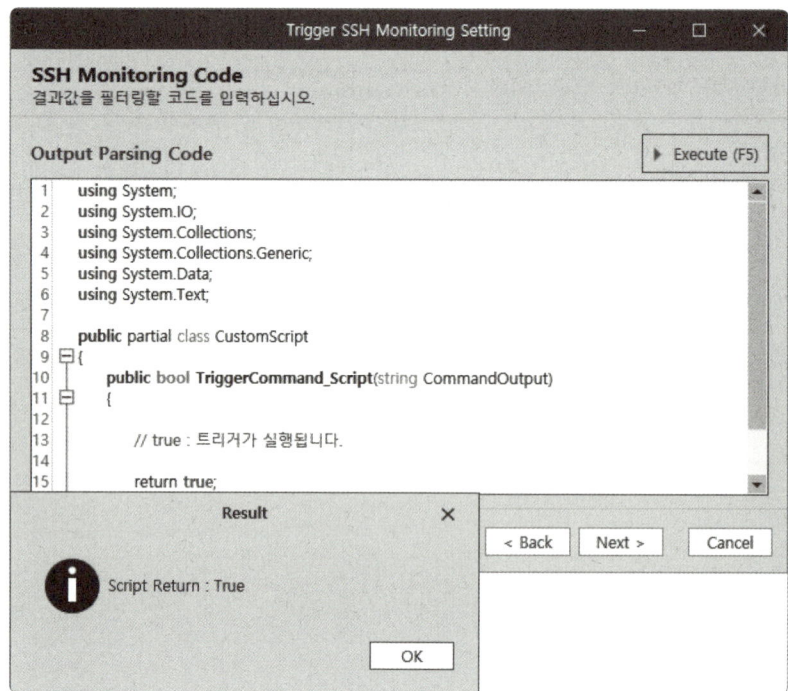

SSH 모니터링 실행 결과

이후 SSH 명령어를 입력하면 Trigger Execute에 설정한 플로우나 태스크가 실행된다.

2.3 트리거 설정

리본 메뉴에서 <New Trigger> 버튼을 클릭하여 트리거 선택 창에서 조건에 맞는 트리거를 선택한 다음, 각 트리거에 맞는 속성 정보를 입력하여 트리거를 생성한다.

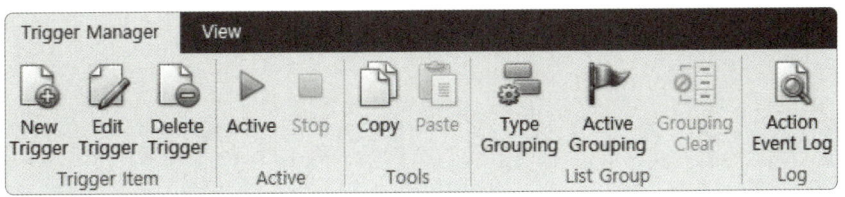

Trigger 메뉴

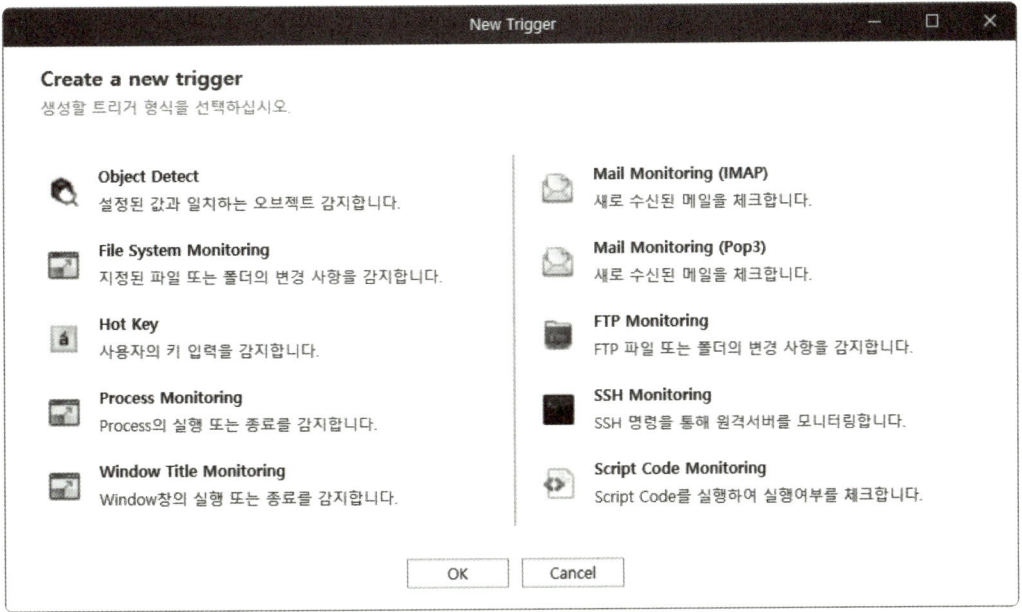

Trigger Type

트리거 생성 후 해당 트리거를 선택한 다음 <Edit Trigger> 버튼을 이용하여 트리거를 편집하거나 <Delete Trigger> 버튼을 클릭하여 트리거를 삭제할 수 있다.

해당 트리거를 생성했을 때 기본값은 중지(Stop) 상태이나 <Active> 버튼을 클릭하면 실제로 트리거 기능이 수행되는 활성(Active) 상태로 변경된다.

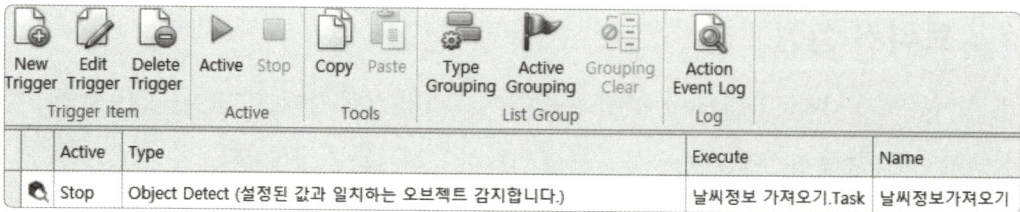

트리거 생성 후 중지 상태

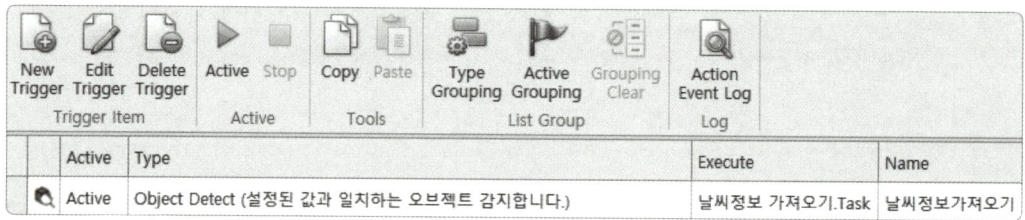

트리거 생성 후 활성 상태

다양한 트리거를 생성 후 트리거 타입이나 상태별로 그룹화할 수 있으므로 사용자가 편리하게 트리거를 관리할 수 있다. 트리거를 타입별로 그룹화하려면 <Type Grouping> 버튼을 클릭한다.

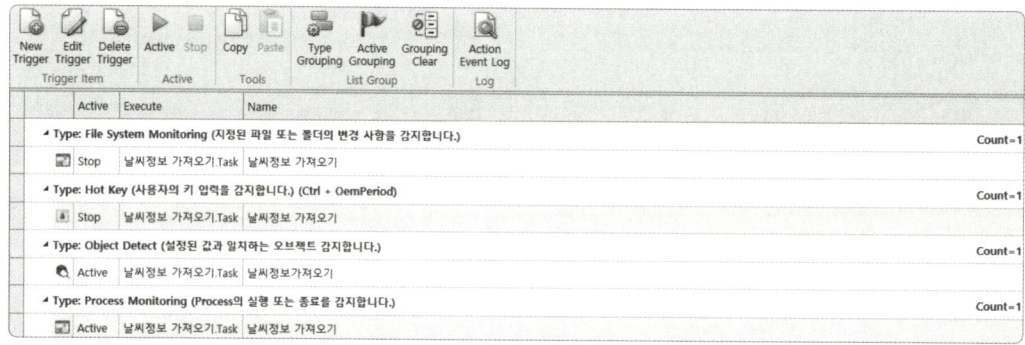

Type Grouping 적용 화면

이와는 달리 트리거를 상태별로 그룹화하려면 <Active Grouping> 버튼을 클릭한다.

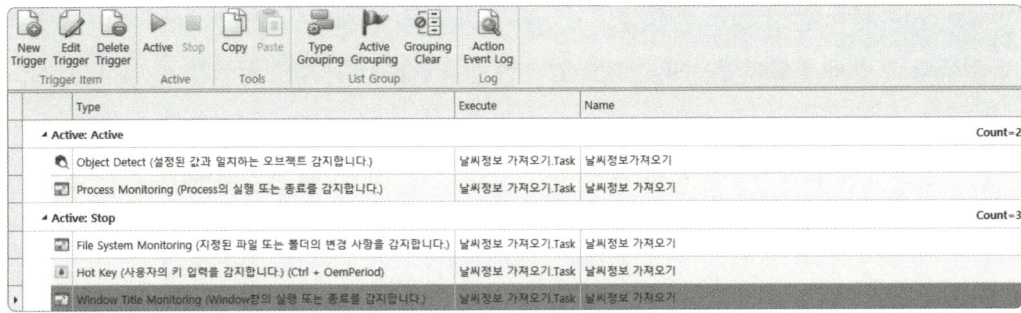

Active Grouping 적용 화면

<Grouping Clear> 버튼을 클릭하면 그룹화는 해제된다.

이제 트리거 수행 여부를 로그로 확인하고자 <Action Event Log> 버튼을 클릭해보자.

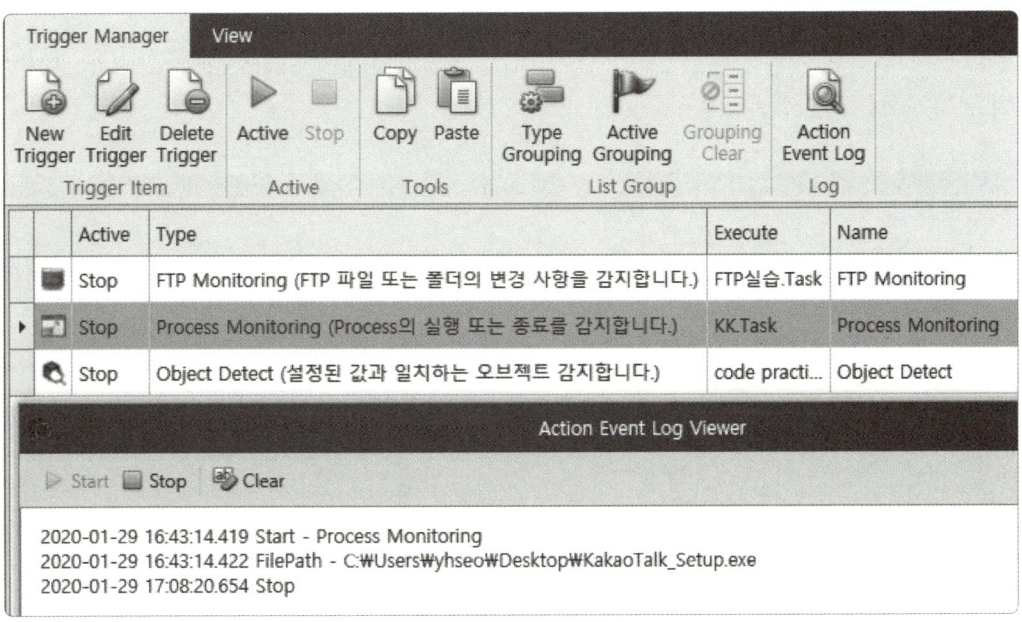

Action Event Log

2.4 트리거 실행 이력 조회

Trigger Action History Log는 트리거가 실행된 이력을 확인하는 기능이다. 해당 트리거가 언제 실행되고 언제 종료되었는지, 실행되었다면 성공인지 아닌지를 확인할 수 있다. Trigger Action Event Log에서 <Log View>를 클릭하여 상세 로그를 확인할 수도 있다. 예를 들어 스크립트 이벤트별 변숫값을 확인할 수도 있고 스크린 캡처를 통해 해당 이벤트의 동작 중 화면도 확인할 수 있다.

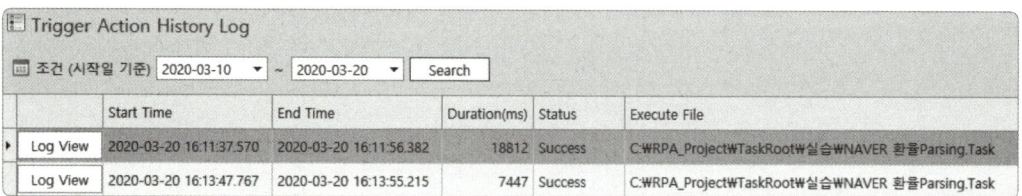

Trigger Action History Log

조회 조건을 지정해 검색할 수도 있으며 이때도 마찬가지로 <Log View>를 클릭하면 이벤트별 상세 정보를 확인할 수 있다.

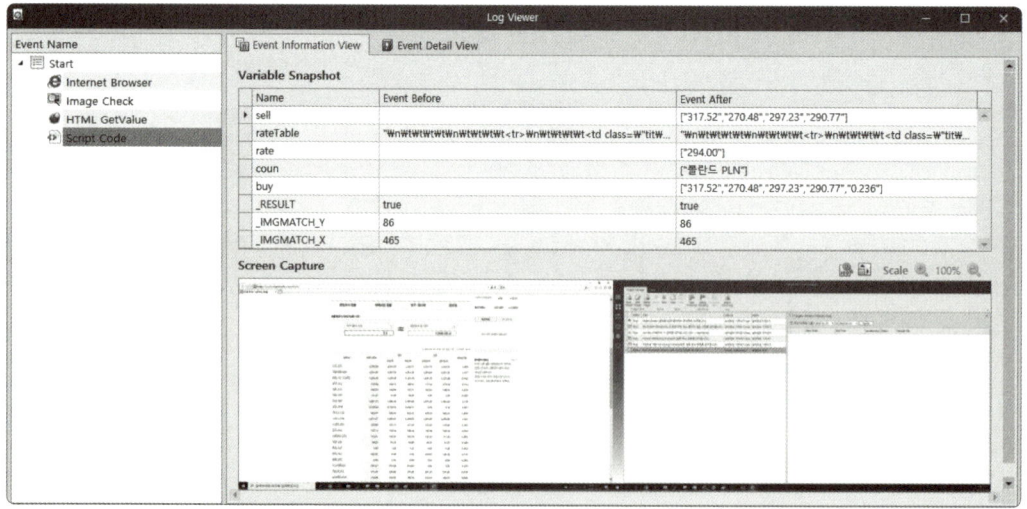

실행된 트리거의 Log View 화면

마치며

여기까지 이 책을 읽고 [따라 하기]까지 진행했다면 이제 RPA에 관한 상당한 수준의 지적 기반이 갖춰졌다고 볼 수 있다. 이제부터는 자신의 노력을 줄일 수 있는 단순하고 반복적인 업무를 선정하여 직접 적용해보길 바란다.

RPA 시장은 현재의 기술에 머물러 있지 않고 무한한 가능성을 가지고 앞으로 달려가고 있다. 현재, 시장은 단순 반복적인 업무를 넘어 지식 기반의 고수준 업무나 컨텍스트에서 정확한 상황을 판단하고 의사결정을 동반한 업무를 수행할 수 있는 수준까지 RPA의 발전을 요구하고 있다.

이를 위해서는 인공지능, 머신러닝, 프로세스 마이닝, 의사결정 모델링(Decision Modeling) 등의 연계가 필요하며 시장의 요구와 기술의 발전으로 머지않은 시간에 지능적인 자동화(Intelligent Automation), 인지적인 자동화(Cognitive Automation) 솔루션을 접하게 될 것이다.

결론적으로, RPA는 단순한 규칙 기반 기술을 뛰어넘어 그 밖의 기능을 향상하고 자동화를 쉽게 해주는 다양한 도구와 소프트웨어를 통합하는 방향으로 발전할 전망이다.

이 책을 보다가 도구 사용이 익숙하지 않아서 혹은 추가로 필요한 C# 언어에 대한 기본 지식이 없어서 힘들어한 분도 있으리라 생각한다. 그러나 급하게 마음먹지 않고 하나씩 준비해 나간다면 RPA라는 강력한 도구는 당신의 것이 되어 있을 것이다. 자신만의 '자비스'가 생기는 것이다. 또한, 시대의 흐름에 뒤처지지 않는 기반 지식도 준비하게 될 것이다.

향후, 성공적인 RPA 구축을 위한 단계별 프로세스 및 사례 중심의 내용으로 다시 만날 날을 약속하며 이 책을 읽어준 독자분과 도움을 준 모든 분께 감사를 전한다.

끝으로 프로젝트 진행 중임에도 출판을 위해 묵묵히 고생해준 와이즈와이어즈㈜ 통합테스트사업본부 식구들과 이 책이 세상에 나오게 된 것을 조용히 자축하고자 한다.

- 와이즈와이어즈㈜ 통합테스트사업본부 저자 일동

부록

CheckMATE 설치 방법

01 CheckMATE 설치 시 필요한 시스템 권장 사항

- **사양:** CPU(i5 이상) / RAM(8GB 이상) / OS(Windows 7 이상)
- **필요 S/W:** .NET Framework 4.7.2 이상 / Visual C++ 재배포 가능 패키지

02 다운로드 방법

1. 홈페이지 접속
다음 URL을 이용하여 와이즈와이어즈 홈페이지에 접속한다.

http://www.wisewires.com/service_rpa3.html

2. 체험판 요청
CheckMATE 체험판 요청 이미지를 클릭한다.

3. 정보 입력
다음과 같은 입력창에 해당 정보 입력 후 <요청 보내기> 버튼을 클릭한다.

4. 체험판 내려받기
입력한 이메일로 CheckMATE 체험판 다운로드 정보를 받을 수 있다. 이렇게 내려받은 설치 파일을 이용하여 다음 설치 방법을 참고하여 설치를 진행한다.

설치 방법

1. 사용권 계약서 동의

설치 프로그램을 실행한 다음 License에 동의하고 <Next> 버튼을 클릭한다.

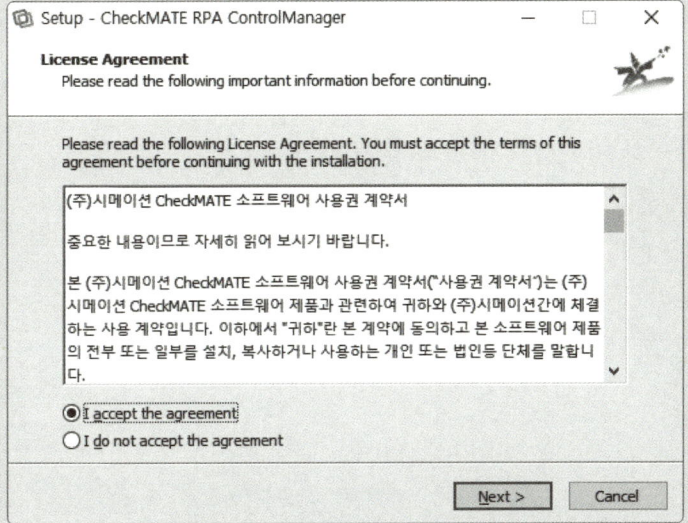

설치 동의 클릭

2. 설치 대상 폴더 지정

설치하고자 하는 대상 폴더를 지정한 다음 <Next> 버튼을 클릭한다.

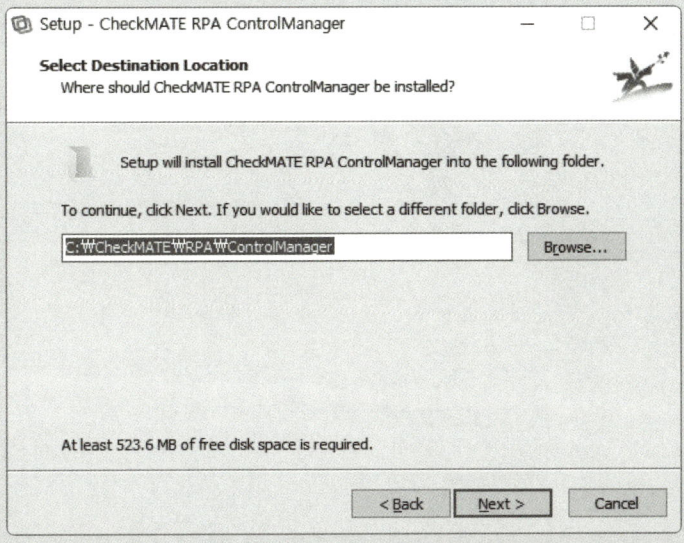

설치 경로 선택

3. 설치 정보 확인

설치 정보를 다시 한번 확인 후 <Install> 버튼을 클릭한다.

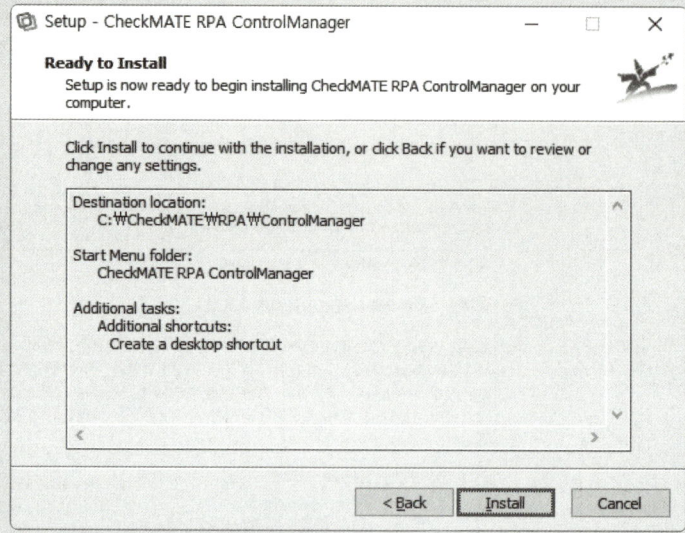

설치 정보 확인 후 설치 진행

4. 설치 완료

설치가 끝났다면 <Finish> 버튼을 클릭한다.

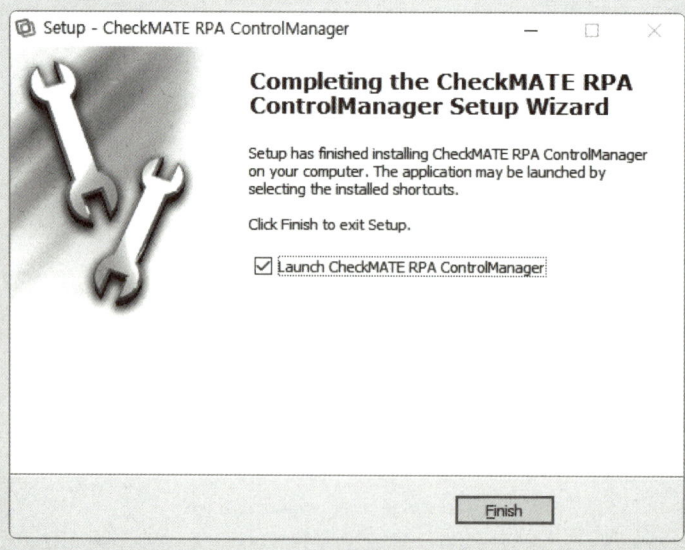

설치 완료

5. 등록 정보 입력

CheckMATE 설치 후 실행한 다음 발급받은 등록 정보를 텍스트 박스에 입력 후 <Registration> 버튼을 클릭한다.

등록 정보 입력

6. 등록 정보 확인

다음은 정상적인 정보 입력 후 라이선스가 등록 완료된 화면이다.

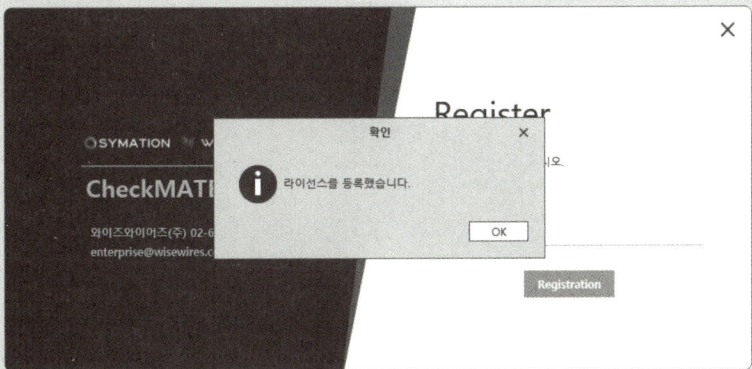

등록 정보 완료

7. 등록 정보 완료 후 CheckMATE 로딩

등록 정보가 완료되면 자동으로 CheckMATE가 실행된다.

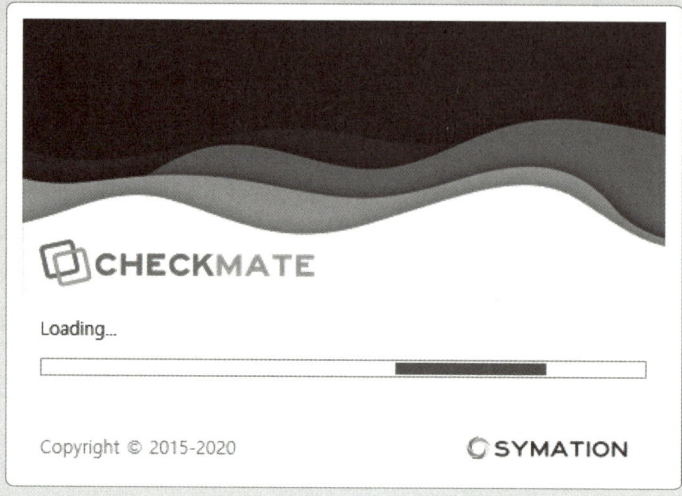

CheckMATE 로딩

8. 로딩 완료 후 CheckMATE 첫 화면

로딩이 끝나면 CheckMATE 첫 화면이 표시된다.

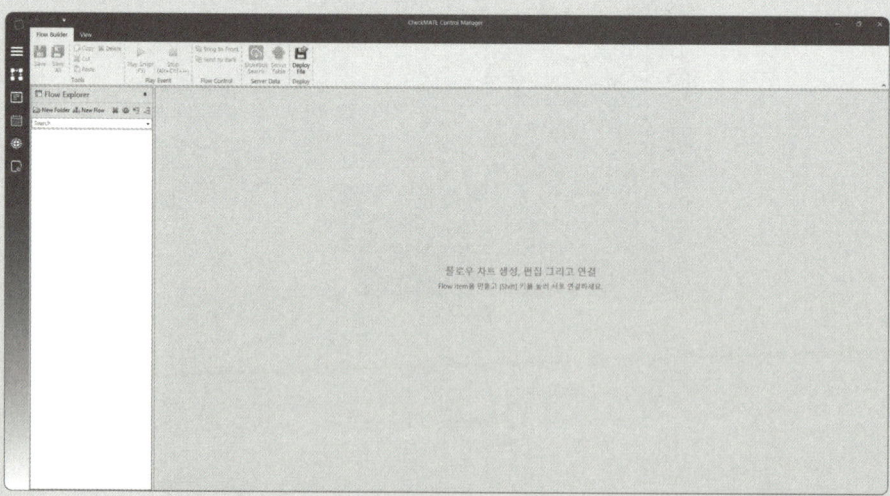

CheckMATE UI

참고 사항

1. 이전 버전이 설치되었거나 중복 설치일 때 다음과 같은 창이 뜬다면 <무시(I)> 버튼을 눌러 넘어가도록 한다. 참고로 CheckMATEDrv64.sys는 트리거 기능에서 사용하는 파일이다.

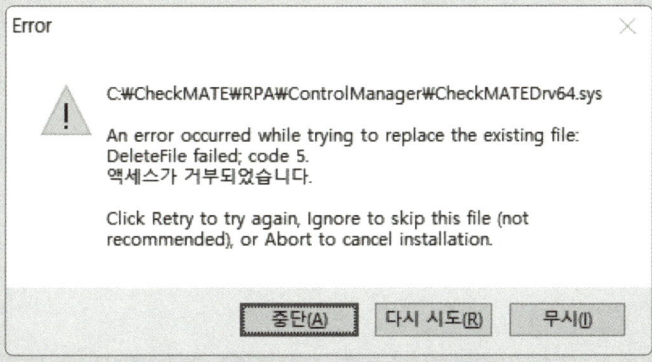

설치 중 Error 창이 뜨면 <무시(I)> 클릭

2. 이전 버전이 설치되었을 때 이전 버전을 삭제할 것인지 확인하는 창이 나타난다. 이때 이전 버전은 무조건 삭제하며 관련된 백업은 제공하지 않는다.

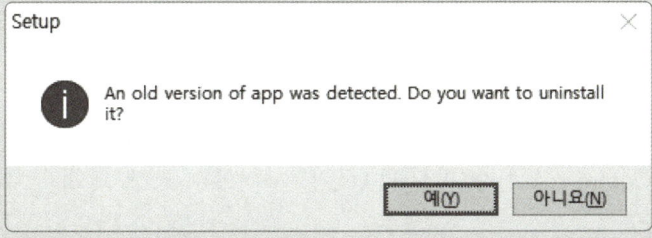

이전 버전 삭제 확인 창

회사 소개

이 책은 와이즈와이어즈(주) 통합테스트사업본부의 여러 전문가가 함께 집필한 도서입니다. 와이즈와이어즈(주)는 CheckMATE for RPA의 공인교육을 전담하여 진행하고 있습니다. 저자진이 속한 회사를 간략하게 소개하오니, 체크메이트 도입 및 활용 혹은 와이즈와이어즈의 사업영역 중 궁금한 점이 있다면 마지막에 기재된 연락처를 참고하시길 바랍니다.

"소프트웨어 테스트 전문기업, 와이즈와이어즈㈜!"

미션: 우리는 탁월한 테스트 서비스를 제공하여 고객 성공을 지원하며,

세상이 보다 풍요롭고, 즐겁고, 안전해질 수 있도록

인류 구성원으로서 역할을 다 한다.

2003년 설립된 와이즈와이어즈(주)는 정보통신기술 분야의 소프트웨어 테스트 선도기업으로 금융, E-Commerce, 전자, 통신 등 다양한 분야에서 최다/최대 규모의 SW 품질 검증을 수행하였으며 테스트 컨설팅, 기능/성능 테스트, 기능/업무 자동화 분야에서 다양한 경험과 기술력을 보유한 소프트웨어 테스트 전문기업입니다.

회사 소개

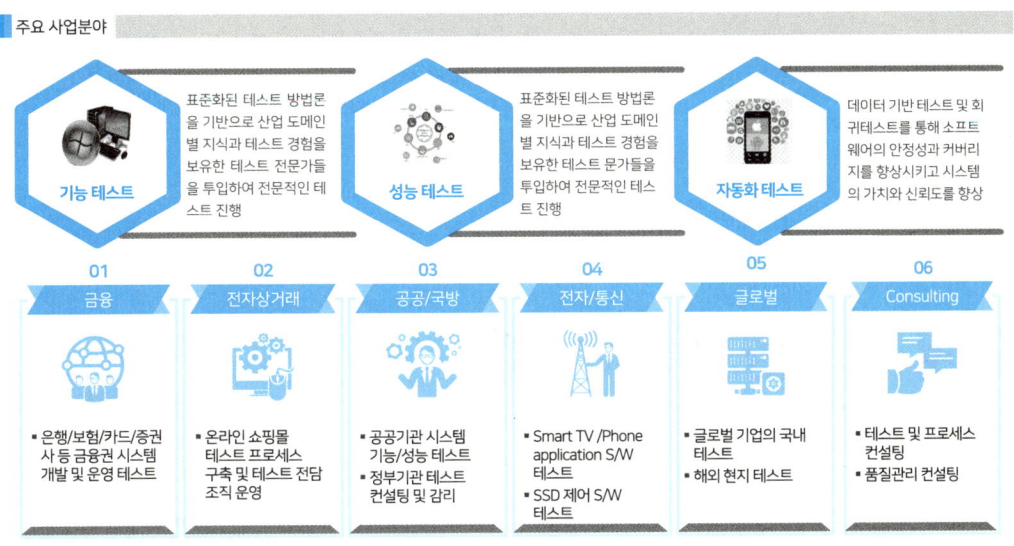

와이즈와이어즈㈜ 주요 비즈니스

와이즈와이어즈㈜는 기존 테스트 업체의 특정 영역에만 제한된 서비스로 인한 고객의 불편함을 해결하고자, 단계별 테스트의 연속성 확보 및 관리의 효율화를 위한 체계를 구축, 서비스 품질 향상 및 고객 만족에 기여하고 있습니다.

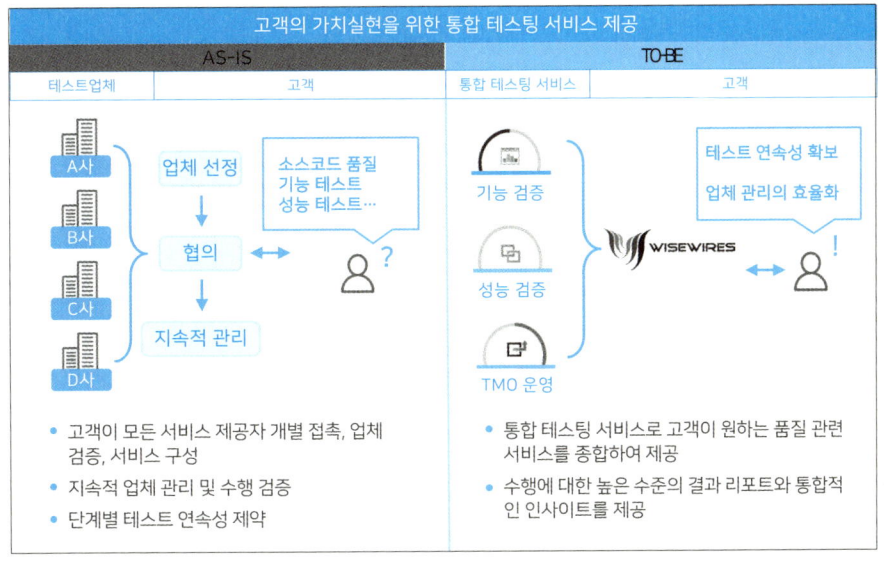

와이즈와이어즈 통합 테스팅 서비스

또한, 한국을 넘어 일본, 중국, 베트남, 싱가포르, 미국 등 글로벌 시장으로 사업을 확대하고 있으며 '대한민국 일하기 좋은 100대 기업', '일하기 좋은 SW 전문기업', '대한민국 소프트웨어 기업경쟁력대상' 등 다양한 수상을 통해 기술력을 인정받은 바 있습니다.

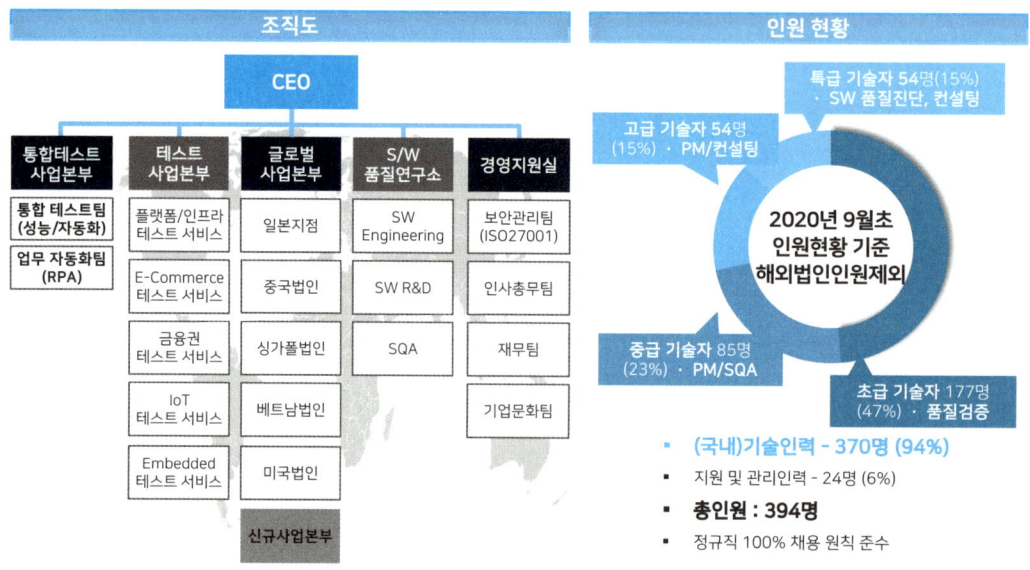

회사 조직 및 인원 현황

와이즈와이어즈가 걸어온 발자취, 현재 갖춘 능력, 앞으로 성취할 수 있는 미래는 와이즈와이어즈의 자부심이자 동기로 작용합니다.

> SW 테스트 및 자동화 전문기업이 서비스하는 RPA는
> 자동화 업무의 안정성과 신뢰성에서 차별됩니다.

와이즈와이어즈㈜ 통합테스트사업본부는 테스트컨설팅, 성능 테스트, 화이트박스 테스트, 자동화 테스트, 업무 자동화(RPA) 서비스 및 관련 솔루션을 공급하고 있으며 SW 품질향상과 업무 생산성을 위하여, 급변하는 기술의 변화를 선도하며 차별화된 서비스를 제공하고 있습니다.

SW 테스트에 대한 고객의 니즈를 충족하기 위하여 개발 라이프사이클과 테스트 유형에 따른 관리체계 및 수행체계를 기반으로 One-Stop 테스팅 서비스를 지원하는 전문 부서입니다.

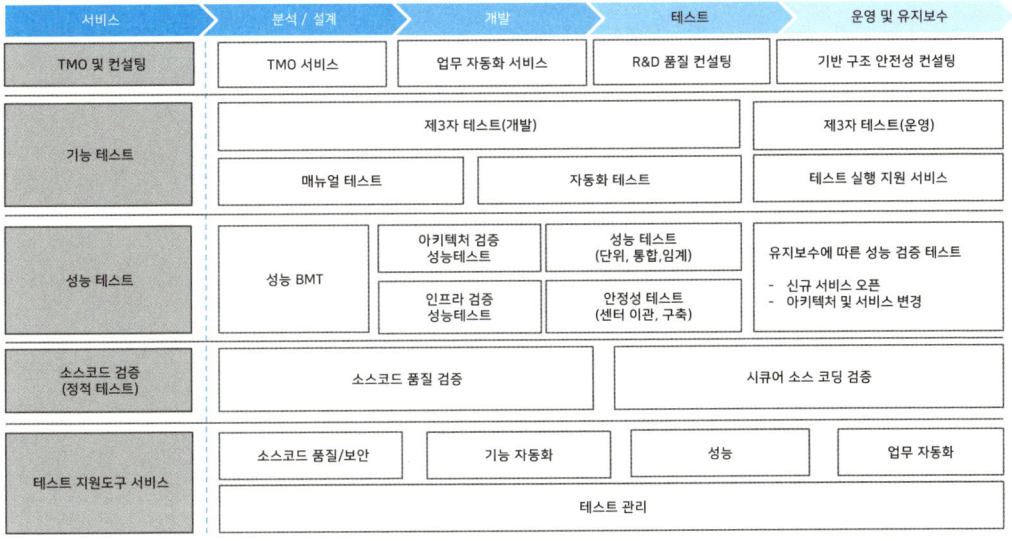

통합테스트사업본부 사업영역

특히, 최근에는 RPA의 디지털 기술을 기반으로 기업의 업무 혁신을 위한 솔루션 제공을 위하여 최선을 다하고 있으며 현재 금융과 E-Commerce, 제조업 도메인 등에서 다수의 RPA 프로젝트를 수행하고 있습니다.

또한, ㈜시메이션의 CheckMATE for RPA 공인교육을 전담 진행하고 있으며 양질의 기술교육을 통해 RPA 시장의 전문인력 확대에도 기여하고 있습니다.

Contact

- 홈페이지: www.wisewires.com
- 전화: 02-6265-3044
- 이메일: enterprise@wisewires.com

찾아보기

한국어

ㄱ

개발 스튜디오	53
계약 업무	30
구축 준비	54
구현	60

ㄴ

네트워크 드라이브 연결	296

ㄷ

데이터를 클립보드에 복사	238
데이터베이스 접속	231
데이터 처리	348

ㄹ

레코더	52

ㅂ

배포/유지보수 관리	63
변수 사용	347
봇 러너	53
분석/설계	58

ㅅ

설치 방법	386
스크린 스크래핑	19
시트 목록	208

ㅇ

오브젝트 감지	364
워크플로우 자동화	20
이메일 처리	239
이미지 범위	116
이미지 좌표	114
이미지 클릭	110
이미지 확인	113
이벤트 사용 방법	108
인공지능	20
인터넷 브라우저 실행	148

ㅈ

자동화 개발자	40
전표처리	29
정산 자동화	31
제어 센터	53

ㅊ

창 타이틀 모니터링	370

ㅌ

태스크	344
테스트	62

테스트 자동화	45
트리거	363
트리거 설정	381
트리거 실행 이력 조회	384

ㅍ

파일 다운로드	315
파일 시스템 모니터링	367
파일 압축하기	252
프로세스 모니터링	369
프로세스 설계자	40
플로우	344, 346

ㅎ

형상 관리	51

로마자

A

Active Sync Recording	332
Active Window	194
AI	20
API	27

B

BPO	18

C

CheckMATE	66
Clipboard Write	238
Command	326
Compression	252
Control Manager	66
Custom Module	172

D

Database Execute	231
Decompression	252
Delete	235
Directory File List	299

E

Event Components	108
Event Context	100
Event Properties	101
Excel Close	206
Excel Find	211
Excel Get OneCell Data	213
Excel Get Range Data	216
Excel Open	204
Excel Save	207
Excel Script	222
Excel Set OneCell Data	213
Excel Sheet List	208
Execute File	196

F

File System Monitoring	367
Flow	347
Flow Builder	344
Flow Components	352
Flow Control	162
Flow Explorer	346
FTP Connect	310
FTP Download File	316
FTP GetList	312
FTP Monitoring	377

FTP Upload File	315		**N**	
			Network Drive	296
H			Network Drive Connect	296
			NLP	19
Hot Key	368			
HTML GetValue	150			
HTML SetValue	150		**O**	
			Object Click	127
I			Object Detect	364
			Object GetValue	130
IF	164		Object SetValue	130
IF-ELSE	164		OCR	260
IMAP Read	239		OCR Capture	261
Include Cursor Next	353			
Include Data Setting	348			
Input Box	174		**P**	
Insert	235			
Install	388		PDF	283
Intelligent Document OCR	266		Pdf Extract Page Images	287
			Pdf Get PageCount	283
			Pdf Get Text	285
J			Pdf Page Capture	290
			PoC	38
JSON	27		Process Kill	198
			Process Monitoring	369
K				
			R	
Key Typing	191			
			ROI	36, 37
L			RPA	16
			RPA 관리자	40
Loop	168		RPA 구축 프로세스	54
			RPA 시장 전망	41
			RPA 아키텍처	50
M			RPA 플랫폼	51
Mail Monitoring(IMAP)	373			
Mail Monitoring(Pop3)	375		**S**	
Message Box	176			
ML	19		Schedule	358
			Schedule Action History Log	362

Script	353
Script Code	178
Select	235
Setting	94
SMTP Send	239
SSH	324
SSH Connect	324
SSH Monitoring	379

T

Task	344
Task Process	352
Telnet	324
Telnet Connect	324
Terminate	87, 352, 353, 355
Trigger	363
Trigger Action History Log	384

U

Update	235

W

Wait Time	162
Windows Title Monitoring	370